지구화시대
중국의 노동관계

아연 중국연구총서 10

지구화시대 중국의 노동관계

2007년 9월 10일 제1판 1쇄 발행

지은이   장영석
펴낸이   정민용
펴낸곳   폴리테이아
출판등록 2002년 2월 19일 제 300-2004-63호
주 소   서울시 종로구 홍파동 42-1 신한빌딩 2층
         전화 02-722-9960(영업), 02-739-9929(편집), 팩스 02-733-9910
표지디자인 송재희
표지사진   노순택

ISBN 978-89-92792-07-3 94300
      978-89-955215-7-1 (세트)

* 책값은 뒤표지에 표시되어 있습니다.
* 잘못된 책은 바꿔드립니다.

이 도서의 국립중앙도서관 출판시도서목록(CIP)은 e-CIP 홈페이지(http://www.nl.go.kr/cip.php)에서 이용하실 수 있습니다(CIP제어번호: CIP2007002560).

지구화시대 중국의 노동관계

장영석 지음

폴리테이아

차 례

제1장

서론 : 지구화시대 중국 노동관계의 특징

중국 현지 경영의 핵심문제는 인적자원 관리

필자는 2004년부터 2006년까지 한국노동연구원이 발주한 '동북아 제조업 분업구조와 고용관계' 프로젝트를 수행하기 위해 매년 한 차례씩 모두 세 차례에 걸쳐 중국에 진출해 있는 한국의 대기업, 대기업과 동반 진출한 중소기업, 중국의 국유기업, 구미계 외자기업을 방문하여 이들 기업의 고용관계에 대해 조사할 기회를 가졌다. 중국에 진출해 있는 한국의 자동차산업과 전자산업의 인적자원 관리 사항을 조사하는 과정에서 필자는 한국에서 중국 현지로 파견된 한국인 관리자들로부터 중국 노동자 관리의 어려움 몇 가지를 들을 수 있었다(장영석 2005).

첫째, 중국 노동자들은 기업에 대한 '충성도'(loyalty)가 약하다는 점이다. 인적자원 관리를 담당하고 있는 한국인 관리자들은 '중국의 사무직, 엔지니어들은 퇴근 시간이 되면, 처리해야 할 일들이 쌓여 있는 데도 일을 멈추고 퇴근해 버린다,' '중국 노동자들은 지시하는 일만 할 뿐 자발적으로 일하지 않는다'며 중국인들을 관리하기가 쉽지 않다고 지적하고 있다. 그런데 과연 이 같은 일이 중국인이 중국인을 관리하는 중국의 유명 기업에서도 동일하게 발생하는 것일까? 만약 그렇지 않다면, 그 불평은 불필요한 오해에서 비롯된 것이라 할 수 있다.

필자는 중국인들로부터 종종 중국 기업에서는 일 때문에 휴일을 가리지 않고 밤낮없이 뛰어야 한다는 말을 듣는다. 이처럼 중국인들의 말과 중국에 파견된 한국인 관리자들의 말 사이에는 매우 큰 간극이 존재한다. 누구의 말이 진실인가? 한국인 관리자들의 말이 진실이라면, 중국인들은 왜 기업에 대한 충성도가 약하고, 또 일도 열심히 하지 않는가? 중국인들의 말이 진실이라면, 중국 기업에 근무하는 중국인들은 왜 이처럼 피곤할 정도로 뛰어야 하는가? 또 그들을 이토록 뛰게 만드는 중국 기업의 독특한 비법은 무엇인가? 한국인 관리자들은 기업에 대한 충성도가 낮다고 판단되는 중국인 관리자들을 기업의 중요 의사결정에 참여할 수 있는 부장 급 이상의 간부직으로 승진시키는 것에 대해 대단히 부정적이다. 역설적이지만 중국인 노동자들은 한국 기업에서 자신의 발전 전망을 찾을 수 없기 때문에 기업에 대해 낮은 '충성도'를 보이고, 한국인 관리자들은 낮은 충성도를 보이는 중국인들을 신뢰하지 않는다.

둘째, 중국 노동자들은 한국 기업에서 필요한 기술을 습득한 뒤 쉽게 다른 기업으로 가 버린다는 불평이다. 난징(南京)에 진출해 있는 한국 대기업의 경우 한국에서 개발한 TDR(Tear and Down Reengineering, 눈물이 나고 힘들어 주저앉을 정도로 힘든 재훈련 프로그램)을 실시하고 있고, 엄격한 평가를 거쳐 그린 벨트(GB), 블랙 벨트(BB), 마스터 벨트(MB) 등급을 부여하며, 등급을 부여받은 사람들에 한해 승진 자격을 부여하고 있다. 이 기업의 중국인 노동조합 주석은 "한국 대기업의 훈련 프로그램은 중국의 국유기업보다 한 수 위기 때문에 중국 노동자들도 적극적으로 참여한다"고 말한다. 그러나 한국인 관리자들은 "한국 기업에서 일정 정도 노하우를 쌓은 중국인 관리자와 현장 숙련 노동자들은 더 좋은 조건을 제시하는 구미계, 일본계 기업이 있으면 미련 없이 한국 기업을 떠난다"고 밝히고 있다.

인재 유출, '연수 후 직장 옮기기'(job hopping) 문제는 비단 한국 기업만 겪는 일은 아닌 것 같다. 중국에 진출해 있는 미국 기업 역시 관리자와 숙련 노동자를 구하는 데 어려움을 느끼며, 그들을 기업에 유보시키는 데 더욱 큰 어려움을 겪고 있다(Gallagher 2004, 31). 그러나 인재유출이나 연수 후 직장 옮기기가 보편적 현상이라고 보기에는 힘든 측면도 있다. 가령 '자링혼다 모터 유한공사'(嘉陵本田發動機有限公司)의 경우 연간 이직률은 2% 정도로 낮다. 이직을 규제하는 까다로운 규정이 이직률을 낮추는데 일정한 정도 기여하고 있는 것으로 보인다.[1] 중국의 대기업인 하이얼(海爾)의 경우도 이직률이 상대적으로 낮은 편이다. 하이얼의 인적자원 담당자는 "하이얼의 경우 다른 기업보다 임금을 상대적으로 높게 지급하고, 개인이 성과와 개인의 발전을 연결시키는 제도를 확립하고 있으며, 최고경영자의 인간적 매력이 강한 회사이기 때문에 인재 유출의 문제를 걱정하지 않는다. 더구나 회사의 간부급 인력을 다른 회사로부터 스카우트해서 충원하지 않았고, 애초부터 신입 사원을 채용하여 그들 가운데 간부급을 육성·발전시키는 정책을 취해 왔기 때문에 간부들의 연령이 젊고 인간관계가 상대적으로 복잡하지 않아 인재 유출이 적은 편"이라고 밝히고 있다.[2]

자링혼다나 하이얼과 같은 사례가 있기 때문에 중국인 노동자는 기업에 대해 충성도가 낮다거나 중국인 노동자의 이직률이 높다는 한국 관리자들의 생각을 일반화하기는 어렵다. 현재 자신이 근무하고 있는 기업에서 자신의 발전 전망을 찾은 중국인 노동자의 경우 그 기업에 충성을 바치고 쉽게 이직하지도 않을 것이라고 예상할 수 있다. 중국인 노동자들이 기업에 대한 충성도

---

[1] 자링혼다의 경우 일본으로 연수를 보낼 경우 근로계약 기간을 10년으로 정하고 있으며, 연수 후 1년 이내 사직하는 경우 연수비용의 90%를 반환하도록 규정하고 있다. 또 1년마다 그 반환 비용을 10%씩 삭감하여 10년간 근무하면 연수 비용을 완불하는 것으로 계약하고 있다. 자링혼다에서는 일본 연수를 마친 기술자를 다른 회사가 스카우트해 간 사례는 거의 없다고 한다(야스무로 겐이치 등 2003, 214).
[2] 2005년 8월 15일 인력자원본보 인사초빙조 부장, 인력자원개발본부 생산부 부장 인터뷰.

가 낮고 또 쉽게 이직하는 것은 현재 근무하고 있는 기업에서 자신의 발전전망을 찾기 어렵다는 데서 발생한다고 볼 수 있다. 그런 의미에서 인적자원 관리 문제는 아주 중요하다. 1998년 4월 일본의 (재)간사이(關西) 생산성본부 일중경제무역센터가 중국에 진출해 있는 회원 기업 2백 개사를 설문조사한 결과는 중국 현지에 진출한 일본계 기업들이 인적자원 관리 문제를 얼마나 중요시하고 있는지를 단적으로 보여준다.

'현재의 경영 과제에서 가장 중요한 문제가 무엇이냐'는 질문에 대해 중국에 진출해 있는 일본계 기업들은 ①인사노무관리, ②생산성 향상, ③품질관리, ④자재조달, ⑤인프라 문제(물류, 전력, 가스, 수도 등)에 대한 대응, ⑥자금조달, ⑦판매력 강화, ⑧외상매출금 회수, ⑨중국 시장에 적합한 제품 생산, ⑩지적재산권 확보, ⑪중국 파트너와의 관계(關係), ⑫정책 변경(외자기업 우대조치 변경 및 법적 대응), ⑬정부당국과의 대화 유지 및 강화, ⑭일본 본사와의 의사소통, ⑮기타 순으로 응답했다. 그런데 〈표 1-1〉에서 보이듯이 인적자원 관리 문제와 관련하여 간부 사원 및 일반 종업원들의 낮은 정착률과 높은 이직률 문제는 적어도 중국에 진출한 일본계 기업들에게는 그다지 심각한 문제가 아닌 것으로 나타나고 있다. 오히려 중국 진출 일본계 기업들의 가장 심각한 문제는 현지 간부의 능력 부족 문제, 현지 간부들의 임금 상승 문제, 낮은 수준의 노동규율과 도덕성 문제 등이다(야스무로 겐이치 등 2003, 125-126).

위의 조사 자료가 정확하다면, 인적자원 관리 문제와 관련하여 중국에 진출해 있는 일본 기업이 풀어야 할 핵심 문제는 간부들의 능력을 제고하는 것이다. 그런데, 중국에 진출해 있는 한국 대기업의 경우는 간부들의 능력을 제고해야 할 뿐만 아니라 그들이 자발적으로 기업에 남을 수 있도록 인적자원 관리 방식을 개선하지 않으면 안 된다. 중국에 진출한 한국의 기업들이 장기적인 발전을 모색하기 위해서는 이 같은 이중적 과제를 해결하지 않으면 안된다. 그러기 위해서는 무엇보다 중국인을 잘 관리하고 있는 중국 기업의 인

<表 1-1> 인적자원 관리의 제 문제

문항	응답기업 수	평균
① 현지 경영간부(부장 이상)의 능력 부족	98	3.85
② 현지 경영간부(부장 이상)의 임금 상승	100	3.81
③ 낮은 수준의 노동규율과 도덕성	101	3.79
④ 복리후생비 부담 증가	100	3.58
⑤ 일반 종업원의 임금 상승	101	3.55
⑥ 노동관계 법규에 대한 대응	100	3.24
⑦ 낮은 학습 능력과 진전되지 않는 기술 이전	99	3.18
⑧ 간부 사원의 낮은 정착률과 높은 이직률	100	2.80
⑨ 당안의 이동과 임시 도시 호적 취득	89	2.76
⑩ 일반 종업원의 낮은 정착률과 높은 이직률	100	2.67
⑪ 노동조합과의 의사 소통	74	2.66
⑫ 기업 당위원회와의 의사 소통	42	2.50
⑬ 노동쟁의 발생	97	2.45
⑭ 인사 및 노동 당국과 총공회의 개입	96	2.43

주 : 5점 척도로 조사했다(5점은 대단히 중요하다, 3점은 뭐라고 말할 수 없다, 1점은 전혀 중요하지 않다).
출처 : 야스무로 겐이치 외(2003, 126).

적자원 관리 방식 혹은 '중국다운'(Chineseness) 인적자원 관리 방식을 좀 더 철저하게 학습하여 그 장점과 한국 기업의 인적자원 관리 방식의 장점을 잘 결합할 필요가 있다.

한편, 필자는 중국에 진출한 한국 기업의 노동조합 간부로부터 향후 한국계 기업의 노동관계가 그다지 밝지 않을 것이라는 전망을 던져주는 몇 가지 이야기도 들을 수 있었다. 우선, 한국 관리자의 '상명하달'(top-down) 방식의 기업경영에 대한 현지 노동자들의 불만이다. 장쑤성(江蘇省)에 소재한 한중 합자기업의 한 노동조합 주석은 "한국 관리자들은 일사불란하게 움직이고 작업 추진력도 뛰어나지만, 일을 할 때 아래로부터 위로 의견을 모으고 조정하는 과정을 거치지 않고 자신 혹은 상층부의 방침을 일방적으로 아래로 관철하려 해 현장 노동자들의 불만을 사고 있다"고 밝히고 있다. 한국 관리자들의 이와 같은 상명하달 방식의 기업 운영은 중국 실정에는 잘 맞지 않는 것으로 보인다.

야스무로 겐이치 등(2003, 26-27)은 중국에 진출한 일본계 기업을 조사하면서 일본인들이 잘 이해하지 못하는 중국인 특유의 의사 결정 방식이 있다며 일본인들에게는 '조정형 리더'가 요구되는 반면, 중국인들에게는 '민주집중형 리더'가 요구된다고 지적하고 있다. 일본인들은 다소 시간이 걸리더라도 소수의 의견을 중시하면서 아래로부터 위로 전원합일을 이끌어내는 민주적 리더를 필요로 하는 반면, 중국인들은 과단성 있게 집단을 이끌고 부하 직원에게 상층부의 방침을 지시하되, 반드시 아래로부터 위로의 방식을 통해 의사 합일을 이끌어내는 민주집중형 리더가 필요하다는 지적이다. 일본인 눈에 '상명하달'에 익숙한 것처럼 보이는 중국인들이 한국 관리자의 '상명하달'식 기업 운영을 비판하고 있는 것은 아이러니다. 중국인들은 '상명하달'뿐만 아니라 '민주집중제'에도 익숙하다는 점을 이해할 필요가 있다. 소위 '민주집중제'는 레닌주의적 의사결정 방식으로 중국 사회에서는 조직의 문화로 정착되어 있다. 따라서 이 같은 리더십 유형의 차이 문제를 잘 이해하지 못할 경우 문화적 충돌이 발생하고 조직 갈등이 형성된다.

그 다음, 노동조합의 파트너십을 인정하지 않는 권위주의적 관리 방식의 문제다. 일부 대기업을 포함하여 대기업과 동반 진출한 상당수 한국계 중소기업들은 노동조합 설립을 허용하지 않고, 또 노동조합 설립을 허용한 경우라도 노동조합을 대화의 파트너로 인정하지 않는 경우가 많다. 노동조합 주석은 보통 인사노무부장 등 기업의 행정직 간부가 겸직하고 있고, 임금 인상 및 단체협약도 조합원들에게 공개되지 않고 일방적으로 결정되는 경우도 많다. 장쑤성의 한중 합자기업의 한 노동조합 간부는 "노동조합이 단체협약안을 만들어 놓았으나 회사가 협상에 임하지 않고 있다"고 말하고 있다. 노동조합을 협상의 파트너로 인정하지 않는 것은 비단 한국 기업만의 문제는 아니다. 한 조사에 따르면, 중국에 진출해 있는 외자기업 중 대만계 기업이 노동조합 설립을 가장 꺼려하고, 노동조합을 파트너로 인정하지 않으며, 가부장적, 군사적, 착취적 노동관계를 형성하고 있다(Gallagher 2004, 34).

노동조합을 파트너로 인정하지 않으려는 한국계 및 대만계 기업은 안정적인 노동관계를 확립하기 위해 지방 정부의 노동국, 기업 차원의 노동조합을 상대적으로 잘 활용하고 있는 일본계 기업과는 매우 대조적이다. 일본계 기업들은 중국에 진출해 있는 다른 외국계 기업보다 노동조합을 관리자와 노동자를 중개하는 제도로 효과적으로 잘 이용하고 있다. 따라서 일본계 기업의 노동조합 조직률은 다른 외국계 기업보다 상대적으로 높은 편이다. 일본인 관리자 역시 노동조합이 경영에 개입하는 것을 우려하지만, 일본인 관리자와 노동조합 사이에는 상대적으로 협조적인 관계가 형성되어 있는 것으로 보인다(Gallagher 2004, 29).

그간 중국에서는 외자기업이 노동조합의 설립을 거부하거나 노동조합을 대화의 파트너로 인정하지 않더라도 큰 사회적 문제가 되지 않았다. 그것은 외국자본 흡수를 위해 경쟁적으로 친자본적 정책을 전개해 왔던 지방 정부의 개발 위주 정책 때문이었다. 이 때문에 중국의 산업 현장에서는 자본의 원시적 축적이 이루어지는, '조직화되지 않은 독재'(disorganized despotism)가 횡행한다는 지적도 있다(Lee 1999). 1980~90년대에 걸쳐 중국 지방 정부가 경쟁적으로 유치하고자 했던 외자기업, 특히 노동집약적인 외자기업의 노동관계[3]는

---

3 노동관계는 노동 과정에서 사용자와 노동자가 맺고 있는 일종의 사회경제적 관계다. 본서에서는 '노동관계'와 '고용관계' 개념을 동일한 의미로 사용하고 있지만, 중국에서는 그 의미가 다르다. 노동관계는 자본가가 없는 국유기업의 사용자와 노동자의 사회경제적 관계까지 포괄하는 광의의 개념이지만, 고용관계는 자본가 혹은 자본가를 대표하는 관리자와 노동자의 사회경제적 관계를 의미하는 협의의 개념이다. '고용주'(雇主)라는 단어는 중국에서 가장 권위를 갖고 있는 사

심각하게 악화되었고, 적지 않은 노동쟁의 및 안전사고가 발생하자 중국 당국은 1990년대 중반 이후부터 외자기업의 노동관계를 규율하는 다양한 정책을 내놓고 있으며, 중국의 언론도 외자기업의 노동조합 설립 문제를 중요한 사회적 이슈로 다루고 있다. 이런 점을 미루어 볼 때, 노동조합 설립을 거부하거나 노동조합을 대화의 파트너로 인정하지 않으려는 한국계 기업의 관행은 중국 당국의 정책 방향과도 맞지 않을 뿐만 아니라 장기적으로 안정적인 노동관계를 확립하는 데도 부정적 효과를 낳을 것으로 보인다.

중국의 노동관계, 수렴론과 특수론

중국 노동관계의 획기적 전환은 국유기업 및 집체기업의 공유제 부문이 아니라 비공유제 부문에서 시작되었다. 경제특구를 통해 들어오기 시작한 외자기업, 농촌의 향진기업(鄕鎭企業), 중국의 도시와 농촌에서 나타나기 시작한 사영기업(私營企業)의 노동관행은 과거 사회주의 계획경제 체제의 영향을 거의 받지 않았다. 이들 기업에서는 노동비용을 절감하고 노동유연성을 제고하는 다양한 노동관행이 자리 잡았다. 외자 유치를 위해 상호 경쟁했던 지방 정부들의 '개발주의의 경향'(developmental orientation)은 중국 각 지방의 산업 현장에서 노동 착취가 가능한 친자본 및 친시장적 환경을 만들어내었다(Gallagher 2004, 20).

1980년대부터 1990년대 중반까지 중국경제의 핵심 영역을 지배했던 국유기업은 노동비용과 노동유연성 면에서 매우 유리한 조건에 있었던 외자기업,

---

전인 『사해』(辭海) 1979년 판에는 없으며, 『현대한어사전』(現代漢語辭典) 1994년 판에 처음으로 등장한다(李環 2007, 61).

향진기업, 사영기업과의 경쟁에서 이길 수 없었다. 국유기업의 적자 폭은 빠르게 확대되었고, 중국 당국은 새로운 차원의 국유기업 개혁 정책을 모색하지 않을 수 없었다(Naughton 1995). 1990년대 중반기 중국 당국이 적극적으로 추진했던 소위 '조대방소'(抓大放小) 정책은 국유기업의 소유권 구조를 변화시키는 결정적인 정책이었다. '이윤을 내고 있는 일부 대형 국유기업은 집중적으로 육성·발전시키고, 적자가 심한 중·소형 국유기업은 시장원리에 따라 재편한다'는 조대방소 정책을 추진한 결과 단기간에 걸쳐 중국 국유기업의 사유화가 광범위하게 추진되었다(Oi & Walder 1999). 국유기업의 사유화가 촉진되는 과정에서 소위 '잉여노동력'이 기업으로부터 배제됨으로써 중국 사회에는 도시 실업자 및 반(半)실업자가 대량으로 양산되었다.

1980년대 이후부터 다양한 형태의 비공유제 기업이 출현하기 시작했고, 또 1990년대 중후반부터 국유기업의 소유권 구조를 개혁하는 실험이 전개되면서 중국의 기업 형태는 대단히 복잡한 양상을 띠게 되었다. 국무원 산하 '제1차 전국 경제조사 영도소조 판공실'이 2년에 걸쳐 조사한 자료에 따르면, 2005년 현재 중국에는 공업기업이 1,269,098개 있고, 〈그림 1-1〉에서 나타나듯 국유기업, 집체기업, 연합경영기업, 사영기업, 외자기업, 유한책임회사, 주식유한책임회사 등 다양한 소유제 형태의 기업들이 병존하고 있다. 이처럼 복잡한 중국을 향해 '중국 노동관계의 특징'을 묻는 것은 우문이라고 할 수 있고, 이 우문에 '중국 노동의 특징은 어떻다'라고 단적으로 대답하는 것도 오답일 수밖에 없다. 더구나 중국의 경우 경제체제 자체가 전환의 과정 중에 있어 인적자원 관리 방식이나 노동관계 모두가 안정화되어 있다기보다는 유동적이라 할 수 있기 때문에 그 같은 질문에 응답하기가 더욱 어려운 실정이다.

이 같은 이유 때문에 중국 기업의 인적자원 관리 문제나 노동관계를 연구하는 학자들은 연구의 범위를 '중국 전체의 기업'으로 확대하지 못하고 실증적인 검증 작업이 가능한 '특정 분야'로 좁히고 있다. 가령 야스무로 겐이치 등

(2003)은 중국에 진출해 있는 일본계 기업의 인적자원 관리 문제를, 워너와 주(Warner & Zhu 2002)는 중국 대륙의 국유기업과 대만 기업의 인적자원 관리 비교를, 죄크만(Björkman 2002)은 중국에 진출해 있는 구미계 기업의 인적자원 관리 문제를, 리치(李琪 2003)는 일부 국유기업의 노동관계를 다루는 등 연구 분야를 특정 분야에 한정하고 있고, 상당수 연구자들은 하이얼 기업의 인적자원 관리 문제를 집중적으로 연구하고 있는 요시하라와 어우양(吉原英樹·歐陽桃花 2006)과 같이 개별 기업의 사례 연구에 치중하고 있다. 이들 연구자들은 자신의 연구조사 결과를 섣불리 일반화하지 않고 가능한 한 실증적인 조사가 진행되었던 제한된 범위 내의 한정된 결론을 도출하는 데 머물러 있다.

공업생산총액에서 국유기업의 공업생산액이 차지하는 비중은 1978년 당시 80%를 상회하던 것이(Warner 2002, 4) 2005년 현재는 10.57%로 현저하게 저하되었지만,[4] 〈그림 1-1〉에서 나타나듯이 국유기업은 여전히 중국의 다양한 소유제 기업들 가운데 가장 많은 노동자를 고용하고 있다. 외상투자기업은 국유기업 다음으로 많은 노동자를 고용하고 있지만, 중국의 고용관계에 가장 큰 함의를 갖는 기업형태는 '외상투자기업'이라 볼 수 있다. 외상투자기업은 모방할만한 인적자원 관리 방식이나 건전한 노동관계를 확립하고 있는 데 반해, 사영기업이나 유한책임회사 등은 그렇지 않기 때문이다. 외상투자기업은 인적자원 관리 및 노동관계의 내용이 선진적이라고 인식되어 중국의 다른 소유제 형태 기업의 인적자원 관리 및 새로운 노동관계 확립에 모방의 대상이 되고 있다.

그런 면에서 구미계 기업에서 실천되고 있는 인적자원 관리 방식, 특히 '업적평가 시스템'(performance appraisal systems)과 '보상 시스템'(compensation sys-

---

4 國務院第一次全國經濟普查領導小組辦公室 編(2006, 2) 통계표에서 계산.

<그림 1-1> 등록 단위별 취업자 수 (단위 : 만 명)

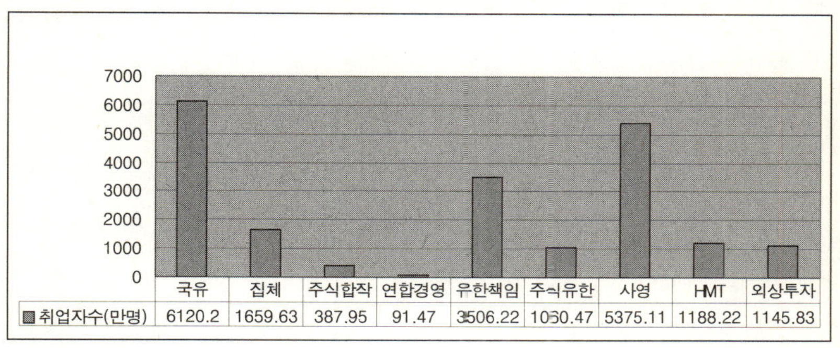

주 : '연합경영'에는 국유연합경영, 집체연합경영, 기타 연합경영이, '유한책임공사'에는 국유독
자공사, 기타 유한책임공사가, '외상투자'에는 중외합자경영, 중외합작경영, 외자기업, 외상
투자주식유한공사가 세부 항목으로 통계 처리되어 있다
출처 : 國務院第一次全國經濟普査領導小組辦公室 編(2006, 47쪽).

tems)이 중국 국유기업의 인적자원 관리에 어떤 영향을 미치고 있는지를 분석
한 죄크만(Björkman 2002)의 연구는 주목할 만하다. 죄크만(Björkman 2002,
47-49)은 1996~97년에 조사한 72개 외자기업에 대한 자료를 통해 중국에 진출
한 구미계 기업들은 모기업이 실천하고 있는 업적평가 시스템을 중국의 자회
사 또는 합자회사에도 적용하고 있지만, 보상 시스템의 경우 상당한 차이가
있음을 밝히고 있다. 즉 보상 면에서 모기업의 경우에는 피고용자 사이의 임
금 격차가 아주 큰 데 반해 중국의 자회사 혹은 합자회사에서는 여전히 그 격
차가 상대적으로 작다는 것이다. 죄크만은 서구 모기업에서 나타나는 임금 격
차가 큰 보상 시스템이 왜 중국에서는 도입되지 못하는지 그 원인을 구체적이
고 명시적으로 밝히지 못하고 있다. 대신 그는 중국의 국유기업도 지구화의
경쟁압력을 받고 있고, 외국기업의 인적자원 관리 방식을 자신들이 배워야 할
모델로 생각하고 있으며, 새로운 관리 방식을 채택하라는 주주들의 압력도 받

고 있기 때문에 점차 서구의 인적자원 관리 방식과 유사한 인적자원 관리 방식을 도입할 것이라는 '수렴론'(convergence)을 제시하고 있다. 이 같은 관점은 갤러거(Gallagher 2004, 15)에게서도 나타난다. 그 역시 톈진(天津), 탕산(唐山), 허베이(河北) 성, 상하이(上海) 주변에 소재한 일부 국유기업 및 외자기업의 고용관계를 조사한 뒤 중국의 공유 및 사영기업에서 공히 자본주의적 실천이 나타나고 있다고 주장함으로써 인적자원 관리 방식 혹은 노동관계의 수렴론을 지지하고 있다.

이에 반해 워너와 주(Warner & Zhu 2002), 오클리(Oakley 2002)는 중국 사회에서 '지구화 친화적인 시장 모델'(globalization-friendly market model)이 나타나고 있는 것은 사실이지만, 여전히 과거 계획경제 체제의 유산, 특히 마오주의(Maoism)의 제도적 유산과 유교 문화의 유산이 크게 작용하고 있기 때문에 중국 국유기업의 인적자원 관리 방식 및 노동관계는 서구와는 다른 중국 특유의 것이 나타나고 있다고 지적한다. 수렴론과 대비되는 이 같은 관점은 '다양화론'(divergence), '절충론'(crossvergence), '중국 특수론'(with Chinese Characteristics) 등으로 다양하게 불리고 있으나, 본문에서는 '특수론'으로 명명하고자 한다. 특수론은 중국의 국유기업은 여전히 집단주의, 위계, 조화, 충성, 전략적 사고 등과 같은 '유교적 레닌주의'(Confucian Leninism) 요소를 중시하고 있고, 이런 특성은 팀 작업 등 집단에 기초한 생산활동, 집단에 기초한 업적평가 및 인센티브 시스템, 관리자와 피고용자 사이의 임금격차가 상대적으로 작고 연공서열을 기초로 한 임금제도, 협조적이고 조화로운 노동관계 등을 조형하는 기반이 되고 있다고 주장한다.

'수렴론이냐, 특수론이냐'의 문제는 중국 기업의 인적자원 관리 방식 및 노동관계의 발전 방향을 분석하고 전망하는 데 유용한 이론적 접근법이 될 수 있지만, 현대화론과 마찬가지로 아주 오랫동안 결론이 나지 않을 수 있는 주제일 수도 있다. '수렴론이냐 혹은 특수론이냐'의 논쟁이 공허한 말의 성찬으로 전락하지 않고 보다 생산적인 논쟁으로 발전하기 위해서는 좀 더 많은 실증적 연구가 축적될 필요가 있다. 중국과 같이 거대한 국가인 경우 지역별 편차가 크고, 또 일반적으로 산업별, 소유제별로 인적자원 관리 방식 및 노동관계의 내용이 다르기 때문에 앞으로 이루어질 실증적 조사연구는 산업별, 소유제별, 지역별로 나누어 체계적으로 진행될 필요가 있다.

또한 중국과 같이 아직 체제가 전환 중인 국가에서는 기업에 대한 국가의 영향력이 크기 때문에 국가의 정책에 따라 인적자원 관리 방식 및 노동관계의 내용이 크게 달라질 수 있다는 점을 염두에 둘 필요가 있다. 캔드랜드와 실(Candland & Sil 2001)이 적절하게 지적하고 있듯이 '지구화시대에 기업 및 국가경제의 경쟁력을 제고하는 동시에 노동자의 삶과 권리를 향상시키는 제도적 조정'을 고민하지 않는 국가는 없고, 그 점에서는 중국도 예외는 아니다. 중국 당국이 최근 근로계약법 제정을 통해 그간 약화되어 왔다고 평가되는 노동자의 권익을 보호하는 방향으로 노동관계를 규제하려는 시도는 향후 중국 노동관계의 내용을 크게 변화시킬 가능성이 있다.[5]

중국 기업의 인적자원 관리 방식 및 노동관계의 몇 가지 특징

지역별, 산업별, 소유제별로 인적자원 관리 및 노동관계의 내용에 편차가 존재한다고 가정한다면, 중국 기업의 인적자원 관리 방식 및 노동관계의 일반적 특징 또는 발전 방향에 대한 그림을 그리는 것은 불가능한 것인가? 갤러거는 이 물음에 그렇지 않다고 답한다(Gallagher 2004, 14). 그는 약 30년간의 경제

---

5 중국 당국의 근로계약법 제정 노력, 핵심 내용과 함의에 대해서는 김영진(2006), 장영석(2006)의 본서 제8장을 참조.

개혁정책으로 중국 노동관계는 '유연성'(flexibility) 확대, '불안정성'(insecurity) 증가, '관리자의 통제'(managerial control) 강화라는 특징을 보이고 있다고 지적한다. 그는 중국 기업 역시 지구화의 경쟁 압력을 받고 있기 때문에 이 세 가지 특징이 지역별, 산업별, 소유제별로 차이가 없이 공통적으로 나타나고 있다고 주장한다. 그런데 중국의 경제체제가 전환 중에 놓여 있고, 노동유연성이 높은 것이 사실이라면, 노동관계가 안정되어 있지 않다는 것은 논란의 여지가 없어 보인다. 따라서 아래에서는 유연성과 관리자의 노동 통제 강화 문제를 살펴보겠다.

우선, 중국 노동관계의 유연성 문제다. 이는 두 가지로 살펴볼 수 있다. 첫째, 고용의 유연성이다. 1980년대 중반부터 1990년대 중후반까지 과거 계획경제 체제 하에서 형성되었던 노동제도가 오랜 기간에 걸쳐 점진적으로 개혁되면서 새로운 노동제도가 확립되었다. '철밥통'(鐵飯碗)이라 비난받았던 과거 계획경제체제 하의 종신고용을 대신하여 근로계약 제도가 도입되었다. 1986년 처음으로 근로계약제도가 확립되어 중국의 노동자는 1986년 이전 입사자와 1986년 이후 입사자의 처지가 달라졌다. 1986년 이전의 입사자는 종신고용의 혜택을 받지만, 1986년 이후 입사자는 근로계약제도의 적용을 받았다. 게다가 1994년 노동법 제정으로 근로계약제도가 전면화되면서 1986년 이전에 입사한 노동자도 본인이 원한다면 '무기한 계약'을 체결하더라도 근로계약을 체결해야 했다. 중국의 근로계약 기간은 매우 단기적이다. 보통 생산직의 경우 1년, 사무직의 경우 2년 등 아주 짧은 근로계약제도가 보편화되어 있다.

노동유연성을 더욱 심화시킨 것은 소위 '농민 출신의 노동자'(農民工)의 도시 유입이다. 중국에서는 '호구제도'(戶口制度)가 유지되고 있기 때문에 농촌 출신의 노동자가 다른 도시 지역으로 가서 취업할 경우 적지 않은 차별 대우를 받는다. 도시 출신의 노동자들은 대체로 정규직에 취업하지만, 농촌 출신의 노동자들은 비정규직에 취업하는 경우가 많다. 정규직 노동자들은 사회보험의 혜택을 받지만, 이들 비정규직 노동자들은 사회보험의 혜택을 받지 못하고 있다. 상품에 대한 수요가 계절적으로 큰 변화를 겪는 기업은 이들 비정규직 노동자들을 1년 미만의 근로계약을 체결하거나 아예 근로계약을 체결하지 않고 고용하는 경우도 많다. 한편, 중국 노동조합은 그간 관행적으로 이들 비정규직 노동자들을 조합원으로 인정하지 않아 왔기 때문에 이들은 불이익을 당하더라도 자신의 문제를 노동조합을 통해 해결할 수 없었다.[6]

둘째, 임금제도의 유연성이다. 정신노동과 육체노동, 육체노동 사이에 임금 격차가 크지 않아 평균적 임금체계라고 비난받았던 임금제도를 대신하여 개인의 노동성과 및 기업의 효율성을 임금과 연계하는 새로운 임금제도가 도입되었다. 임금제도의 유연성에 대해서는 연구자에 따라 적지 않은 시각 차이가 존재한다. 위에서 살펴보았듯이, 죄크만(Björkman 2002)은 중국에서는 서구의 모기업에서 나타나는 임금 격차가 아주 큰 보상 시스템이 도입되지 못하고 있다고 지적하고 있으며, 워너와 주(Warner & Zhu 2002)는 중국에서는 여전히 개인보다는 집단에 기초한 업적평가 시스템이 지배한다고 지적하고 있다. 이에 반해 하이얼(海爾)의 보상 시스템을 연구한 요시하라와 어우양(吉原英樹·歐陽桃花 2006)은 하이얼에서는 개인의 노동성과와 집단의 노동성과를 종합적으로 평가하고, 또 시장 성과에 따라 개인과 집단의 보상이 결정되는 '시장주의'가 지배한다고 주장하고 있다.

중국 기업에서 능력주의와 성과주의가 확산되고 있는 것은 부인할 수 없는 사실이다. 중국 당국 역시 개혁개방 정책을 시작할 때 무엇보다 물질적 인센티브를 강조하기 위해 '노동에 따른 분배' 원칙을 재확인했고, 1980년대 중

---

6 임금 체불, 산업 재해, 과도한 노동시간 등 농촌 출신 비정규직 노동자들의 합법적 권리가 침해당하면서 이에 저항하는 비정규직 노동자의 저항이 때로는 과격한 형쾌로 표출되었다. 이것이 사회적 문제로 표면화되자 최근 들어 총공회는 이들의 조합원 자격을 인정하는 방향으로 선회했다.

반에는 기업의 효율과 임금을 연계시키는 임금제도를 확립했으며, 1990년대 후반에는 '노동에 따른 보상' 원칙을 '노동에 따른 보상과 생산요소에 따른 보상의 상호 결합' 원칙으로 전환했다. 따라서 국유기업 내에서 임금격차 확대에 대한 이데올로기적 장애는 사실상 완전히 제거되었다고 할 수 있다. 성과주의를 채택하고 있는 중국 국유기업에서 과연 어느 정도 유연한 임금제도를 채택하고 있는지를 판단하기 위해서는 좀 더 풍부한 조사가 뒷받침될 필요가 있다고 보인다.

다음은 관리자의 노동 통제 강화다. 중국 당국이 개혁개방 정책을 30년에 걸쳐 추진하는 동안 기업 경영자의 권한은 크게 확대된 반면, 노동자의 권한은 상대적으로 축소되었다는 것은 논란의 여지가 없다(李琪 2003). 갤러거(Gallagher 2004)는 이 같은 상황이 형성된 데는 중국 당국의 '개발주의적 경향'(developmental orientation)이 큰 역할을 했다고 주장한다. 경제발전을 위해 외국자본 유치에 앞장섰던 각 지방정부가 노동의 안전과 권리를 희생하면서 기업의 자주성과 노동유연성을 보장하는 환경을 조성하는 데 앞장섰다는 것이다.

중국의 관리자의 노동통제 강화는 이런 개발주의적 경향 이외에도 과거 사회주의적 유산에서 비롯된 측면 또한 존재한다. 과거 사회주의 계획경제체제 하에서 중국 당국은 '노동자가 국가와 기업의 주인'(主人翁)이라고 선전했지만, 사실 노동자가 진정으로 기업과 국가의 주인이 된 적은 없었다. 노동조합은 대중의 의견을 공산당에 전달하고, 공산당의 노선을 대중에게 관철시켜야 하는 '교량'(transmission belt)으로서 공산당 조직에 철저하게 종속되어 있었다(Pravda & Sil 1986). 노동조합은 노동자의 이익을 대변할 뿐만 아니라 생산성을 높이는 데 앞장서는 이중적 역할을 해야 한다고 선전되었지만, 정작 노동자의 이익을 강조하고 자주적이고 독립적인 노동조합의 필요성을 주장했던 노동조합 간부들은 경제주의, 생디칼리즘, 종파주의로 비판받았다(Perry 1995; White III 1976). 개혁개방 정책으로 사회주의 시장경제체제가 확립되어 가는 과정에서도 노동조합은 점차 기업의 경영자로 변신하고 있는 공산당 간부들의 통제에서 벗어나지 못하고 있으며, 단체행동의 권리도 행사하지 못하고 있다.

　문제는 관리자의 노동통제 강화를 견제할 수 있는 제도적인 장치가 없기 때문에 그 통제의 성격이 현장 독재로 흐르고 있다는 점이다(Lee 1999). 무엇보다 공산당의 노동조합에 대한 통제 시스템이 개혁되지 않으면, 기업 현장에서 전개되고 있는 관리자의 전횡을 막을 방법이 없다. 그런데 공산당의 노동조합에 대한 통제 문제를 해결하고 노동조합이 노동자의 이익을 대변할 수 있는 주체로 서도록 하는 문제는 정치적인 문제에 속한다. 중국에서는 1980년대 중반 공산당이 위로부터 정치개혁의 필요성을 강조했을 때 그 분위기에 편승하여 잠시 노동조합 상층부가 노동조합을 개혁하려는 움직임을 보인 적이 있었다. 그러나 1989년 천안문 사건으로 정치적 분위기가 보수화되면서 그 움직임은 수면 아래로 잠복해버렸다.

　중국에서 관리자의 노동통제 강화를 견제할 수 있는 새로운 형태의 노동조합 개혁 움직임이 나타날 것인가? 이 문제와 관련하여 앞으로 예상해 볼 수 있는 길은 두 가지다. 첫째, 1980년대 중반과 같이 국가가 추진하는 위로부터의 노동조합 개혁이다. 둘째, 1990년대 노동법이 제정될 때와 같이 근로조건이 열악한 노동집약적 산업에서 노동관계가 악화되어 노동자의 집단적인 저항이 점증하고, 그것을 계기로 노동조합 내부에서 개혁의 움직임이 형성되는 경우이다. 일부 노동집약적 산업현장의 노동관계는 나날이 악화되고 있기 때문에 후자의 가능성은 항상 열려 있고, 최근 들어 중국의 제4세대 지도부가 '조화로운 노동관계'(和諧勞動關係)를 강조하고 있는 점으로 미루어 볼 때 전자의 가능성도 배제할 수 없는 것으로 보인다.

본서의 구성

본서의 제2~4장은 중국 국유기업의 개혁과 노동관계의 변화를 다루고 있다. 제2장 "중국 국유기업 개혁과 노동관계 변화"는 국유기업 제도와 노동제도 개혁이 노동관계의 당사자인 경영자와 노동자의 자원획득 방식과 노동관계 변화에 어떤 영향을 미쳤는지를 분석하고 있다. 노동제도 개혁은 고용제도, 임금제도, 사회보장제도 개혁의 세 가지를 다루고 있다. 중국 지도부가 점진적인 개혁 전략을 채택했기 때문에 국유기업 개혁 목표도 점진적으로 달성되었다. 따라서 이 논문은 계획경제 시기, 계획경제와 시장경제가 병존했던 '쌍궤제'(dual track system) 시기, 시장화 시기로 나누어 국유기업 개혁에 따른 자원획득 방식의 변화와 노동관계를 살펴보고 있다. 이 논문은 시장화 시기 동안 경영자와 노동자의 이해관계 분화가 심화되고 있고, 권력 불균형이 확대되어 중국의 노동관계가 점차 불안정해지고 있다고 진단하고 있다. 이 논문은『한국사회학』제36집 3호(2002년)에 게재된 것이다.

제3장 "중국 국유기업의 소유권 구조 개혁과 기업지배구조의 변화 : 창사 ○○공장의 사례 연구를 중심으로"는 필자가 2000년 12월과 2001년 6월에 실시했던 현장조사 자료에 바탕한 논문이다. 이 논문은 필자의 박사학위 논문의 한 장으로 구성되었던 것인데, 중국어로 된 내용을 한국어로 번역하면서 그 내용을 많이 보완했다. 본래 필자가 후난(湖南) 성에 있는 창사(長沙)의 이 공장을 주목하게 된 것은 이 공장의 개혁방안이 아주 급진적이라 하여 중국의 매체에 소개되었기 때문이다. 필자가 현장조사를 수행할 당시 이 공장의 개혁방안을 둘러싸고 중국의 경제계 및 노동계 일각에서는 그 개혁의 방향이 올바른지 아닌지를 놓고 논쟁이 전개되고 있었다. 필자는 이 공장을 조사하면서 상당수의 중국 지방정부 간부들이 이 공장의 소유권 구조 개혁의 내용을 학습하기 위해 이 공장을 방문한 적이 있다는 사실을 알게 되었다. 필자가 이 공장을 조사할 당시만 하더라도 이 공장의 개혁방안은 너무 급진적이라는 비판을

받고 있었지만, 이후 중국 국유기업의 소유권 구조 개혁의 실천을 보았을 때 이 공장의 소유권 구조 개혁방안은 창사 시만의 독특한 경험이 아니라 중국에서 상당히 보편적으로 채택되었던 방안임을 확인할 수 있다. 이 논문은 『중소연구』 제27권 제1호(2003년)에 게재된 것이다.

　　제4장 "중국 국유기업 개혁과 노동자 저항의 논리 : 정저우 ○○공장 사례를 중심으로"는 필자가 2000년 10월과 동년 12월 실시한 현장조사 자료를 바탕으로 쓴 논문이다. 필자가 이 공장을 조사할 때만 하더라도 이 공장 노동자의 저항 사례는 중국내에서조차 잘 알려져 있지 않았지만, 아주 치열하고 장기간에 걸쳐 전개되어 풍부한 내용을 담고 있는 이 공장 노동자의 저항은 입에서 입으로 회자되어 지금은 서구의 중국 노동문제 연구자들 사이에서는 비교적 잘 알려져 있는 사례이다. 본래 필자의 박사학위 논문의 한 장으로 구성되었던 것인데, 앞의 논문과 마찬가지로 중국어로 된 내용을 한국어로 번역하면서 그 내용을 많이 보완했다. 필자와 오랫동안 고분관계를 갖고 있는 베이징(北京)사회과학원의 다이젠중(戴建中) 선생과 베이징대학교 사회학과 퉁신(佟新) 교수가 2003년 7월에 이 공장을 조사한 자료를 필자에게 제공해 준 것이 내용 보완에 큰 도움이 되었다. 정저우 ○○공장 사례는 중국 당국이 1995년 조대방소 방침을 밝힌 후 국유기업이 어떻게 사유화되고 있는지, 그 과정에서 왜 노동자의 저항이 발생하는지를 살펴보고 있다. 이 논문은 계약 불이행, 국유자산 재산권에 대한 국가와 노동자의 인식 격차, 국가 혹은 국유기업이 노동자에 대해 안고 있는 '부채'에 대한 보상의 불충분성 등의 요인이 노동자의 저항을 야기하고 있다고 지적한다. 또한 중국 노동자의 저항은 인치적 요소가 농후하고 마오주의적 유산이라고 할 수 있는 '상방'(上訪)[7] 방식에 의존

---

7 이해 당사자들이 편지와 방문을 통해 자신이 속한 정부보다 등급이 더 높은 정부에 자신의 요구를 호소하는 행위를 말한다. 자세한 내용은 제4장 5절을 참조.

하여 전개되고 있고, 노동자의 상방은 중국 관료의 관료주의적 속성 때문에 쉽게 해결되지 않으며, 따라서 노동자와 국가가 직접 갈등하게 되는 국면이 조성됨으로써 중국 노동자의 저항은 국가와 사회의 불안정성을 크게 높이는 요소가 된다는 점을 강조하고 있다. 이 논문은 『중소연구』 제28권 제1호(2004년)에 게재된 것이다.

본서의 제5~6장은 중국의 산업별 인적자원 관리 방식 및 노동관계 현황을 분석하고 있다. 제5장 "중국 자동차산업의 발전과 노동관계"는 한국노동연구원이 발주한 '동북아제조업의 분업구조와 고용관계' 프로젝트를 수행하기 위해 필자, 한국노동연구원의 조성재 박사, 한림대학교의 박준식 교수가 2004년 6월 베이징, 7월 상하이 지역을 방문하여 현지조사를 수행한 것에 의거하고 있다. 일본의 중국 자동차산업과 고용관계 조사 연구는 활발한 데 비해, 필자가 과문한 탓인지 한국에서는 이에 관한 조사 연구가 거의 이루어지지 않은 것으로 보인다. 베이징현대자동차, 둥펑웨다기아자동차, 이들 완성차업체와 동반 진출한 한국의 자동차 부품업체, 중국 현지의 자동차 부품업체의 고용, 임금, 복지, 노사관계를 조사했다. 세계의 완성차업체는 중국에 거의 다 진출해 있고, 중국 자동차시장은 이들의 각축장이 되어 있는 현실을 고려할 때 한정된 조사 자료를 기초로 작성된 이 논문은 중국 자동차산업 전체의 인적자원 관리 방식 및 노동관계를 조망하기에는 많은 한계를 안고 있다. 그렇지만 이후 중국 자동차산업의 인적자원 관리 방식 및 노동관계에 대한 조사연구의 기초 자료가 될 수 있다는 판단으로 본서에 편입시켰다. 이 논문은 『동북아 제조업의 분업구조와 고용관계(I)』(한국노동연구원 출판, 2005년)의 한 장을 구성했던 것이다.

제6장 "중국 전자산업의 분업구조와 노동관계 : 가전산업을 중심으로"는 한국노동연구원이 발주한 '동북아제조업의 분업구조와 고용관계' 프로젝트를 수행하기 위해 필자, 한국노동연구원의 조성재 박사가 2005년 4월과 5월 두

차례에 걸쳐 중국에 진출한 LG전자, 삼성전자, 이들 기업과 동반 진출한 한국 부품업체, 일본 NEC, 하이얼, 중국의 부품업체를 조사한 자료를 바탕으로 필자가 작성한 논문이다. 글로벌 생산 네트워크 이론과 아키텍처 이론을 기초로 중국 전자산업의 발전 현황을 분석하고 있고, 이들 이론의 노동관계에 대한 함의를 추적하고 있다. 자동차산업과 마찬가지로 세계의 전자 다국적기업은 거의 다 중국에 진출해 있고, 중국의 전자상품 시장은 이들의 각축장이 되어 있는 현실이다. 또한 중국의 전자산업도 1990년대 이후 괄목할만하게 성장하여 다국적기업으로 발전하고 있는 실정이다. 이런 점을 고려할 때 한정된 자료를 기초로 중국 전자산업의 인적자원 관리 방식 및 노동관계를 조망하기에는 많은 한계가 있다. 중국 자동차산업에 대한 연구 논문과 같은 이유로 이 논문 역시 향후 중국의 전자산업을 조사연구하는 데 기초 자료가 될 수 있다고 판단하여 본서에 편입시켰다. 이 논문은『동북아 제조업의 분업구조와 고용관계(II)』(한국노동연구원 출판, 2006년)의 한 장으로 구성된 것이다.

　　제7~8장은 중국 당국의 노동정책 변화를 분석하고 있다. 제7장 "중국 노동조합의 기능 전환과 국가의 정책"은 중화인민공화국 수립 이후 중국공산당이 노동조합에 부여한 기능은 무엇이고, 개혁개방 이후 중국 노동조합의 기능은 어떻게 변화되었는지를 분석하고 있다. 개혁개방 시기 중국의 노동조합은 노동자의 이익을 대변하는 자신의 지위와 역할을 법적으로는 확보했지만, 여전히 레닌주의가 규정하고 있는 노동조합의 '고전적 이원주의'(classic dualism)의 기능, 즉 생산성 제고와 노동자 이익 보호를 동시에 담당해야 한다는 이데올로기적 속박에서는 완전히 벗어나지 못하고 있기 때문에 노동자 이익을 진정으로 대변하지 못하고 있고, 노동자 대중으로부터도 외면당하고 있는 것으로 진단하고 있다. 중국 노동조합이 직면한 이런 위기 상황은 중국의 노동관계를 악화시키는 한 원천이 되고 있다. 1990년대 중후반 들어 노동관계가 악화되어 국가적 사회적 불안정성도 높아지고 있기 때문에 중국 당국도 노동관계를 규율하려는 일련의 정책을 내놓고 있다. 제8장 "중국 당국의 노동정책 변화, '노동 보호' 정책의 등장 : 근로계약법의 내용과 법 제정의 함의"는 2007년 6월 29일 법 제정이 완료되어 2008년 1월 1일부터 발효되는 근로계약법의 핵심 내용, 근로계약법이 향후 중국 기업의 인적자원 관리 실천 및 노동관계에 미칠 영향을 분석하고 있다. 제9장 결론에서는 그간 '국가 자본주의적 실천'을 통해 비약적인 경제 성장을 달성한 중국 당국이 최근 '화목한 노동관계'(和諧勞動關係)의 확립을 국정의 큰 과제로 내세우면서 내놓고 있는 노동 보호 정책의 한계를 분석하고 있다. 즉 중국 당국은 노동문제를 시급히 해결해야 할 사회적 과제로 인식하고 있지만, 노동조합 개혁과 노동자의 단결권 보장 등과 같은 내용적 민주와 관련된 문제는 여전히 외면한 채 단체협약법과 노동쟁의처리법 제정 등과 같은 절차적 민주와 관련된 문제만을 의사일정에 올려놓고 있기 때문에 최근 중국 당국의 노동보호 정책은 매우 제한적 성격을 띠고 있다는 것이다.

제2장

중국 국유기업 개혁과 노동관계 변화

최근 들어 그간 중국의 사회경제를 떠받쳐 왔던 국유기업에서 크고 작은 노동쟁의가 발생되고 있어 큰 사회적 문제로 대두되고 있다. 최근의 노동쟁의가 특히 주목을 끌고 있는 것은 1990년대 중·후반기 이후의 국유기업의 소유권 구조 개혁이 노동자의 이익을 철저하게 배제한 채로 추진되는 데서 비롯되고 있기 때문이다. 지금과 같은 양상으로 국유기업의 소유권 구조가 개혁된다면 향후 중국에서의 노동쟁의는 더욱 심각한 사회적 문제로 부상될 가능성이 높다.

시장화 개혁이 본격화된 1990년대 중·후반기 이후 경영 상태가 비교적 양호한 중국의 중대형 국유기업들은 주식제를 채택했고, 경영 상태가 좋지 않은 중소형 국유기업들은 매각, 합병, 파산 등 당양한 절차를 밟으면서 사유화의 길을 걷고 있다. 이 과정에서 기업의 권력 구조에서 배제된 혹은 '생존권'을 박탈당한 노동자들은 1980년대 노동자들이 전개했던 개별 혹은 집단적인 법률 소송이나 태업 등과 같은 소극적인 형태의 노동쟁의에서 한발 더 나아가 파업, 공장 점거, 가두시위 등 점차 과격한 형태의 노동쟁의를 전개해 나가고 있다.

중국 노동쟁의의 형태가 점차 과격한 양상을 띠고 있는 것은 중국이 아직 노동쟁의를 규범화할 만한 마땅한 제도적·법률적 장치를 마련하지 못하고 있기 때문이다. 중국공산당의 통제 하에 있는 노동조합은 노동자의 이익을 대변하지 못한 채 노동자와 유리되어 있고, 중국 당국은 아직 노동쟁의의 절차나 방법을 규정한 노동쟁의처리법도 확립하지 못하고 있다. 이 같은 상황에서 노동조합을 배제하고 자발적인 조직을 통해 크고 작은 쟁의행위를 전개하고 있고, 경영자·정부와 대립하는 가운데 쟁의는 점차 과격한 방향으로 흐르고 있다.

최근 중국의 국유기업에서 발생하고 있는 노동쟁의는 경영자와 노동자 사이의 심각한 권력 불균형 상태에서 전개되고 있다는 점을 주목할 필요가 있다. 국유기업 경영자와 노동자 사이의 지위·권력·이해관계 변화의 다양한 내용들을 이해하지 않고서는 현재 발생하고 있는 노동쟁의의 성격을 제대로 파악할 수 없을 뿐만 아니라 향후 중국 국유기업의 노동관계 발전 방향을 예측할 수 없다. 따라서 개혁개방 정책이 실시된 이후 국유기업 개혁으로 인한 노동관계의 성격 변화를 규명하는 것은 대단히 중요한 일이라고 할 수 있다.

본 글은 개혁개방 이후 중국 국유기업의 경영자와 노동자 사이의 지위·권력·이해관계가 어떻게 변화해 왔는지를 분석하고자 한다. 이를 위해 국유기업의 경영자와 노동자의 지위·권력·이해관계 변화에 직접적으로 영향을 미쳐 왔던 기업제도와 노동제도(고용, 임금, 사회보장 및 복지제도) 변화를 분석하고자 한다. 나아가 노동관계의 성격 변화를 분석하기 위해 제도 변화에 따른 경영자와 노동자의 행위양식 변화에 대해서도 주의를 기울이고자 한다.

본 글은 역사주의적 접근 방식을 채택하여 이 같은 문제를 분석하고자 한다. 그것은 국유기업 제도와 노동제도, 노동관계 당사자인 경영자와 노동자의 행위양식이 장기간에 걸쳐 점진적으로 변화되어 왔기 때문이다. 본 글은 기업의 운영 논리와 노동제도가 확연히 구분되는 계획경제체제 시기(1949~76년), 계획과 시장경제 체제가 병존했던 시기(1976~92년, 이하 '쌍궤제 시기'라 함), 시장경제 체제 시기(1992~현재) 세 시기로 나누어 국유기업의 경영자와 노동자의 지위·권력·이해관계 변화와 그에 다른 노동관계 성격의 변화를 분석하고자 한다. 그리고 본 글의 결론에서는 향후 중국 국유기업의 노동관계가 어떻게 변화될 것인지에 대해 전망해 보고자 한다.

1. 계획경제 시기의 기업제도와 노동관계

1) 기업제도

계획경제 체제 시기 중국의 국유기업은 서구의 주류 경제학이 상정하고 있는 효율을 최우선으로 하는 '기업'이 아니었다. 예산 제약과 수요 제약이 약하고 자원 제약이 강한 환경 하에 놓여 있던 중국의 국유기업은 경영실적이 나빠도 파산되지 않았고, 자원을 무한히 확대하려는 내재적 동기를 갖고 있었다(科爾內 1986, 36-37). 또한 중국의 국유기업은 기업의 효율을 고려하지 않고 직공을 고용해야 했고, 또 직공에게 사회보장을 제공해 주어야 했기 때문에 준 정부 기관의 성격을 갖고 있었다.

이와 같이 계획경제 체제 하의 중국 국유기업은 다른 전통적인 사회주의 국가가 채택했던 국유기업과 본질적으로 동일한 성격을 가지고 있었지만, 동시에 자신의 고유한 특징도 가지고 있었다. 중국 국유기업의 독특한 성격은 대체로 1950년대 중·후반기에 형성되었다.

1949년 소련의 기업 모델을 모방했던 중국은 당 간부보다는 경영자의 권리를, 그리고 정신적 인센티브보다는 물질적 인센티블 강조했던 공장 관리 제도를 채택하여(Sil 1997, 123) 비약적인 경제 성장을 달성했지만, 1950년대 중반기에 들어서는 성장세가 다소 둔화되자 마오쩌둥(毛澤東)은 새로운 국유기업 운영 방안을 확립하기 시작했다.

1956년 초 마오쩌둥은 그해 8월에 열릴 중국공산당 제8차 대회를 준비하기 위해 기업에 대한 대대적인 조사를 진행한 뒤, 중앙 정부가 지방 정부와 국유기업의 자주성을 지나치게 억압한 것이 경제 성장 둔화의 원인이라고 지적하고 지방 정부와 국유기업에 좀 더 많은 자주성을 부여하는 조치를 취했다. 그리고 경영자보다는 당 간부에게 더 많은 기업 경영권 권리를 부여하고, 물질적 인센티브보다는 정신적 인센티브를 강조하는 중국 특유의 공장 관리 모델을 채택했다.

이러한 중국식 모델에 기초하여 마오쩌둥은 대약진 운동을 전개했지만 그 결과는 실패로 끝나고 말았다. 계획된 목표가 너무 높게 설정되었고, 지방정부 및 기업의 자주권 확대가 투자 확대를 유발하고 자원을 결핍시켜 투자된 자원이 낭비되고 말았던 것이다. 대약진 운동의 실패 이후 다시 중앙집권체제는 강화되었지만 마오쩌둥의 권력 기반은 약화되었다. 대약진 운동 이후 중국의 경제건설 과정은 정신적 인센티브와 이데올로기에 기초한 사회주의 경제체제와 자신의 권력 기반을 강화하려는 마오쩌뚱 노선과 물질적 인센티브에 기초하여 사회주의 경제건설을 강조하는 류샤오치(劉少奇) 노선 사이의 투쟁으로 얼룩지게 되었다.

이러한 노선 투쟁이 극단화된 것이 바로 문화대혁명이다. 정신적 인센티브, 정치와 이데올로기가 강조되었던 문화대혁명 시기 중국의 공업생산율은 몇 차례의 파동을 겪었다. 1966~69년 사이에는 공업생산율이 저하되었다가, 1970~72년 사이에는 회복되었으며, 1973년부터 1977년까지는 지속적으로 하락했다(Chen et al. 1988, 538-384). 문화대혁명 동안 경제계획을 집행해 왔던 중앙의 정부기관이 파괴되었고, 많은 권력이 지방으로 이전된 탓에 중앙의 통제력은 날이 갈수록 약화되었다. 문화대혁명이 종결되었을 때 노동자의 실질임금은 저하되었고, 1인당 평균 주택 면적은 축소되었으며, 노동자의 노동 적극성도 하락하여, 국민생활 수준 전반이 저하되었다(Walder 1986). 대약진 운동 이후 중국의 계획경제체제는 다음과 같은 몇 가지 문제를 안고 있었다.

첫째, 정보 문제다. 중앙계획 기구가 계획을 집행하기 위해서는 대량의 경제 정보를 정확하게 확보해야 하나 정보전달 체계가 복잡한 중국에서 중앙이 정확한 정보를 갖는 것은 쉬운 일이 아니었다. 기업 소유자의 역할을 대리하는 정부 주관 부문의 관료들로 하여금 정보를 정확하게 파악해서 정책을 입안

할 수 있도록 만드는 동기부여 기제도 매우 약했다. 이 같은 상황 하에서 적시에 정확한 정책을 수립하는 것은 매우 힘들었고, 정책 실패도 불가피했다.

둘째, 과도한 중앙집권 계획경제체제의 문제다. 이 같은 체제는 지방정부와 기업의 자주성을 억압해 경제 성장이 둔화되는 결과를 빚었다. 이를 극복하는 방법으로 마오쩌둥은 권력을 하방시켰지만, 연성 예산 제약의 계획경제체제 하에서 권력하방은 지방정부와 기업의 자원 확대 욕구를 자극해 중복투자가 이루어지고 자원이 결핍되는 등 국민경제를 혼란에 빠뜨렸다. 이를 극복하기 위한 방법으로 중앙정부가 권력을 다시 집중함으로써 '권력의 집중-분산-집중'이라는 반복 현상이 나타났다.

셋째, 자원 통제자의 정치 지향성의 문제다. 자원 통제자는 경제이익 최대화를 추구하는 기업가가 아니라, 정치적 목표를 실현하려는 정치인이다. 특히 당과 정부의 상층 조직에서 노선 대립이 전개되어 정치와 이데올로기를 중심으로 하는 발전전략이 채택됨으로써, 기업은 종종 정치투쟁의 무대로 전락하고 기업의 생산활동은 정치 논리에 따라 좌우되는 일이 발생하기도 했다.

넷째, 대리인 문제다. 기업은 행정주관 부문의 부속 기구였고, 경영자도 상급 행정기관의 명령 집행자에 지나지 않았다. 경영자와 노동자에 대한 물질적 인센티브 문제가 해결되지 않은 상태에서 노동 적극성을 기대하는 것은 무리한 일이다. 더욱이 잦은 정치투쟁이 전개되어 미래에 대한 불확실성이 증가되는 환경에서 경영자들은 자신의 앞날과 이익을 고려하여 단기적으로 유효한 행위만을 채택하려 했지 장기적인 전략을 실천에 옮기려 하지 않았다. 기업 경영자의 책임감 결핍은 공장경영의 큰 문제로 대두되었다(Walder 1986).

2) 노동제도

(1) 고용제도

계획경제체제 하의 중국 고용제도의 특징은 세 가지로 요약된다. 첫째, 국가가 노동력 수급을 결정하는 주체이고, 기업과 노동자는 노동력과 직업 선택권이 없다는 점이다(統包統配體制). 중국은 제1차 5개년 계획이 시작된 1953년부터 점차 그 같은 체제를 강화해 갔다. 1950년대 류샤오치 등은 '자유 노동시장'을 옹호하면서 기업에 해고권과 고용권을 부여하고 정부 당국의 할당 시스템의 제한을 풀어야 한다고 주장했으나(Howe 1973, 242), 그 같은 주장은 정책화되지 못했다.

둘째, 노동력 이동을 크게 제한시켜 온 점으로 이는 각 부문 간 노동력 이동이 빈번했던 다른 사회주의 국가와는 달리 중국의 독특한 고용구조를 보여주는 것이라 할 수 있다(Sil 1997; Naughton 1995). 중국의 노동력 이동이 거의 이루어지지 않은 것은 1960년대 초반 들어서부터이다. 그 이전까지만 해도 도시 공장들은 집체 계약을 통해 집체 농장(그 이후에는 인민공사)으로부터 수시로 건설 등에 필요한 임시 노동자를 공급받았다(Howe 1973, 234-235).

중국 정부당국이 노동력 이동을 강력하게 규제한 것은 수많은 농촌 인구가 존재했던 중국의 독특한 인구구조와 대약진 운동의 실패에서 비롯되었다. 1949년 신중국 건설 이후 농촌 노동력의 도시 유입을 막는 정책이 꾸준히 시행되어 왔지만 대약진 운동 기간에는 고속 성장이라는 목표를 달성하기 위해 수많은 농촌 인구가 도시로 유입되었다. 1958년에는 농촌의 도시 이동을 엄격히 제한하는 '호구 등기 제도'가 확립되었지만, 대약진 운동 당시 대규모의 농촌 노동력이 도시로 유입됨에 따라 호구 제도의 효과는 사라졌다. 이에 따라 농산품 부족 현상이 심화되었고 대약진 운동 실패에 이은 3년간의 천연재해까지

겹쳐 수천만 명의 아사자들이 발생했다. 그 후 호구 제도는 엄격하게 집행되었고, 농촌 노동력의 도시 유입은 거의 이루어지지 않았다(Naughton 1995a, 72). 또한 도시 내 산업 및 기업간 노동력 이동도 행정절차의 복잡함 때문에 점차 어려워지면서, 중국 공장들은 농촌뿐만 아니라 다른 공장으로부터 이중적으로 격리되는 '캡슐화'(encapsulation)의 특징을 갖게 되었다(Lü & Perry 1997, 11).

셋째, 중국 국유기업 노동자들은 '고정공'(固定工) 중심의 종신제 혜택을 누렸다. 물론 1950년 초에는 임시직, 계약직, 계절공 등 다양한 형태의 노동자가 있었고, 건축업과 같은 산업에서는 그 수가 50% 이상 달했지만(袁倫渠 1987, 24-25), 전체 도시 노동자 가운데 이들이 차지하는 비율과 그 수는 점차 줄어들었다.[1] 이들 임시직, 계약직 노동자들은 보너스 등의 각종 물질적 보상과 사회보장 면에서 고정공에 비해 차별적인 대우를 받았다. 이는 고정직과 임시·계약직 노동자 사이의 갈등의 근거가 되었으며, 문화대혁명 당시 임시직과 계약직 노동자들이 대거 '조반파'(造反派)에 참여하는 결과를 빚었다. 문화대혁명 당시의 이러한 차별 제도는 '자본주의 제도'로 비판받으면서 일시적으로 폐지되기도 했다.

(2) 임금제도

계획경제체제 시기 중국의 임금제도는 다음과 같은 세 가지 특징을 갖고 있었다. 첫째, 행정 주도의 등급제이다. 중국 정부당국은 1952년과 1956년 임금체계 개혁을 통해 공업기업의 경우 8등급 임금 체계를 수립했다. 이로부터

---

1 1956년 당시 3,500만 명의 직공 가운데 고정공은 3,200만 명으로 전체 직공의 92%를 점했다(『中國勞動人事年鑑』編輯部 1989, 196).

'중앙정부가 기업 노동자의 임금을 확정하는 중앙집중화된 임금체계'(central-ized wage fixing system)가 형성되었다(Jackson 1992, 134).

둘째, 저임금 정책이다. 중국 당국은 기업 잉여의 상당 부분을, 중공업을 발전시키고 충분 취업 정책을 실현하는 데 사용함으로써 노동자들을 저임금 상태로 묶어 놓았다. 노동자의 저임금은 정부당국의 농산물 가격 억제 정책으로 유지되었다. 1950년대 후반부터 문화대혁명이 전개되었던 기간 동안 노동자의 저임금 상태는 전혀 개선되지 않았다. 1957~75년 동안 국유기업 노동자의 화폐 임금은 7위안(元) 증가했을 뿐이며, 그 기간의 물가상승률 14.3%를 감안한다면, 실질임금은 11.5% 하락했다(Jackson 1992, 138).

셋째, 평균주의적 임금분배 체계이다. 등급 간 임금격차가 협소할 뿐만 아니라, 임금격차 확대를 가능케 하는 보너스, 성과급제도가 폐지되고 말았다. 신중국 건설 직후 중국은 물질적 인센티브를 강조하는 소련식 임금 체계를 받아들여 보너스와 성과급제를 실시했으나, 소련식 임금체계는 1950년대 후반 대약진 운동을 거치면서 '수정주의,' '자본주의 방식'이라는 비판을 받으면서 폐지되고 말았다. 그 대신 노동경쟁을 통한 '모범 노동자'(模範工人) 양성과 모범 노동자에 대한 명예 부여 등과 같이 정신적 인센티브를 통한 노동 적극성 제고 방안이 강구되었다.

그러나 노동경쟁은 대개 개인 단위보다는 공장이나 직장(車間) 단위로 전개되어(Howe 1973, 239), 기업 내 분배는 여전히 평균적인 경향을 띠었다. 그리고 임금을 조정할 때마다 간부직·전문직·숙련직의 임금은 상대적으로 축소되어 비숙련직 노동자와의 임금 차별은 줄어들었다. 1957, 1959, 1960년의 임금 조정 당시 행정 간부, 엔지니어, 기술직 노동자, 당 간부, 대학 졸업자 등의 임금이 저하되었고, 최대 폭은 37%에 달했다. 그 결과 최고임금과 최저임금 간 배수는 1956년 28배에서 1979년에는 17.6배로 감소했다(Jackson 1992, 141).

(3) 사회보장정책

중국 정부당국은 저임금에 대한 대가로 노동자들에게 다양한 형태의 사회
보장을 제공하지 않으면 안 되었다(周小川 1993, 15). 중국 국유기업 노동자들
은 1951년에 발표된 〈중화인민공화국 노동보험 조례〉(이하 '노동보험 조례')를
통해 사회보장 혜택을 받았는데, 사회보장을 실시하는 주체는 국가가 아니
라 기업이었다. 그런 의미에서 계획경제 체제 하의 중국의 사회보장은 '기
업 보장'이라고 해야 더 정확하다. 국유기업은 사회보장에 '필요한 만큼을 현
직 노동자들로부터 거두어서 사회보장비를 지불하는 방식'(現收現付制, pay-as-
you-go system)을 채택했다.[2]

중국 국유기업 노동자들은 이러한 사회보장 혜택 외에 기업 차원에서 실
시하는 다양한 형태의 복리혜택을 누렸다. 직공 복리는 크게 세 가지로 나뉜
다. ①식당, 탁아소, 유아원, 목욕탕, 이발관 등 가사 노동을 경감시키는 복리,
②생활보조금, 주택 및 기숙사의 난방비 제공 등 직공의 생활상의 곤란을 해
결하는 복리, ③문화관, 도서관 등 직공의 문화생활을 풍부하게 하는 복리가
그것이다. 이 같은 복리는 직공복리기금에서 제공되었는데, 1953년에 수정된
노동보험 조례에 따르면 직공복리기금은 각 기업 직공임금 총액의 8%를 공제
하여 형성되었다.

중국의 사회보장정책은 전민소유제 기업에서 실시되다가 점차 현(縣)급
이상의 집체 기업으로 그 실시 범위가 확대되었으나, 사회보장 수준은 차이가
났다. 또한 기업 사정에 따라 기업 간 복리 수준도 차이가 났다. 그러나 농민들
은 그 같은 사회보장과 복리의 혜택을 전혀 누리지 못했다. 이런 점 때문에 중

---

2 양로비는 임금 총액에서 3%를 공제한 기금에서, 의료비는 임금 총액에서 5~7%를 공제한 기금에서
지급되었다. 이 비율은 이후 몇 번의 수정 과정을 겪었다.

국에서의 사회보장제도와 기업복리 제도는 도농 간, 소유제 간 차별을 확대시키는 결과를 낳았다(Dixon 1992, 11).

3) 노동관계의 특징

중국 공산당과 정부가 기업의 생산과 경영권을 통제하고, 해고권을 엄격히 제한했을 뿐만 아니라, 평균적인 임금분배 정책을 채택함에 따라 기업 경영자가 행사할 수 있는 권한은 매우 협소할 수밖에 없었다. 이 시기 기업 경영자들은 주로 비화폐 자원을 통해 노동자를 통제하고 노동 적극성을 제고시키고자 했다. 경영자가 이용할 수 있는 비화폐 자원은 크게 두 가지로 나뉜다. 첫째, 주택, 승진 기회, 작업장 배치 등과 관련된 물질적 자원이다. 둘째, 각종 영예나 행정처분과 관련된 정신적 자원이다. 이 정신적 자원은 물질적 자원과 상호 연관되어 있었다. 예를 들어, '모범 노동자'라는 영예를 얻게 되면 그에 상응하여 물질적 자원획득 기회가 확대되고, 반대로 행정처분을 받게 되면 그에 상응하여 그 기회는 축소되는 식이다. 경영자와 노동자 사이에 갈등이 발생하는 것은 주로 경영자들이 이 같은 비화폐 자원을 부적절하게 사용했을 때이다.

노동관계에서 기업 경영자의 행위는 두 가지 요소의 제약을 받았다. 해고권이 없다는 제도적 제약과 군중 노선을 이탈할 수 없다는 이데올로기적 제약이 그것이다. 이런 제약이 존재했기 때문에 기업 경영자는 노동자와 갈등이 발생했을 경우 주로 타협하는 방식을 채택할 수밖에 없었다. 한편 노동자 역시 직업 선택의 자유가 없고 직장 간 이동이 매우 힘든 고용제도 하에 놓여 있었기 때문에, 경영자와 마찬가지로 상호 타협하려는 경향을 보이게 되었다.

노동자들의 이익 추구 행위를 제약하는 이데올로기는 강하게 작용하고 있었다. 중국 공산당과 정부는 국가와 기업, 노동자의 근본 이익은 일치하고, 중국 공산당은 노동자의 이익을 대변한다는 이데올로기를 강조했기 때문에 노동자들도 일방적으로 자신의 이익을 강조할 수는 없었다. 중국은 건국 이후 두 차례의 논쟁을 통해 중국 노동조합의 노동자 이익 보호 기능을 박탈하고 노동조합을 당과 정부의 엄격한 통제 하에 두었다.[3] 그 결과 중국 노동조합은 왜곡된 '고전적 이원주의'(classic dualism) 모델 하에서 대중의 지지를 점차 상실하게 되었다.[4]

이처럼 계획경제체제 하의 노동관계는 폐쇄된 공간 내에서 갈등이 발생하고, 이런 갈등은 타협을 통해 해소되며, 타협이 이루어지지 않을 경우 모순은 누적되는 구조에 놓여 있었다.

한편 계획경제체제하의 중국 노동관계는 정치색이 아주 강한 특징을 갖고 있다. 중국 공산당과 정부가 정치동원 방식에 중요성을 부여한 것이 이 같은 노동관계를 형성하게 만든 계기가 되었다. 1950, 60년대 중국 공장은 정치동원 방식을 채택할 수 있는 충분한 조건을 갖추고 있었다. 즉 직공들이 거의 유동하지 않았고, 기업 내에는 '기업 당위원회–직장(車間) 당 지부–반(班) 당 소조'로 이어지는 공고한 당 조직이 존재했으며, 당 조직은 노조와 공청단(共青團) 등과 같은 '군중 조직'을 통해 노동 대중을 통제하고 당의 정책에 동원할 수

---

3 1차 논쟁은 1951년에 발생했다. 이 논쟁에서 리리산(李立三)은 '공'(公)과 '사'(私) 간에는 일정 정도의 모순이 존재하고, 노조는 노동자 이익을 대표해야 한다는 관점을 제기해 '생디칼리즘, 경제주의'에 빠졌다는 비판을 받았다. 2차 논쟁은 1957~58년에 걸쳐 전개되었다. 이 논쟁에서 라이루오위(賴若愚) 역시 동일한 주장을 펴다가 비판을 받았는데, 당시는 반우파 투쟁이 전개되는 상황이어서 그에게는 '우경기회주의자, 반종파주의자'라는 낙인이 찍혔다. 논쟁의 구체적 내용에 대해서는 Perry(1995, 306-308), WhiteⅢ(1976, 99-104), Harper(1969), Lee(1986)의 글을 참조.
4 전통 사회주의 사회의 노동조합 기능 모델은 레닌이 제기했다. 레닌에 따르면, 노동조합은 노동규율, 생산, 관리, 이데올로기 부문에서 교육 기능을 담당해야 할 뿐만 아니라 관료주의 체제의 폐해로부터 노동자를 보호해야 한다는 생산과 보호의 기능을 강조했다. 레닌이 강조한 이 모델이 바로 고전적 이원주의 모델이다(Pravda & Rubble 1986, 2-3; Sil 1997).

있었다.

정치동원 방식에 대한 중시는 기업 내에 정치적 은혜를 기초로 하는 '비호 관계'(patron-client ties)를 형성시켰다(Walder 1986). 기업 경영자들은 비화폐 자본을 통해 그 같은 비호관계의 연결망을 형성했다. 중국 공산당과 정부는 이 비호관계 연결망을 통해 기층 노동 대중을 통제해 왔다. 정치동원 방식에 대한 중시는 종종 중국 공산당과 정부의 상층부 내에서 전개된 정치투쟁과 연계되어 있었으며, 1950년대 후반 들어 정치운동이 빈번해짐에 따라 기업의 생산활동이 정치 논리에 좌우되는 등 노동관계의 정상적인 발전은 이루어지지 않았다.

2. 쌍궤제 시기의 기업제도와 노동관계

쌍궤제 시기는 문화대혁명이 끝난 이후 각종 시장화 실험이 전개된 시점부터 개혁의 목표로 '사회주의 시장경제체제 확립'이 공식적으로 선언된 1992년까지의 기간을 말한다. 이 기간 동안에는 계획체제와 시장체제가 병존했지만 전자는 점차 축소하고 후자는 점차 확대되는 양상을 보였다.

문화대혁명이 끝난 후 중국 공산당과 정부는 문화대혁명으로 파괴된 국민경제를 회복해야 할 과제를 안게 되었다. 당시 중국 공산당과 정부의 지도자들은 전통적인 계획경제체제의 경제 수단을 통해 고도성장 목표를 달성하려 했다. 즉 투자율은 국민 소득의 30%를 넘어섰으며, 중공업 우선 발전전략에 따라 과도한 건설 프로젝트를 추진했다. 그러나 이 같은 시도는 건설 프로젝트의 핵심이었던 유전이 발굴되지 않음으로써 실패로 끝나고 말았다. 뿐만 아니라 중국경제는 소비재와 생산재 부족이라는 전형적인 '결핍 경제'의 현상을 드러내고 있었다(黃 1986, 85). 1970년대 후반 국민경제를 조정하는 과정에서 경제체제 개혁방안이 부분적으로 나타났다. 이런 의미에서 당시 추진되었던 중국의 경제체제 개혁은 '청사진이 없는 개혁'이었다(Naughton 1995b, 5).

1) 기업제도 개혁

국유기업의 제도개혁은 계획경제체제의 틀을 유지하는 범위 내에서 기업에 자주권을 부여하고 인센티브를 보장하는 방식에 초점이 맞추어져 있었다. 정부가 정한 이윤 초과분에 대해서는 그 초과분의 15~25%를 기업의 임금과 보너스, 복리, 기업발전 기금 등으로 사용할 수 있다는 '이윤 유보제'가 도입되었다. 이윤 유보제는 1978년 10월 쓰촨(四川)성에서 실험되다가 그 성과를 입증 받아 1979년부터 중국 전역에서 광범위하게 실시되었다.

이 같은 조치가 취해졌음에도, 국유 공업기업의 효율성이 높아지지 않았으며, 오히려 투자과열 현상이 나타났다. 이는 경계체제가 연성 예산 제약하에 놓여 있는 상황에서 기업의 자주권을 확대시킨 결과라 할 수 있다(黃 1986, 88). 1979년 당시 이미 많은 투자 프로젝트가 진행되고 있던 상황에서 중국 정부는 예산내 지출을 감소시킬 수 없었기 때문에 1979년과 1980년에는 신중국 건설 이후 처음으로 3백억 위안에 이르는 재정적자가 발생했으며 통화팽창 현상까지 나타났다(吳敬璉 1994, 143-144). 1981년부터 1982년에 이르는 기간은 투자억제를 통해 재정 위기를 극복하려는 정부의 노력이 일정 정도 성공을 거둔 반면, 기업 자주권 확대 실험은 후퇴한 기간이었다.

중국 국유기업 개혁이 본격적인 궤도에 올라선 시점은 1984년부터이다. 그 해 5월 국무원은 〈국영기업 자주권을 더욱 확대시키는 데 대한 잠정 규정〉을 발표했고, 10월에는 이듬해부터 시행하려던 '이윤 상납을 세금으로 대체하는 정책'(利改稅政策)을 앞당겨 실시했으며, 12월에 개최된 중국 공산당 제12차 대회 3중 전회에서는 〈경제체제 개혁에 관한 중공중앙의 결정〉이 발표되었다. '이윤 상납을 세금으로 대체하는 정책'은 국가와 기업 간의 재정관계를 규범화한다는 의미를 갖고 있었다. 그러나 가격 개혁이 이루어지지 않은 상태에서 기업의 이윤이 경영성과를 정확하게 반영한다고 볼 수 없었기 때문에 기업에 대해 일률적으로 55%의 소득세를 징수하는 것은 합리성을 결여하고 있었다. 이런 이유 때문에 당시 개혁파들은 제7차 5개년 계획 기간(1986~90) 동안 가격, 재정, 투자, 은행, 임금, 무역 등 '포괄적인 개혁방안'(改革的整體設計方案)을 추진한다는 계획을 세워놓고 있었다(吳敬璉 1994, 159).

그 가운데 가격개혁은 '포괄적인 개혁방안'의 핵심에 해당되었다. 1984년 5월 국무원은 기업이 판매할 수 있는 공업 생산재(계획 내 상품의 2%)와 국가 계획을 달성한 후 이를 초과한 부분의 공업 생산재에 대해서는 국가가 정한 가격의 20%내에서 판매할 수 있도록 했고, 1985년 1월에는 이 20% 규제마저 풀어버렸다. 그 후 중국에서는 동일한 상품에 국가가 정한 계획 가격과 시장 조절 가격이 동시에 적용되는 이중 가격제가 나타났다.

경제체제 개혁이 진행되는 동안 통화팽창과 물가상승이 심각한 문제로 대두되었다. 이 시기 통화팽창은 대부분 은행 대출 확대에 기인한 것이었다(薛暮橋 1996, 405; Naughton 1995b; Byrd 1992). 1979년부터 중국 당국은 국유기업에 대한 '재정 지원을 은행대출로 전환하는'(拔改貸) 실험을 전개해 왔고, 1984년 하반기에는 1985년의 은행 대출 규모는 1984년의 대출 규모에 따라 결정한다는 정책을 발표한 뒤 각 은행이 경쟁적으로 대출을 확대시키는 바람에 1984~87년 동안 은행 대출 규모가 매년 27%씩(1984년은 36.4%) 증가했는데, 이 수치는 1978~83년의 13.5%에 비해 2배에 달한다(Naughton 1995b, 253).

정부당국의 통화팽창 억제 노력이 전개되자 자금 압박을 받던 일부 기업들의 경영 사정이 악화되었고, 1985년 이후부터 중국 국유기업의 적자폭은 크게 확대되기 시작했다. 국유기업의 적자폭 확대는 중국의 재정 수입을 감소시켰고, 이는 기업에 대한 정부의 재정 지원 확대를 야기함으로써 정부당국의 재정 부담은 가중되었다. 이 같은 상황에서 중국 정부당국은 가격개혁 등 포괄적인 개혁방안을 미루고 통화 공급을 증가시키기 시작했고, '기업하청 경영책임제'(企業承包經營責任制)라는 새로운 개혁방안을 추진하기 시작했다. 기업의 자금압박 문제를 덜어주고, 상납 이윤과 세금 확대를 통해 재정 부담을 줄여 고도성장을 달성하겠다는 전략을 채택한 셈이다(薛暮橋 1996, 415-416).

기업하청 경영책임제는 국가재정 수입을 안정시키고 기업의 적극성을 높이는 역할을 했다. 중국사회과학원 경제연구소가 조사한 자료에 따르면, 기업 이윤 유보율은 1980년 25%에서 1989년에는 평균 63%로 증가했다(Grove, Hong, McMillan and Naughton 1994). 그렇지만 이 제도는 적지 않은 문제도 야기했다. 목전의 이익만 쫓아 약탈식 경영을 하는 단기 행위가 발생했고, 심지어 거짓 장부 작성과 가격 조작을 통해 이윤의 일부를 제3의 기업으로 빼돌리는 기회주의적 행위도 발생했다. 비국유기업과 국유기업 사이의 경쟁이 치열해져 국유기업의 독점 이윤이 전반적으로 하락하는 상황(Naughton 1995b) 하에서 포괄적인 개혁 없이 기업하청 경영책임제를 추진함으로써 국유기업의 재무 상황은 더욱 악화되었다(吳敬璉 1999, 165).

무엇보다 심각했던 문제는 통화 공급을 늘려 기업의 자금 압박을 덜어주고, 이를 통해 고도성장을 달성하겠다는 전략이 물가 폭등과 사재기 열풍이라는 경제 혼란을 가져왔다는 점이다. 이런 경제 혼란 속에서 일부 도시 주민들의 실질소득이 저하되는 현상도 나타났다(張卓元 1995, 79-80). 물가상승에 따른 도시 주민들의 불만이 확대되는 가운데 정치적 이완의 틈을 타고 천안문 사건이 발생했고, 이로 인해 당시 중국 지도부가 추진하던 통화 팽창을 통한 고도성장 전략은 물거품으로 돌아가고 말았다.

2) 노동제도 개혁

(1) 고용제도 개혁

문화대혁명이 끝난 후 중국 정부당국은 인구의 자연 증가로 사회에 진출한 신규 노동력과 농촌에서 도시로 되돌아온 지식 청년들에게 일자리를 제공할 수 없는 상황에 처했다. 대량의 실업자가 발생하는 가운데, 정부당국은 '노동부문이 직업을 소개하고, 자신이 취업을 조직하며, 스스로 취업을 모색하는 방법을 결합한다'는 '3결합' 정책을 발표했다. 3결합 정책은 정부당국이 노동력 수급의 주체임을 부분적으로 포기한 것으로 볼 수 있다.

한편, 중국 정부 당국은 1980년대 초부터 국유기업 노동자들의 종신고용제도의 폐단을 극복하고 근로계약제도를 도입하려고 시도했다(趙守一 1983). 그렇지만 이는 국유기업 노동자의 사회경제적 지위 변동을 야기하는 정치적 성격을 띠고 있었기 때문에(White 1987, 365), 정부당국도 이 문제에 대해서는 아주 신중한 자세로 대처해 왔다.

중국 정부당국은 1986년 10월 1일부터 국유기업이 새롭게 채용하는 노동자에 대해서는 '근로계약제'(勞動合同制)를 적용하도록 했다. 이 제도가 실시됨으로써 한 기업 내에 근로계약제 노동자와 종신제 노동자가 공존하는 이중적인 체계가 유지되었다. 한편 종신제 노동자에 대한 개혁 조처도 뒤따랐다. 기업 내 잉여노동력을 가려내고, 이들에 대해서는 기업이 새로운 업무를 부여하거나, 한정된 범위 내에서 사퇴시키는 '노동력 최적화'(優化勞動組合) 방안이 그것이다. 국유기업들은 기업 내 잉여노동력을 흡수할 '노동복무회사'(勞動服務公司) 설립을 서둘렀다. 노동복무회사는 잉여노동력을 사회로 내몰기 이전에 '적절한 일거리'를 만들어 일정 기간 동안 기업에 머물게 해 주는 일종의 '안정' 장치라 볼 수 있다. 이 노동복무회사는 기업 내 잉여노동력을 흡수하는 데 상당한 기여를 했던 것으로 평가된다(Walder 1991, 478).

1980년대 중후반 국유기업이 잉여노동력을 사토시키는 데는 많은 한계가 따랐다. 실업보험제가 확립되어 있지 않은 데다 노동력 이동이 쉽지 않은 상황에서 노동자를 해고하는 일은 노동자의 생존권을 박탈하는 것과 다를 바 없었다. 더욱 더 큰 문제는 노동자들이 과거 저임금 하에서 국가와 기업을 위해 바쳤던 노력과 공헌에 대해 정당하게 보상하지 않고, 일방적으로 사퇴시키는 것이었는데, 이 같은 조치는 노동자들의 강한 반발을 불러일으켰기 때문에(遼寧省總工會 1990) 극히 부분적으로밖에 이루어지지 않았다.

(2) 임금제도 개혁

문화대혁명이 끝난 후 중국 정부 당국은 과거의 등급제 임금체계 및 평균주의적 분배 방식이 노동 적극성을 제고시키지 못했다고 비판하고, 노동 적극성을 제고하고 임금이 생산성과 밀접하게 연계되는 임금제도 개혁에 착수했다. 그 첫 번째 조처가 바로 '노동에 따라 분배한다'(按勞分配)는 원칙을 재확립하고, 보너스와 성과급제 등 물질적 인센티브를 부활시킨 것이다. 기업 개혁과 더불어 기업의 이윤 유보가 증가했고, 많은 기업들은 각종 명목의 상여금과 실물적 보상을 늘려갔다. 정부당국의 규제[5]에도 불구하고 기업은 각종의 부정한 수단을 동원해 보너스를 지급하는 등 그 같은 현상은 근절되지 않았다 (Takahara 1992, 87). 특히 기업들이 상호 비교를 통해 화폐 및 비화폐 소득을 증가시키는 바람에 임금 총액을 규제하려던 정부당국의 노력은 종종 좌절되고 말

---

[5] 1980년 국무원은 유보 이윤 가운데 기업의 생산발전 부분에 돌려야 할 몫은 60% 이상이어야 하고, 직공 보너스와 복리에 사용되는 몫은 40%를 초과할 수 없다고 규정했다.

았다. 이는 '임금이 이윤을 침식하는' 전형적인 현상이다(戴園晨 1994, 216-227).

　본래 노동 적극성을 제고시키기 위해 도입된 보너스와 성과급제가 실천 과정에서는 평균적으로 분배됨으로써 그 도입 목적은 상실되고 말았다. 중국 정부당국은 노동에 따라 분배한다는 원칙 하에 보너스와 성과급제를 추진하라고 요구했지만, 작업량을 평가하는 과학적인 표준을 확립하기 어려웠기 때문에 이를 실천에 옮기는 것은 상당히 어려웠다. 또한 차등 분배는 노동자의 불만을 야기했고, 이러한 불만은 종종 나태 행위로 나타났다. 당시 기업 경영자들에게는 이런 나태 행위 규제할 만한 충분한 수단이 없었기 때문에, 경영자들은 노동자들과 '타협'(tacit agreement)을 통해 문제를 해결하려 했다(Walder 1987, 30). 그 결과 평균적인 임금분배 메커니즘은 근절되지 않았다(Takahara 1992, 88).

　이 같은 상황에서 정부당국은 1985년 '기업의 성과에 따라 임금 총액이 조정되는 정책'(工資浮動制)을 추진했다. 구체적인 방법은 다음과 같다. 임금 조정폭은 1 : 0.3～1 : 0.7이다(勞動人事部·財政部·國家計委·國家經委 1985). 만약 기업이 국가에 상납해야 할 이윤 및 세금과 임금 총액 조정 비율을 1 : 0.7로 확정했다면, 기업의 상납 이윤 및 세금이 전년도에 비해 1% 증가했다는 전제 하에 기업의 임금 총액은 전년도에 비해 0.7% 증가할 수 있다. 이론적으로 볼 때 기업 노동자들은 기업의 성과와 자신의 노동 공헌에 따라 소득을 올릴 수 있게 되었다. 따라서 이 정책은 계획경제체제하에서 형성되었던 등급제 임금제도를 타파했다는 의의가 있으며(Korzec 1992, 54), 중국 개혁파들이 1985년에 이르러서야 비로소 경제체제 개혁의 의도에 부합하는 '합리적인 임금제도'를 마련했다고 볼 수 있다(Takahara 1992, 163). 그러나 1980년대 중국 국유기업 노동자들의 임금 인상은 생산성 향상과 관계없이 이루어졌다는 점에서 임금제도 개혁은 실패로 끝났다고 볼 수 있다(戴園晨 1994).

3) 노동관계 변화

기업이윤 유보제, 기업하청 경영책임제, 근로계약제, 경영성과에 따른 임금 총액 조정제 등 각종 개혁 제도 도입은 기존 노동관계의 내용을 크게 바꾸어 놓았다. 우선 기업 경영자의 권한이 대폭 강화되었다. 1984년에 개최된 중국 공산당 제12차 3중 전회의 결정으로 도입되어 실시되기 시작하다가 1988년 국무원이 발표한 〈중화인민공화국 전민소유제 공업 기업법〉에 법률로 명시된 '공장장 책임제'는 기업 경영자의 합법적 지위를 높여 놓았다. 공장장 책임제는 '당위원회 지도 하의 공장장 책임제'를 대신해서 나타난 제도이긴 하지만, 1980년대 동안 공장장과 당위원회 서기 간에는 역할 분담 혹은 협조 관계가 자리잡았다(Walder 1989, 246; Chamberlain 1987, 647).

한편, 기업 경영자들은 근로계약제를 통해 근로계약을 해지할 수 있는 권한을 갖게 되었다. 또 기업이윤 유보제와 임금제도 개혁을 통해 화폐자본에 대한 통제권을 강화했다. 기업 하청 경영제 실시로 경영자들의 이 같은 권한은 더욱 확대되었고, 이를 바탕으로 기업 경영자들은 노동 관리를 더욱 강화할 수 있게 되었다. 1980년대 중후반기 이후 중국의 국유기업 내에는 노동 관리를 강화하려는 많은 규정들이 만들어졌고, 이를 무리하게 시행하는 과정에서 노동자들의 반발이 잇달았다(全總工會政策硏究室 1987, 165-167).

기업 경영자가 고용과 해고권, 화폐자본 처분권 등 많은 권한을 획득한 반면, 노동자는 '해고될 수도 있다'는 불안감을 안게 되었다. 그러나 이 시기의 노동자들은 일방적인 피해자만은 아니었다. 예산 제약이 약하고, 경영자에 대한 인센티브가 충분하지 않은 상황에서 경영자들은 노동자들과 대립하기보다는 타협하는 방식으로 노동자와 자신의 소득을 증가시켰다. 이는 1980년대 국유기업의 경영자와 노동자의 관계가 상호 이해관계가 분화되는 동시에 암묵적인 '공모'(共謀) 관계를 맺고 있는 복잡한 환경 하에 놓여 있다는 것을 보여준다.

한편, 중국 정부당국은 공장장 책임제를 견제한다는 의도로 직공대표대회

제도를 도입했다. 직공대표대회는 기업 경영자의 경영활동을 감독하고, 기업의 중대 문제에 대해 노동자들이 심의 결정할 수 있는 권한을 갖고 있었다. 그러나 실천 과정에서 많은 한계를 드러내 노동자들의 직공대표대회 역할에 대한 만족도는 대단히 낮은 것으로 나타나고 있다(全國總工會政策研究室 1987, 151).

노동자에게 경영자를 견제할 만한 적절한 제도적 수단이 없는 상황하에서 1980년대 중후반기 들어 노동관계가 악화되는 사례가 빈번하게 발생했다. 노동자들의 집단소송 등 정식 집단행동이 증가했을 뿐만 아니라 파업, 태업, 정부주관 부문을 찾아가 집단적으로 항의하는 행위(集體上訪) 등 비정식 집단행동도 증가되었다. 특히 기업 하청 경영제도 하에서 노동자들의 비공식 집단행동은 더욱 빈번하게 나타났다(全總政策研究室 1987; 全國總工會辦公廳 1989).

1980년대 중후반기 들어와 노동관계 변화에서 주목할 만한 현상 중 하나는 과거 정치색이 농후했던 노동관계가 점차 그 정도가 약화되고 있다는 (slack-politicized) 점이다. 특히 공장 차원에서 적용되던 경영 하청제가 직장과 반으로까지 확대되면서 그 경향은 가속화되었다. 과거 생산과 정치 기능을 동시에 떠맡았던 직장의 주임과 반장이 이윤 최대화를 추구하는 경제인으로 변화했기 때문에 이들을 통한 중국 공산당의 정치사상 교육은 일정한 한계를 드러낼 수밖에 없었다. 이는 당 조직의 쇠퇴로 연결되었고(全國總工會宣敎部 1988), 그 결과 과거 정치적 보상을 중심으로 한 비호관계는 점진적으로 해체되고 있었다(Walder 1991, 474).

노조에 대한 대중적 지지의 하락, 당 조직의 쇠퇴, 노동관계의 탈정치화 등은 중국 공산당과 정부의 대중 통제 능력이 저하되고, 개혁의 불확실성이 증대되고 있음을 의미한다. 이 같은 상황을 극복하기 위해 중국 공산당과 정부, 전국총공회는 노조개혁 작업에 착수했다. 전국총공회가 1988년에 기초한 〈노조개혁 기본구상〉(工會改革的基本設想)은 다음과 같은 내용을 담고 있다. ①당 조직은 노조 내부의 모범적인 활동을 통해 지도력을 행사해야 한다, ②

정부는 노조의 민주적 참여와 사회 감독의 권리 및 의무를 입법화해야 한다,
③노조의 관료화 경향을 극복하기 위해 노조 조직의 대중화·민주화를 실현해
야 한다(陣驥 1993, 100-105).

이 방안에는 전국총공회의 현실 인식, 즉 점차 확대되어 가는 시장체제 하
에서 자신의 생존을 위해서는 노동자의 이익 대변 기구로 전환해야 한다는 절
박한 인식이 담겨 있다. 그러나 이 방안이 '위로부터' 마련되었다는 점을 고려
한다면, 이 방안은 대중으로부터 지지 받는 노조 조직을 통해 노동자 대중을
통제하겠다는 중국 공산당과 정부의 의도를 반영하고 있다고 해야 할 것이다.
어떻든 〈노조 개혁 기본 구상〉을 확립했다는 것은 신중국 건설 직후부터 꾸준
히 내려오던 '노조의 노동자 보호 기능 강조 불가'라는 이데올로기적 금기가
동요되고 있다는 것을 반증한다. 그러나 노조 개혁 노력은 곧이어 발생한 천
안문 사건 직후의 반 개혁적 기류 속에 파묻혀 무위로 끝나고 말았다.

3. 시장경제 시기의 기업제도와 노동관계의 변화

1) 기업제도 개혁

1989년 천안문 사건 이후 중국 공산당과 정부는 "3년 혹은 더 긴 시간을 들
여 경제를 조정 할 것"이라는 방침을 발표했다. 당시 개혁파를 견제하던 보수
파들은 경제조정 방침으로 통화긴축과 엄격한 투자 제한을 들고 나왔다. 그
결과 물가는 억제되었으나, 기업의 자원에 대한 수요와 국민들의 일상 소비재
에 대한 수요가 격감하여 중국경제는 불황기에 접어들었다.

이 불황기 동안 국유기업의 적자폭은 더욱 확대되었다. 1988년 예산 내 국

유 공업기업과 예산 외 국유 공업기업의 적자액은 각각 71억 위안, 82억 위안에 지나지 않았으나, 1991년에는 각각 300억 위안, 367억 위안으로 확대되었다(拉迪 1999, 38). 국유기업의 적자 확대는 국유기업과 은행의 관계를 악화시켰다. 국유기업의 은행 채무는 1980년대 중국 정부당국이 '재정 지원 대신 은행 대출로 국유기업을 운영하라는 정책'(撥改貸)을 발표한 후 눈덩이처럼 불어났다. 개혁 초기 자산의 11%에 지나지 않았던 국유기업의 부채는 꾸준히 증가하여 1995년에는 85%에 이르렀다.

국유기업의 부채 확대도 문제지만, 더욱 더 큰 문제로 대두된 것은 은행의 불량대출이다. 1995년 말 현재 국유기업의 은행 대출액은 약 3.36만 억 위안으로 전체 은행 대출액의 83%를 점하고 있으며, 중국 정부와 은행 당국으로부터 공식적인 수치 제시는 없지만 그 상당수는 불량대출로 알려져 있다(拉迪 1999, 106-110). 1995년 중국 4대 은행의 순자산은 2,690억 위안으로, 불량대출을 제외하면 자기자본 비율이 현저하게 낮아져 이미 '기술적 파산'(拉迪 1999, 5) 상태에 놓여 있다고 할 수 있다.

이런 상황에서 개혁을 촉구하는 덩샤오핑(鄧小平)의 남순강화(南巡講話)가 시도되었고, 이에 힘입어 개혁파들은 시장화 개혁방안들을 잇달아 정책화시켰다. 1990년대 국유기업과 관련한 주요 제도개혁은 두 가지로 압축된다. 하나는 전통적인 국유기업을 '현대기업제도'로 전환하는 것이며,[6] 다른 하나는 국유기업과 은행의 부채 관계를 정리하는 것이다. 현대기업제도는 다양한 실험을 통해 진행되어 왔다.

---

[6] 1993년 11월에 개최된 중국 공산당 제14차 3중 전회는 국유기업의 개혁 방향으로 '현대기업제도'를 제시했다. 중국 공산당은 현대기업제도를 "재산권을 명확히 하고(産權明晳), 권한과 책임을 명확히 하며(權責明確), 정치와 경제를 분리하고(政企分開), 과학적 관리를 실시하는(科學管理)"는 기업제도라고 설명한다.

우선 1994년 말 국무원은 1백 개 대형 국유기업을 선정하여 현대기업제도 실험에 들어갔다. 이 실험은 약 2년간에 걸쳐 이루어졌는데, 그 결과는 다음과 같다. 1백 개 실험 대상 기업 중 1개의 기업은 해체되었고, 1개의 기업은 다른 기업에 합병되었으며, 나머지 98개 기업은 아래의 4가지 형태의 기업으로 전환되었다. ①17개 기업은 주식 소유주가 다원화된 기업으로 전환되었다. 그 중 11개 기업은 유한책임의 주식회사로, 6개 기업은 유한책임회사로 전환되었다. ②69개 기업은 국유독자(獨資) 회사로 전환되었다. ③10개 기업은 지주회사(정부의 주관 부문이 지주회사로 전환됨)의 통제를 받는 국유독자 기업으로 전환되었다. ④2개의 기업은 자산이 재조정되었다(董輔礽 1999, 396). 중앙정부의 이런 실험과는 별도로 지방정부도 2,343개 기업을 선정하여 이와 유사한 실험 과정을 거쳤다.

그 다음은 국가 지주회사 설립 실험이다. 1994년 10월 국무원이 중국 석유화학 총공사, 중국 유색금속 총공사, 중국 항공 총공사에 대해 국가 지주회사 설립 방안을 비준한 뒤 1996년 11월 이들 세 회사는 각각 직속 기업과 기타 기업에 출자할 수 있는 지주회사로 전환되었다. 이런 실험은 각 지방에서도 전개되어 '○○국유기업 자산 경영 공사' '○○국유기업 자산 운영 공사' 등과 같은 지주회사가 나타났다. 지방의 지주회사들은 과거 국유기업을 관할하던 정부 주관 부문이 정부로부터 독립하여 설립한 경우가 적지 않다.

마지막으로 기업 그룹 설립 실험이다. 국유기업을 다국적기업으로 전환하기 위해 전개된 실험으로 1991년부터 시작되어 1994년에 55개 기업이 기업 그룹으로 공상국(工商局)에 등록했고, 그 수는 꾸준히 확대되고 있다.

이런 실험 과정을 거쳐 중국 국유기업은 다음과 같은 중요한 변화를 겪게 되었다. ①경영 성과가 비교적 좋은 중대형 국유기업은 주식회사로 전환되었다. ②과거 행정부문이 직접 관리하던 국유기업 자산관리체계는 새롭게 설립된 국유자산관리국[7]과 그 산하의 지주회사가 관리하는 관리체계로 바뀌었다.

즉, 정부의 각 주관 부문이 직접 국유기업을 관리하던 과거의 관리체계는 '상층 조직'(upper-tier organization)으로서 국유자산관리국, '중층 조직'(intermediate organization)으로서 지주회사, '경영 기업'(operational enterprises)으로서 개별 국유기업의 3급 관리체계로 바뀌었다.

　중국 정부당국은 국유기업을 주식제로 전환시키고 이를 관리할 국유자산관리국을 독립된 정부기구로 발족시킴으로써 기업 내부 성원들의 권한과 책임을 명확하게 하려 했고, 정부의 주관 부문 혹은 대형 국유기업을 지주회사로 전환함으로써 국유기업에 대한 투자 주체를 명확히 하고 경영 감독 문제를 해결하고자 했다. 이는 국유기업의 내외부적 인센티브를 강화하여 국유기업을 개혁하려는 방안이라고 볼 수 있다.[8]

　한편, 국유기업과 은행 간의 부채 문제에 대한 정리도 가속화되었다. 중국 정부는 1999년 4월 '신다 자산관리공사'(信達資産管理公司)를 설립한 이후 둥팡(東方), 화룽(華融), 창청(長城) 자산관리공사를 연이어 설립하여 국유기업 부채 정리에 나섰다. 이들 자산관리공사는 중국 재정부가 출자한 회사로 국유 은행이 안고 있던 부채를 은행에서 분리하여 그 부채를 전문적으로 관리하는 회사이다. 이는 기술적 파산 상태에 놓여 있는 중국의 국유 은행을 구제하려는 방안이다. 이 같은 개혁 정책은 국유기업과 은행의 경영 상황이 점차 악화되고 있는 상황에서 추진되었다는 점에서 '주동적' 개혁이라기보다 '피동적' 개혁이었다(張春霖 1999).

---

7 국유자산관리국은 2003년 정부기구 개편 때 국무원 직속 국유자산감독관리위원회로 전환되었다.
8 기업 이론에 따르면, 기업이 건전하게 발전하려면 건전한 '내부 기제'(internal incentives)와 '외부 기제'(external incentives)가 존재해야 한다고 한다. 여기서 내부 기제란 이사회, 감사회, 경영 기구간의 권한과 책임이 명확한 조건을 뜻하며, 외부 기제란 시장환경의 투명성과 개방성을 보장하는 법, 제도, 관습 등의 외부 환경을 뜻한다. 이런 이론에 근거할 때, 중국은 아직 내부 기제와 외부 기제가 미성숙했다는 지적도 있지만(The World Bank 1997), 중국 국유기업이 향후 기업이론이 제시하는 요구조건에 부합하는 방향으로 나갈 것이라는 데는 이견이 거의 없다.

중국 정부당국이 1990년대 중후반기부터 추진하고 있는 위와 같은 정책에 대해 경제계 일각에서는 국유기업의 문제를 근본적으로 해결하기 위해서는 소유권 구조를 근본적으로 변화시켜 민영화로 나가야 한다는 제안을 제시하기도 한다(張維迎 1999, 129-141). 중국 공산당은 제15차 당 대회에서는 "누가 기업의 통제권을 행사하느냐는 것이 관건"이라고 밝혀 국유기업의 소유권 구조가 변화할 것임을 예고했지만, 아직까지 정부 소유의 주식 비례 적정선에 대해서는 구체적인 방침을 밝히지 않고 있다. 1990년대 중후반기 들어와서 중국 정부 당국은 위와 같은 실험 외에도 국유기업의 소유권 분산과 사유화를 촉진하는 여러 방안들을 잇달아 내놓고 있다. 그 가운데 중요한 국유기업 개혁 방안을 살펴보면 다음과 같다.

첫째, 국유기업을 시장원리에 맡긴다는 조치이다. 제15차 당 대회는 국유기업 개혁과 관련하여 다음과 같은 중요한 결정을 내렸다. 국민경제의 핵심과 거리가 있는 국유기업에 대해서는 독점 특권을 부여하지 않고 시장경쟁 원리에 맡겨 구조조정한다는 정책이다. 이 정책은 1999년에 개최된 중국 공산당 제15차 당 대회 4중 전회를 통해 더욱 구체화되었다. 4중 전회는 국가 통제를 필요로 하는 업종으로, ①국가 안전과 연관된 업종, ②자연 독점적 업종, ③주요 공공 상품과 서비스를 제공하는 업종, ④지주 산업과 하이테크 산업의 골간 기업으로 한정했다.

둘째, 효율성이 떨어지고, 경영성과가 나쁜 소형 국유기업은 시장에서 퇴출한다는 방안이다. 제15차 당 대회 이후 '경영 성과가 좋은 대형 국유기업은 집중적으로 육성·발전시키고, 경영 성과가 나쁜 소형 기업은 시장의 원리에 따라 구조조정한다'는 소위 '조대방소' 정책이 발표되었으며, 제15차 당 대회 4중 전회는 구조조정 대상 범위를 중형 기업으로까지 확대하는 결정을 내렸다.

1990년대 중국 정부 당국이 내놓은 일련의 국유기업 개혁 조처들로 국유기업의 소유권 구조는 현저하게 변화하고 있다. 국우기업이 주식제 회사로 전환됨으로써 적지 않은 중대형 국유기업들의 '소유권이 분산되었다'(ownership diversified)(The World Bank 1997, 33-35). 또 자산관리공사 설립을 통한 국유기업의 구조조정 방안과 소위 '조대 방소' 정책은 향후 수많은 국유기업들이 매각, 합병 등 다양한 형태로 사유화의 길을 걷게 될 것을 예고하고 있다.

2) 노동제도 개혁

(1) 고용제도 개혁

1990년대 고용제도 개혁의 내용은 '국유기업 고정공 제도의 폐해를 극복하고 노동시장을 통해 노동력을 합리적으로 유동하도록 한다'는 것으로 압축된다. 그간 국유기업은 기업의 수요와 상관없이 국가가 정한 노동량을 고용해 온 탓에 많은 잉여노동력을 안고 있었다. 국유기업의 잉여노동력 규모가 얼마나 되는지에 대한 정부당국의 공식적인 발표는 없지만, 중국 경제계는 그 수치가 국유기업 고용자 수의 20~30%에 달할 것이라는 세계은행의 보고서(周其仁 1997, 9)에 대해 별다른 이견을 제시하지 않고 있다. 1996년 현재 국유기업의 고용자 수는 7천 4백만 명(中國統計年鑑 1997, 102)으로, 위의 비율대로 계산해 보면 국유기업 잉여노동자 수는 약 1천 5백만~2천 2백만 명에 달한다(Jefferson & Rawski 1992, 48). 이 같이 방대한 잉여노동력은 국유기업의 경쟁력을 떨어뜨리는 한 요소로 인식되었다.

고정공 제도의 폐해를 극복하기 위해 두 가지 정책이 동원되었다. 전면적인 근로계약제 도입과 기업의 잉여노동력 퇴출이 그것이다. 전면적인 근로계약제는 1994년에 발표된 노동법에 따라 도입되었다. 노동법은 신규 노동력에 대해서는 계약제를 채택하도록 했고, 동일 직장에서 10년 이상 근속한 노동자에 대해서도 본인이 원할 경우에는 '무기한의 노동 계약'을 체결하도록 규정함으로써 전면적인 근로계약 시대를 열었다.

기업의 잉여노동력 퇴출 정책은 중국 정부당국과 국유기업이 1980년대 중후반에도 추진한 바 있지만, 당시의 상황과 비교할 때 많은 차이점이 존재한다. 무엇보다 시장경쟁에서 낙오한 국유기업이 파산, 휴업하는 사태가 잦아졌고, 이 같은 현상을 목격한 1990년대 중후반기 노동자들의 퇴출에 대한 심리적 저항은 1980년대 중후반보다 현저하게 감소되었다고 볼 수 있다. 그 밖에 1990년대 후반기에는 중국 정부당국이 실업보험제를 도입하기 시작했고, 일부 지방정부와 기업들은 미흡하나마 지난날 노동자들이 국가와 기업에 대해 공헌했던 땀의 대가에 대한 보상책도 내놓고 있으며[9], '재취업 복무 중심'이라는 기구를 만들어 실업자에 대해 재교육을 실시하고 직장도 알선해 주고 있다. 이런 환경 하에서 중국 기업이 안고 있던 방대한 잉여노동력은 1997년 이후 해마다 1천만 명 이상씩 '샤깡'(下崗)이라는 이름으로 정리되고 있다(王延中 2000, 50).

(2) 임금제도 개혁

1990년대 중국 정부당국은 '기업의 경영성과에 따라 임금 총액이 조정되는' 1980년대의 임금정책을 계승하면서 몇 가지 새로운 내용의 임금정책을 내놓았다. 첫째, 최저임금제 도입이다. 둘째, 정부당국은 임금 가이드라인을 제

---

9 필자가 2000년 12월과 2001년 6월에 조사를 진행했던 창사 시의 한 국유기업의 경우 1984년 이전에 입사한 노동자 중 1~10년의 근무연한자에 대해서는 연 5백 위안을, 10년 이상 근무연한자에 대해서는 연 9백 위안을 보상해 주었다(張映碩 2001, 101-102).

시하고 기업의 구체적인 임금 배분에 간여하지 않는다는 정책이다. 즉, 정부당국은 당해 연도 화폐임금 증가 기준선을 제시하고, 화폐임금 증가 최저 기준은 실질 임금이 제로 성장하거나 마이너스 성장하도록 한다는 것이다. 셋째, 기업과 노동자간에 단체협상을 통해 임금을 결정하도록 유도하는 정책이다.

이런 임금정책으로 인해 1990년대 들어 경영성과가 좋은 기업과 그렇지 못한 기업 간, 경영성과가 좋은 산업과 그렇지 못한 산업간, 생활 수준이 높은 지역과 그렇지 못한 지역 간의 임금격차가 확대되었다.

1990년대 임금정책 가운데 무엇보다 주목을 끄는 것은 '노동에 따른 분배와 생산요소에 따른 분배의 결합' 원칙이 제시되었다는 점이다. 이는 과거 '노동에 따른 분배' 원칙을 이론과 실천면에서 돌파한 중대한 혁신이다(曉亮 1999, 2). 중국 공산당과 정부가 이 원칙을 제시한 것은 생산 과정에서 중요한 역할을 수행하는 자본과 전문기술에 대해 분배 차원의 물질적 인센티브를 보장해야 한다는 논리를 받아들인 것으로, 이 분배 원칙이 제시됨으로써 자본과 전문지식을 가진 계층과 그렇지 못한 계층 사이의 소득격차 확대가 정당화되고 있다. 1990년대 중후반기에 들어와 기업 경영자와 일부 과학기술을 가진 전문가들에 대해 연봉제, 스톡옵션제가 도입되고 있는 것은 이 같은 배경에서이다.

(3) 사회보장제도 개혁

퇴직자가 증가함에 따라 국유기업의 양로, 의료비 등 각종 사회보장비 부담은 국유기업이 감당하기 힘들만큼 증가하였다. 1978년 임금 총액에서 양로비, 의료비가 차지하는 비율은 각각 14%, 5.8%였으나, 1997년에는 각각 35.8%, 9.2%로 증가했다(張曉碩 2001, 79-80). 또한 파산, 휴업, 적자 기업이 증가함에 따라 양로비, 의료비를 내지 못하는 기업이 늘어났고, 이는 사회의 안정을 위협하는 요인이 되었다. 계획경제 체제 하에서 채택했던 '현재의 취업 노동자로부터 사회보장비를 거둬 이미 퇴직한 사람에게 사회코장비를 지불하는' 소위 현수현부제(現收現付制, pay-as-you-go system)의 모순이 집중적으로 드러나고 있는 셈이다. 현수현부제는 퇴직자 수가 적을 때는 믄제가 발생하지 않지만, 퇴직자 수가 증가할수록 현직 노동자와 기업의 부담은 가중될 수밖에 없는 구조적 취약점을 안고 있다.

중국 정부당국은 1990년대 초부터 기금제와 '현수현부제'를 결합하는 실험을 전개하기 시작하여, 1997년에는 통일된 보험비 납입 기준을 마련했다. 통일된 안에 따르면, 양로비는 두 가지 요소로 구성된다. 우선 '개인 통장에 적립되는 양로비'로, 노동자 개인 임금의 11%로 구성된다.[10] 퇴직 이후 개인은 매월 '납부총액/120'을 지급받는다. 그 다음은 '기초 양로비'로, 임금 총액의 5%로 구성되며 기업이 납부한다. 퇴직 후 개인은 지역 평균임금의 20%를 지급 받는다.

양로보험과 관련하여 현재 중국 정부당국이 직면하고 있는 가장 큰 문제는 소위 '양로비 음성 채무' 문제이다. 이 음성 채무란 과거부터 국유기업에 근무해 온 노동자들에게 지급되어야 할 양로비 가운데 개인 통장에 적립해 두었어야 할 부분이 적립되지 않아 통장이 빈 통장으로 남아 있는 것을 말한다. 이 음성 채무의 규모가 얼마나 되는지를 측정하기란 대단히 어려운 일이지만, 세계은행의 계산법에 따르면 1995년의 음성 채무액은 중국 GDP의 40% 안팎이라고 한다(宋曉梧·張中俊·張新梅 2000).

현재 국유기업은 이런 음성 채무에 대해서도 칙임져야 할 뿐만 아니라, 새로운 양로보험 제도의 규정에 따라 일정액의 양로비도 납부해야 하는 이중 부

---

10 이 11%는 기업과 개인이 공동 부담한다. 그 중 개인 부담은 1997년에는 4% 이상이어야 하고, 1998년부터는 2년마다 1%씩 증가하여 최종적으로 8%에 도달하게 한다.

담을 안고 있다. 특별한 대책이 나오지 않는다면, 2030년 기업이 납부해야 할 양로비 부담은 임금총액의 35%에 달할 것이라는 전망도 있다(宋曉梧 外 2000). 국유기업의 이런 부담을 덜기 위해 일부 국유 자산을 매각하여 기금화해야 한다는 주장도 제기되고 있는 실정이다(陳淸泰·吳敬璉·謝伏瞻主編 1999, 85). 그 밖에 기금관리 문제, 보험적용 범위 등 중국 정부당국이 풀어야 할 과제들이 적지 않다.

과거 정부와 기업이 일방적으로 의료비를 부담하던 의료보험제 역시 1990년대 들어 정부, 기업, 개인의 3자 부담 원칙에 따라 개혁되고 있다. 이는 의료비 낭비가 심각한 수준에 이르면서 내려진 조처이다. 1997년 의료비 총지출은 773.7억 위안으로 1978년의 27.3억 위안보다 28배나 증가했다.

중앙정부는 아직까지 통일된 의료보험제 방안을 내놓지 못하고 있으며, 각 지역마다 다양한 실험을 전개하고 있는 중이다.[11] 1998년 국무원은 〈도시 직공 기본의료보험제도 수립에 관한 결정〉을 발표했고, 전국적인 통일안을 모색하고 있는데, 그 내용을 살펴보면 다음과 같다. 기본의료보험비는 사용자 단위와 노동자 공동으로 납부한다. 사용자 단위는 노동자 임금 총액의 6% 정도, 노동자는 본인 임금의 2%를 납입한다. 기본의료보험비는 개인통장에 적립되는 기금과 '사회기금'(社會統籌基金)으로 나뉘며, 개인통장에 적립되는 기금은 노동자 개인이 납입한 전액과 사용자 단위가 납입한 금액의 30% 가량이며, 그 나머지는 사회기금으로 적립된다.

---

11 베이징시는 〈베이징시 기본의료보험 규정〉을 발표하고 2001년 4월부터 다음과 같은 의료보험 규정을 시행하고 있다. 사용자 단위와 노동자는 기본의료비를 납입한다. 그 가운데 사용자 단위는 의료보험에 가입한 노동자 임금 총액의 9%를 납입하고, 노동자 개인은 월 평균 임금의 2%를 납입한다. 기본의료보험 기금은 개인통장과 '사회기금'(社會統籌基金)으로 나뉘어진다. 개인통장에는 노동자 개인이 납부한 월 평균 임금의 2%와 사용자 단위가 납부한 기금 가운데 30%가 적립되고, 그 나머지는 사회기금으로 적립되며, 작은 병은 개인통장에서, 큰 병은 사회기금에서 처리된다.

1990년대 중하반기 이후 기업의 잉여노동력 퇴출로 샤깡, 실업 노동자들이 양산되자 국무원은 1999년 〈실업보험조례〉(이하·'조례')를 발표하고, 실업대책에 나섰다. 조례의 내용은 다음과 같다. ①실업코험 대상을 국유기업에서 도시의 각 유형의 기업, 사업 단위로 확대한다. ②실업보험기금은 사용자 단위가 본 단위의 임금총액의 2%를 납입하는 부분, 노동자가 본인 임금의 1%를 납입하는 부분, 국가의 재정 지원의 세 부분으로 구성된다. ③실업 보험금 지급은 보험금을 납입한 기간이 1~5년인 경우는 실업구제 기금 수령 최대 기간이 12개월, 5~10년인 경우는 18개월, 10년 이상인 경우는 24개월이다. ④노동사회보장부 산하에 설립된 기구가 실업보험 업무를 담당한다.

위에서 살펴본 바와 같이 중국 정부당국은 1990년대 중후반 들어 국유기업의 부담을 덜고, 위기에 빠진 사회보장기금 문제를 해결하기 위해 과거 국가와 기업이 일방적으로 사회보장비를 부담해 왔던 사회보장제도를 국가, 기업, 개인의 3자 부담 원칙에 따라 변화시키는 개혁에 박차를 가하고 있다. 앞으로 음성 채무 문제, 기금관리 문제, 사회보장제도 실시 범위 문제 등 해결해야 할 굵직한 문제들이 남아 있긴 하지만, 사회보장제도의 기본적인 틀은 마련되었다고 볼 수 있다.

3) 노동관계 전환

세제개혁, 국유기업의 소유권 분산과 사유화, 기업 경영자의 고용권과 해고권 확대, 임금격차 확대, 사회보장제도 개혁의 이 모든 요소들은 국가, 기업(경영자), 노동자의 이해관계를 근본적으로 변화시키고 있다. 이들 3자의 지위와 역할이 확연하게 달라졌고, 이익 추구 방식도 달라졌다. 과거 계획경제체제 하에서 중국 공산당과 정부는 국가, 기업, 직공의 근본이익은 일치한다는 이데올로기를 확립했고, 이에 반하는 행위에 대해서는 엄격한 통제를 가해왔다. 그러나 1990년대 들어 중국에서 이런 이데올로기를 여전히 신봉하고 있는 사람은 거의 없다.

국가, 기업(경영자), 노동자의 이익 추구 방식의 차이는 여러 면에서 나타나고 있다. 정부는 사회질서 유지자로서 노동법을 제정하는 등 거시적인 조절 기능을 담당할 뿐 기업의 구체적인 문제에 대해서는 사용자 단위와 노동자 사이의 단체협상을 통해 결정하도록 유도하고 있다. 이에 따라 과거 '당과 정부 주도형'의 노동관계는 점차 '기업 주도형'의 노동관계로 전환되고 있다.

시장체제로 전환하는 과정에서 시장 기회와 자원을 장악하고 있는 기업 경영자들은 최대의 수혜자가 되고 있다(Nee 1996). 이들은 기업 소유자인 정부의 입장과도 다르다. 1990년대 후반기에 들어 연봉제가 도입되고 '생산요소에 따른 분배' 원칙이 적용됨에 따라 경영자들의 자본에 대한 통제력은 더욱 강화되고 있다(馮同慶 2001, 176). 더욱이 기업 소유권이 분산되고 사유화되는 과정에서 기업 소유권의 일부 혹은 전부가 이들 손으로 들어감으로써 일부 기업 경영자들은 사회의 특수 계층으로 전환되고 있다.

이에 반해 노동자의 지위는 현격하게 저하되고 있다. 이들은 시장 전환기에 과거의 고정공이라는 특수한 신분을 상실했을 뿐만 아니라 정보 획득 능력과 시장에서 발휘되는 능력 부족으로 점차 서구의 노동자와 유사한 지위로 전락하고 있다. 서구 노동자와 다른 점이 있다면, 중국 정부당국이 여전히 '노동자는 국가와 기업의 주인'이라는 이데올로기를 고수하고 있기 때문에 중국 노동자의 '명목적' 지위는 서구 노동자와 달리 '높다'는 것뿐이다. 그렇지만 많은 조사자료가 밝히고 있듯이 노동자 자신의 지위에 대한 평가는 낮기만 하다.[12] 샤깡과

---

12 상하이시 총공회가 2000년에 조사한 바에 따르면, 사회적 지위가 가장 낮은 직업을 묻는 질문에 95.5%의 노동자들은 노동자라고 대답했다(上海市總工會硏究室·上海市工運硏究會 編 2001, 10).

실업자가 양산되고, 사회보장의 혜택을 받지 못하는 도시의 저소득층도 형성되고 있어 사회의 양극화 현상이 두드러지게 나타나고 있다.

시장화 시기의 노동관계에서 또 하나 주목할만한 변화는 '탈정치화'(de-politicized)된 노동관계의 출현이다. 물질적 인센티브가 강조되고, '기업의 능력 있는 당 간부들이 기업의 이사장이나 사장을 겸직하는'(雙向進入, 交叉任職) 제도가 확대되면서,[13] 정신적 인센티브를 기초로 하는 정치 사상 교육은 점차 어려워지고, 기업 내 당 조직은 기업의 전략을 관철하는 공간으로 변화하고 있다. 이런 겸직으로 인해 당 간부들은 노동관계에 갈등과 모순이 발생할 경우 조정자의 입장에 서기보다는 이해관계의 한 편에 섬으로써 중국 공산당의 형상도 바뀌고 있다.

이 같은 변화로 인해 권력 불균형이 현저한 노동관계가 나타나고 있다. 화폐자본에 대한 통제권과 해고권을 가지게 된 기업 경영자들은 더 이상 계획경제 시기와 계획과 시장이 병존했던 시기에 취했던 노동자와의 '타협'이라는 행위 방식을 취할 필요가 없게 되었다. 이해관계가 분화되고 권력 균형이 깨진 노동관계가 나타나고 있지만, 중국 정부당극은 여전히 과거 왜곡된 '고전적 이원주의' 모델의 노조를 고집하고 있어, 노동자들은 자신의 권리를 침해당해도 이를 방어할 마땅한 제도적 대안을 갖지 못하고 있는 실정이다. 이런 상황에서 노동자들의 파업, 태업 등 비정규적인 집단행동이 전국 각지에서 확대되고 있다. 노동자들의 지위 하락과 권리 침해에 따른 이 같은 집단행동은 중국 정부당극이 내세우고 있는 사회주의 이데올로기와도 부합하지 않으며, 개혁의 불확실성을 증가시키는 한 요소로 작용되고 있다.

----

13 이 제도는 상하이시에서 시작되어 전국적으로 확산되고 있다. 상하이시의 상당수 기업들은 당위원회의 성원 1/2은 법이 정한 절차에 따라 이사회에 진입해야 하고, 기업 감독 기구 중 당원인 행정간부 비율은 당위원회 1/3 이상이어야 한다고 규정하고 있다(『인민일보』 99/11/04).

4. 결론

과거 사회주의 국가에서는 착취관계가 사라졌기 때문에 사회주의 노동법에 노동자의 단결권과 노동쟁의권을 포함시킬 필요가 없다는 이데올로기가 지배했다. 이제 이 같은 이데올로기는 국유기업의 소유권이 분산되고, 사유화되는 과정에서 노동자의 합법적 권리가 침해당하는 일도 자주 발생해 설득력을 갖기 어렵게 되었다.

1980년대 후반기 전국총공회가 〈노조개혁 기본구상〉을 기초할 때 "직공 군중의 정당한 권리가 침해당해, 기층의 민주적 통로를 거쳐 해결할 수 없을 때, 노조는 군중을 지도하여 이를 폭로하고, 각종 형식의 합법적인 투쟁을 전개하여 직공의 합법권한을 보호해야 한다"(陣驥 1999, 142)라고 규정한 것은 노동자의 단결권과 노동쟁의권이 필요 없다는 이데올로기가 이미 1980년대의 쌍궤제 시기에서조차 설 땅이 협소해졌다는 것을 잘 보여준다. 그렇지만 중국 정부당국은 노동자들에게 여전히 단결권과 노동쟁의권을 부여하지 않고 있으며, 이 문제를 적극적으로 검토하고 있다는 흔적을 찾기도 힘들다.

노동자의 이익을 보호해 주는 제도적 장치가 결여된 채 기업의 구조조정이 진행되고 있는 것을 빗대어 일각에서는 '자본의 원시 축적이 이루어지고 있고, 현장 독재가 진행되고 있다'는 진단을 내놓기도 한다(Lee 1999). 그러나 1990년대 들어 이런 진단을 뒤집을 만한 정책도 나오고 있다. 1999년 9월에 개최된 중국공산당 제15차 4중 전회에서 통과된 〈국유기업 개혁 및 발전과 관련한 약간의 문제에 관한 중공중앙의 결정〉은 "국유독자 기업과 국유 지주회사의 …이사회와 감사회에 노동자 대표가 참여해야 한다"는 방침을 밝혔고, 그 해 12월에 개최된 제9차 전인대 제13차 회의에서 통과된 수정 〈기업법〉(公司法)은 "국유독자회사도 감사회를 설립해야 하며, 노동자 대표가 참여해야 한다"는 규정을 신설했다. 이런 규정들은 독일식 노동관계 모델을 본뜬 것이다.

그러나 중국 공산당의 '노동자 참여 권리' 보장 결정은 아직까지 선언적인 차원에 머물러 있을 따름이다. 노동자의 '참여 권리(empowerment)가 실현되기 위해서는 노동자 대표의 권한과 책임 범위를 구체적으로 규정한 관련 법규들이 나와야 할 뿐만 아니라 노조법과 노동법에 대한 손질도 가해져야 한다.[14] 그리고 1980년대 후반에 제기되었던 〈노조개혁 기본 구상〉이 실천에 옮겨져야 한다. 이런 노력이 뒷받침되지 않고서는 중국 역시 여러 아시아 국가들처럼 개발독재 모델로 나가고 있다는 지적을 피하기 어렵다.

중국은 시장화 개혁을 추진하면서도 '노동자가 국가와 기업의 주인이다'는 사회주의 이데올로기를 고수하고 있고, 또 지난 1980년대 전국총공회가 국가 의사결정 과정에 참여한 경험이 있다는 점에서 노동자의 참여 권리를 실현하기에 아시아의 다른 어떤 나라들보다는 유리한 조건에 놓여 있다고 볼 수 있다. 이런 유리한 환경을 바탕으로 중국의 노동관계가 독일식 모델로 발전할지, 아니면 아시아의 다른 후발 산업국들이 보여주었던 것처럼 개발독재형 모델로 나갈지 여부는 이제까지 중국의 개혁정책을 주도해 왔던 중국 정부당국의 향후 실천을 좀 더 지켜본 뒤 판단해야 할 것이다.[15] 중국 공산당과 정부가

----

14 2001년 10월 27일 제9차 전인대 제24차 회의를 통해 노조법이 수정되었다. 수정된 노조법은 노조의 기본 기능으로 "노동자의 합법적 권리 보호"를 명시했고(제6조 1항), "파업, 태업이 발생했을 경우 노조는 직공을 대표해서 사용자와 협상을 진행하고 직공의 의견을 반영해야 한다"(제27조)라고 규정해, 노조의 노동자 권익 보호 기능 강화와 직공의 이익 대표 기능을 새롭게 명시했지만, 이를 실현할 수단인 단체행동권과 단체행동 절차에 대한 규정은 명시해 놓지 않고 있다.
15 전인대 상무위원회는 2001년 10월 8일 그간 개정 요구가 많았던 노동조합법에 대해 폭넓게 손질하여 심의 통과시켰다. 이 개정 노동조합법에 대해서는 좀 더 상세한 분석이 요구되지만, 주목할 만한 내용은 다음과 같다. 중국 노동조합이 노동자의 이익을 대변하는 조직이라는 내용이 강조되었고, 기업 주요 책임자의 친인척은 기층 노조 간부 직책을 맡을 수 없다는 내용 및 노조 간부 파면 절차를 밝힌 내용 등 노조 간부와 관련된 규정이 강화되었으며, 정부 행정 기구가 노동자의 이익과 관련된 법률과 법규 등을 제정할 때에는 동급 노조의 의견을 들어야 한다는 노동조합의 참여 기능이 명문화되었다. 또한 기업 내에 태업, 파업이 발생했을 때 노조는 노동자의 의견을 반영해야 한다는 내용 등 그간 중국 정부당국이 인정하지 않던 단체행동의 구체적인 유형들이 법으로 명문화되었다. 이처럼

어떤 선택을 할 것인지에 대해서는 노동자의 능동성도 큰 몫을 하게 될 것이
다. 과거의 특권적 지위를 상실한 시장화 개혁기의 노동자들이 어떤 반응을
보이느냐에 따라 정부당국의 선택 폭이 결정되기 때문이다.

개정 노동조합법이 과거와 비교했을 때 개선되었음에도 불구하고, 아직까지 단체행동권 및 노동쟁의
절차와 관련된 법규는 여전히 보완되지 않고 있는 실정이다.

제3장

중국 국유기업의 소유권 구조 개혁과
기업지배 구조의 변화
: 창사 ○○공장의 사례 연구를 중심으로

1. 서론

중국의 기업지배 구조를 논함에 있어서는 먼저 1994년 징룬호텔(京倫飯店)에서 '차기 중국 경제체제 개혁'(中國經濟體制的下一步改革)이라는 제목으로 개최된 국제학술세미나를 떠올리지 않을 수 없다. 이 세미나는 우징롄(吳敬璉), 저우샤오촨(周小川), 우샤오링(吳曉靈) 등 1980년대 중반기 이후부터 중국의 경제체제 개혁에 깊숙이 관여해 왔던 중국의 경제 싱크탱크들과 니콜라스 라디(Nicholas Lardy), 마사히코 아오키(靑木昌彦), 올리버 하트(Olver Hart) 등 해외 중국경제 전문가 및 기업이론가들이 중심이 되어 개혁 프로그램을 한 단계 더 심화시키기 위해 개최되었다.

이 세미나에서는 새로운 기업지배 구조 확립 문제, 은행과 기업 관계의 재정립 문제, 은행의 불량채무 해결 문제, 파산 절차 문제, 새로운 사회보장제도 확립 문제 등이 구체적이고도 광범위하게 토론되었다.[1] 이 세미나를 통해 제

---

1 1994년 징룬회의 내용에 대해서는 吳敬璉·周小川 等(1999)을 참조.

기되었던 구체적인 개혁방안들은, 그간 중국 정부당국이 국유기업 개혁을 위해 취해 왔던 이윤유보제(利潤留成制), 기업하청 경영책임제(企業承包經營責任制) 등의 개혁방안들이 국유기업의 경영상황을 근본적으로 개선시키지 못했기 때문에 보다 근본적인 개혁방안을 실천에 옮겨야 한다는 반성에서 제기된 것이다.[2]

1990년대 중반 이후 중국 정부당국은 경제 싱크탱크가 제기했던 이와 같은 다양한 개혁방안을 기초로 1980년대의 개혁방안과는 획기적으로 다른 국유기업 개혁방안을 내놓았다. 소위 '전면적 개혁, 중점 돌파'(整體推進, 重點突破) 전략이라고 명명되는 개혁방안이 그것인데, 그 가운데 중국 정부당국이 정책적으로 채택했던 핵심 내용들을 간략하게 정리하면 다음과 같다(吳敬璉 1999, 97).

첫째, 1994년 말 국무원이 "재산권을 명확히 하고, 권한과 책임을 명확히 하며, 정치와 경제를 분리하고, 과학적인 관리를 실현한다"는 명분 하에 1백 개 대형 국유기업을 선정하여 소위 '현대기업제도'를 확립하고자 했던 실험이다. 이 실험은 약 2년 간에 걸쳐 이루어졌는데, 그 결과 1백 개 실험 대상 기업 중 1개의 기업은 해체되었고, 1개의 기업은 다른 기업에 합병되었으며, 나머지 98개 기업은 아래의 4가지 형태의 기업으로 전환되었다. ①17개 기업은 주주가 다원화된 기업으로 전환되었다. 그 중 11개 기업은 유한책임주식회사로, 6개 기업은 유한책임회사로 전환되었다. ②69개 기업은 국유독자(獨資) 회사로 전환되었다. ③10개 기업은 지주회사의 통제를 받는 국유독자 기업으로

---

2 그렇다고 해서 이윤유보제와 기업하청 경영책임제가 전혀 성과가 없었다는 말은 아니다. 이 제도가 도입된 후 1980년대 중국 국유기업의 생산성은 향상되었지만 향진기업, 집체기업, 합자기업의 생산성 증가보다는 낮았으며, 이는 시장에서 국유기업의 경쟁력이 약화되어 이윤율이 하락하는 결과를 빚었다는 지적이다. 이 점에 대해서는 Naughton(1995b)를 참조.

전환되었다.[3] ④2개의 기업은 자산이 재조정되었다. 그 밖에 국유기업을 다국적기업으로 전환하기 위해 그룹화 실험이 전개되었는데, 1994년에 55개 기업이 그룹 기업으로 공상국에 등록되었다(董輔礽 1999, 396).

위의 실험은 중앙정부가 관리하는 대형 국유기업에 한정되지 않고 지방정부가 관리하는 수많은 국유기업으로 확대되었다.[4] 그 결과 과거 행정 주관부문이 직접 관리해 오던 국유기업 자산관리 체계는 국유자산관리국 혹은 국무원의 직접적인 통제를 받는 그룹 등 '상층 조직'(upper-tier organization), 성(省)급 지주회사 혹은 기업 그룹 등 '중층 조직'(intermediate organization), 유한책임회사, 국내외에 상장된 주식회사, 합자기업 등 '경영 기업'(operational enterprises)의 3급 관리체계로 바뀌었다. 이런 변화는 국유기업의 자산을 관리·감독하는 부문을 명확히 하고 관리·감독에 따른 인센티브를 강화하기 위한 조치로 풀이된다.

둘째, 국유기업과 은행간의 관계 재정립 문제이다. 우선 중국 정부는 1999년 4월 '신다 자산관리공사'(信達資産管理公司)를 설립한 이후 둥팡(東方), 화룽(華融), 창청(長城) 자산관리공사를 연이어 설립하여 국유기업 부채 정리에 나섰다. 이들 자산관리공사는 중국 재정부가 출자한 회사로 국유은행이 안고 있던 부채를 은행으로부터 분리하여 전문적으로 관리하는 회사이다. 이 같은 자산관리공사를 설립한 것은 라디(拉適 1999, 2)가 묘사하고 있듯 서구의 회계 기준에서 볼 때 이미 '기술적으로는 파산' 상태에 빠져 있다고 평가되던 중국 국

---

[3] 1994년 10월 국무원이 중국 석유화학 총공사, 중국 유색금속 총공사, 중국 항공 총공사에 대해 국가 지주회사 설립 방안을 비준한 뒤 1996년 11월 이들 세 회사는 각각 직속 기업과 기타 기업에 대해 출자할 수 있는 지주회사로 전환되었다. 이 실험은 각 지방에서도 전개되어 '○○국유기업 자산 경영 공사' '○○국유기업 자산 운영 공사' 등과 같은 지주회사가 나타났다. 지방의 지주회사들은 과거 국유기업을 관할하던 정부 주관 부문이 정부로부터 독립하여 설립한 경우가 적지 않다.
[4] 2003년 정부기구 개혁 조치로 동년 5월 국유자산관리감독위원회가 설립되어 중앙정부가 관리하는 국유기업은 196개의 대형 국유기업으로 한정되었다.

유은행의 재무구조를 건전하게 만들고, 은행의 대출 시스템과 기구를 개혁하여 은행과 국유기업의 관계를 재정립하려는 노력으로 이해할 수 있다.

셋째, 국유기업을 시장원리에 맡겨 구조조정을 단행한다는 방안이다. 이 방안은 대형 국유기업과 중·소형 국유기업에서 각각 다른 방식으로 실천되었는데, 우선 대형 국유기업에 대해 살펴보면 다음과 같다. 1997년에 개최되었던 제15차 당 대회는 국민경제의 핵심적 영역에서 벗어나 있는 국유기업에 대해서는 더 이상 독점 특권을 부여하지 않고 시장원리에 맡겨 구조조정을 단행한다는 정책을 발표했고, 1999년에 개최된 중국 공산당 제15차 당 대회 4중 전회는 국가의 통제를 필요로 하는 업종을 ①국가 안전과 연관된 업종, ②자연 독점적 업종, ③주요 공공 상품과 서비스를 제공하는 업종, ④지주 산업과 하이테크 산업의 골간 기업으로 국한한다는 방침을 발표했다. 그 다음 중·소형 국유기업에 대한 방침은 다음과 같다. 제15차 당 대회 이후 '경영 성과가 좋은 국유기업은 정부가 집중적으로 육성·발전시키고, 경영 성과가 나쁜 소형 국유기업은 시장의 원리에 맡겨 구조조정한다'는 소위 '조대방소' 정책이 발표되었으며, 제15차 당 대회 4중 전회는 그 구조조정 대상 범위를 중형 기업으로까지 확대하는 결정을 내렸다. 이런 방침들에는 그간 경영 효율성이 떨어져 국가의 부담만을 가중시켜 왔던 중·소형 국유기업에 대해서는 매각, 합병, 임대, 합자 등 다양한 방법을 통해 구조조정하겠다는 뜻이 내포되어 있다(Oi & Walder 1999).

넷째, 그간 기업이 일방적으로 담당해 왔던 기업의 사회보장적 기능을 기업으로부터 분리하고, 국가·기업·개인 3자가 사회보험비를 공동으로 분담토록 사회보장제도를 개혁한다는 방안이다. 이를 위해 중국 정부당국은 1997년에 〈통일적인 기업 직공 기본양로보험제도 확립에 대한 결정〉(關于建立統一的企業職工基本養老保險的決定)을 발표한 데 이어, 1998년에는 〈도시 직공의 기본의료보험제도 확립에 대한 결정〉(關于城鎭職工基本醫療保險制度的決定)을, 1999년에는 〈실업보험조례〉(失業保險條例)를 발표하여 국가·기업·개인 3자가 사회보험비를 공동으로 부담하는 제도를 확립했다.

　이런 정책들은 그간 연성 예산 제약 환경에 길들여진 국유기업을 경성예산제약의 환경 하에 두고자 한 것으로 풀이된다. 1990년대 중후반 들어 국유기업이 점차 경성예산제약 환경 하에 놓이게 되었다는 사실을 단적으로 보여주는 예는 파산 기업수의 증가이다. 1986년 파산법이 발표된 이후부터 1993년까지 1,385개 국유기업만이 파산 선고를 받았을 뿐인데(張維迎 1999, 133), 2002년 말까지 누적된 파산 안건은 약 2만 여건에 달한다고 한다(李瑞光 2002). 이는 1990년대 초반기까지 파산법이 거의 유명무실하게 운영되어 오다가 1990년대 중반기 이후부터 효력을 발휘했음을 알려준다. 결국 중국 정부당국이 1990년대 중·후반기를 통해 확립하려 했던 '현대기업제도'란 그간 재산권의 주체가 모호했던 중국 국유기업의 소유권 주체를 명확히 함으로써 대리인 문제를 해결하고, 국유기업을 신고전주의 경제학에서 말하는 시장 메커니즘에 민감하게 반응하는 기업으로 전환하려는 것을 염두에 둔 방침이라는 것을 알 수 있다.

　그렇지만 중국 정부당국이 1990년대 중반 이후 확립하려 했던 대형 국유기업의 현대기업으로의 전환과 중·소형 국유기업의 구조조정이 어떤 과정과 내용으로 중국 전역에 전개되었는지에 대해서는 별로 알려져 있는 바가 없다. 1998년 중국 국가통계국이 국유기업 개혁에 대해 광범위한 조사를 진행한 바 있으나, 아직까지 그 조사 결과는 대외적으로 발표되지 않고 있는 실정이다.[5] 대형 국유기업이 현대기업으로 전환되고 중·소형 국유기업이 시장원리에 맞

---

5 일부 연구자들이 어떤 경로를 통해 중국 국가통계국의 자료를 확보했는지를 밝히지 않은 채 그 자료를 이용하여 현대기업제도의 내용에 대해 양적인 분석을 전개하고 있으나, 이 분석을 통해서는 소유권 구조의 변화 및 경영자 구성 등에 대해서만 짐작할 수 있을 뿐 본문에서 언급하고 있는 내용에 대해서는 여전히 알 수 없는 상황이다(Lin & Zhu 2001).

추어 재편되는 과정에서 과연 국유기업의 관리체계는 어떻게 변화했는지, 국유기업이 주식제로 전환될 경우 과거 국유자산의 재산권은 어떻게 확정되었는지, 기업의 이사회와 경영자 선출 과정에서 주식 소유자인 국가는 어떤 범위 내에서 자신의 권리를 행사하고 있는지, 국유기업의 소유권 구조가 개혁되는 과정에서 직공들의 지위는 어떻게 변화했는지, 기업 내 '신삼회'(新三會)와 '노삼회'(老三會)의 권력은 어떻게 조정되고 있는지 등의 문제에 대해 상세한 정보를 제공해 주는 연구 성과는 지금까지 거의 없다고 해도 과언이 아니다.

본 글은 후난성 창사시의 창사 ○○국유기업에 대한 사례 연구를 통해 현재 중국에서 새롭게 형성되고 있는 현대기업제도의 한 단면을 보여주고자 한다. 창사 ○○국유기업에 대한 사례 연구는 중앙정부가 제시한 포괄적인 국유기업 개혁방안이 과연 지방정부 차원에서는 어떻게 실천되고 있는지를 보여줄 수 있을 뿐만 아니라 위에서 언급한 여러 문제들에 대해 해답을 제공해 줄 것이다. 본 글이 사례 연구를 통해 특히 주목하는 내용은 다음과 같다. ①현대기업제도를 통해 중국 국유기업의 국가지배 소유권 구조는 어떻게 변화했는가? ②현대기업제도를 확립한 뒤 국가의 국유기업에 대한 관리 형태는 어떻게 변화했고, 소위 '재산권 주체의 부재' 때문에 발생하는 '주인-대리인 문제'는 효과적으로 해결되고 있는가? ③현대기업제도 확립 이후 '신삼회'로 명명되는 '주주대회, 이사회, 감사회'와 소위 '노삼회'라고 명명되는 '당위원회, 직공대표대회, 공회(工會, 이하 '노동조합')'의 지위와 역할은 무엇이고, 이들 간 상호관계는 어떻게 조정되고 있는가? ④현대기업제도를 통해 중국이 확립하려는 기업지배 구조 모델은 무엇이며, 중국 기업지배 구조의 특징은 무엇인가?

2. 창사 ○○집단 유한공사 소유권 개혁과 관리체계의 변화[6]

1) 창사시의 국유기업 개혁방안

1999년 중국 공산당 제15차 당 대회 4중 전회가 개최된 지 얼마 지나지 않은 동년 11월 30일 창사시 당위원회와 시 정부는 중앙에서 발표한 국유기업 개혁방안과 유사한 〈국유기업의 개혁과 발전을 가속하는데 따른 일부 문제에 대한 의견〉(關于加快國有企業改革和發展若干問題的意見, 이하 ○○ '29호 문서')이라는 국유기업 개혁방안을 발표했다. 그리고 2000년 1월 29일에는 창사시 판공청 명의로 29호 문서의 개혁방안을 실천에 옮길 수 있도록 〈창사시 국유기업 재산권 제도개혁 실시 세칙 통지〉(長沙市國有企業産權制度改革實施細則的通知, 이하 ○○ '3호 문서')라는 구체적인 국유기업 개혁방안을 발표했다.

당시 3호 문서와 29호 문서의 개혁방안과 실험 내용들은 아주 파격적인 내용을 담고 있다고 해서 중국 경제학계의 주목을 불러일으킨 바 있다.[7] 필자는 이 지역의 기업을 조사하는 과정에서 적지 않은 지방정부와 기업관계자들이 창사시의 국유기업 개혁 실험을 학습하기 위해 창사시 정부와 실험 대상 기업들을 방문한 것을 확인했지만, 창사시의 국유기업 개혁방안이 과연 어느 정도로 다른 지역으로 확대되었는지에 대해서는 알 수 없다. 그런 의미에서 창사시의 국유기업 개혁방안이 중국 전역에서 전개되었던 국유기업 개혁의

---

6 2000년 12월과 2001년 6월 두 차례에 걸쳐 필자가 이 기업의 판공실 주임, 노동조합 간부, 직공 개인 인터뷰를 통해 조사한 내용이다. 사례에 나오는 부 이사장의 인터뷰 내용은 현재 하와이 대학교 사회학과 박사생인 필리언(Stephen Philion)이 2000년 10월에 녹취한 것으로 본인의 동의를 거쳐 인용했다.

7 『財經』(2000년 9월호), 40쪽.

전형이라고 단언할 수는 없다.

'3호 문서'와 '29호 문서'는 국유기업 개혁의 내용으로 "투자한 사람이 기업을 소유하고, 자본을 축적한 사람이 기업을 소유한다"(誰投資誰所有, 誰積累誰所有)는 원칙을 제시한 뒤 국유기업으로 하여금 '두 가지를 전환시킬 것'(兩個轉變)을 요구하고 있다. 즉 국유자산을 국가 소유와 집체 소유로 구분한 뒤, 집체 소유의 자산을 개인에게 배분함으로써 기업의 국유제 성격을 전환하고, 직공에게 일회성 보상금을 지급함으로써 직공의 전민 소유제 신분을 전환시켜야 한다는 것이다. 3호 문서와 29호 문서가 제시하고 있는 구체적인 개혁 방법은 다음과 같다.

첫째, 기업의 국유제 성격의 전환이다. 이 전환은 두 단계를 거쳐 실현된다. 첫 번째 단계는 국유자산의 규모 확정이다. 즉 1984년에 실시된 '기업에 대한 재정 지원을 은행 대출로 전환하는 정책'(撥改貸)을 기준으로 해서 1983년 말까지 형성된 국유자산과 1984년 1월 1일 이후 정부가 정부재정으로 지원해 준 자산은 모두 국유자산으로 규정하고, 1984년 1월 1일 이후 기업이 세금과 은행 대출 이자를 납부한 후 이윤으로 축적한 자산은 기업의 집체자산으로 규정한다.[8] 두 번째 단계는 집체자산을 직위, 근무연한, 기업에 대한 공헌도에 따라 개인에게 되돌려 주는 것이다. 그렇지만 개인이 이 집체자산을 받기 위해서는 반드시 주식을 매입해야 하는데, 개인이 매입해야 하는 주식은 자신이 받을 수 있는 집체자산의 0.5~2배이며 구체적인 배수는 기업의 경영상황에 따라 정한다.[9] 또한 직공들이 매입하는 주식수가 차등적이지 않고 평균화될 경우 기업경

---

[8] 中共長沙市委和長沙市政府, "關于加快國有企業改革和發展若干問題的通知"(1999. 11. 30, '29호 문서') (長沙市企業改革發展領導小組辦公室 編 2000, 101).
[9] 長沙市人民政府辦公廳. "關于印發長沙市國有企業産權制度改革實施細則的通知"(2000. 1. 29, '3호 문서') (長沙市企業改革發展領導小組辦公室 編 2000, 112-113).

영과 관리에 따른 인센티브가 약화된다는 이유로 경영자에게 더 많은 주식을 매입할 수 있는 권한을 부여하고, 주식 매입 자금이 부족할 경우 개인의 자산이나 주식을 담보로 3~5년 동안 분할하여 갚아나갈 수 있도록 했다.[10]

둘째, 직공의 전민 소유제 신분 전환이다. 구체적인 방법은 다음과 같다. ① 1984년 이후 채용한 계약제 직공 가운데 계약이 종료되지 않은 노동자에 대해서는 기업의 집체자산을 분배해 준 뒤 근로계약을 변경하거나 해제한다. 이미 '재취업 서비스 센터'(再就業服務中心)에 들어간 직공에 대해서는 재취업 정책에 따라 처리한다. ② 1984년 이전에 모집한 고정공 중 근무연한이 1~10년인 직공에 대해서는 연 500위안, 10년 이상인 직공에 대해서는 연 900위안의 보상금을 지급하되 보상 총액은 2만 위안을 넘어서지 않도록 한다. 퇴직연령 5년 미만인 직공에 대해서는 노동부의 허가를 받아 법정 퇴직연령 때까지 납입해야 할 양로보험금을 납부한 뒤 퇴직을 앞당길 수 있다.[11]

창사시 당위원회와 시 정부는 이 같은 국유기업 개혁방안을 기초로 창사 ○○집단 유한공사를 포함한 3개의 대형 국유기업을 선정하여 2000년 초부터 개혁 실험에 들어갔다. 그리고 창사시 당위원회와 시 정부는 제15차 당 대회와 4중 전회에서 제시하고 있는 것처럼 경쟁이 치열하고 국가의 통제가 불필요한 업종으로부터 국유자산을 퇴출토록 했고, 전자정보, 기계, 식품, 상업유통 부문의 기업들 가운데 지방정부 차원의 관리와 통제가 필요한 일부 기업만을 집중적으로 육성·발전시킨다는 방침을 결정했다.

나아가 창사시 당위원회와 시 정부는 기존의 국유기업 관리체제를 다음과 같이 개혁한다는 방침을 정했다. ① 정부를 대표해서 소유자의 권한을 행사하는 국유자산 관리위원회를 설립한다. 국유자산 관리위원회는 국유자본의 전

---

10 中共長沙市委和長沙市政府, "29호 문서"(長沙市企業改革發展領導小組辦公室 編 2000, 102).
11 長沙市人民政府辦公廳, "3호 문서"(長沙市企業改革發展領導小組辦公室 編 2000, 115-116).

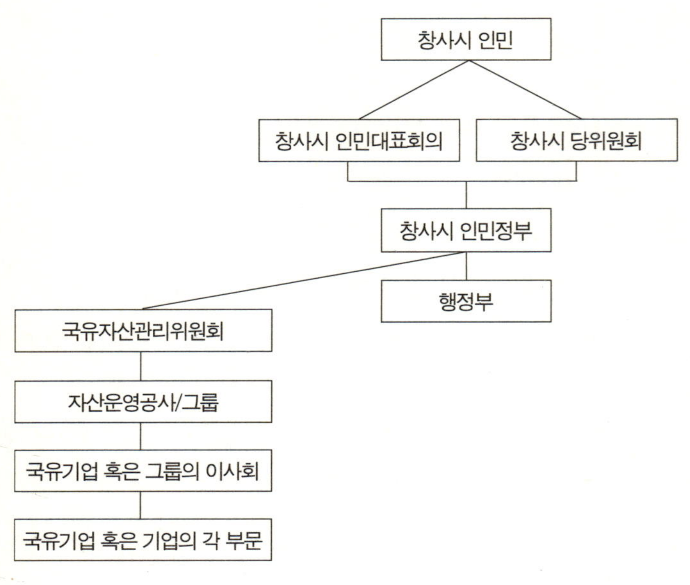

체 발전계획과 분포를 확정하고, 자산 경영 공사의 연도 경영 방침과 투자 계획을 승인하며, 자산 경영 공사의 국유자본 증식 목표를 확정하는 권한을 갖는다 ②야금·기계, 전자·정보, 의약·화공, 물자·에너지, 상업·유통, 채소·식품, 경공업 방직, 기초건설, 교통운수, 건재 등 10여 개의 국유자산 경영공사를 설립한다. 국유자산 경영공사의 지위는 지주회사로서 산하 기업에 재산권 대표를 파견하고, 국유자본의 경영을 관리·감독하며, 국유자산의 권익 배분과 사용 등을 결정한다. ③규모가 크고 효율성이 좋은 대형기업 혹은 기업집단에 대해서는 국가가 직접 권한을 부여하며, 더 이상 국유자산 경영공사 혹은 정부 주관부문과 행정적인 예속 관계는 존재하지 않는다.[12]

이상과 같은 개혁방안을 기초로 창사시는 〈그림 3-1〉과 같이 국유기업 관리체계를 국유자산 관리위원회-자산운영공사 또는 그룹-국유기업으로 연결되는 3급 관리체계로 전환시키고자 했다. 이는 앞서 지적했던 것처럼 중앙정부가 확립하려 했던 현대기업 관리체계의 지방판이라 볼 수 있다. 필자가 창사 ○○공장을 조사할 당시 아직 자산운영공사 또는 그룹은 설립되지 않은 상황이었다. 따라서 창사시 국유기업 개혁의 내용을 좀 더 심도있게 살펴보기 위해서는 국유자산 관리위원회, 자산운영공사 또는 그룹, 국유기업 이사회의 조직은 어떻게 구성되고, 이들 조직의 상호 관계는 어떠하며, 각 차원의 조직은 어떠한 역할을 담당하는지 등의 문제에 대해 좀 더 조사·분석할 필요가 있다.

2) 창사 ○○집단 유한공사의 개혁

(1) 창사 ○○집단 유한공사의 기본 상황

창사 ○○집단 유한공사는 1951년에 설립되었던 '창사 ○○공장'을 개혁하여 설립된 회사이다. 창사 ○○공장은 펌프를 생산하는 국유독자회사로 국가 2급 기업이고, 수출입권한을 갖고 있으며 1993년에는 중국 500대 기계공업 기업 중 206위에 선정되었고, 1997년에는 국가가 선정한 1000대 중점 기업에 들어갔다. 창사 ○○공장이 펌프 업종에서 차지하는 비중은 대단히 크다. 1998년 세금과 이윤을 합한 총액에서 창사 ○○공장은 전국 1위, 이윤은 전국 2위, 공업생산총액과 판매총액은 각각 전국 4위를 기록했고, 1999년에는 후난

---

12 中共長沙市委和長沙市政府, "29호 문서"(長沙市企業改革發展領導小組辦公室 編 2000, 102-103).

성 기계공업국으로부터 "후난성 기계공업 우수기업"으로, 창사시 정부로부터는 "창사시 선진 단위"로 선정되었다.[13]

　　1999년 8월 현재 창사 ○○공장의 직공은 2,287명인데, 그 중 기술자는 472명이다. 중국 펌프 생산 업계에서는 "남쪽에는 창사 ○○공장, 북쪽에는 ○○공장"이라는 말이 나돌 정도로 창사 ○○공장은 전국적인 지명도를 확보하고 있었다. 창사 ○○공장의 관계자에 따르면 2000년 현재 생산 품목은 553개인데, 그 가운데 68%는 1980년대 말 혹은 1990년대 초의 국제 수준에 도달해 있다고 한다. 그리고 창사 ○○공장에서 생산되는 상당수의 제품은 42개국으로 수출되고 있다고 한다.

　　창사 ○○공장은 1996년 6월말 현재 여전히 351.94만 위안의 이윤을 내고 있었다. 동기 공업생산총액과 판매총액은 각각 6,952.4만 위안, 7,523.33만 위안으로 각각 전년대비 10.11%, 4.38% 성장했다. 그리고 세금과 이윤을 합한 총액은 1,155.4만 위안으로 전년 대비 8.83% 하락했다. 필자가 창사 ○○공장을 방문했던 2000년 당시 창사 ○○공장은 아시아 금융위기 이후 국내외의 수요 감소로 다소 성장이 둔화되긴 했지만 여전히 많은 이윤을 내고 있는 건실한 기업이었다.

⑵ 주식제 개혁

　　창사 ○○공장의 개혁은 기업 내부의 개혁 요구에서 비롯되었다기보다는 창사시 정부의 개혁 요구에서 비롯되었다. 창사 ○○공장은 창사시 당위원회와 시 정부의 '29호 문서'와 '3호 문서'의 요구에 따라 1999년 12월부터 주식제

---

13 長沙○○集團有限公司, 『長沙○○集團有限公司匯報』(1999. 8. 5). 1-2쪽.

개혁의 실험을 전개했고, 5개월의 시간을 들여 주식제의 기본적인 골격을 갖추었다. 그 구체적인 진행 사항을 살펴보면 다음과 같다.

첫째, 개혁방안 마련이다. 창사 ○○공장은 현 이사장을 조장으로 하는 '주식제 개혁 지도 소조'를 결성했고, 수 차례의 회의를 거쳐 개혁방안을 마련했다. 이 소조가 개혁방안을 직공들에게 보고했을 때 상당수 직공들은 '두 가지 전환'을 골자로 하는 개혁방안에 대해 다음과 같은 문제를 제기했다고 한다. 즉 "회사의 경영상태가 좋은 상황인데 왜 굳이 주식제를 채택해야 하는가? 직공의 전민 소유제 신분은 기업의 주식제 개혁 이후 어떻게 바뀌는가? 주식제 개혁 이후의 회사와 현재의 회사는 어떤 점이 다른가? 직공은 평균적으로 주식을 매입해야 하는가? 향후 기업의 고용 및 분배저도는 어떻게 바뀌는가?"[14]

직공들이 제기한 이런 문제들을 해결해 나감에 있어 당위원회는 상당한 역할을 수행했다. 필자가 인터뷰했던 현 창사 ○○집단 유한공사의 한 노조 간부는 당시의 상황에 대해 다음과 같이 밝히고 있다.

"당시 대부분의 직공들이 걱정했던 것은 장차 전민 소유제 신분이 어떻게 변화할 것인가 하는 문제였다. 이 문제를 해결하는데 당위원회가 큰 역할을 했다. ○○○ 부서기(현 공사의 부이사로 부총경리, 당위원회 서기, 노동조합 주석을 겸임하고 있다)는 당 조직뿐만 아니라 각 노동조합 분회 및 직공대표가 참가하는 회의에서 주식제 개혁의 필요성을 역설했고, 어떤 경우에는 아침부터 저녁까지 매 직장(車間)마다 3번씩 반 조장 회의를 개최하기도 했다. 그리고 공장 신문과 방송을 통해 매일 반복적으로 주식제 개혁을 선전했다. 이런 회의와 선전을 통해 직공들은 점차 주식제 개혁의 필요성에 대해 확신을 가지게 되었다."

---

14 長沙○○集團有限公司, "一産權改革爲突破口打好國企改革堅戰"(長沙市企業改革發展領導小組辦公室 編 2000, 190).

둘째, 창사시 재정국, 경제무역위원회, 국유자산관리국, 체제개혁위원회 등 개혁과 관련된 10여 부문이 실시한 창사 ○○공장의 국유자산 및 집체자산에 대한 평가 작업이다. 이들 관련 부문들은 창사 ○○공장의 1999년 말 재무상황을 기초로 주식제 개혁 후의 순자산 규모는 6,267.5만 위안(토지 자산 포함되어 있지 않음)이며, 그 중 국유자산은 1,800.7만 위안으로 전체자산의 28.7%, 집체자산은 4,466.8만 위안으로 전체자산의 71.3%를 점한다고 평가했다.[15] 이 집체자산은 두 부분으로 나뉜다. ① 일부는 법인(노조)의 자산이며, ② 그 나머지는 직공이 주식을 매입할 경우 직공에게 '보상적 차원에서 주식의 형태로 배분해 주어야 할 자산'(配股)이다.[16]

셋째, 주식제 개혁안에 대한 직공의 인준이다. 이 인준은 직공대표대회를 통해 이루어졌다. 2000년 3월 22일 창사 ○○공장 제18차 직공대표대회 제9차 회의에서 직공 대표 총 151명 중 142명이 참석하여 찬성 125표, 반대 2표, 기권 15표로 개혁안이 통과되었고, 그 결과는 창사시 정부의 기업개혁반에 보고되었다. 직공대표대회에서 통과된 핵심 내용은 다음과 같다.

우선 직공 개인에 대한 집체자산 배분 및 관리에 대한 내용이다. 주식을 매입한 사람에게만 집체자산을 배분하고 매입하지 않은 사람에게는 분배하지 않는다는 원칙 하에 개인이 주식을 매입한 액수에 따라 집체자산을 개인에게 주식의 형태로 배분하기로 확정했다(配股). 구체적인 방법은 다음과 같다. 집체자산을 배분할 대상은 1999년 12월 31일 현재 창사 ○○공장과 노동관계를

---

15 長沙○○集團有限公司, "長沙○○集團有限公司股份制改革方案"(長沙市企業改革發展領導小組辦公室編 2000, 206).
16 법인 자산과 직공 개인에게 돌아가야 할 자산의 비례는 명확하지 않다. '주식제 개혁 지도 소조'가 직공들의 토론을 위해 제시한 비율은 국유 주식이 25%, 법인 주식은 4%, 직공 개인 주식은 71%이다(『○○廠報』00/03/10). 그런데 주식제 개혁 이후 제출된 한 보고서는 국유 주식이 21%, 법인 주식은 13%, 개인 주식은 66%로 되어 있다(長沙○○集團有限公司, "一産權改革爲突破口打好國企改革堅戰," 長沙市企業改革發展領導小組辦公室 編 2000, 189).

맺고 있는 직공과 퇴직자로 한정했다. 개인의 주식 매입 대 집체자산 배분 비례는 1 : 1.5로 확정했다. 일반 직공과 경영 간부간에 주식 소유 비례를 다르게 하기 위해 주식 매입 비율은 최상 경영자층 15%, 중간 관리층 15%, 현장 간부 20%, 일반 직공은 50%로 확정했다.[17] 직공들이 소유한 주식 매각은 주식 매입 3년후부터 할 수 있고, 최고 경영자층의 주식 매각은 이사회의 동의를 거치도록 확정했다(『○○廠報』 00/03/10).

그 다음 직공 신분 전환과 관련된 내용이다. 창사시 정부의 '3호 문서' 규정에 따라 직공에게 일회성 보상을 통해 전민 소유제 신분을 폐지하고, 기업은 기업이 필요하다고 여기는 노동자와 근로계약을 새롭게 체결하며, 필요하지 않다고 여기는 노동자에 대해서는 근로계약을 체결하지 않는다는 원칙을 확정했다.

넷째, 직공의 신분 전환이다. 2000년 3월 22일 직공대표대회에서 주식제 개혁방안이 통과된 후 창사 ○○공장은 1개월 안에 직공의 신분 전환을 마무리지었다. 창사 ○○공장의 직공들은 이 과정을 주식제 개혁의 '4부곡'(四部曲)이라고 명명하고 있는데,[18] 이를 자세히 살펴보면 다음과 같다.

제1부곡은 직공들의 주식 매입이다. 2000년 4월 17일부터 이틀동안 직공들이 주식 1,450만 위안을 매입했다.

제2부곡은 직공들의 전민 소유제 신분 전환이다. 2000년 4월 20일에 전민 소유제 신분 전환 서명식을 개최했다. 먼저 창사 C○집단 유한공사의 이사장이 창사시 경제무역위원회와 함께 신분 전환에 서명했고, 뒤이어 최고 경영층

---

17 長沙○○集團有限公司. "一産權改革爲突破口打好國企改革堅戰"(長沙市企業改革發展領導小組辦公室 編 2000, 191).
18 長沙○○集團有限公司. "一産權改革爲突破口打好國企改革堅戰"(長沙市企業改革發展領導小組辦公室 編 2000, 192).

4명과 무작위로 추첨한 45명의 직공대표가 공사 법정 대리인과 함께 신분 전환에 서명했다. 동일 전직원이 신분 전환에 서명함으로써 전민 소유제 신분은 사라졌다.

제3부곡은 주주대회 개최이다. 2000년 4월 21일 155명의 임시 주주대표가 '회사 정관'(公司章程)을 통과시켰고, 9명의 이사와 4명의 감사(그 중 2명은 국유 주식을 대표한 이사이고, 1명은 창사시 정부가 파견했음)를 선임했다. 주목할 만한 인선은 이사장이 총경리를 겸임하고, 부이사장이 부총경리, 당위원회 서기, 노동조합 주석의 직무를 겸임했으며, 원래 노동조합 주석은 더 이상 노동조합 주석을 담당하지 않고 이사로 선임되었다는 점이다.

제4부곡은 주식제 개편 이후 직공과의 새로운 근로계약 체결이다. 창사 ○○집단 유한공사는 103명의 중·고급 간부 가운데 54명과 2,243명의 직공 가운데 1,580명과 근로계약을 체결했다. 근로계약을 체결하지 않은 713명 가운데 347명은 '내부 퇴직'(內退) 절차를 밟았고, 200명은 노동시장으로 나갔으며, 116명은 노동관계만 유지한 채 노동시장으로 나갔고, 그 나머지는 아무런 결정을 내리지 못한 상태에서 기업과 대치되어 있었다. 근로계약 기간은 1년으로 정했다. 공사는 내부 퇴직자에 대해서는 사회보험비의 일부를 부담하지만, 노동시장으로 나간 사람들에 대해서는 더 이상 사회보험비를 부담하지 않는다. 내부 퇴직자의 사회보험 대우는 다음과 같다. ① 2000년 12월 31일 이전에 법정 퇴직 연령으로부터 5년 미만인 직공에 대해서는 본인 현재 임금의 100%를 지급하되, 주택기금(住宅公積金)은 지급하지 않으며, 사회보험비(양로, 의료, 실업보험) 가운데 개인이 납입해야 할 부분은 개인이 납입하고, 공사가 납입해야 할 부분은 공사가 납입한다. ② 2000년 12월 31일 이전에 법정 퇴직 연령으로부터 5년을 초과하고 10년 미만인 직공(남성은 만 50~55세, 여성은 만 40~45세, 여성 간부는 만 45~50세)에 대해서는 월 320위안을 지급하되 근무연한이 20년이 넘은 직공의 경우 1년 초과할 때마다 2위안씩 증가하고, 주택기금은 지급하지

않으며, 사회보험비는 공사가 납입한다.[19]

창사 ○○집단 유한공사는 이 같은 주식제 개혁을 통해 국가와 기업간의 재산권 관계를 명확히 했고, 기업 내부에는 내부 인센티브(internal incentives)를 강화하면서 직무와 직책에 따른 권한과 의무를 명확히 했다. 또한 직공의 주식 매입을 통해 적지 않은 자금을 모았다. 이 같은 개혁 조처들로 인해 창사 ○○집단 유한공사는 향후 발전을 위한 튼튼한 기반을 형성했다고 볼 수 있다. 그렇지만 이 주식제 개혁을 진행하는 과정에서 기업 개혁을 주도했던 경영자는 직공과의 관계를 원활히 처리하지 못함으로써 적지 않은 문제가 야기되기도 했다.

3) 창사 ○○공장 소유권 구조 개혁의 문제점

창사 ○○집단 유한공사는 주식제 개혁을 통해 국유기업의 성격뿐만 아니라 국가·기업·개인의 3자 관계도 변화시켰다. 기업의 두 가지 전환이 이루어진 이후 인터뷰에 응했던 한 부이사장은 국가·기업·개인 3자 사이의 관계 변화에 대해 다음과 같이 단적으로 밝히고 있다.[20]

"이번 개혁을 통해 우리 공장은 국유제 성격을 완전히 탈피했다. 따라서 우리 기업의 간부는 더 이상 국가의 간부가 아니다. 공장장 및 간부에서부터 직공까지 모두가 품을 파는 노동자(打工仔)가 되었다."

---

19 長沙○○集團有限公司. "關于部分員工提前退出工作崗位修養暫行辦法"(長沙市企業改革發展領導小組辦公室 編 2000, 270-271).
20 스테픈 필리온(Stephen Philion)이 2000년 10월에 부이사장과 인터뷰한 내용이다.

경영 간부와 직공은 주식 형태의 보상을 받긴 했지만 신분 전환으로 인해 국가가 보장해 주는 소위 '철밥그릇'(鐵飯碗)을 잃게 되었다. 그렇지만 철밥그릇을 잃은 경영 간부와 직공에게 가해지는 충격과 혜택은 각각 다른 것으로 보인다. 경영 간부는 국유기업의 주식제 개혁의 과정에서 향후 국가기구의 간부로 자신의 신분을 전환할 기회를 잃은 반면 일반 직공들보다는 더 많은 경제적 보상과 기업경영 권한을 획득하게 되었다. 직공들은 일부 경제적 보상을 받긴 했지만 과거 계획경제체제 하에서 평생고용을 보장받았던 국가와 기업의 '주인공'(主人翁) 지위를 상실했고 계약고용 노동자로 전환되었다.

창사 ○○집단 유한공사가 주식제 개혁을 진행하는 과정에서 직면하게 된 첫 번째 시련은 주식제 개혁을 반대하는 일부 직공들의 집단적 저항 행위이다. 창사 ○○집단 유한공사의 한 보고서는 이러한 행동을 다음과 같이 밝히고 있다.

"일부 직공들 가운데 '직공의 이익을 대변한다'는 구호 아래 대단히 비이성적인 행위를 하고 있다. 주식제 개혁 초기에 소자보(小字報)를 쓰거나 항의 편지를 보내는 현상이 있었으며, 심지어 사실을 날조해 일부 직공들의 불만 정서를 부추기기도 했다."[21]

비교적 규모가 크고 기업 운영에 심각한 영향을 미친 일부 직공들의 집단적 행위도 있었다. 창사 ○○집단 유한공사가 신분이 전환된 직공과 근로계약을 체결할 당시 기업이 필요로 하지 않는 노동력이라는 이유로 근로계약을 체결하지 않은 일부 노동자들의 저항 행위가 그것이다. 이들 근로계약을 체결하

---

[21] 長沙 ○○集團有限公司, "一産權改革爲突破口打好國企改革堅戰"(長沙市企業改革發展領導小組辦公室 編 2000, 194).

지 못한 직공과 그들의 가족들은 이사장의 집을 포위하고 도로를 점거하는 항의 행동을 전개했다.[22] 이 집단 행동에 참여한 직공과 그들 가족 수는 약 200명 정도로 이틀 동안 도로를 점거했으며, 창사시 공안국이 출동한 후 해산되었다고 한다.[23]

일부 직공들의 이 같은 집단 행동은 생산 과정에 일정 정도의 부작용을 낳았다. 창사 ○○집단 유한공사의 부이사장은 주식제 개혁 이후 생산성이 떨어지자 다음과 같이 생산성 저하의 원인을 밝히고 있다.

"일부 직공들이 보여준 조급한 정서가 공사의 정상적인 생산 경영 활동에 영향을 미쳐 각 지표들이 하락하고 있다."[24]

생산성 저하 문제를 해결하기 위해 창사 ○○집단 유한공사가 채택한 방안은 엄격한 노무관리 방법을 적용하는 것이었다. 2000년 11월 17일 창사 ○○집단 유한공사는 '직공 공공행위 준칙'(員工公共行爲准則)을 발표하고, "지각 1차례에 대해서는 20위안, 2차례에 대해서는 40위안의 벌금을 물리고, 자주 지각하는 자에 대해서는 벌금을 2배로 증가한다. 조퇴 1차례에 대해서는 30위안, 2차례에 대해서는 60위안의 벌금을 물리고, 월 지각·조퇴 3차례에 대해서는 500~1,000위안의 벌금을 물리거나 근르계약을 해지한다"는 등의 규정을 마련했다. 정치사상 교육도 강화되었다. 정치사상 교육은 창사 ○○집단 유한공사의 당 지부 선전위원과 통신원 좌담회, 당교 훈련반(黨校培訓班), 당 지부 학습반 등 다양한 형식을 통해 진행되었다.[25] 그러나 이 같은 노력은 거의 효

---

22 상동.
23 2000년 12월 한 직공과의 인터뷰.
24 『○○廠報』(00/08/25).
25 창사○○집단 유한공사의 모범적인 당 지부의 경우 매월 1~2차례 조직 활동을 전개했다. 『○○廠

과를 거두지 못하고 있는 것 같다. 직공들은 주식제 개혁 이후 다음과 같이 냉소적인 반응을 보이고 있었다.

> "과거 국유기업이 직공에게 제공했던 좋은 대우는 모두 없어진 반면, 주식제 개혁 이후 공사에게 유리한 것들은 모두 유지되고 있다. 복리는 저하되었고, 벌금은 많아졌다."[26]

> "과거 우리는 매월 당비를 냈으나 지금은 대단히 문란해져 3개월에 한 번 혹은 6개월에 한 번 내고 있다. 게다가 정치사상 교육의 내용도 현실과 너무 괴리되어 있다. 당위원회 서기는 부이사장과 부총경리를 겸임하고 있고, 조직부장은 인사부장을, 선전부장은 판공실 부주임을 겸하고 있다. 이들은 모두 기업의 관리 측면에서 말하고 있을 뿐이다. 나도 당 조직 활동에 참여하곤 있지만 정치사상 활동이 싫고, 대부분의 직공들도 정치교육을 싫어한다."[27]

한편 엄격한 노무관리 집행과 무리한 벌칙 적용은 노동관계에 또 다른 악영향을 미쳐 창사 ○○집단 유한공사로서는 예기치 못한 문제가 발생하였다. 주식제 개혁 이후 회사의 불합리한 노무관리 방식과 무리한 벌칙 적용에 불만을 품은 87명의 기술자들이 이 회사를 떠났다고 한다.[28] 이렇게 기술자가 빠져나감으로써 창사 ○○집단 유한공사의 생산성이 저하되는 악순환이 만들어진 것이다. 창사 ○○집단 유한공사가 2001년 4월에 작성한 '주요 산품, 기술경제 지표와 기업 효율 지표 완성 상황'이라는 자료에 따르면 창사 ○○집단 유한공사의 이윤, 공업총생산액 지표는 모두 전년에 비해 하락하고 있었다.

報』(01/05/25).
[26] 2001년 6월 한 직공과의 인터뷰.
[27] 2001년 6월 한 노조 간부와의 인터뷰.
[28] 상동.

창사 ○○집단 유한공사가 시급하게 해결해야 할 문제는 직공의 불만을 합리적으로 해결해서 경영을 정상화시키는 것이라 할 수 있다. 그렇다면 직공의 불만을 합리적으로 해결하는 방법을 어디에서 찾아야 할 것인가? 과거의 전통적인 국유기업체제 하에서 이 같은 문제들을 해결하는 제도적인 장치는 직공대표대회였다. 일반 직공들은 직공대표대회를 통해 경영자들의 경영활동을 감독했고, 자신들의 요구 사항을 수렴하여 경영층에 전달했다. 그러나 주식제로 개혁된 이후 기업경영층에 대한 감독은 감사회가 담당하고 있고, 직공들의 요구는 주주대회를 통해 수렴된다는 논리에 밀려 이 직공대표대회는 자신의 존재와 활동 근거를 갖지 못하고 있다.

이런 상황에서 경영자와 직공들의 갈등을 조정할 수 있는 유일한 기구는 노동조합밖에 없게 되었다. 그러나 노동조합 역시 그런 역할을 제대로 수행하지 못하고 있다. 노동조합의 한 간부는 주식제 개혁 이후 노동조합이 직면하고 있는 문제에 대해 다음과 같이 말하고 있다.

"우리 회사의 지도자들은 너무 겸직을 많이 하고 있다. 그래서 기구간 상호 감독이 제대로 되지 못하고 있다. 먼저 행정기구가 축소된 뒤 당 조직과 대중 조직도 축소되었다. 원래 노조에는 전임 간부가 10명 있었는데 지금은 6명으로 축소되었다. 그 중 당 서기가 부이사장, 부총경리, 노동조합 주석을 겸임하고 있다. 원래 노조 부주석이 현재의 노조 업무를 전담하고 있다. 그렇지만 그 역시 '부'주석에 지나지 않는다. 회사의 여러 직책을 겸하고 있는 노조 주석이 하자는 대로 할 수밖에 없다. 우리 노조 간부들도 마찬가지다. 지금 노조 활동은 생산과 문화 및 레크리에이션에 집중되어 있다. 이렇게 해서는 직공의 마음을 잡을 수 없다. 우리는 현재 직공들이 무엇을 생각하고 있는지 잘 안다. 그들은 임금을 인상하고 복리대우를 과거 국유기업과 같이 해 달라고 요구하고 있다. 그렇지만 이것은 회사 지도자의 생각과 다르다. 우리 역시 방법이 없다."[29]

위에서 언급된 노동조합 간부의 말과 같이 창사 ○○집단 유한공사의 노동조합 위원장은 기업 당위원회의 서기가 맡고 있으며, 이 서기는 기업의 부이사장과 부총경리를 겸하고 있다. 이런 겸직 구조 하에서는 기업 직공들의 불만을 경영 관리층에게 전달하고 또 경영 관리층의 입장을 직공들에게 전달할 수 있는 제도화된 공식 통로나 기구가 설 자리가 없다. 리(Lee 1999)가 국유기업 개혁 이후 '자본의 원시 축적을 가능케 하는 공장 독재가 횡행하고 있다'고 지적한 것도 바로 이 같은 이유 때문이다.

종합해 보면, 창사 ○○공장 1년 동안의 주식제 개혁 실험 과정은 순조롭게 진행되지 못했다. 주식제 개혁을 추진하는 과정에서 집체자산으로 분류된 자산을 직공들에게 배분함으로써 직공 모두가 개혁으로부터 혜택을 받았지만, 그럼에도 불구하고 집체자산의 배분 방법과 정리해고 과정에서 상대적으로 더욱 많은 수혜를 받은 집단과 그렇지 못한 집단이 나타났다. 개혁 과정에서 보상을 충분히 받지 못했다고 느끼는 집단은 자신의 불만을 불법적인 단체행동과 회사를 떠나는 방식으로 표출했다. 경제적 효율성을 제고하고자 추진했던 창사 ○○공장의 1년에 걸친 주식제 개혁은 적어도 단기적인 측면에서는 오히려 효율성을 저하시킨 것으로 보인다. 그렇지만 소유권 구조 개혁의 경제적 효과를 검토하기 위해서는 좀 더 긴 시간을 두고 창사 ○○집단 유한공사의 자본생산성, 노동생산성 등의 변화 내용을 검토하지 않으면 안 된다.

---

29 2001년 6월 한 노조 간부와 인터뷰.

3. 결론 : 몇 가지 문제에 대한 토론

결론에서는 창사 ○○공장의 소유권 구조 개혁을 기초로 서론에서 제기한 네 가지 문제에 대해 살펴보기로 한다.

우선 소유권 구조 개혁의 내용과 관련된 문제이다. 법률적으로 혹은 관습적으로 동일한 개인이 특정 재산의 수익권과 처분권 모두를 갖는다면 그 재산을 소유한 개인은 완전한 재산권을 갖고 있는 셈이 된다. 중국 국유기업 재산권의 경우 법률적으로는 '전민 소유제'로 규정되어 있기 때문에 '전체 인민'이 그 같은 완전한 재산권을 갖고 있지만, 실질적으토 재산권은 중앙정부 소유, 지방정부 소유, 심지어는 기업 소유 등 다양한 형태로 분산되어 있다. 그런 의미에서 중국의 국유기업 재산은 '불완전한 재산권'(殘缺的産權)의 형태를 띠고 있다고 해야 할 것이다(肖耿 1997, 13). 중국의 경제개혁 싱크탱크들은 이와 같은 불완전한 재산권이 다양한 형태의 주인-대리인 문제를 발생시켜 왔다고 인식하고 기업의 소유권 구조 개혁을 통해 그 같은 둔제를 해결하려 했다. 그런 의미에서 창사시가 추진했던 국유기업의 소유권 구조 개혁은 '공공 상품의 비효율적인 사용을 막으려면 재산권 규정을 명확하게 하여 거래 비용을 줄여야 한다'는 로널드 코즈(Ronald H. Coase)의 이론을 적용해 분석해도 크게 틀리지 않을 것 같다(Coase 1960). 그간 '전민 소유제'라고 모호하게 규정되어 있던 국유자산의 재산권 귀속 여부를 명확하게 하고, 나아가 국유자산과 집체자산의 규모를 확정한 뒤 집체자산을 개인에게 배분한 것은 불완전한 재산권 규정 때문에 발생했던 정부 주관부문의 기업에 대한 감독의 비효율성, 경영자의 기회주의적인 행위, 거래비용의 증가 등의 다양한 주인-대리인 문제를 극복하기 위해 취해진 조치라 볼 수 있다.

여기서 검토할 내용은 재산권을 명확하게 규정한다는 것이 반드시 공유제 소유권을 사유제 소유권으로 전환시켜야 하다는 것을 의미하지 않음에도 불구하고,[30] 창사시는 공유제 소유권을 사유제 소유권으로 전환시켰는데, 과연 그 방식이 타당한지의 여부이다. 창사 ○○공장의 소유권 구조 개혁 이후 국유자산은 전체 자산의 28.7%에 지나지 않았고, 그 나머지 대부분의 집체자산은 개인에게 배분되었다. 중국 헌법에 명시되어 있듯이 국유기업의 자산은 전민소유제인데 한 국유기업의 자산을 국유자산과 집체자산으로 나누고 집체자산을 그 기업에 속한 경영자와 노동자에게 한정해서 배분해 주는 것이 타당한지에 대해서는 논쟁이 끊이지 않고 있다. 그리고 1984년을 기점으로 그 이전에 국가의 재정 지원을 바탕으로 형성된 자산을 국유자산으로 확정하고 그 이후에 증대된 자산을 집체자산으로 확정하는 것이 과연 올바른지에 대해서도 의문이 제기되고 있는 실정이다.[31]

그 다음 변화된 관리체계가 얼마나 과거의 유산을 극복했고, 또 이를 바탕으로 얼마나 생산성을 제고하고 있는가 하는 문제에 대해 살펴보자. 우선 창사 ○○집단 유한공사의 관리체계가 과연 과거의 관리체계를 얼마나 극복하고 있는가 하는 점에 대해 살펴보자. 이 점에 대해서는 좀 더 장기간의 관찰이 요구된다. 창사 ○○집단 유한공사는 사유화의 과정을 거쳤기 때문에 과거 주관 부문의 간섭으로부터 벗어나 자유롭게 기업을 운영할 수 있는 여건을 마련했다고 볼 수 있다. 그렇지만 국가는 여전히 창사 ○○집단 유한공사를 간섭할 수 있는 통로를 확보하고 있다. 국가가 기업활동에 간섭할 수 있는 통로는 두 가지이다. 우선 창사 ○○집단 유한공사의 주식 가운데 28.7%는 국가 소유

---

30 집체주식(集體股)이 존재하는 주식합작제(股份合作制) 기업에 대해 일부 경제학자들이 집체주식의 재산권이 명확하지 않기 때문에 주식합작제 기업은 과도기적 기업 형태에 불과하다는 주장을 펴자 추이즈위엔(崔之元)은 집체주식은 그 자체로 재산권이 명확하기 때문에 과도기적인 형태가 아니라고 주장하며, 주식합작제 기업의 사유화를 반대하고 있다(Putterman 1995). 이에 대해서는 崔之元(1994)을 참조.
31 『財經』 2000년 9월. 40쪽.

이기 때문에 국가는 그 만큼의 소유권을 행사할 수 있다. 그 다음 중국공산당은 기업 경영자로 전환된 공산당 간부와 기업내 당 조직을 통해 여전히 기업에 대한 자신의 영향력을 행사할 수 있다. 국가가 28.7%의 소유권을 어떤 방식으로 행사하는지, 그 영향력의 범위는 어느 정도인지, 기업내 당 조직을 통한 영향력 행사는 어떤 방식과 범위에서 이루어지고 있는지 등에 대해서는 향후의 조사 과정을 통해 좀 더 보완되어야 할 부분이라 할 수 있다.

한편, 변화된 관리체계 하에서 대리인 문제를 얼마나 극복하고 있는가 하는 점에 대해 살펴보자. 창사 ○○집단 유한공사는 전면적인 사유화를 통해 공장의 재산권 문제를 명확히 함으로써 이윤유보제, 기업하청 경영책임제도 하에서 발생했던 대리인 문제를 어느 정도 해소한 듯이 보인다. 창사 ○○집단 유한공사의 경영자들은 과거의 국가 간부로부터 기업의 주식 소유자로 전환되었기 때문에 과거보다 상대적으로 더 큰 이윤 확대 동기를 갖게 되었다. 그렇지만 사유화된 창사 ○○집단 유한공사의 주식 소유자들이 얼마나 효과적으로 주인-대리인 문제를 해결해 나갈지에 대해서는 좀 더 장기적으로 지켜볼 일이다. 기업 경영자들의 이윤 확대 동기가 강화되었다 하더라도 창사 ○○집단 유한공사는 여전히 일반적인 자본주의적 주식제 기업과 마찬가지로 주인-대리인 문제를 안고 있고, 그간 철밥그릇 하에서 길들여진 직공들이 이런 변화된 환경에 얼마나 신속하게 잘 적응하는지에 대해서는 좀 더 시간을 두고 판단해야 하기 때문이다.

셋째, 신삼회와 노삼회의 지위, 역할과 관련된 점을 살펴보자. 창사 ○○집단 유한공사의 소유권 구조 개혁 이후 드러난 신삼회와 노삼회의 관계는 중국 국유기업의 소유권 구조 개혁에 대해 많은 시사점을 던져주고 있다. 기업법에는 이사회, 주총, 감사회에 대해서는 명확한 지위와 권리를 규정하고 있는 반면 당위원회, 직공대표대회, 노동조합에 대해서는 명확한 규정이 없기 때문이다. 결국 변화된 환경 하에서 노삼회의 지위와 권리를 어떻게 확정할 것인가하는 점이 토론의 대상이 된다.

우선 노삼회 가운데 당위원회의 지위와 권리에 대해 살펴보자. 창사 ○○ 집단 유한공사의 주식제 개혁에서 나타났듯이 주요 당 간부는 모두 기업의 주요 경영자로 전환되었다. 이처럼 '당 간부들이 기업의 행정직을 교차 겸직하는'(雙向進入, 交叉任職) 방식은 상하이시에서 시작되어 전국적으로 확산되고 있는 것으로 보인다.[32] 과거 계획경제체제 하에서도 당 간부가 기업의 행정직을 겸직했지만, 그 때의 겸직 상황과 시장경제체제가 확립된 지금의 겸직 상황은 매우 다르다. 국유기업이 연성 예산 제약 환경 하에 놓여 있던 과거 계획경제체제의 당 간부 겸 기업 경영자는 기업의 이윤과 관계없이 상급 주관 행정부문이 내려준 지표에 따라 기업을 경영하면서 중국 공산당이 원하는 정치활동을 병행할 수 있었지만, 경성예산제약이 확립되어 있는 시장 환경 하에서의 당 간부 겸 기업의 경영자는 이윤 동기에 따라 기업을 운영하기 때문에 기업의 경영과 정치활동을 병행하기 어렵다. 정치활동은 곧잘 기업의 이윤을 내는 데 필요한 선전과 교육의 장으로 변질되기 십상이고, 이런 점 때문에 기업의 당위원회와 기층 대중과는 점차 거리가 멀어지게 된다. 따라서 당 간부들이 기업의 행정직을 겸직하는 제도는 궁극적으로 기업의 당위원회, 그리고 당위원회와 기층 대중의 관계를 '탈정치화'(de-politicization)하는 효과를 갖게 된다.

한편 당 간부가 기업의 경영자를 겸하는 제도는 노동조합의 지위와 역할에도 영향을 미치게 된다. 창사 ○○집단 유한공사의 경우 기업의 당 서기가 부이사장과 노동조합 위원장을 겸직하고 있다. 당 서기는 기업의 경영을 대변해야 할 뿐만 아니라 노동자의 이익도 대변해야 하는데, 과연 이 두 가지 역할

---

[32] 상하이시는 당위원회 성원의 1/2은 반드시 법정 절차를 밟아 이사회에 진입해야 하고, 당위원회에서 기업의 행정을 담당하고 있는 당 간부의 비중은 1/3 이하여서는 안 된다고 규정하고 있다(『人民日報』99/11/04).

90

을 무난히 수행할 수 있을지 의문이다. 당 서기가 노동조합 위원장을 겸직하는 것은 과거 계획경제체제에서도 찾아보기 힘들다. 과거 계획경제체제 하에서 당 조직은 상급 노동조합이 동급 당위원회의 승인을 얻어 기층 노동조합 위원장을 파견하거나 기층 당위원회의 선발 과정을 거쳐 노동조합 위원장을 선출하는 방식으로 노동조합을 통제해 왔다. 이 같은 선출 방식은 당 조직이 대중조직을 통제해야 한다는 레닌주의적 대중조직 통제방식이라고 할 수 있는데, 그 방식은 시장경제체제가 확립된 지금도 변화하지 않고 있다. 과거 계획경제체제 하에서 당 간부들은 기업 경영자들이 이윤을 추구하는 행위나 대중의 의사를 묻지 않고, 일방적으로 기업을 경영하는 행위를 '자본주의 노선'을 걷는다거나 혹은 '탈대중적인 행위'(脫離群衆)라는 정치논리로 감독·규제할 수 있었기 때문에 당 조직이 노동조합을 통제하는 시스템은 큰 문제를 불러일으키지 않고 유지·운영될 수 있었다. 그러나 당 간부 겸 기업 경영자가 이윤동기에서 기업을 운영해야 하는 시장경제체제 하에서는 그 같은 시스템은 큰 문제점을 드러내게 된다. 즉 기업 경영자의 이윤 추구 행위와 일방적인 기업경영 활동을 견제할 근거와 수단이 없고, 또 그 같은 경영자들이 노동조합 간부를 통제하고 있기 때문에 노동조합은 경영자의 경영 논리와 행위를 뒷받침하는 부속기구로 전락하게 된다. 그 결과 직공들은 자신의 요구와 불만 사항을 제기하고 해결하려 할 때 노동조합을 찾지 않고, 개인적인 관계망을 통하거나 아니면 비합법적인 저항 행위로 대처하게 된다. 이처럼 당 간부가 기업경영직을 겸직하고, 나아가 이들이 노동조합을 통제하는 시스템은 중국 노동조합의 '탈대중화'(de-popularization)를 촉진하고, 나아가 노동관계에서 비롯되는 제반의 문제를 더욱 복잡하게 만든다.

　직공대표대회의 지위와 역할 문제 역시 아주 모호하게 남아 있다. 창사 ○○집단 유한공사의 경험에서 나타났듯이 직공대표대회는 소유제 전환 과정에서 직공의 의사를 수렴하여 이를 경영자의 의사결정에 반영하는 기능을 가졌

지만, 소유제 전환이 종결된 이후에는 그 같은 기능을 갖지 못하고 있다. 중국
의 기업법은 일부 국유제 형태를 취하고 있는 기업에 대해서만 직공대표대회
(혹은 그 기구의 대표)의 지위와 권리에 대해 명시하고 있을 뿐이다. 1999년
12월 전국인민대표대회 제13차 회의에서 통과된 수정 기업법에서는 "국유독
자회사 혹은 국유지주회사의 … 이사회와 감사회에는 반드시 직공대표가 참
여해야 한다"고 규정하고 있을 뿐 기타 소유제 기업에 대해서는 그 규정을 두
지 않고 있다. 따라서 창사 ○○집단 유한공사와 같이 국유독자회사도 아니고
국유지주회사도 아닌 주식회사에서는 직공대표대회가 경영 참여와 감독 기능
을 수행할 법적 근거가 없다.

　마지막으로 중국 정부가 현대기업제도를 통해 확립하고자 하는 중국 기업
지배 구조의 모델과 관련된 문제를 살펴보자. 1990년대 중반 이후 중국 정부당
국의 국유기업 개혁 내용이 기업의 '내·외부의 인센티브'(internal and external in-
centives)를 강화하는 데 맞춰져 있다는 점에 대해서는 이견이 없을 것이다. 중
앙정부의 이런 노력에 맞추어 지방 차원에서 전개된 창사 ○○집단 유한공사
역시 기업의 '내·외부의 인센티브'는 강화되었다고 할 수 있다. 이 점만을 고려
해 볼 때 중국의 기업지배 구조는 영·미식 기업지배 구조를 도입하려 한다고
해도 크게 틀리지 않을 것이다(譚安杰 2000, 145). 한편, 이 영·미식 기업지배 구
조 하에서 기업 직공들의 경영 참여와 감독 기능은 철저하게 배제되고 있다.

　그러나 중국의 기업제도 변화 과정은 아직 일단락되지 않았고, 지방과 기
업마다 그 제도 변화의 내용이 다양하게 전개되고 있기 때문에 필자는 창사 ○
○집단 유한공사의 경험을 바탕으로 성급하게 중국의 기업지배 구조가 영·미
식 모델을 채택하려 한다고 결론짓지 않고자 한다. 무엇보다 수많은 국유기업
은 여전히 국유독자회사와 국유지주회사의 형태를 띠고 있고, 창사 ○○집단
유한공사의 소유제 개혁방안 역시 급진적인 내용을 담고 있어 다른 지방과 기
업으로 확대되는 데는 일정한 한계가 있을 수도 있기 때문이다.[33] 중국 정부당

국이 확립하려 하는 국유기업 지배구조 모델이 어떤 모델인지를 판단하려 할 때 '일반 직공들의 기업경영 참여 및 감독문제'(labor empowerment problem)를 살펴보지 않을 수 없다. 이 문제는 신삼회와 노삼회의 지위와 역할을 어떻게 확정지을지의 문제와 연관되어 있다. 이 문제를 둘러싸고 중국 노동계 일각에서는 노동자의 참여 경영과 감독권을 보장하라고 요구하고 있지만(馮東慶 2000), 중국 정부당국은 이 문제에 대해 명확한 입장을 표명하지 않고 있다. 영·미식 기업지배 구조를 독일식 기업지배 구조 혹은 중국 특색이 있는 기업지배 구조로 바꿀지도 모를 이런 주장이 국유기업 개혁 과정에서 얼마나 반영될 지에 대해서는 좀 더 지켜볼 일이다.

---

33 창사시 정부의 국유기업 개혁방안은 국무원의 동의를 얻지 않고 실시되었다. 이 방안이 전국의 주목을 받자 국무원은 전문 조사단을 파견한 뒤 "개혁방안은 재산권 확정 및 공평 원칙을 위반했다."고 비판한 바 있다(趙小劍 2002).

제4장

중국 국유기업의 개혁과 노동자 저항의 논리

: 정저우 ○○공장 사례를 중심으로*

1. 서론

대부분의 국가는 노동자 저항이 갖고 있는 사회적 파괴력 때문에 노동 문제를 신중하게 다룬다. 안정 속에서 개혁을 추진하고자 했던 중국 당국 역시 노동제도 개혁에 대해서만큼은 매우 신중한 태도를 취해 왔다. 중국 당국은 1980년대 국유기업을 개혁하는 과정에서 노동제도 개혁의 필요성을 절감했지만, 노동제도 개혁의 정치적 민감성 때문에 부분적이고 점진적인 방법으로 개혁을 추진했다.[1]

---

* 본 글은 2000년 10월과 12월 필자가 진행했던 인터뷰와 2003년 7월 9일부터 12일까지 베이징사회과학원 사회학연구소의 다이젠중(戴建中) 부소장, 베이징대학교 사회학과의 퉁신(佟新) 교수 등이 10명의 직공들을 인터뷰한 자료를 기초로 완성되었다. 필자는 노동자의 저항이 전개되고 있던 시기에 인터뷰를 했지만, 다이젠중 부소장과 퉁신 교수는 노동자의 저항이 끝나고 노동자들이 공장을 자주관리하고 있던 시기에 인터뷰를 했다. 사안이 민감하고, 인터뷰에 응했던 사람들의 요청 때문에 그들의 이름을 밝히지 못했다. 본 글에서는 다이젠중과 퉁신 등의 인터뷰는 'Dai and Tong'으로 표기했다. 자료 사용을 기꺼이 허락해 준 다이젠중, 퉁신 선생 등에 감사의 뜻을 표한다.

[1] 한 예로 1983년 노동인사부가 근로계약제도 도입 문제를 제기했을 때 그 목적은 현존하는 모든 노동자에 대해 단계적으로 근로계약제를 적용하는 것이었지만, 그 제도는 정치엘리트 사이의 의견불일치로 인해 곧바로 시행되지 못하고 부분적이고 점진적인 실험만을 반복하였다. 1986년 근로계약제도가 도입되었을 때에도 그 적용 범위는 기존 노동자가 아니라 그해부터 국유기업에 진입하는 신규

그러나 1990년대 들어 더 이상 부분적이고 점진적인 방법으로는 개혁을 추진할 수 없는 상황이 전개되었다. 국유기업에 대한 자주권 확대 개혁정책에도 불구하고 1980년대 전반에 걸쳐 중국의 국유기업은 비국유기업과의 경쟁에서 패배하여 이윤율이 전반적으로 하락했던 것이다(Naughton 1995b). 독립예산 국유기업 중 적자기업의 비율은 1980년 19.2%이던 것이 1993년에는 30.3%로 증가하였다(拉適 1999, 34). 중국 당국은 나날이 악화되고 있는 국유기업의 경영상태를 소위 '포괄적 개혁 추진, 중점 돌파'(整體推進, 重點突破) 전략으로 타개하고자 했다. 그 전략의 근간이 되었던 여러 정책들 가운데 국유기업 개혁을 심화시킨 두 가지 중요 정책을 들면 다음과 같다(吳敬璉 2004, 70-80).

첫째, 국유기업에 대한 대대적인 구조조정 정책이다. 1995년 제14차 당대회 5중 전회는 '경영성과가 좋은 대형 국유기업에 대해서는 국가가 집중 육성·발전시키지만, 경영성과가 나쁜 중·소형 국유기업에 대해서는 매각·임대·합병·합자·파산 등 다양한 방법으로 시장원리에 따라 재편한다'는 소위 '조대방소' 방침을 발표했다. 나아가 1999년 제15차 당대회 4중 전회는 국가가 집중적으로 육성·발전시키고 국가의 독과점적 통제가 필요한 업종과 산업을 ①국가 안전과 연관된 업종, ②자연독점적 업종, ③주요 공공상품과 서비스를 제공하는 업종, ④지주산업과 하이테크 산업으로 한정하고, 나머지 영역에 대해서는 시장의 경쟁 원리에 따라 재편한다고 발표했다.

둘째, 노동제도에 대한 전면적인 개혁정책이다. 중국 당국은 1994년 노동법 제정을 통해 그간 '고정공'(固定工)과 '계약공'(合同工)이 병존하던 고용제도를 계약공 제도로 단일화했다. 이로써 기업은 경영상의 필요에 따라 노동자를 해고할 수 있게 되었다. 또한 중국 당국은 1990년대 후반 들어 국유기업의 사

___

노동자에 한정되었다(White 1987, 376-378).

회보험비 부담을 경감시키고, 노동유연성을 확대하기 위해 사회보장제도를 전면적으로 개혁했다. 이에 따라 그간 국가와 기업이 일방적으로 보험비를 부담하던 양로·의료보험제도는 국가·기업·개인 3자가 공동으로 부담하도록 개혁되었다. 또한 중국 당국은 나날이 증가하는 실업자 문제에 대처하기 위해 실업보험제도를 확립했다(백승욱 2001, 223-314; 김영진 2002, 163-210).

중국의 각 지방당국은 중앙당국의 이 같은 정책과 제도 개혁을 기초로 국유기업에 대한 대대적인 구조조정에 나섰다. 그 결과 1995년 29.1만 개에 달했던 국유기업의 수는 2001년 17.4만 개로 급감했고, 국유기업 노동자수도 1995년의 7,544만 명에서 3,809만 명으로 절반으로 감소했다. 특히 중·소형 국유기업의 수는 28.2만 개에서 16.4만 개로 대폭 줄어들었다(張春霖 2003, 175).

중국 정부당국의 언론통제 때문에 대외적으로는 잘 알려져 있진 않지만, 국유기업에 대한 대대적인 구조조정은 광범위한 국유기업 노동자들의 저항 속에서 이루어졌다. 단적인 예로 노동쟁의 중재위원회에 접수된 국유기업의 노동쟁의 안건과 집단적인 노동쟁의 안건은 각각 1996년 16,390건, 757건에 불과하던 것이 1997년에는 18,546건, 969건, 1998년에는 22,191건, 1,358건, 1999년에는 26,726건, 1,783건, 2000년에는 32,715, 2,203건, 2001년에는 42,873, 3,217건으로 급증했다.[2] 비국유기업에서 발생되고 있는 노동쟁의와 중국의 공식 통계에 산입되지 않는 파업, 상방, 태업, 시위 등 '다양한 형태'의 노동자 저항을 고려한다면, 이 시기 중국의 노동쟁의 건수는 훨씬 더 많았을 것으로 추측할 수 있다.

노동쟁의의 원인은 대단히 다양하다. 2001년 노동쟁의 중재위원회에 접수·처리된 국유기업의 노동쟁의 원인은 근로계약 해제 및 중지 관련 31.25%, 보

---

2 각 해당 연도의 중국통계연감.

험·복리 관련 24.01%, 임금 관련 23.23%, 산업안전 관련 8.36%, 근로계약 변경 관련 4.28%, 직업훈련 관련 0.80%, 기타 8.06% 등이다.[3] 국유기업 구조조정에 따른 감원 문제와 과거 평생을 보장받았던 사회보장제도가 개혁되면서 사회보장 문제를 둘러싼 갈등이 1990년대 중후반 국유기업 노동자 저항의 주요 원인이 되고 있음을 알 수 있다.

본 글은 정저우(鄭州) ○○공장의 사례 연구를 통해 1995년 중국 당국이 실시했던 '조대방소' 정책이 왜 국유기업 노동자들의 저항을 야기했는지 분석하고자 한다. 이러한 사례 연구를 통해 밝히고자 하는 내용은 두 가지이다. 첫째, 노동자 저항의 원인이다. 본 사례 분석어서는 합병 당사자의 계약 불이행, 국유자산 재산권을 둘러싼 국가와 노동자의 인식 격차, '음성 부채'(陰性負債)[4]에 대한 국가의 불충분한 대처, '연공매입'(買斷工齡)[5] 방식을 통한 감원 정책의 비합리성이 노동자 저항을 야기하는 주된 원인임을 밝힐 것이다. 둘째, 노동자 저항의 형식에 대한 내용이다. 본 글은 중국 노동자의 저항이 왜 종종 국가가 설정해 놓은 노동쟁의 처리 방식인 '조정(調解)·중재·소송'이 아니라 '인치적 요소'가 농후한 '상방'이라는 방식을 통해 해결되었는지, 또 노동자들이 채택하고 있는 다양한 저항의 형태 속에 내재된 논리와 책략이 무엇인지를 살펴보고자 한다.

---

3 2001년 중국통계연감의 '노동쟁의중재위원회에 접수·처리된 노동쟁의' 항목에서 비율 계산.
4 과거 저임금을 받고 국가와 기업의 발전을 위해 일해 왔던 국유기업 노동자에 대해 국가가 양로비를 보장해 주어야하나 그렇지 못한 부채를 말한다. 자세한 내용은 본 글 3. 3)을 참조.
5 근무연한에 따라 일정한 경제적 보상을 해 주고 노동관계를 단절하는 것을 말한다. 자세한 내용은 본 글 113~114쪽 참조.

2. 중국의 노동자 저항에 대한 기존 연구

본래 어떤 저항이든 저항의 성격을 규명하는 작업이 쉽지 않지만, 특히 중국의 노동자 저항을 연구하는 것은 매우 힘들다. 중국 당국이 노동자 저항과 관련된 정보를 엄격하게 통제하고 있어 자료 접근이 대단히 어렵기 때문이다. 중국 당국이 발간하고 있는 공식적인 통계 자료에는 파업과 같은 집단적인 노동쟁의 건수가 실리지 않으며, 중국의 언론도 노동쟁의 관련 뉴스를 거의 보도하지 않는다. 자료 접근이 어렵기 때문에 중국 노동자 저항에 대한 연구의 대부분은 저항 그 자체에 대한 연구보다는 저항이 발생되는 사회 구조적 배경과 원인을 분석하는 데 치중하고 있다.

전통적인 사회주의 계획경제체제 시기 중국의 노동자 저항에 대한 연구는 국가의 엄격한 통제 하에서 어떻게 노동자의 저항이 발생했는지 그 원인을 규명하는 데 초점을 맞추고 있다. 연구의 대상이 된 사례는 1951년에 발생한 파업, 1956년 10월부터 1957년 3월 사이에 발생한 1만 여건의 파업, 문화대혁명 시기 노동자들의 저항 등 간헐적으로 발생했던 노동자의 저항이다.

단순화의 위험을 무릅쓰고 정리해 보면, 계획경제 시기 중국의 노동자 저항에 대한 연구는 '사회갈등 모델'(social conflict model)과 '권력투쟁 모델'(power-struggle model)에 입각한 연구로 대별된다. 전자는 고정공에 비해 차별적인 대우를 받았던 임시공·계약공 등 소위 '주변부 노동자들'(marginal labors)이 경영자의 관료주의와 고정공과의 차별적 대우에 저항했다는 점에 주목하고 있다(White III 1976; Perry 1995). 이에 반해 후자는 중국공산당 내부의 한 분파가 자신의 정치적 목적을 달성하기 위해 노동자 내부의 갈등을 이용하고 노동자의 저항을 동원했다는 점에 주목하고 있다(Walder 1996). 계획경제 시기 중국의 노동자 저항이 일정한 정치적 계기가 주어졌을 때 표면화되었다는 점을 고려하면, 이 양자의 접근법은 상호 보완적인 관계에 있다고 할 수 있다.

개혁·개방 이후 중국 노동자의 자발적 저항이 증가함에 따라 '권력투쟁 모델'의 설득력은 현저히 약화되고 있다.[6] 권력투쟁 모델은 1989년 천안문 사건에 노동자들이 자발적으로 참여하고 자주적인 조직을 결성할 수 있었던 원인을 규명하면서 결정적으로 시각을 전환했다. 권력투쟁 모델은 개혁·개방 이후 노동자 저항을 동원할 수 있었던 과거의 '공장체제'(factory regime)가 변화하고 있다는 점에서 그 원인을 찾았다. 즉 시장 시스템이 도입됨으로써 공장 내부에 존재했던 중국공산당 간부와 적극적 지지자 사이의 '비호관계'(patron-client ties)와 중국공산당 간부의 정치적 역할이 현저하게 약화된 것이 노동자의 자발적인 참여와 자주적 조직 결성의 원인이라는 점이 지적되었다(Walder 1991). 이 같은 변화에 주목하면서 권력 갈등 모델은 시장화 전환 시기 중국에는 과거 계획경제체제 시기의 노동자 동원에 의한 정치와는 전혀 다른 '새로운 유형의 정치적 저항'(new species of political protest)이 전개되고 있다는 점을 지적하고 있다(Walder & Gong 1993).

개혁·개방 시기 중국 노동자의 자발적인 저항에 대한 연구는 노동조합의 기능에 대한 연구와 맞물려 진행되었는데, 시민사회론과 '조합주의'(corporatism)가 분석을 위한 이론으로 사용되었다(김재관 2003, 24). 시민사회론에 입각한 연구는 중국 노동조합의 노동자 보호 기능이 취약하기 때문에 노동자의 저항은 노동조합을 통해 표출되지 않고 있으며, 일부 지역의 노동자들은 자신의 이익을 보호하기 위해 '대안적 자주 조직'(alternative autonomous organizations)을 결성하고 있는데, 시민사회의 맹아는 이 자주적인 조직에서 발견된다고 주장

---

6 국유기업의 자주권 확대 정책으로 이윤 추구 동기가 강화된 일부 기업 경영자들이 노동자에 대한 벌칙을 남용하고 불공정하게 부를 분배함으로써 1980년대 들어 노동자의 자발적인 저항이 신속하게 확산되었다. 1980년대 중반기 들어 중국에서는 '노동자의 저항의 물결'이라는 뜻의 '궁차오'(工潮)라는 말이 사용되고 있었다(常凱 1988, 51-58).

한다(White, Howell and Shang 1996, 65). 이와 달리 조합주의에 입각한 연구는 중국 당국이 시장 시스템의 도입으로 점차 약화되고 있는 중국공산당의 통제력을 보완하기 위해 노동조합의 노동자 보호 기능을 향상시키고 있으며, 그러한 시도는 일정 정도 성공하고 있다고 주장한다(孫中范·桉苗·馮同慶 1997; Zhang 1997a; 1997b; Unger & Chan 1995).

중국 노동자 저항 연구의 분석 이론이 되었던 권력투쟁 모델, 사회갈등 모델, 조합주의와 시민사회론은 각각 상이한 이론적 관점에서 출발하고 있음에도 불구하고 노동자 저항을 유발하거나 규제하는 거시적 구조에만 주목하고 있을 뿐, 노동자 저항을 발생시키거나 규제하는 미시적 구조, 미시적 구조와 거시적 구조의 상호 연관성을 파악하지 못하는 공통의 약점을 안고 있다. 최근 들어 중국 노동자 저항 분석에서 시도되고 있는 '정치과정 접근법'(political process approach)은 그 같은 약점을 극복하고 있다는 점에서 주목받을 만하다. 정치과정 접근법은 '정치적 기회 구조'(political opportunity structure), '동원 네트워크'(mobilizational networks), '집단행동의 틀 혹은 문화적·상징적 해석'(collective action framing or cultural/symbolic interpretation) 등과 같은 개념을 토대로 사회운동의 출현을 설명하고 있다. 또한 사회운동이 갑작스럽게 출현하는 것을 이해하기 위해서는 사회적 불만의 성격과 수준, 국가의 능력·자원·유연성뿐만 아니라, 잠재적 저항자들의 정치적 기회 구조·조직·견해 등에 대해서도 폭넓게 연구해야 한다고 주장한다(Perry & Selden 2000, 14-15).

이러한 분석틀을 통해 정치과정 접근법은 중국 노동자 저항 연구의 내용을 더욱 풍부하게 해 주고 있다. 노동자의 권리의식 증가가 노동자 저항의 큰 원인이 되고 있다는 연구(Pei 2000), 개혁정책이 노동자에 미친 영향과 문화대혁명의 경험이 노동자의 저항 과정에서 어떻게 표출되고 있는지에 착안한 연구(Lee 2000), 그람시(A. Gramsci)의 헤게모니론에 입각하여 국가와 시장의 헤게모니 속에 포섭된 중국 노동자의 저항은 국가를 겨냥하기보다는 지방의 관료나 기업의 경영자를 겨냥하고 있다는 연구(Blecher 2002) 등은 정치적 기회 구조, 문화적·상징적 해석 등의 개념을 사용하여 중국 노동자의 저항을 분석한 연구 성과들이다. 정저우 ○○공장의 사례 연구에서 본 글은 정치과정 접근법을 통해 중국 노동자에게 어떻게 저항의 정치적 기회가 부여되었고, 노동자들은 그 기회를 어떻게 능동적으로 활용했는지를 분석함으로써 정치 과정 접근법의 내용을 좀 더 풍부하게 하고자 한다.

3. 정저우 ○○공장의 합병과 노동자의 저항

1) 합병 과정

정저우 ○○공장은 1958년에 설립된 중1형 국유 '전민소유제'(全民所有制) 기업으로 주 생산품은 문구용 종이이며 공업용, 생활용 종이도 생산해 왔는데, 연 생산량은 10,000여 톤에 달했다. 제지회사로서는 정저우시에서 가장 큰 기업이었지만, 시장경쟁이 치열해지면서 1991년부터 적자가 발생하기 시작해 1997년 현재 정저우 ○○공장의 누적 적자는 1,000만 위안에 달했다.[7]

정저우 ○○공장은 1995년 4월 상급 주무부서인 정저우시 정부 경공업국으로부터 환경오염 기업으로 판정되어 생산 중지 명령을 받았다. 이로 인해 등록된 노동자 860명(그 중 117명은 퇴직자) 가운데 환경오염과 관련이 없는 생산라인에 종사하던 일부 노동자를 제외한 대다수의 노동자들은 '샤깡'(下崗)

---

7 河南豊華實業股份有限公司, "河南豊華實業股份有限公司兼併鄭州 ○○廠可行性報告"(1997. 10. 6).

상태에 놓이게 되었다. 1998년 2월 28일 현재 이 공장의 총자산은 8,830만 위안으로 부채율은 67.2%(부채는 5,940만 위안, 그 중 은행 대출은 2,600만 위안)에 달했다.[8]

　　정저우 ○○공장은 1997년 말부터 국유지주회사인 '평화주식회사'(河南豊華實業股份有限公司)에 의해 합병 절차를 밟았다. 인수합병의 물길을 터준 것은 1995년 중국공산당 제14차 당 대회 5중 전회에서 결정된 '조대방소' 방침이다. 당시 이 방침이 발표된 이후 중국의 각 지방정부는 중·소형 국유기업을 매각·임대·합병·합자·파산 등 다양한 방법으로 정리하면서 사영화시켰는데(Oi & Walder 1999, 11-12), 이 점에 있어서는 허난성(河南省) 정부도 예외가 아니었다.[9]

　　평화주식회사는 1997년 10월 6일 정저우 ○○공장에 "합병 가능성 보고서"를 제출했고, 동년 10월 15일 정저우시로부터 합병 허가를 받았다. 합병안은 1997년 11월 26일 회의에 참석한 직공대표 55명 전원의 찬성으로 통과되었고, 당일 정저우 ○○공장의 법정 대표와 평화주식회사 사이에 '합병 협의서'가 작성되었다. 1998년 8월 24일 정저우시 정부가 평화주식회사의 합병을 최종적으로 승인했고, 1998년 9월 18일 정저우 ○○공장 노동자들은 직공대표대회를 통해 합병을 선언했다. 이로써 법인 자격을 상실한 정저우 ○○공장은 평화주식회사의 자회사(分公司)로 전환되었다.

---

8 鄭州○○廠第6屆職代會全體代表. "河南豊華實業股份有限公司用欺詐手段非法兼倂○○廠的全過程 : 原鄭州市 ○○廠情況綜述"(1999. 11. 7).
9 정저우 ○○공장 노동자의 집단적인 저항에 중심에 있었고 그로 인해 구속되기까지 했던 한 부공장장 겸 부총공정사(副總工程師)는 "중앙의 방침이 발표된 이후 대외적으로 밝혀지지는 않았지만, 성 정부 차원에서는 국유기업 개혁 관련 회의가 열렸는데, 1997년 말까지 모든 중·소형 국유기업의 개혁을 완료한다는 방침이 나왔다"고 밝히고 있다. Dai and Tong 인터뷰(2003. 7. 12).

2) 계약 이행의 문제와 노동자의 저항

합병이 이루어짐에 따라 '합병 협의서' 이행 문제가 노동자의 최대의 관심사로 부각되었다. '합병 협의서'의 주요 내용은 다음과 같다. ①평화주식회사는 정저우 ○○공장의 전 채권과 채무를 승계한다. ②평화주식회사는 합병 후 정저우 ○○공장의 전 직공의 취업을 위해 노력한다. ③평화주식회사는 국가와 성 정부의 규정에 따라 원래 정저우 ○○공장이 부담해야 했지만 그러지 못한 양로보험비와 의료보험비 등 사회보험비를 부담한다. ④평화주식회사는 퇴직자의 양로비를 적시에 지급한다.[10]

평화주식회사는 정저우 ○○공장을 합병한 후 보안·회계 행정직을 담당하던 일부 노동자들을 평화주식회사로 발령낸 것을 제외하면, 대부분의 노동자들을 면직 상태로 방치했다. 합병 1년이 지났음에도 생활비는 제대로 지급되지 않았다. 한 노동자는 "시 정부가 140위안씩 세 번에 걸쳐 생활비를 지급했지만, 평화주식회사는 40위안을 떼 낸 뒤 100위안씩만 지급했을 뿐이다"라고 밝혔다.[11]

이런 상황에 직면하자 노동자들은 대표를 선정해 계약 이행을 위한 교섭을 시도했다. 그러나 평화주식회사는 교섭에는 응하지 않고 '연공매입'을 통한 감원 방침을 들고 나왔다. 구체적인 방법은 다음과 같다. 근무연한 1년에 대해 1개월 임금의 경제적 보상을 해 주되 최대 12개월을 초과하지 않으며 경제적 보상이 이루어졌을 경우 노동관계는 해제된다. 재직 노동자는 재직 당시의 임금을 기준으로 하고, 면직된 노동자에 대해서는 현지 최저임금을 기준으로 계산한다.[12]

---

10 "兼併協議書"(1997. 11. 26).
11 필자가 정저우시에서 진행한 정저우 ○○공장 5명의 노동자 소조 인터뷰(2000. 10).
12 "關于河南豊華實業股份有限公司兼併鄭州○○廠的申請的批復." 鄭州市豫口辦(1997) 56號.

평화주식회사는 위의 방침을 발표한 뒤 노동자들에게 10일 이내에 반드시 서명하라고 요구했다. 그러나 정저우 ○○공장의 노동자들은 서명을 거부하고 저항을 택했다. 정저우 ○○공장의 노동자들은 1999년 9월 6일 자신들의 대표를 선출한 뒤 계약 이행을 촉구하는 면담을 요구했지만, 당일 평화주식회사 경영자는 노동자들의 면담 요구를 거절했다. 이에 격분한 노동자 50여 명은 9월 7일 정저우시 정부를 찾아 평화주식회사의 합병 계약 이행을 촉구하는 집단적인 '상방'을 전개했다.

그 결과 정저우시 정부 경공업국·평화주식회사·노동자 3자 사이에 "①평화주식회사는 합병 협의서의 내용을 이행한다. 노동자대표대회를 거치지 않고 그 내용을 수정하지 못한다. ②평화주식회사가 정저우 ○○공장의 토지를 매각하거나 개발할 경우 원래의 정저우 ○○공장 직공대표대회의 토론을 거쳐 표결을 통해 동의를 받아야 한다. ③평화주식회사는 국유지주회사이기 때문에 직공의 민주관리제도를 도입해야 하고, 중대한 문제를 결정할 경우 반드시 직공의 의견을 들어야 한다. ④평화주식회사는 직공의 생활문제를 잘 해결하도록 노력해야 하고, 정저우시의 사회 안정을 유지하도록 노력해야 한다"는 합의서가 작성되었다.[13]

이렇게 합의서가 작성되었음에도 불구하고 평화주식회사는 1999년 9월 11일 집단적인 항의 방문에 참여했던 사람들 가운데 37명에 대해서는 생활비 지급을 중단한다고 발표하면서 대결 자세를 취했다. 모순이 심화된 것은 노동자들이 평화주식회사가 정저우 ○○공장의 일부 토지를 담보로 은행으로부터 960만 위안을 대출한 사실을 알게 되면서부터이다. 경공업국을 집단 상방하던 중 이 사실을 알게 된 노동자들은 토지국을 상방하여 토지국으로부터 토지

---

13 "關于解決原鄭州市 ○○廠職工上訪問題的幾点意見"(1999. 9. 7).

증을 인수받아 자체 보관하게 되었다.[14] 노동자들과 평화주식회사 간의 모순
이 더욱 격화된 것은 정저우 ○○공장 노동자들이 공장을 점거하면서부터이
다. 평화주식회사의 전기비와 가스비 체납으로 전기와 가스 공급이 중단되자
생활에 불편을 겪던 정저우 ○○공장의 4백여 노동자들은 2000년 6월 7일 정
저우 ○○공장에 파견근무로 나와 있던 평화주식회사의 직원을 공장 밖으로
내몰고 공장을 점거했다. 노동자들의 공장 점거는 2000년 8월 8일 공안 당국
이 노동자를 강제 해산할 때까지 2개월 간 지속되었다.

공안국의 강제 해산 직후 정저우시 정부는 5~6명으로 구성된 '중재 전담
반'(工作組)을 편성해 문제 해결에 나섰다. 중재 전담반은 한 사람씩 노동자들
과 면담하면서 "집단적으로 시 정부를 상방하는 것은 보기에 좋지 않다. 새롭
게 직공대표를 선출하고 자회사를 설립하여 공장을 자치 관리하라"며 사태 해
결의 방법을 알려주었다.[15] 이 요구에 따라 정저우 ○○공장의 노동자들은
2000년 9월 1일 정저우시 노동국, 총공회, 경제무역위원회, 경공업국의 정부
간부들이 참여·감독하는 가운데 전체 노동자들의 투표를 통해 50여 명으로
구성된 '평화주식회사 자회사 직공대표대회'를 새롭게 조직했다. 그리고 공장
점거에 앞장섰던 지도자를 중심으로 노동조합을 새롭게 조직했다.

조직을 새롭게 정비한 정저우 ○○공장의 직공들은 평화주식회사와 다시
한 번 계약 이행을 위한 교섭을 시도했으나 평화주식회사측은 여전히 대화에
임하지 않았다. 2000년 10월 16일에 개최된 평화주식회사 자회사 제1차 직공
대표대회 2차 회의는 압도적인 표결로 평화주식회사와 정저우 ○○공장의 합

---

14 공안국은 몇 차례 토지증을 회수하기 위해 집단행동에 참여했던 노동자를 면담했고, 그후 노동자
들은 공안국에 토지증을 넘겨주었다. Dai and Tong의 정저우 ○○공장의 퇴직 여공 1명과 면직 여공
1명 동시 인터뷰(2003. 7. 9).
15 필자가 정저우시에서 진행한 정저우 ○○공장 5명의 노동자 소조 인터뷰(2000. 10).

병안 철회를 결의했다. 그리고 저항을 이끌었던 일부 노동자들은 더 이상 평화주식회사와 교섭하는 것은 무의미하다 판단하고 새로운 저항 형태를 개발했다. 2000년 11월 27일 베이징에 온 5명의 대표들이 경제무역위원회, 전국총공회, 신화사, 중앙텔레비전 방송국 등을 상방하는 동안 일부 노동자들은 허난성 정부를 상방하는 동시 행동을 전개했다.

2001년 1월 6일 정저우시 인민대표대회가 개최되자 정저우 ○○공장의 노동자들은 대회장 앞에서 시위를 전개했다. 2001년 1월 7일 마침내 1년 3개월을 끌던 노동자의 저항이 종결되었다. 정저우시 정부의 조정 하에 정저우시 정부·평화주식회사·정저우 ○○공장 직공대표 사이에 '합병은 무효이고, 시 정부는 정저우 ○○공장을 노동조합에 위임하여 관리토록 한다'는 합의서가 작성되었다. 이 합의서가 작성된 이후 정저우 ○○공장은 노동조합에 의해 관리·운영되었지만, 2003년 7월 인터뷰가 진행될 당시에는 직공대표들이 선출한 이사장이 관리·운영하고 있었다. 노동조합 관리·운영 체제로부터 이사장 관리·운영체제로 전환된 것은 노동자들 내부에 공장관리와 운영 주도권을 둘러싸고 이견이 발생한 결과이다. 인터뷰가 진행될 당시 노동자들 내부의 이견은 봉합되지 않았고, 노동자들은 자치 관리의 돌파구를 찾지 못하고 있었다.

4. 노동자 저항의 논리

1) 개혁 절차의 불투명성과 부패 의혹

정저우 ○○공장 노동자 저항의 직접적인 발단은 평화주식회사의 합병 계약 불이행이다. 합병 당사자가 과연 체결된 계약을 잘 이행할지 여부는 사전에 검증될 수 없기 때문에 감독과 책임규명 시스템을 강화하는 것이 중요하다. 평화주식회사의 계약 불이행은 합병 당사자의 선발 시스템과 선발된 합병 당사자에 대한 감독과 책임규명 시스템에 결함이 존재한다는 것을 단적으로 보여주고 있다.

평화주식회사가 어떻게 해서 정저우시 정부의 합병 허가를 받게 되었는지는 베일에 가려져 있다. 이와 관련하여 합병 이후 평화주식회사로 발령받았던 한 전직 정저우 ○○공장의 중간 간부는 "평화주식회사는 부동산 사업을 하는 사실상의 민영 회사인데, 이 회사의 설립자는 통상판공실(豫口辦) 및 허난성 간부들과 일정한 관계를 맺고 있다"고 밝혔다.[16] 정저우 ○○공장 노동자들은 평화주식회사의 경영자가 관료와의 특수한 관계를 이용해 합병 허가권을 획득한 것이라고 의심하고 있었다.

평화주식회사가 합병 후보자로 선정된 절차 역시 공개적인 경쟁을 통해 이루진 것은 아니었다. 한 전직 정저우 ○○공장의 중간 간부는 "당시 4개 기업이 후보자로 검토되었다. 그러던 어느 날 허난성의 한 신문 광고란에 연봉 20만 위안의 총경리를 초빙한다는 평화주식회사의 광고가 게재되었는데, 우리 공장장이 응모했다"고 밝혔다.[17] 인수합병 후보자를 선발해야 할 당사자가 인수 합병 후보자의 회사에 취업하려 했다는 것은 상식 밖의 일이다.

왜 정저우시 당국은 노동자들의 저항이 오랜 기간 지속되었음에도 평화주식회사의 계약 불이행 행위에 단호하고 신속하게 대처하지 못했을까? 이 문제와 관련하여 정저우 ○○공장의 노동자들은 일부 당·정부 관료들이 기업 경영자들과 결탁되어 있기 때문이라는 심증만 굳히고 있다. 이 결탁의 고리를 밝

---

16 Dai and Tong이 정저우 ○○공장의 중간관리자 1명과 합병 이후 평화주식회사로 발령받았던 정저우 ○○공장의 중간관리자 1명을 대상으로 동시에 진행했던 인터뷰(2003. 7. 9).
17 상동.

히는 일은 쉽지 않지만, 중국의 경제개혁 싱크탱크조차도 국유기업의 소유권
구조 개혁의 과정에서 일부 지방의 당·정부 관료들과 국유기업 경영자들이
상호 결탁하여 각종의 '지대추구 행위'(rent-seeking activities)에 참여함으로써
중국 사회에 부패가 만연해 있다고 개탄할 정도로 금권 결탁에 기초한 부패
문제는 중국사회가 시급히 해결해야 사회적 문제로 대두해 있는 실정이다(吳
敬璉 2002, 270-284).

감독과 책임규명을 해야 할 지방의 당·정부 관료들이 이권 추구행위에 가
담하고 있기 때문에 중국의 중앙당국이 국유기업 소유권 구조 개혁과 관련된
각종의 감독 규정을 발표해도 감독이 제대로 이루어질 수 없다. 이 때문에 국
유기업의 소유권 구조 개혁방안을 제정하는 데 참여하고 있는 싱크탱크들도
소유권 구조 개혁 앞에 가로놓인 가장 큰 도전 요소 중 하나는 '불공정한 경쟁
환경을 척결하는 것'이라고 지적하면서 관련 법규를 정비하여 '지방정부와 기
업의 행위에 대해 감독을 강화하는 것'이 요구된다는 주문을 내놓고 있다(張春
霖 2003). 지방의 당·정 관료와 기업 경영자의 유착을 근절할 수 있는 제도적
장치가 확립되지 않는 한 국유기업 소유권 구조 개혁을 둘러싼 기업 경영자와
노동자의 마찰과 갈등은 피하기 어려운 상황이다.

2) 국유자산 재산권 문제

정저우 ○○공장 노동자들의 저항에는 국유자산의 재산권 소유 주체가 누
구인가라는 문제를 둘러싼 정부당국과 노동자들 사이의 커다란 시각 차이가
존재하고 있다. 정저우 ○○공장 노동자의 저항 과정에서 핵심적인 역할을 했
던 이 공장의 부공장장이자 부총공정사(副總工程師)는 "헌법에 따르면 국유자
산은 전 인민의 소유이고 노동자가 진정한 주인으로 규정되어 있다. 정저우

○○공장은 먼저 정저우 ○○공장 노동자의 것이며, 그 후에 전 인민의 것이다"라고 주장했다.[18]

'정저우 ○○공장은 전 인민의 소유'라는 인식과 '정저우 ○○공장은 노동자의 것'이라는 인식 사이에는 큰 차이가 존재한다. 그간 중국 당국은 국유기업의 자산과 관련하여 헌법이 규정한 '전 인민의 소유'를 사실상 정부 소유로 인식해 왔다. 이에 반해 '정저우 ○○공장은 우리 것'이라는 노동자들의 주장은 정저우 ○○공장 노동자들이 ○○공장의 재산권을 배타적으로 소유해야 한다는 적극적인 주장에서부터 ○○공장의 재산권을 정부가 배타적으로 소유해서는 안 되고 ○○공장 노동자들과 함께 소유해야 한다는 소극적인 주장까지 스펙트럼이 다양하다.

정저우 ○○공장 노동자들의 이 같은 주장의 이면에는 특정 국유기업의 현재 자산가치 속에는 과거 저임금을 받고 축적된 이윤의 대부분을 국가에 상납해 왔던 해당 기업 노동자들의 노동가치가 포함되어 있다는 인식이 깔려 있다. 특정 국유기업의 노동자들이 특정 국유기업 재산권의 일부를 갖고 있다는 이 같은 관점은 중국 대륙의 일부 학자들에 의해 노동자들도 기업의 경영에 참여할 수 있고, 또 이윤을 분배받을 권리가 있으며, 노동에 따라 주식이 배분되어야 한다는 주장으로 표현되기도 한다.[19]

정저우 ○○공장의 경우 비록 적자 상태에서 정저우시 정부로부터 생산을 중지 당했지만, 여전히 자산이 부채보다 많았기 때문에 정저우시 정부는 정저

---

18 Dai and Tong 인터뷰(2003. 7. 12).
19 미국과 중국 학자들이 1997년에 개최했던 '주식제와 노동에 따른 배당'(股份制與勞動分紅) 토론회에서 펑통칭(馮同慶)이 발표한 견해이다(馮同慶 2001, 214-221). 이 견해는 자본가는 자본주식을 소유하고 노동자는 노동주식을 소유하는 '자본-노동의 협력 관계'(capital-labor partnership)를 모델을 제시했던 미드(James Mead)의 주장과 흡사하다는 평가를 받기도 했다(추이 즈위안 2003, 136-137).

우 ○○공장에 포함된 노동자들의 노동의 가치를 인정하는 가운데 정저우 ○
○공장의 소유권 구조를 개혁했어야 했다. 그러나 정저우시 정부는 이 점을
고려하지 않고 정저우 ○○공장의 재산권을 배타적으로 행사하면서 그 소유
권을 평화주식회사로 이전하려 했다. 바로 이 점 때문에 정저우 ○○공장 노
동자들의 저항이 야기되었던 것이다.

3) 국가의 음성부채 문제

중국 국유기업 노동자의 저항에서 두드러진 특징 가운데 하나는 퇴직 노
동자와 고참 노동자가 저항에 앞장서고 있다는 점이다(Hurst & O'Brien 2002).
정저우 ○○공장 저항의 전 과정에서도 퇴직 노동자들이 일선에 나섰다. 그
이유에 대해 정저우 ○○공장의 부공장장이자 부총공정사는 "공장 합병 이후
공장의 상황이 좋지 않게 돌아가자 혹시 양로금마저 받지 못할지도 모른다는
생각이 앞서 저항에 앞장서게 되었다. 이들은 노동력을 상실해 더 이상 잃을
것도 없기 때문에 과감하게 나설 수 있었다"라고 분석했다.[20]

퇴직 노동자의 양로금 문제는 중국 정부당국이 국유기업의 소유권 구조를
개혁하는 동기이자 노동자의 저항을 불러일으키는 원인이 되고 있다. 과거 계
획경제체제하에서 중국 당국은 국유기업 노동자들의 평생 양로금을 보장했지
만 퇴직 노동자가 점차 증가하면서 국가와 기업·노동자의 부담이 가중되자
1986년부터 사회보험제도를 개혁하기 시작했다.[21] 1986년에는 그 해부터 국

---

20 Dai and Tong 인터뷰(2003.7.12).
21 총임금에서 양로금이 차지하는 비중은 1978년 3.0%에서 1993년 15.4%로 증가했는데, 퇴직자가
증가함에 따라 2010년에는 25%, 2030년에는 48%로 증가할 것으로 전망된다. '재직노동자가 퇴직자
를 부양하는 지수'(employee-pensioner ratio)는 1978년 30.3에서 1993년 5.3으로 감소했다

유기업에 진입하는 '계약공'(合同工)을 대상으로 기업과 개인으로부터 임금의 일정한 비율을 양로보험비로 납부하도록 하는 정책을 확립했고, 1997년에는 그 대상 범위를 '고정공'으로까지 확대했다.

　　1997년에 확립된 양로보험제도는 양로보험비를 개인구좌와 사회통합기금으로 나누어 적립하는 방식을 채택하고 있다. 두체적인 방법은 다음과 같다. 개인 부담의 양로보험비는 1997년에는 본인 임금총액의 4%이상이어야 하고 1998년부터 매 2년마다 1%씩 높여 8%까지 늘려가고, 기업 부담의 양로보험비는 각 성(省)·자치구(自治區)·직할시(直轄市) 정부가 임금총액의 20% 이내에서 확정한다. 개인 부담의 양로보험비는 모두 개인통장에 적립되고, 기업 부담의 양로보험비는 개인 부담의 양로비와 합쳐 개인 임금의 11%가 되는 액수만큼 개인통장에 적립되고, 그 나머지는 사회통합기금으로 적립된다.[22] 이 방안이 확정됨에 따라 다음과 같은 몇 가지 문제가 발생했다.

　　우선, '빈 통장'(空帳) 문제이다. '노인'(老人) 노동자와 '중인'(中人) 노동자[23]의 사회보험비가 적립되지 않았거나 적립되었던 양로보험비가 제대로 관리되지 않아 개인 통장과 사회통합기금이 비게 되면서 퇴직노동자의 양로비를 제때에 지급하지 못하는 상황이 전개되었다. 개인구조와 사회통합기금에 적립되어 있어야 할 양로비가 적립되어 있지 않은 소위 '음성채무'의 규모는 막대하다. 1997년 세계은행(World Bank)의 조사에 따르면 음성채무의 규모는 조사 당해 연도(1996년)에 GDP의 46~69%에 달하고, 국무원체제개혁판공실의 한 연구소 조사에 따르면 GDP의 145%에 달한다고 한다(宋曉梧·張中俊·張新梅 2000).

(McCarthy & Zheng 1996, 27-29).
22 國務院, "關于建立統一的企業職工養老保險制度的決定"(1997. 7. 16).
23 중국에서는 양로보험제도와 관련하여 1986년 이전에 국유기업에 입사한 고정공은 '노인,' 1986년 이후 입사하여 1997년 새로운 보험비 기준이 확정되기 이전까지의 계약공을 '중인,' 1997년 이후 입사자를 '신인'(新人)이라고 표현한다.

그 다음, 경영 실적이 나쁜 국유기업과 양로보험비 납부 실적이 좋지 않은 지역의 경우 사회보장비 납부와 지급 문제를 제대로 해결할 수 없어 일대 혼란이 발생했다. 퇴직노동자의 양로보험비를 지급할 수 없었던 일부 국유기업과 지방정부는 중앙의 재정에 의존하여 그 문제를 해결하려 했다. 중앙정부가 지방정부에 사회보장비를 지원한 보조금은 1998년 20억 위안에 지나지 않았지만(李其諺 2003, 87), 매년 퇴직자들이 증가함에 따라 그 액수도 점증하여 2003년에는 474억 위안에 달했고, 2004년에는 779억 위안에 달할 것으로 전망된다.[24] 이와 같이 해마다 눈덩이처럼 불어나는 사회보장비 보조금은 중앙정부의 재정을 압박하고 있다.

이 문제와 관련하여 일부 개혁가들은 사회보장세 신설과 비과세 방안 등 다양한 주장들을 제기하고 있다(李紹光 2003, 34-38). 중국 당국은 2001년 6월 '국유 주식 감소를 통한 사회보장기금 확충관리 잠정 방법'(減持國有股籌集社會保障資金管理暫行辦法)을 발표함으로써 국민의 부담을 가중하는 과세 방안보다는 비과세 방안을 채택하여 이 음성부채 문제에 대처하고자 했다.[25] 그러나 이 방침이 발표된 직후 주식 가격이 폭락하자 중국 당국은 이 방안을 중단한다고 선언했다.[26] 향후 중국 정부당국이 국가의 음성부채 문제를 어떻게 해결할지 주목된다.

정저우 ○○공장의 사례에서도 나타나듯이 정저우시 정부는 이 음성채무

---

24 원자바오(溫家寶) 총리가 2004년 3월 5일 개최된 제10차 전인대 제2차 회의 정부공작보고에서 밝힌 수치이다.
25 국가가 주식을 보유한 주식회사의 경우 주식을 처음 발행하거나 증자할 때 주식 발행가의 10%에 해당되는 금액만큼을 그간 유통을 금지했던 국유 주식을 유통시키는데 할당하고, 그 자금을 전국사회보장기금이사회가 관리한다는 방침을 확정했다.
26 상하이증권거래소의 주가 지수는 2001년 6월 2245.43으로 정점에 달했다가 이 방안이 발표된 후 점차 하락하여 2002년 1월 29일 현재 40.3% 수준에 머물러 있다. http://www.peopleasily.com.cn/GB/jingji/20020625/730453.html(검색일: 2002년 6월 27일).

의 문제를 해결하지 못한 상태에서 정저우 ○○공장의 소유권을 평화주식회사로 이전했다. 소유권을 이전받은 평화주식회사는 정저우시 정부가 간헐적으로 지급하던 사회보장비 보조금으로 노인, 중년 노동자들의 양로비를 대신하고자 했다. 평생 저임금을 받으며 국유기업에서 일해 왔고, 이제는 노동력을 상실하여 양로비에 의존해 생활해야 하는 노인, 중년 노동자들이 자신이 받아야 할 양로비를 제대로 받지 못한 채 최저생활비에도 미치지 못하는 액수를 간헐적으로 받는 데 만족할 수 없는 것은 당연하다고 할 수 있다.

4) 감원에 따른 경제적 보상 문제

평화주식회사는 정저우 ○○공장을 합병한 뒤 기존의 인력을 삭감하기 위해 소위 '연공매입' 방침을 들고 나왔다. 연공매입의 법률적 근거는 중국 정부가 1994년에 발표한 노동법과 노동부의 관련 내규이다. 노동법은 사용자는 노동관계를 해제할 때 경제적인 보상금을 지급할 수 있도록 규정하고 있고, 노동부가 1994년 12월 3일에 발표한 내규는 '근로계약을 해제할 때 사용자는 노동자가 본 단위에서 근무한 연한을 근거로 만 1년 1개월에 해당하는 경제 보상금을 지급하되, 그 기간은 12개월을 초과하지 못하다'는 규정을 발표했다.[27]

평화주식회사가 감원 방침으로써 면직 상태에 놓여 있는 노동자에 대해서는 연공 1년에 정저우시 최저생활비 수준인 300위안 정도의 보상금을, 재직 노동자에 대해서는 연공 1년에 1개월의 보상금을 제시한 것도 위의 규정을 준용한 것이다. 정부가 설정한 기준에 따르면 경영성과가 좋아 임금수준이 높은 국유기업과 그렇지 못한 기업 사이의 보상액은 차이가 날 수밖에 없다. 예를

---

27 勞動部, "違反和解除勞動合同的經濟報償辦法"(勞部發 1994, 481號).

들어 필자가 2003년 2월에 조사했던 베이징 시의 한 개폐기 공장의 경우 연공 1년에 2,600위안의 보상액을 제시하고 있었다.

정저우 ○○공장 노동자들은 최저생계비에도 미치지 못하는 평화주식회사의 보상책을 인정하지 않고 있다. 정저우 ○○공장 노동자들은 그간 국가가 국유기업의 주요 사항을 결정해 왔기 때문에 기업의 경영성과에 결정적인 영향을 미친 것은 정책적인 요소이지, 노동자들의 노력 여부가 아니라고 인식하고 있다. 정저우 ○○공장 노동자들이 토지국 상방을 통해 토지증을 자체 보관한 것이나 공장을 점거한 것도 충분한 보상액을 받지 않고서는 노동관계를 단절할 수 없다는 의지의 표현이다.

노동자의 저항을 불러일으키고 있는 연공매입의 기준에 대해 아직까지 중국의 중앙정부는 아무런 대책을 제시하지 않은 채 개별 국유기업에 문제를 전가하고 있다. 기업의 경영성과가 좋아 충분한 보상책을 제시할 수 있는 국유기업의 경우 연공매입에 따른 갈등을 피할 수 있겠지만, 정저우 ○○공장과 같이 경영상황이 나쁜 기업의 경우 그와 같은 갈등은 피하기 어렵다. 이 같은 이유 때문에 일각에서는 사회적 형평성을 고려하여 국유기업의 전년도 개인 평균임금이 국유 및 국유지주회사의 전년도 평균임금보다 낮을 경우 국유 및 국유지주회사의 평균임금에 따라 보상 기준을 책정해야 한다는 주장도 제기되고 있는 실정이나, 이 같은 주장은 아직까지 실현되지 않고 있다.[28] 합리적인 보상책이 확립되지 않는 한 노동자의 저항은 불가피할 것으로 전망된다.

---

28 國務院發展硏究中心市場經濟硏究所·鞍山市人民政府, "鞍山市産業結構調整相關問題硏究報告"(2000. 11), 19쪽.

5. 노동자의 저항 형식과 논리

1) '약자의 무기'를 넘어서

일반적으로 국가의 통제가 엄격한 경우 사회적 약자들은 '의도된 가장·불평 늘어놓기·좀도둑질·무시·비방하기·태업 등과 같이 소극적이고 조용한 '약자들의 무기'를 동원하여 저항한다(Scott 1985, 28). 그렇지만 정저우 ○○공장 노동자들은 '약자들의 무기'를 넘어 협상·중재 요청·소송 준비·지방정부 상방·공장 점거·중앙정부 상방 등 공개적이고 적극적인 저항 형식을 동원했다. 노동자들은 당국의 법규·이데올로기·담론을 이용하그, 강자들의 분열을 적극적으로 이용하려 하고 있다는 점에서 '권리 의식에 기초한 저항'(rightful resistance)을 전개했다고 할 수 있다(O'Brien 1996).

정저우 ○○공장 노동자들이 채택했던 가장 소극적인 저항의 형식은 기업 차원에서 전개되었던 '협상'이다. 노동자들은 펑화주식회사가 합병 계약을 이행하지 않자 수차례에 걸쳐 협상을 요구했다. 이 협상은 중국 정부당국이 요구하는 '조정(調解)·중재(仲裁)·소송(訴訟)'을 통한 느동쟁의 처리 방법 가운데 '조정'을 위한 전 단계에 해당된다.[29] 협상 요구는 펑화주식회사의 거부로 실현되지 않았다.

협상 결렬 이후에 나타났던 노동자들의 저항 형태가 바로 정부당국을 통한 중재 요청·소송 준비이다. 법적인 수단과 절차어 의거하여 문제를 해결하려는 시도는 개혁·개방 이후 중국 기층 민중들의 권리 의식이 상당히 신장되

---

29 1993년에 제정된 '중화인민공화국 기업 노동쟁의 처리 조례'(中華人民共和國企業勞動爭議處理條例)(이하 '조례')는 노동쟁의가 발생했을 때 기업에 설치된 직공 대표·기업 대표·노조 대표로 구성되는 조정위원회를 통해 조정을 하도록 규정하고 있다.

고 있음을 단적으로 보여준다(Pei 2000, 20-40). 당시 노동자 저항의 과정에서 새롭게 설립된 노동조합의 주석직을 맡게 된 한 노동자는 "노동국에 중재를 신청했으나 '우리도 방법이 없다'는 말만 들었다. 소송을 준비했으나 우리는 등록된 법인이 아니기 때문에 안건을 수리할 수 없다는 대답을 들었다"라고 밝혔다.[30] 그 후 노동자들은 소송을 준비했으나, 법원의 사건 접수 거부로 무산되고 말았다.

당시 정저우시의 노동국과 법원의 사건 접수 거부는 정저우 ○○공장에만 한정된 것이 아니었다. 정저우 계측기공장(鄭州儀表敞) 역시 1997년 한 사영기업에 의해 합병되었는데, 합병 이후 합병 당사자가 계약을 이행하지 않자 이 공장 직공들이 관할 구(區) 검찰원에 이 사영기업을 '사기 합병'(虛假兼倂)으로 고소한 적이 있었다. 그러나 구 검찰원은 이 사영기업이 허위로 등기된 유령기업으로서 합병 자격이 없을 뿐만 아니라 국유자산을 매각한 사실을 알았지만, 이 사건이 안고 있는 복잡한 배경 때문에 오랫동안 기소를 미루어 언론의 비난을 받았다.[31]

2) 중국 특유의 저항 형태 : 상방

정저우 ○○공장 노동자들은 '조정·중재·소송'을 통해 문제를 해결하려는 노력과 함께 '상방'이라는 중국 특유의 저항 형식을 병행했다. 본래 '상방'이라는 말은 이해 당사자들이 '편지와 방문을 통해'(來信來訪) 자신이 속한 정부보

---

30 필자가 정저우시에서 실시한 5인 소조 인터뷰(2000. 10).
31 梁鵬·古文洪, "虛假兼倂調査: 誰來擊潰掏喫國有資産的惡招," 新華網鄭州(2003. 1. 15), http://news.tfol.com/news/world/block/html/2003011500321.html(검색일 : 2004년 1월 28일).

다 등급이 높은 정부에 자신의 요구를 호소한다는 뜻이 담긴 법률 용어 '신방' (信訪)의 일상적인 표현이다(鄭欣 2003, 3). 정저우 ○○공장의 노동자들은 정저 우시 정부를 수십 차례 상방했으나 별 효력을 발휘하지 못하자 마침내 '상방' 이라는 말이 뜻하는 바대로 정저우시 정부보다 더 높은 허난성 정부와 베이징 의 중앙정부를 상방했다.

상방 행위는 불법적인 행위가 아니라 중국 정부당국이 법률로서 중국 공 민들에게 보장하고 있는 공민의 민주적 권리 가운데 하나이다. 신중국 건국 직후 중국 정부는 정부의 '결정'이나 '지시' 등의 형태로 이 상방 행위를 중국 공민의 민주적 권리로 인정해 오다가,[32] 1995년에는 '신방 조례'(信訪條例)를 발표함으로써 이를 법률적 행위로 제도화했다.[33] 중국 정부당국이 기층 민중 의 상방 행위를 법률적 행위로 제도화한 이유는 중앙당국이 상방을 통해 하급 관료들의 관료주의의 문제점을 치유할 수 있는 한 보조적인 수단이 될 수 있 다고 판단했기 때문이다(應星 2001, 333).

그러나 상방제도는 다음과 같은 몇 가지 문제점을 수반한다. 우선, 상급당 국이 자신의 정당성을 높이려는 동기 때문에 때로는 하급당국의 문제점을 들 추어내고 기층 민중의 편을 듦으로써 결과적으로 기층 민중의 상방 행위를 부 추기는 효과를 만들고 있다는 점이다(Zweig 2000, 140). 그 다음, 기층 민중들의

---

[32] 중국 지도자들이 상방을 인민의 권리로 인정하면서 이를 잘 처리하라는 언급은 1949년 이전에도 나타나지만, 이를 정부 차원에서 처음으로 '권리'로 인정한 것은 1951년 6월 정무원의 '인민의 편지 처리와 방문 접견 업무에 대한 결정'(關于處理人民來信和接見人民來訪工作的決定) 발표를 통해 서였다. 이를 인민의 '민주 권리'로 개념화한 것은 1957년에 발표된 '인민의 편지 처리와 방문 접견 업 무 강화에 대한 국무원의 지시'(國務院關于加强處理人民來信和接見人民來訪工作的指示)를 통 해서이다(李秋學 2000, 18-20).

[33] '신방 조례' 제2조는 신방에 대해 "중국의 공민·법인·기타 조직이 서신·전화·방문 등의 형식으로 각급 인민 정부, 현(縣)급 이상의 각급 인민 정부에 소속된 부문에 자신의 상황을 반영하고 의견·건 의·요구을 제기하면 유관 행정부서가 이를 법에 의거하여 처리하는 활동"이라고 규정하고 있다.

저항 방향이 하층당국으로부터 상층당국으로 향하고 있기 때문에 중앙당국의 정치적 부담이 가중된다는 점이다. 마지막으로, 상방 행위가 통제되지 않거나 상방 행위를 통해서도 문제의 해결점이 찾아지지 않을 때 하층당국뿐만 아니라 중앙당국과 기층 민중의 대립이 심화되고, 결과적으로 국가와 사회의 안정성이 심각하게 위협받게 된다는 점이다.

상방 행위가 정부와 사회의 안정성을 해칠 가능성은 정저우 ○○공장 노동자들의 토지국 상방에서 잘 나타났다. 당시 토지국 상방을 조직했던 한 퇴직 노동자는 정부 상방 과정이 순조롭게 진행되지 않고 폭력적으로 전개되었다고 밝히고 있다. 그는 "우리 연령대의 사람들은 문화대혁명을 경험했다. 당시 우리가 토지국에서 토지증 회수를 요구했던 상황은 문화대혁명 당시의 형세와 같았다. 얼마나 살벌했는지 모른다. 서로 때리고, 욕하고, 싸우고 ……"라며 당시의 긴박했던 상황을 회고했다.[34]

상방 행위가 국가와 기층 민중의 대립을 심화시킬 수도 있기 때문에 중국 정부당국은 기층 민중들의 상방 행위에 대해 여러 가지 제한을 두고 있다. 예를 들어 '신방 조례' 제5조는 "방문 형식을 갖출 필요가 있는 상방은 대표를 선출하여 (건의와 요구를) 제출해야 하고, 대표자 수는 5명을 초과할 수 없다"라고 규정하고 있다. 이 점은 기층 민중들의 집단적인 상방이 군중 심리에 휩싸여 폭력적으로 변질되는 것을 견제하기 위한 조처로 이해할 수 있다. 이와 관련하여 정저우 ○○공장 노동자들은 지방정부와 베이징 중앙정부의 권위를 구별하고 있어 주목된다. 정저우시를 상방했을 때 정저우 ○○공장 노동자들은 5명을 초과한 다수의 사람들이 참여했던 반면, 중앙정부를 상방했을 때에는 5명의 대표만 참여했다. 당시 상방에 참여했던 노동조합 주석은 "많은 사람

---

34 Dai and Tong의 정저우 ○○공장의 퇴직 여공 1명과 면직 여공 1명 동시 인터뷰(2003. 7. 12).

들이 베이징을 상방하는 것은 대단히 위험하다는 것을 알고 있었기 때문에 5명만 왔다"고 밝혔다.[35]

　　정저우 ○○공장 노동자 상방의 경우 중국 정부는 상방 제도의 효과를 충분히 달성한 것처럼 보인다. 중앙정부 상방에 참여했던 한 노동자대표는 "우리는 먼저 국무원 신방판공실을 방문했는데, 신방판공실 사람들은 정말 괜찮았다. 한 방에 두 명만 안내되었는데, 그 방에서 우리 두 사람은 할 이야기를 다 했다. 신방판공실의 사람들은 '8·8 사건은 정말 있을 수 없는 일'이라 했고, 우리가 눈물을 흘릴 때 함께 눈물을 흘렸다. 경제무역위원회를 상방했을 때 우리를 접견했던 사람들도 국무원 신방판공실과 동일한 반응을 보였고, 자신들이 조사할 테니 자료를 놓고 가라고 했다"며 중앙정부가 보여준 태도에 감동했다.[36]

3) 불법에는 불법으로 : 공장 점거

　　정저우 ○○공장 노동자들의 저항의 전 과정에서 하나의 전환점을 이루었던 저항의 형태는 공장 점거이다. 노동자들의 공장 점거 행위는 합법적인 저항 수단들을 통해서는 아무런 해결책도 마련할 수 없음을 확인한 상황에서 노동자들 스스로가 공장을 지켜야겠다는 자각에서 비롯되었다. 노동자들의 공장 점거를 조직했다는 혐의로 '군중 선동 및 사회질서 문란' 혐의로 공안당국에 의해 구속되었던 이 공장의 부공장장이자 부총공정사는 "평화주식회사가 계약을 이행하지 않자 우리는 공장 회수를 위해 노동자를 교육하고 조직하기

---

35 필자가 베이징을 상방한 정저우 ○○공장의 5명 소조 인터뷰(2000. 12).
36 상동.

시작했다"라고 밝혔다.[37]

정저우 ○○공장 노동자의 공장 점거는 자연발생적으로 전개된 것이 아니라 조직적으로 전개되었다. 이를 준비했던 한 노동자는 "공장을 점령하기 이전에 핵심적인 노동자들이 회의를 개최했다. 공장 점거는 본래 2000년 6월 4일로 계획되었으나 6월 4일이 1989년 6월 4일에 발생했던 천안문 사건을 연상시킨다는 이유로 날짜를 몇일 뒤로 미루어 6월 7일로 확정했다. 점거 당시 공장 문에 걸 플래카드까지 준비했다"고 밝혔다.[38] 또 다른 노동자는 "혹시 공장 점거로 문제가 생길 것을 대비해 제2의 지도부를 만들었다"고 밝혔다.[39]

정저우 ○○공장 노동자들의 이 같은 조직화된 저항은 리(Lee 1999, 55-57)가 주장하고 있듯 중국 노동자의 저항이 자연발생적이고 비조직적이라는 관측과 정면으로 배치되는 것이다. 노동자들은 저항 과정 속에서 단련되고 스스로를 조직하고 있으며, 저항의 형태도 조절해 나가고 있었다. 필자가 정저우 ○○공장 노동자들을 인터뷰할 당시 이들 노동자들은 같은 공단 내의 비슷한 처지에 놓여 있는 노동자들과 교류하면서 정보를 교환하고 있다는 것을 확인할 수 있었다. 이런 점들은 중국 노동자의 저항이 표면적으로는 분산되고 자연발생적인 것처럼 보이지만, 어떤 계기를 만나게 되면 조직화된 능동성을 보일 것이라는 점을 예고하고 있다.

<hr>

[37] Dai and Tong의 인터뷰(2003. 7. 12).
[38] 필자가 정저우시에서 실시한 5명 소조 인터뷰(2000. 10).
[39] 상동.

6. 결론

중국 국유기업 노동자들의 저항은 국유기업 개혁 프로그램과 밀접하게 연관되어 있기 때문에 중국 당국의 전반적인 경제체제 개혁정책의 승패를 전망할 때 반드시 고려해야 할 주요 변수가 되고 있다(Perry & Selden 2000, 1; Liu 1997, 2). 정저우 ○○공장 노동자의 저항은 부적절한 수단과 절차를 통한 국유기업의 소유권 구조 개혁이 야기한 노동자 저항의 한 극단적인 사례이지만, 노동자의 이익을 고려하지 않고 추진하는 국유기업의 소유권 구조 개혁이 좌초할 수 있다는 점을 보여주고 있다. 또한 정저우 ○○공장 노동자의 저항 사례는 중국 당국이 국가와 사회의 안정성 문제와 관련하여 염두에 두어야 할 몇 가지 중요한 시사점을 던져주고 있다.

우선, 노동자의 저항이 종종 기업 차원에서 해결되지 않고 정부와의 직접적인 대면을 통해 해결되고 있다는 점이다. 정저우 ○○공장의 사례 분석에서 노동자 저항의 주요 원인으로 제시했던 국유기업 소유권 구조 개혁의 투명성과 공정성을 보장하는 문제, 국유자산에 포함된 노동자의 재산권을 보장하는 문제, 국가가 국유기업 노동자에 대해 지고 있는 '음성부채'를 해소하는 문제, 감원에 따른 경제적 보상을 처리하는 문제 등과 같은 일련의 문제들은 사실상 국유기업 자산의 소유권자인 정부가 나서서 해결해야 할 문제들이지, 국가가 국유기업의 경영자나 인수합병 기업의 경영자에게 전가시켜서 해결할 수 있는 문제들이 아니다. 국유기업 노동자들도 이 점을 잘 알기 때문에 정부를 통해 이 같은 문제들을 해결하려 하고 있다.

그 다음, 국유기업 노동자의 저항이 종종 정부가 설정해 놓은 노동쟁의 처리 방식인 '조정·중재·소송'이 아니라 상방이라는 방식을 통해 해결되고 있다는 점이다. 그 이유는 중국 당국이 상방을 중국 공민의 민주적인 권리로 인정하기 때문이기도 하지만, 중국의 현 노동쟁의 처리제도에 적지 않은 결함이

존재하기 때문이다. 정저우 ○○공장의 사례에서는 기업 경영자와 정부당국
이 '조정·중재·소송' 제도를 거부함으로써 제도 설정의 의미가 무색해졌다. 설
령 노동당국과 법원이 중재안과 소송안을 접수했다 할지라도 그 실효성이 얼
마나 될지는 의문이다. 중국의 현 노동쟁의 처리 관련법에 근거하면 노동쟁의
발생 당일로부터 중재가 완료되기까지는 최장 5개월, 소송을 통한 문제 해결
까지는 최장 2년이 걸린다(張暎碩 2004, 150). 문제 해결의 신속성을 요구하는
집단적인 노동쟁의를 해결하기에 5개월과 2년이라는 기간은 너무 길다.

결국 국유기업 개혁과 관련된 제도 정비의 불완전성과 노동쟁의 처리제도
의 결함이 국유기업 노동자들로 하여금 노동쟁의가 발발할 경우 곧잘 정부당
국을 통해 문제를 해결하려 하도록 강제하고 있는 셈이다. 정저우 ○○공장의
사례에서 노동자의 저항을 대면한 중국 당국의 이미지는 중재 전담반을 파견
하여 문제 해결을 중재한 '적극적인 조정자', 공안국을 파견하여 노동자들의
공장 점거를 진압한 '진압자', 합병을 무효화한 '해결자'로 압축된다. 이 같은
정부당국의 이미지는 덕치(德治)와 인치(人治)를 강조하는 전통 중국 사회의
정부 이미지와 맥락이 닿아 있다(應星 2001, 328).

덕치와 인치는 모순을 최소화하는 해결책을 제시함으로써 계층간 원한이
공개화되고 누적되는 것을 방지하는 긍정적 기능을 하기도 하지만, 문제의 해
결을 정부당국의 개별 관료의 덕성과 인성에 의존함으로써 국가 행위의 보편
성과 일관성을 잃게 만드는 부정적 효과를 낳기도 한다. 더구나 중국의 관료
들은 기층 민중들이 전개하고 있는 저항을 신속하게 해결하기보다는 종종 문
제 처리의 시기를 놓치거나 혹은 기층 민중들의 요구를 억압하는 관료주의적
·비민주적 속성을 갖고 있기 때문에(Zweig 2000, 120), 덕치와 인치에 기반한 통
치술은 많은 부작용을 낳을 수 있다.

그간 고립·분산적으로 전개되었던 노동자의 저항이 국가와 사회의 안정
성을 위협할 정도는 아니었다. 그렇지만 '어떤 계기가 주어졌을 때 갑자기 중

앙정부를 향해 집중되는 중국의 민중 저항의 성격'을 고려하면(Zhou 1993), 1990년대 중반 이후 나날이 확대되고 있는 노동자 저항이 국가와 사회의 안정성을 위협할 수 있는 잠재성은 매우 크다고 볼 수 있다. 더구나 중국 정치 시스템 안에 온존되어 있는 관료주의 때문에 때로는 상방을 통한 문제 해결조차 기대하기 힘들어 불만자와 저항자들은 점차 체제에 대한 비판자로 변화하고 있다. 중국의 국유기업 소유권 구조 개혁이 표면적 성과를 내고 있음에도 불구하고 최근 들어 중국 대륙에서 부쩍 노동자의 저항에 따른 사회적·국가적 불안정성 문제가 중요한 이슈로 등장하고 있는 것도 이 같은 이유 때문이다.

제5장

중국 자동차산업의 발전과 노동관계

1. 서론

중국의 경제발전이 가속화되면서 핵심산업 중 하나인 자동차산업의 성장 역시 두드러지고 있다. 1990년대 중반 이후 중국의 자동차 생산은 매년 10% 이상의 높은 성장률을 기록하고 있으며, 중국 자동차산업은 2002년 들어 한국을 6위 생산국으로 밀어낸 데 이어 이제 미국, 일본, 독일에 이어 세계 4위 생산국으로 부상하였고, 내수시장 역시 미국과 일본에 이어 세계 3위 규모로 확대되었다. 2004년에는 연간 생산량이 500만 대 내외에 이를 것으로 추정되는 가운데, 중국 정부는 동년 5월 새로운 '자동차산업 발전정책'을 발표하는 등 향후에도 자동차산업 발전에 박차를 가할 것으로 보인다. 중국 자동차산업이 이같이 빠르게 성장한 까닭은 경제발전과 함께 자동차를 구매할 수 있는 중상소득층의 확대에다, VW, GM, 토요타 등 세계적인 초국적기업들의 경쟁적인 중국 진출에 따른 생산능력 확장과 심화에서 찾을 수 있다. 초국적기업들과 합자 형식을 취하고 있는 중국 자동차산업은 생산성 제고와 신모델 개발을 통해 이제 수출을 통해서도 세계 자동차시장에 진출할 것으로 전망된다(Nee 2002; 임기택 2003).

선진 제국에서 자동차산업의 고용관계가 다른 산업에 대한 '유형 설정자'(pattern setter)로 커다란 영향을 미치고 있듯이 중국에서도 자동차산업은 전반적인 고용관계에 큰 영향을 미치고 있는 것으로 보인다. 그리고 그것은 완성차부문뿐만 아니라 부품부문에 대해서도 타당하기 때문에 일부 대기업에 국한된 것이 아니라 중소기업부문 등에도 파급효과를 발휘하고 있다.

본 글에서는 중국 자동차산업의 고용관계가 어떠한 특징들을 갖고 있으며, 고용관계에 영향을 미치는 자동차산업의 발전 양상은 어떠한가 등의 문제를 살펴보고자 한다. 중국 자동차산업의 발전과정 및 정책 변화, 기업지배 구조를 포함한 기업경영상의 특성과 투자 및 생산관리 현황 등을 분석하는 것은 고용관계를 이해하는 환경변수로서 중요할 뿐만 아니라 동북아 제조업의 분업구조를 파악하는 데도 매우 긴요하다. 고용관계(employment relations)는 개별적 노사관계 혹은 인적자원 관리와 집단적 노사관계를 포괄하는 개념으로 고용관리, 임금체계와 임금의 구성 및 수준, 그리고 작업조직과 교육훈련 및 노동조합과의 관계 등을 부분 집합으로 한다.

본 글의 내용은 중국 자동차산업 및 그 고용관계에 대한 기존 문헌의 도움을 받았을 뿐 아니라 연구진이 2004년 6월 베이징 지역, 7월 상하이 지역을 방문하여 수행한 현지조사 자료에 바탕하고 있다. 특히 중국 자동차산업의 고용관계에 대한 기존 문헌이 적기 때문에 현지조사 결과는 큰 도움이 되었다. 베이징현대자동차, 둥펑웨다기아(東風悅達起亞)자동차 등 한국의 완성차업체 외에 중국내 시장점유율 1, 2위를 다투는 상하이VW과 상하이GM에 대한 방문조사도 수행하였다. 아울러 한국계, 중국계, 디만계, 디국계 등 7개 자동차부품업체에 대한 조사도 이루어졌으며, 기타 중국 정부 딮 연구기관 관계자들, 인력소개업체와 한국 영업거점 등에 대한 방문도 큰 도움이 되었다. 4개 완성차업체와 7개 부품업체에 대한 조사에서는 경영의 기본적인 사항과 아울러 고용관계를 구성하는 주요 항목인 고용 및 임금관리, 작업조직 및 교육훈련, 집단적 노사관계 등에 대한 질문이 빠지지 않고 다루어지도록 하였으나, 기본적으로는 비구조화된 자유면접 형식을 취하였다. 〈그림 5-1〉은 이 조사에 포함된 4개

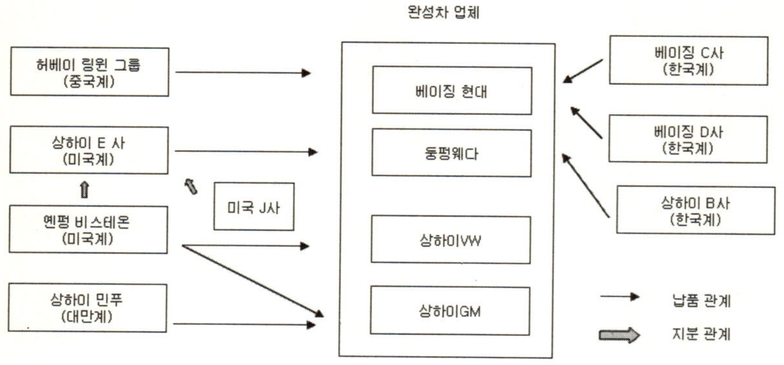

완성차업체를 중심으로 부품납입 관계 혹은 투자 관계를 보여주고 있다.

본 글의 2절에서는 중국 자동차산업에 대한 기본적인 특징을 주로 문헌 연구를 통해 정리하고, 3절에서는 현장 조사를 통해 획득한 정보를 중심으로 중국 자동차기업들의 경영 현황 및 고용관계 특징을 서술했다. 4절에서는 이를 토대로 중국 내 한국 자동차기업의 발전을 위한 시사점을 도출해 보도록 한다.

2. 중국 자동차산업의 특징

1) 중국 자동차산업의 개요

중국 자동차산업은 최근 수년간 승용차를 중심으로 생산과 소비가 급증하고 있는 특징을 보이고 있는데, 이는 역사적으로는 군용 및 산업물자 수송용

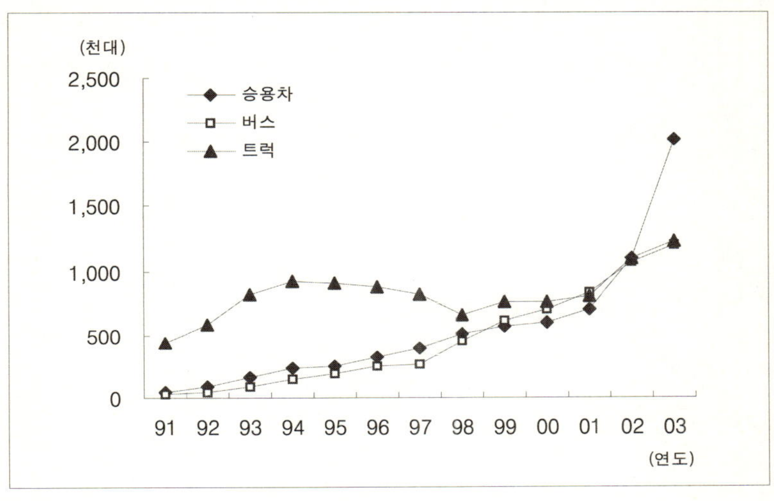

〈그림 5-2〉 중국의 차종별 자동차 생산 추이

출처 : 中國自動車工業協會·中國自動車技術研究センタ(2004).

트럭과 여객용 버스 생산을 중심으로 발전해 온 것과는 대조적이다. 1979년 개혁개방 정책과 더불어 승용차에 대한 수요가 급증함으로써 중국 당국은 외환관리 등에서 애로를 느끼게 되었고, 나아가 산업발전에서 차지하는 자동차 생산의 중요성을 절감하면서 승용차 산업 육성에도 적극적으로 나서게 되었다. 이에 따라 아래에서 설명하듯이 1980년대부터 본격적인 발전을 준비하기 시작하여 1990년대 들어서는 초국적기업들의 경쟁적 진출 등에 힘입어 자동차 생산이 급증하게 되었다. 〈그림 5-2〉는 차종별로 본 중국의 자동차 생산 추이인데, 트럭이 가장 많이 생산되다가 2003년에야 승용차 생산이 이를 추월했음을 보여준다. 승용차 생산 비중은 1991년 8.3%에 불과했으나, 2003년에는 45.4%까지 늘어났으며, 트럭 생산의 비중은 1991년 87.1%에서 2003년에는 27.7%까지 감소했다. 아직은 버스와 트럭을 합한 상용차 생산이 승용차 생산

<표 5-1> 중국의 차급별 시장 수요 추이 (단위 : 만 대)

연 도		1995	1999	2000	2001	2002	2003
승용차	소계	39	59	63	82	131	222
	중대형·고급	5	5	14	21	29	62
	소형차	22	36	35	38	57	80
	기본형	9	16	14	16	30	53
	MPV	0	1	1	4	10	17
	SUV	3	1	2	3	5	10
경차	소계	26	43	54	63	78	83
	버스	15	29	41	49	63	69
	트럭	11	14	13	14	15	14
트럭	소계	61	61	64	69	95	108
	중(重)형	3	5	8	15	25	26
	중(中)형	24	18	16	17	16	14
	경형, 픽업	33	38	40	37	54	68
버스	소계	25	22	29	35	41	51
	대형	0.4	0.8	0.8	1	1.7	1.9
	중형	2.2	2.9	3.6	6.6	6.4	5.3
	소형	22	18	25	27	33	44
총 계		151	185	211	249	345	464

출처 : FOURIN(2004, 64).

보다 많지만, 2002년과 2003년 승용차 생산의 가파른 증가추세를 볼 때 승용차가 상용차를 앞지르는 것은 시간문제로 보인다.

이 같이 빠른 생산 증가세는 중국의 완성차 수출입이 많지 않은 상황에서 주로 내수 확대에 따른 결과이다. <표 5-1>을 통해 알 수 있듯이 중국의 자동차수요는 1990년대 중반에는 150만 대 내외에 머물렀으나, 1999년부터 빠르게 증가하기 시작해 2003년에는 전년 대비 34.5%나 증가한 464만 대를 기록하였다. 그 중에서도 승용차 수요의 증가세가 확연한데, 승용차 각 차급 모두

〈표 5-2〉 중국의 메이커별 승용차 판매 순위 (단위 : 만 대, %)

순위	2002		2003	
	메이커	판매대수	메이커	판매대수
1	상하이VW	30.8 (23.7)	상하이VW	39.6 (18.4)
2	제일(一汽)VW	20.8 (16.4)	제일VW	29.8 (13.8)
3	상하이 GM	11.1 (8.7)	상하이GM	20.1 (9.3)
4	제일샤리(一汽夏利)	9.5 (7.5)	광저우혼다	11.7 (5.4)
5	선룽(神龍汽車)	8.5 (6.7)	제일샤리	11.4 (5.3)
6	창안(長安)스즈끼	6.5 (5.1)	선룽	10.3 (4.8)
7	광저우(廣州)혼다	5.9 (4.7)	창안스즈끼	10.0 (4.7)
8	치루이(奇瑞汽車)	5.9 (4.7)	치루이	8.5 (4.0)
9	지리(吉利汽車)	4.3 (3.4)	지리	6.9 (3.2)
10	펑선(風神汽車)	4.1 (3.2)	펑선	6.5 (3.0)

주 : 출하대수 기준임. 판매 대수란의 (　)는 시장점유율임.
출처 : 한국자동차산업연구소, 『2004 자동차산업』.

급격한 수요 증가를 나타냈으며, 특히 중대형 고급승용차의 증가세가 두드러진다.

　업체별로는 중국의 3대 업체로 선정되어 집중적인 육성 정책의 혜택을 받아왔고 산업활동의 역사가 긴 제일자동차(第一汽車), 둥펑자동차, 상하이자동차(上海汽車)가 앞서 있는데, 이들은 각각 복수의 초국적기업들과 합작관계를 맺고 있으며, 이들은 경영상의 독립성이 크기 때문에 별개의 업체로 구분해서 자료가 집계된다. 〈표 5-2〉에 따르면 중국 진출의 역사가 20여년에 이르는 VW이 1, 2위를 차지하고 있으며, 뒤늦게 투자를 집중한 GM이 그 뒤를 쫓고 있는 것으로 나타난다. 이 밖에 혼다, 스즈키, 다이하츠 등 일본계와의 합작업체들도 적지 않은 판매량을 보이고 있으며, 치루이(奇瑞)자동차 등 중국의 독자 브랜드 역시 시장의 일정 부분을 차지하고 있다 그러나 2004년에는 상하

<표 5-3> 중국 자동차 완성차·부품의 수출입대수 및 금액 추이

			2002		2003	
			대수(대)	금액(백만 달러)	대수(대)	금액(백만 달러)
수입	완성차	승용차	70,329	1,614	103,110	3,085
		상용차	54,716	1,359	68,793	2,205
		소 계	125,045	2,972	171,903	5,290
	부 품		-	5,107	-	8,067
	합 계		-	8,079	-	13,357
수출	완성차	승용차	969	17	2,849	31
		상용차	35,469	168	39,059	319
		소 계	36,438	185	41,908	850
	부 품		-	6,132	-	6,240
	합 계		-	6,317	-	6,589
총 합 계			-	14,396	-	19,946

출처 : 한국자동차산업연구소, 『2004 자동차산업』.

이GM과 베이징현대차 등의 시장점유율이 크게 높아지고 차급별로도 업체들 간의 부침이 심화되는 등 매우 치열한 경쟁이 전개되고 있어 어느 한 시점의 시장점유율 통계가 무의미할 지경이다. 전체적으로 110개가 넘는 자동차업체들이 존재하고 있으나, 지방정부의 지원을 받는 소규모 업체들은 생산활동을 거의 중단한 데서 알 수 있듯이 초국적기업들과 합작한 기업, 그리고 일부 중국계 기업을 중심으로 업계 재편이 진행되어 왔으며, 이는 향후 더욱 가속화될 것으로 보인다.

다음으로 중국의 자동차 수출입 현황을 보면 <표 5-3>에서 보는 바와 같이 수출대수는 4만 2천 대에 불과한 데 비해 수입은 17만 대로 수입초과 현상을 보이고 있다. 그러나 전체 시장 규모에 비하면 수입차의 비중은 크지 않다. 한편 부품의 경우에도 수출은 62억 달러인 데 비해, 수입은 81억 달러로서 역시 적자를 기록하고 있다. 이로써 전체적으로 중국의 자동차 무역적자 규모는

<표 5-4> 중국의 국별 자동차부품 수입액 (단위 : 만 달러)

순위	1999년		2002년	
1	일본	6,331.8	독일	98,675.6
2	독일	3,298.8	일본	67,987.2
3	영국	1,503.6	캐나다	14,106.1
4	미국	1,500.4	미국	8,696.4
5	스웨덴	632.1	한국	8,078.3
6	프랑스	613.2	프랑스	7,430.2
7	한국	567.7	브라질	6,007.3
8	이태리	526.9	스페인	5,192.8
9	대만	427.8	대만	3,321.4
10	스페인	308.8	스웨덴	2,407.9

출처 : 中國自動車工業協會·中國自動車技術硏究センタ(2004). 丸川知雄·高山勇一 編(2004)에서 재인용.

67억 7천만 달러에 이르고 있으며, 이는 전년도의 17억 6천만 달러에 비해 대폭 증가한 액수이다. <표 5-3>에서 완성차뿐만 아니라 부품수입도 크게 증가한 것이 영향을 미쳤음을 확인할 수 있다.

그렇다면 중국의 자동차부품은 어느 나라에서 주로 수입되고 있을까? <표 5-4>를 통해 중국 내 1위 업체인 VW의 본국 독일로부터의 수입이 가장 많고 지리적으로 인접한 자동차선진국 일본으로부터의 수입이 2위를 차지하고 있음을 확인할 수 있다. 아울러 GM, 포드 등의 본국인 미국이나 캐나다로부터의 부품수입도 적지 않으며, 한국은 5위로서 프랑스를 근소하게 앞서고 있다.

중국은 완성차와 마찬가지로 자동차부품산업이 대해서도 빠른 발전을 바라고 있지만, 일반적으로 중국 자동차부품산업의 기반은 취약한 것으로 평가된다. 이는 과거 3대 자동차기업집단의 높은 내제율로 나타나듯이 국유기업집단 내부에서 안정적으로 사업을 전개해 왔으며, 독자적인 기술개발 능력이

〈표 5-5〉 중국자동차부품산업투자의 추이

기간	1981~85년	1986~90년	1991~95년	1996~2000년	1981~2000년
투자총액	44.43	172.41	756.05	967.72	1,940.61
a. 완성차	28.52	132.83	545.67	703.23	1,410.25
b. 부품	15.91	39.58	210.38	264.49	530.36
b/a	0.56	0.3	0.39	0.38	0.38
연도	1997	1998	1999	2000	합계
투자총액	203.96	196.12	193.99	178.75	775.83
a. 완성차	148.27	149.88	150.03	119.69	567.87
b. 부품	55.69	46.24	43.96	59.06	204.95
b/a	0.38	0.31	0.29	0.49	0.36

주 : 완성차에는 엔진도 포함.
출처 : 丸川知雄·高山勇一 編(2004, 56).

나 관리 능력을 증진시키기보다는 일부 중심적 연구개발 센터에서 그려진 도면을 무상으로 받아다가 생산하는 데만 주력해 왔기 때문이다. 1990년대 들어 중국 자동차부품산업 역시 심대한 변화를 겪고 있으나, 〈표 5-5〉에서 나타나듯이 아직도 투자 규모가 완성차의 절반에도 미치지 못하고 있다. 선진 자동차산업국의 경우 완성차보다는 부품부문에 대한 투자가 1.1~1.3배에 이르는 것을 감안하면 중국 부품산업의 투자는 여전히 과소한 것으로 평가된다(丸川知雄·高山勇一 編 2004, 54).

2) 산업정책과 발전과정

중국 당국은 1953년 소련의 인적·물적 지원을 받아 창춘(長春)에 '중국제일자동차제조공장'(中國第一汽車製造廠, 이하 '제일자동차')을 착공하여 1956년 4

톤 트럭을 생산하기 시작한 이래 생산에 필요한 중·대형 트럭과 농업용 자동차 등 주로 상용차를 발전시켜 왔으며, 승용차의 경우는 '사치품'이라 하여 생산을 극도로 억제해 왔다. 이는 소비보다는 생산을 우선시했던 전통적인 계획경제체제의 전형적인 공급자 위주의 자동차 생산방식이라고 할 수 있다. 1979년 개혁·개방 정책 이후 중국 당국은 공급자 위주의 자동차 생산방식을 변화시켜야 한다는 다양한 사회경제적 압력을 받게 되었다.

첫째, 농촌에서는 인민공사(人民公司) 해체로 대표되는 '탈집체화'로 막대한 농촌노동력이 유동함에 따라 그간 철도와 소량의 버스로 도시와 농촌, 도시와 도시를 연결하던 운송 방식이 좀 더 다양한 교통수단으로 보완되어야만 했다. 둘째, 농촌과 도시에서 신속하게 부를 축적한 일부 개체호(個體戶)와 비국유기업 경영자들의 소형 상용차에 대한 수요가 급증했다. 셋째, 개방정책으로 중국을 방문하는 외국인이 증가함에 따라 승용차에 대한 수요도 함께 증가하기 시작했다. 넷째, 권력의 '탈중앙화'와 기업의 자주권 확대로 실질적으로 자산통제권을 행사할 수 있게 된 지방의 행정기관 및 국유기업 등 '단웨이'(單位)의 승용차에 대한 수요도 급증했다.[1]

개혁·개방 정책 이후 중국 자동차산업은 기존의 차종과 생산 능력으로는 중국 각계각층의 폭증하는 자동차 수요를 감당할 수 없을 정도로 그 수요는 다양해지고 확대되었다. 자동차 공급 부족은 곧바르 자동차 수입으로 이어졌다. 〈표 5-6〉에서 나타나듯이 승용차 수입의 경우 1979년 667대에 불과하던 것이 1980년에는 19,570대로 급증했다. 자동차 수입은 1981~83년 동안 중국 정부당국의 강력한 자동차 수입억제 정책으로 현저하게 감소했지만 개혁·개

---

1 예를 들어 광저우시는 1979년 홍콩으로부터 270대의 승용차를 수입하여 택시회사를 설립했으며, 수출입 허가를 받은 회사들은 수출로 획득한 외화를 보우할 수 있었기 때문에 회사용으로 승용차, 미니버스 등을 일본 등의 외국에서 수입했다(Harwit 1995, 27).

<표 5-6> 중국 자동차 생산 기업수, 총생산대수, 수입차 비중

년도	자동차 생산 기업수	자동차 총생산 대수	그 중 트럭	그 중 승용차	승용차 비중	총수입 대수	승용차 수입 대수
1979	55	185,700	154,086	4,152	2.2	32,226	667
1980	56	222,288	183,853	5,418	2.4	51,083	19,570
1981	57	175,645	148,247	3,428	2.0	41,575	1,401
1982	58	296,304	164,330	4,030	1.4	16,077	1,101
1983	65	239,886	199,363	6,046	2.5	25,156	5,806
1984	82	316,367	265,194	6,010	1.9	99,743	21,651
1985	114	443,377	351,003	5,207	1.2	353,992	105,775
1986	99	372,753	300,125	12,329	3.3	150,052	48,276
1987	116	472,538	391,616	20,865	4.4	67,182	30,536
1988	115	646,951	500,234	36,798	5.7	99,233	57,433
1989	119	586,936	446,731	35,350	6.0	85,554	45,000
1990	119	509,242	359,672	42,409	8.3	65,430	34,063
1991	120	708,820	484,183	81,055	11.4	98,454	54,009
1992	124	1,061,721	659,436	162,725	15.3	210,087	115,641
1993	124	1,296,541	774,667	229,661	17.7	310,099	180,717
1994	122	1,353,368	785,876	250,333	18.5	283,060	169,995
1995	122	1,452,697	733,559	325,461	22.4	158,115	129,861
1996	122	1,474,905	688,614	391,099	26.5	75,830	57,942
1997	115	1,582,628	659,318	487,659	30.82	49,036	32,019
1998	115	1,629,182	660,976	507,861	31.15	40,216	18,016
1999	118	1,834,349	765,720	566,105	30.91	35,192	19,953
2000	118	2,068,196	751,699	607,455	29.37	42,703	21,620
2001	116	2,341,528	803,076	703,525	30.05	71,398	46,632
2002	117	3,253,655	1,092,546	1,092,762	33.59	128,192	70,329

출처 : 1996년까지 자료는 陳晋(2000, 52), 1997년 이후의 자료는 中國自動車工業協會·中國自動車技術硏究センタ(2004, 95, 101, 102, 112).

방 정책이 본격화된 1984년 이후부터는 또 다시 급증하기 시작했다. 특히 1984~86년 동안 자동차 수입이 급증하는 양상을 보였는데 그것은 경제특구로 지정된 일부 도시의 '지대추구 행위'(rent-seeking activity)에서 비롯된 것이다.

경제특구로 지정된 일부 도시의 경우 260%에 달하던 자동차 수입관세를 물지 않아도 되었기 때문에 일본 등 외국으로부터 대량으로 자동차를 수입하여 3-5배의 프리미엄을 붙여 중국 내륙의 각 성(省)들로 재판매하기도 했다(Harwit 1995, 29). 1985~86년의 2년 동안 자동차 수입대수는 50만 대에 달했고, 여기에 소요된 외화는 157.7억 달러에 달했다(趙英 2000, 120).

1980년대 초반부터 중국 당국은 자동차 수입폭증 문제와 외화의 대량 유출 문제를 해결하지 않으면 안 될 상황에 처하게 되었다. 중국 당국의 대처 방식은 다양한 양태로 나타났다. 우선, 외국의 선진적인 승용차 기술을 도입하기 위한 합자 방식의 채택이다. 중국 당국은 지프차를 생산하고 있던 베이징자동차(北京汽車)와 미국의 AMC(1984년), 승용차 메이커인 상하이자동차와 독일의 VW(1985년)의 합자사업을 허가했다. 또 1986년 광저우자동차(廣州汽車)와 텐진자동차(天津汽車)에 대해서는 각각 기존의 협력 파트너였던 프랑스의 시트로엥(CITRREN)과 일본의 다이하츠(ダイハツ)로부터 기술을 도입하여 승용차를 생산하는 것을 허가했다. 합자사업 허가는 당시 중국 당국이 중국과 선진국간 자동차산업의 기술 격차를 단기간에 극복할 수 없다고 판단하였음을 시사한다(陳晋 2000, 54).

둘째, 승용차 국산화 촉진 정책이다. 중국 당국은 제7차 5개년 계획(1986~90년)에서 자동차산업을 '지주산업'(pillar industry)으로 확정하고 경제성장을 가로막는 교통운수문제를 집중적으로 해결할 뜻을 밝혔다(李春利 2001, 43). 중국 당국의 이 같은 방침이 확정되기까지 중국의 자동차관련 부문에서는 일련의 노력이 전개되었다. 국가계획위원회, 기계부, 중국자동차공업공사, 국가과학기술위원회 등의 부문이 국무원에 중국 자동차를 발전시키기 위한 일련의 보고서를 제출했다. 또한 중국 당국은 중국 자동차산업의 장기적인 발전전략을 확립하기 위해 1985년 일본의 자동차 전문가들과 함께 연구팀을 만들기도 했다(Harwit 1995, 36; 陳晋 2000, 199-200). 이런 노력을 바탕으로 1987년

5월 국무원 산하의 자동차 관련 부문은 둥펑자동차(東風汽車)에서 '중국자동차산업 발전전략 회의'를 개최하고 1990년대를 관통하는 자동차산업 정책의 골간을 형성했다.[2] 당시 토론회에서는 두 가지의 관점, 즉 국가가 자원을 집중하여 승용차 생산 전문기업을 새롭게 건설해야 한다는 제안과 기존의 자동차 생산 기업을 이용하여 자동차산업을 발전시켜야 한다는 제안이 제출되었는데, 제일자동차 및 둥펑자동차 등 기존의 자동차 메이커 지도자들이 후자의 방침을 지지함으로써 1990년대 이후 중국 당국이 자동차산업의 발전 방향을 확립하는 데 큰 영향을 미쳤다(趙英 2000, 129).

1987년의 '중국 자동차산업 발전전략 회의'는 중국 자동차 발전의 중점을 트럭에서 승용차로 전환하고, 고율의 관세로 국내 승용차 시장을 보호하며, 자동차 생산 참여 기업을 엄격하게 제한하면서, 선택된 승용차 메이커에 대해 각종의 혜택을 부여하여 승용차의 국산화를 촉진한다는 방침을 확인했다(陳晋 2000, 56). 1988년 12월 국무원은 승용차 생산 기업을 제일자동차, 둥펑자동차, 상하이자동차의 소위 '3대'(三大)기지와 이미 기술을 도입한 베이징자동차, 톈진자동차, 광저우자동차의 소위 '3소'(三小)기지로 한정한다고 발표했다. 또한 승용차 수입을 제한하고, 승용차 국산화를 촉진하기 위해 '수입상품허가증'과 수입쿼터 제도를 도입하면서, 대외적으로는 완전분해(CKD; Completely Knock-Down) 부품에 대해 200% 가량의 관세를 부과하고, 대내적으로는 CKD 부품에 대해 '등급관세'를 부과한다는 정책을 발표했다. 이 정책은 1994년 중국 국무원이 발표한 '자동차공업산업정책'(汽車工業産業政策)으로 나타났다.

1994년의 자동차공업 산업정책의 내용은 ①산업조직정책, ②기술진보정

<hr>

2 이 회의에서는 중국의 자동차 전문가들이 작성한 '2000년 자동차산업 발전에 관한 보고'와 1987년 중·일 지식교류 연구회(중국측 대표는 馬洪, 일본측 대표는 向坂正南)가 작성한 '2000년 중국 자동차산업 발전전략'이 검토되었다(陳晋 2000, 55-56의 각주 24).

136

책, ③투자 및 융자정책, ④수입관리정책, ⑤자동차시장 육성정책으로 나뉘어져 있다. 이 정책은 규모의 생산을 할 수 있는 일부 대기업을 중심으로 자동차산업의 재편을 유도하고,[3] 국산화율 규제,[4] 외자기업의 진출 규제, 자동차 수입 규제 등 일련의 규제 정책을 통해 자동차 민족산업을 보호한다는 강력한 내용을 담고 있다. 그러나 이 자동차공업 산업정책은 결과적으로 실패했다는 평가를 받고 있다. 〈표 5-1〉에서도 나타나듯이 중국의 자동차산업 정책이 본격화된 1994년 이후에도 중국의 자동차 완성차 기업 수는 과거와 마찬가지로 110여 개로 여전히 분산되어 있어 산업재편의 효과를 전혀 거두지 못했다는 평가다(丸川知雄·高山勇一·廖靜南·吳保寧 2004, 66; 趙英 2000, 139).

그렇지만 1994년 일부 대기업을 중심으로 자동차산업을 재편하려던 중국 당국의 의도는 예기치 않은 결과를 만들어냈다. 우선 외국 자동차기업의 중국 진출 붐을 형성했다. 중국 국내 자동차기업들은 국가의 지원을 획득하고 장차 중국의 WTO 가입에 따른 국내에서의 경쟁 심화에 대비하기 위해 외국 자동차기업과 적극적으로 제휴하려 했다. 여기에다 선진국 자동차산업의 과잉생산에 따른 산업구조 조정 및 시장개척 요구가 맞물려 중국 대륙에는 중국 국내 자동차기업과 외국 자동차기업의 합자 붐이 조성되었다. 1980년대와 달리 1990년대 이후 외국 자동차기업의 중국 진출의 특징 가운데 하나는 소위 세계

---

3 1995년 말 기준으로 국가는, 현재 연간 자동차 생산량이 30만 대 이상·연간 판매량이 20만 대 이상·연간 자동차 판매액 중 기술개발비가 3% 이상을 점하는 기업에 대해 연간 생산규모 60만 대 이상으로 발전하도록 지원하고, 연간 자동차 생산량이 20만 대 이상·연간 판매량이 15만 대 이상·연간 자동차 판매액 중 기술개발비가 2.5% 이상을 점하는 기업에 대해 연간 생산규모 30만 대 이상으로 발전하도록 지원하며, 연간 자동차 생산량이 10만 대 이상·연간 판매량이 8만 대 이상·연간 자동차 판매액 중 기술개발비가 2% 이상을 점하는 기업에 대해 연간 생산규모 20만 대 이상으로 발전하도록 지원한다는 내용이다.
4 중국 당국은 합자기업이 자동차를 생산할 때에는 40% 이상의 국산부품 사용을 의무화 했다. 중국 당국은 2001년 WTO에 가입하면서 이 요구를 취소했다.

초국적기업들이 전면에 나섰다는 점이다. GM과 상하이자동차, 벤츠와 하이난자동차(海南汽車), 토요타와 톈진자동차 및 제일자동차, 혼다와 광저우자동차 및 둥펑자동차, 포드와 난징자동차(南京汽車) 및 창안자동차(長安汽車), 닛산과 정저우자동차(鄭州汽車) 및 둥펑자동차, 현대와 베이징자동차 등의 합자가 이루어졌다.

셋째, 자동차시장의 경쟁 심화이다. 외국 자동차기업의 중국 진출 붐은 중국 자동차 생산량의 대폭적인 증가를 가져왔다. <표 5-6>에서도 나타나듯이 중국의 자동차 생산량은 개혁·개방 정책이 심화된 1992년 106만 대, 2000년에 206만 대, 2002년에는 325만 대에 달했고, 2003년에는 4백만 대를 초과했다(FOURIN 2004, 2). 각 기업이 발표한 자료를 종합해 볼 때 2003년 중국의 승용차 생산능력은 301만 대로 공장 출하 실적 219만 대를 고려하면 평균 가동률은 73%에 달하는 것으로 평가된다. 한편, 각 기업이 제출한 자료에 근거하면 중국의 승용차 생산 능력은 2005년 440만 대, 2007년에는 658만 대로 증가할 것이고, 중국 자동차시장 확대를 고려하면 자동차기업의 평균 가동률은 2003년 73%를 정점으로 2007년에는 40%대로 저하될 것으로 전망된다(FOURIN 2004, 10).

중국 자동차시장의 폭발적인 성장은 중국 자동차기업간의 경쟁 격화와 자동차산업의 분화를 예고하고 있다. 이 점은 이미 다음과 같은 몇 가지의 사실을 통해서 확인되고 있다. 우선 자동차 가격인하 경쟁이다. 2003년 1~9월까지 이루어진 한 조사에 따르면 조사 대상 19개 모델 39개 사양의 승용차 최종판매가격은 1월 15만 5,500위안으로부터 9월에는 14만 700위안으로 저하되어 평균 2만 1,000위안으로 하락했다(FOURIN 2004, 10). 그 다음 기업간의 합종연횡이다. 2002년 중국제일자동차와 톈진자동차의 연합이 대표적인 사례다. 이 연합을 통해 중국제일자동차는 톈진자동차가 투자한 톈진샤리(夏利)자동차유한공사의 주식 50.98%를 구매했고, 톈진자동차는 톈진화리(華利)자동차유한공사의 주식 75%를 중국제일자동차에 이양했다.

이 같은 현상들이 중국 자동차산업에 대해 시사하는 점은 무엇인가? 우선 중국의 자동차산업이 조정기로 접어들고 있다는 점이다(魯志強 2004). 이 조정 기에 누가 승자가 될지 예측할 수 없을 정도로 중국의 자동차산업 구조는 대단히 불확실한 상황으로 접어들고 있다(劉世錦 2004). 다음은 중국 자동차산업의 발전 가능성이다. 중국의 자동차시장은 이미 다국적기업의 각축장이 되었다. 다국적기업간의 경쟁의 격화는 그간 선진적인 기술과 관리기법의 이전에 인색했던 다국적기업들이 이제 최신의 기술과 관리기법으로 중국의 자동차시장을 개척하지 않으면 생존경쟁에서 도태될 수밖에 없는 환경에 처하게 되었다는 것을 의미한다. 이러한 진단의 중국 자동차산업에 대한 함의는 중국 자동차산업의 선진적인 기술 및 관리지식 학습 비용은 더욱 저렴해졌고 그만큼 기회는 더욱 커졌다는 것이다. 이 같은 이유 때문에 중국자동차산업에서 주도권은 외국의 다국적기업이 아니라 중국의 자동차기업이 쥐게 되었다는 지적도 제기되었고(李春利 1997, 53-54), 여기에서 한 발 더 나아가 중국에서도 국제적인 경쟁력을 갖는 유력한 중국 자동차기업이 등장할 것이라는 성급한 전망도 제기되고 있는 실정이다(劉世錦 2004).

중국의 자동차산업을 둘러싼 환경이 급속하게 바뀌는 가운데 국가발전개혁위원회는 2004년 새로운 '자동차산업 발전정책'을 발표했다.[5] 2001년 중국의 WTO 가입 이후 국제적인 규범에 맞지 않은 기존의 자동차산업 정책을 폐지하고 향후 중국의 자동차산업 발전 방향을 제시한 이 정책의 내용은 다음과 같다. ①정책의 목표: 생산력 확대에 주안점을 두고 있지만, 자동차산업 관련 산업 및 도시 교통인프라와 환경보호 등의 내용이 들어 있다. ②자주개발 장려. ③진입 규제: 새롭게 설립하는 자동차 생산업체의 투자총액은 20억 위안

---

5 자세한 내용은 서석홍(2004)을 참조.

이상이어야 한다고 규정하고 있다.[6] ④외자 진출 제한: 합자기업의 외자주식 비율을 50% 이하로, 동일한 차종의 합자회사 설립을 2개사로 제한하고 있다. ⑤업계 집약화: 국제경쟁력을 가진 몇 개의 대형 자동차기업 그룹 형성을 목표로 제시하고 있다. ⑥수입 관리: 중국의 WTO 가입 이후 국산화율 규제가 없어져 부품조립(KD) 생산이 증가했는데, 이 같은 추세를 막기 위해 주요 부품 수입을 통한 조립 생산에 대해서는 완성차와 같은 관세를 부과하도록 규정하고 있다. ⑦브랜드 규제: 2005년부터 모든 국산자동차와 유닛 부품에 생산기업의 등록 상표를 붙이고, 국내시장에서 판매하는 완성차의 경우 생산기업의 상표와 자사의 명칭 혹은 부품 산지를 표시하도록 규정하고 있다. ⑧자동차 소비: 자동차 구매 절차 축소와 과세 및 부담금 부과, 자동차 론 제도, 중고차시장 육성, 자동차보험 제도 정비 등의 내용을 담고 있다.

중국 당국의 새로운 산업정책의 내용 가운데 향후 중국의 자동차산업 발전과 관련하여 주목해야 할 점은 중국 당국이 교통인프라와 환경보호 등의 내용에 대해 주목하기 시작했다는 점이다. 중국 당국이 2004년에 발표했던 새로운 '자동차산업 발전정책' 제2조에는 원안에는 없던 "자동차산업과 관련산업 및 도시교통 인프라와 환경보호 협조적인 발전을 촉진한다"는 문구가 삽입되어 있다. 이 점은 중국 당국이 환경친화적인 선진적 자동차 생산 기술에 주목하고 그 분야에 집중적으로 투자하겠다는 의지로 이해되고 있다. 중국 당국은 이미 현 단계 중국 승용차의 배기량은 국가환경보호총국(國家環境保護總局)이 규정한 '유로 I의 기준'(European Emission Standard I)에 부합해야 하고, 2004~2005년에는 유로 II의 기준에 부합해야 한다고 요구하고 있다.

이 기준은 향후 중국의 자동차시장에서 '에너지 절약형의 깨끗한 자동

---

6 이와 관련 진입장벽이 높아 중국 사영기업의 자동차산업 진입에 어려움이 크다는 비판이 제기되었다고 한다. 펑페이(馮飛, 국무원발전연구중심 산업경제연구원 연구원) 인터뷰(2004년 6월 18일).

차'(clean and fuel-efficient cars) 기술을 가진 자동차기업이 경쟁력을 갖게 될 것임을 시사한다. 이 환경친화적인 새로운 기술은 개척 분야이다. 따라서 후발국가라도 그 국가가 집중적으로 투자한다면 선진국과의 기술 격차를 좁힐 수 있다. 만약 이 같은 선진적인 기술 개발에 성공한다면 기존의 전통적인 기술에 기초하여 분할 점유하고 있는 현재의 자동차시장은 급속하게 재편될 수도 있다. 따라서 중국공정원·미국국가공정원·미국국가연구이사회(中國工程院·美國國家工程院·美國國家硏究理事會 2004, 214)가 최근의 한 보고서에서 "중국 자동차공업의 생산품이 개방된 국제 시장에 진입하거나 혹은 중국 시장의 상품 경쟁에 진입하려 한다면, 경쟁에서 승리할 수 있는 기술 혹은 적절한 시장을 찾아야 한다"라고 지적하면서 중국 당국으로 하여금 새로운 자동차 제품기술(architecture)을 통해 중국의 민족자동차공업을 발전시키고 중국 및 세계의 자동차시장을 재편해야 한다는 요구를 제기한 점은 주목할 필요가 있다.

2) 완성차부문의 특징

중국의 자동차 완성차부문은 〈그림 5-3〉과 같이 수적으로 다양할 뿐만 아니라 세계의 다국적기업과 합자 형태를 취하고 있어 대단히 복잡하게 얽혀 있다. 따라서 완성차부문의 특징을 간단하게 정리하는 것은 결코 쉽지 않다. 게다가 1990년대 후반 들어 완성차부문의 다국적기업 및 국내기업의 합종연횡이 빈번해지고 있기 때문에 충실한 현지조사가 뒷받침되지 않고서는 완성차부문의 특징을 정리하는 것이 불가능하다고 해도 과언이 아니다. 아래에서는 2004년 8월에 수행한 상하이VW, 상하이GM의 조사와 1990년대 초중반 중국의 완성차부문을 조사한 기존의 연구 성과(陳晋 2000; 李春利 1997; 塩見治人 編 2001)와 2002~2003년에 걸쳐 조사한 기존의 연구 성과(丸川知雄·高山勇一 編

<그림 5-3> 중국 주요 승용차 메이커의 합자관계 (2004년 2월 현재)

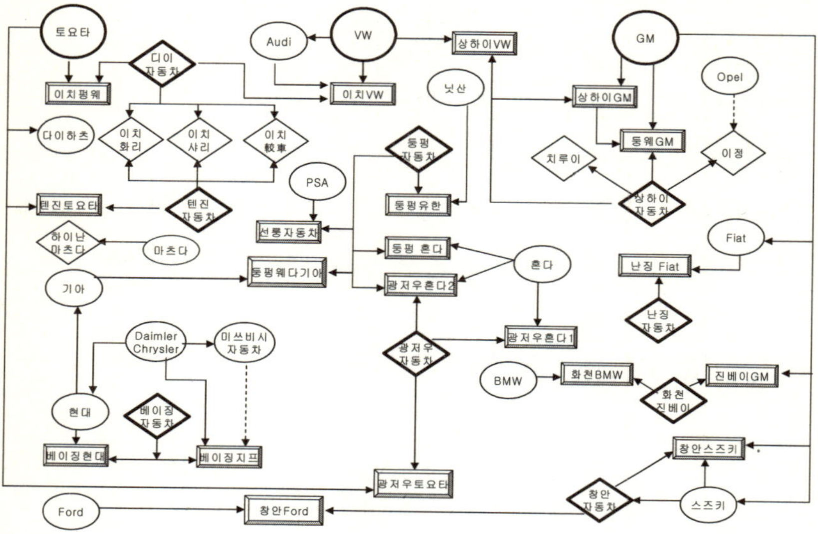

2004)를 기초로 중국 완성차부문의 특징을 살펴보고자 한다.

중국 완성차부문의 특성을 살펴볼 때 고려해야 할 점은 다음과 같은 세 가지 요소이다. 첫째, 국가와 기업의 관계이다. 완성차부문은 모두 국유기업이기 때문에 기업에 대한 국가의 개입이 아주 강하다. 특히 기업이 중앙정부 차원의 관리대상 기업인지 지방 차원의 관리대상 기업인지에 따라 국가의 기업에 대한 구속력과 기업의 국가에 대한 교섭력도 달라진다.7 계획경제에서 시

---

7 2004년 5월에 발표된 새로운 '자동차산업 발전정책' 제6조는 "통일된 계획·자주 개발 제품·독립된 제품 브랜드 및 판매서비스 체계의 관리 일체화 등의 특징을 구비한 자동차기업 그룹, 그리고 그 핵심 기업 및 핵심 기업의 '전자'(全資, 100% 투자) 기업·'주식 통제'(控股) 기업·중외 합자기업이 생산한 자동차 제품의 국내시장 점유율이 15% 이상인 기업, 혹은 자동차 완성차의 연간 판매수입이 자동차 업종 완성차 판매수입의 15% 이상인 기업은 대형 자동차기업 그룹으로 그룹 발전 계획을 단독으

장경제로 이행하는 과도기 단계에서 기업의 행위는 종종 시장의 논리에 따라 결정되는 것이 아니라 정부의 정책에 따라 결정되기도 한다는 점을 염두에 두어야 한다. 둘째, 외자기업과 완성차부문의 관계이다. 개혁·개방 이후 중국 완성차부문은 국제 경쟁력을 갖지 못했기 때문에 외국 자동차기업과 합자 방식을 채택하여 자신의 경쟁력을 높이고자 했다. 생산 기술을 도입하는 외국 자동차기업의 생산방식에 따라 중국 자동차기업의 생산 시스템이 변화되고, 또 외국 자동차기업과의 합자가 증가할수록 중국 자동차기업의 생산 시스템도 다양해진다. 셋째, 기업의 입지 조건이다. 중국의 완성차부문은 경제적 고려보다는 정치적 고려에 기초하여 설립되었기 때문에 설립 당시의 초기 조건이 현재의 발전을 규정하기도 한다. 여기서는 확보된 자료와 지면의 제약으로 중국의 '3대' 완성차부문의 특징을 살펴보는 것으로 제한하고자 한다.

(1) 제일자동차

제일자동차는 중국 최초의 자동차기업으로 1953년에 착공되어 1956년에 생산에 착수한 중앙정부 관리 기업이다. 제일자동차는 '중소우호협정' 프로젝트의 하나로 소련으로부터 인적·물적 지원을 받아 설립되었다. 당시 이 프로젝트에 참여했던 스탈린 자동차공장의 기술진은 설비, 차종, 생산방식에 이르기까지 일괄적으로 소련의 최신 장비와 기술을 제공했다. 이는 개발도상국의 자동차 생산에서 일반적으로 나타나는 '완성차 수입(CBU) →중간분해 부품조립(SKD) →완전분해 부품조립(CKD)'이라는 점진적 국산화 양상과는 다른 길

로 작성·보고할 수 있고, 국가 발전개혁위원회의 심사 후 실행에 옮길 수 있다"고 규정하고 있다. 이에 따라 시장점유율 혹은 판매수입의 비중이 15% 이상인 자동차기업 그룹은 중앙정부의 집중적인 지원·육성 대상이 된다.

이다(李春利 1997, 59). 제일자동차는 주조, 단조공장으로부터 기계가공, 최종 조립까지 고도로 수직 통합된 30개의 공장과 분(分) 공장으로 설립되었다. 제일자동차의 부품 내제율(內製率)은 70% 전후로 전국에 산재해 있는 46개사로부터 부품을 납품받아 트럭을 생산했다(陳晋 2000, 187).

1994~96년 리춘리·후지모토 타카히로(李春利·藤本隆宏 2001, 158)의 현지 조사에 따르면 제일자동차의 종업원은 약 10만 명으로 그 가운데 생산관련 부문에 종사하는 종업원은 3.6만 명에 달하고, 그 외 종업원은 탁아소, 대학, 교통, 부동산, 병원 등 서비스 부문에 종사하고 있었다. 1994~96년 조사 당시 37개의 공장이 있었는데, 그 중 조립공장은 12개였다. 제일자동차 조립공장 네트워크와 각 공장의 생산 차종은 다음과 같다. ①중형트럭 조립공장(8톤 트럭), ②창춘전용차공장(8톤 트럭), ③신장(新疆)자동차공사(9톤 트럭), ④지린(吉林) 경형차공장(1톤 트럭), ⑤창춘경형차공장(2톤 트럭), ⑥제일승용차공장(훙치 2200, 2500cc), ⑦제이승용차공장(Audi 2200cc), ⑧쓰촨(四川)전용차공장(대형, 중형특장차), ⑨청두(成都)자동차공장(소형트럭), ⑩다롄(大連)객차공장(버스), ⑪우시(無錫)자동차공장, ⑫쓰핑(四平)전용차공장(특장차).

제일자동차의 중국 자동차시장 점유율은 설립 때부터 1980년대 전반까지 최고를 점했으나 1953년 100%, 1966년 86%, 1976년 42%, 1986년 17%로 점차 하락했다. 그것은 시장 수요의 양적 확대와 다양한 차종 요구에 적절하게 대처하지 못했기 때문이다. 제일자동차가 갖는 고도의 수직통합성에서 비롯되는 시스템의 경직성과 모델의 낙후성이 생산의 확대 및 다양화를 방해했다(陳晋 2000, 190). 특히 1970년대 말 둥펑자동차가 5톤 중형트럭을 시장에 투입함에 따라 제일자동차는 중형트럭의 판매 부진으로 1979년 설립 이래 처음으로 위기에 직면하게 되었다. 완성차 재고가 가장 많았던 1985년에는 연 생산량의 1/3에 달하는 2만 대가 재고로 쌓였다.

1985년 자동차 판매 격감을 경험한 제일자동차는 제조 공정 경신의 필요성을 절감했으나 자금이 없었기 때문에 중앙정부를 설득하지 않으면 안 되었다. 1986년 우여곡절을 거쳐 중앙정부로부터 8,000간 위안의 자금을 획득하여 중형트럭 모델을 변경하고 소형 트럭을 중심으로 하는 상용차 생산 전략을 채택했다. 자금난과 자금 조달의 어려움을 경험한 제일자동차는 과거 중앙정부의 투자를 수동적으로 받아들이는 태도로부터 정부 투자를 획득하는 적극적인 자세를 갖게 되었다(陳晉 2000, 195-8). 여기서 적극적인 자세란 기업의 중요한 설비투자 계획과 신제품 개발 계획을 국가가 추진하는 5개년 계획에 편입시키는 것을 의미한다. 기업이 아니라 국가가 대규모의 투자 결정권을 갖고 있는 사회주의체제 하에서 기업의 발전 계획이 5개년 계획에 편입되느냐의 여부는 기업의 발전에 중요한 의의를 갖는다(李春利 1997, 15).

한편, 제일자동차는 1980년대 중반 중앙정부가 둥펑자동차를 승용차 연생산량 30만 대의 기업으로 발전시킨다는 계획을 확립하려 한다는 소식을 접하고 승용차 조기 생산과 그 프로젝트 실현을 위한 전략 검토에 착수했다(陳晉 2000, 200). 1987년 5월 둥펑자동차에서 개최된 '중국 자동차산업 발전전략 회의'에서 당시 제일자동차 겅자오제(耿昭傑) 사장은 "도입과 개발을 결합하고, 소형 트럭과 승용차를 결합하며, 중급·중고급(승용차)에서 시작하여 하급(보통 승용차)으로 발전시킨다. 일괄적으로 기획하고, 단계적으로 실시한다"며 향후 제일자동차의 승용차 시장 진입 의사 및 전략을 밝혔다. 여기서 '일괄 기획'이라는 말은 정부의 계획에 편입시켜 정부의 투자를 획득하는 것을 의미하고, '단계적으로 실시한다'는 말은 둥펑자동차를 승용차 30만 대 생산기업으로 발전시킨다는 정부의 계획에 대해 제일자동차는 초기에는 소량으로 승용차를 생산하겠지만 조기에 승용차 양산 체제로 전환해야 한다는 기대를 표명한 것이다(陳晉 2000, 201-202). 1987년 8월 제일자동차는 중국 정부로부터 '3대' 승용차 생산 기지로 인정받았다. 또한 동년 10월 자사가 작성한 중·고급승용차 프로젝트 '건의서'도 국가의 정식 허가를 받았다. 이로부터 알 수 있듯이 제일자동차의 대 국가 '교섭 능력'은 아주 탁월하다.

제일자동차는 크라이슬러와 교섭하여 고급승용차 생산 기술을 도입하여 그간 소량으로 생산해오던 '홍치'(紅旗)를 개조하고, 중급승용차 생산 기술을 도입할 계획을 세웠다. 교섭 파트너였던 크라이슬러 측은 제일자동차가 국가의 계획대로 공장 건설에 착수할 수밖에 없다고 판단했기 때문에 고액의 라이센스 지불을 요구했고, 그 때문에 교섭은 1987년 말까지 난항을 거듭했다. 그무렵 1986년부터 상하이VW에서 아우디(Audi)를 중간분해 부품조립(SKD)하고 있던 VW이 제일자동차에 기술제휴를 타진해 왔다. 결국 1988년 5월 제일자동차는 VW과 아우디 승용차 기술제휴, 중고 금형 구입, 아우디 승용차 부품조립(KD) 등 3가지 사항에 대해 계약을 체결했다. 이로써 제일자동차는 오히려 둥펑자동차보다 더 빨리 승용차 시장에 진입할 수 있었다. 그리고 1990년 11월 제일자동차와 VW은 연 생산량 15만 대의 제타(Jetta) 승용차 합자 프로젝트 계약을 체결했고 1991년 2월 제일VW을 설립했다.

1988년에 도입한 아우디 승용차의 생산 규모는 연 3만 대에 지나지 않았기 때문에 부품 국산화에도 많은 어려움이 있었다. 당시 상하이VW의 산타나(SANTANA) 승용차의 부품 국산화가 전면적으로 추진되고 있었기 때문에 제일자동차는 산타나 승용차 부품 국산화 메이커에 의존하여 아우디를 생산할 수 있었다. 1994년 아우디 승용차의 부품 국산화율은 60%를 초과했다(陳晉 2000, 209). 한편 합자기업인 제일VW에서 생산되었던 제타의 부품 국산화는 제일VW, 제일자동차 소속의 부품공장, 제일자동차 이외 부품공장의 세 부분으로 나뉘어져 진척되었다. 제일VW은 엔진, 트랜스미션, 차체의 국산화로 승용차 전체의 국산화율 34%를 달성했다. 제일자동차의 부품공장은 샤시, 에어콘, 엔진과 트랜스미션의 주조, 내장품의 국산화로 승용차 전체의 국산화율 28%를 점했다. 그리고 제일VW은 제일자동차 이외의 국내 277개 부품공장으로부터 전기부품, 비금속부품 등을 조달했다. 1995년 8월 현재 제타 승용차의 국산화율은 52.9%를 달했는데, 그 가운데 제일자동차 외부의 협력 공장이 61%를 점했다(陳晋 2000, 211).

1994~96년 리춘리·후지모토 타카히로(李春利·藤本隆宏 2001, 158-182)의 현지조사에 따르면 제일자동차의 생산체제는 매우 다양한 시스템이 혼재된 양상을 보인다. 우선 트럭 조립공장의 경우 단일차종 대량생산방식을 채택하고 있고, 품질 관리는 독일식의 '아우디 검사'(Audi Check)[8] 방식을 채택하고 있다. 이 '아우디 검사' 방식은 아우디 조립라인, 제1엔진공장, 제2엔진공장에도 관철되고 있다. 그리고 트랜스미션 공장은 토요타 생산방식을 채택하고 있으며, 생산은 JIT(Just in Time) 방식으로 관리되고 있다. 트랜스미션 공장의 경우 토요타 생산방식이 정착되는 과정에서 노동자들의 반발이 나타나 임금제도 면에서 중국식의 수정이 이루어졌다. 이 점은 다국적기업의 중국 진출에서 반드시 주의를 요하는 중요한 대목이기 때문에 좀 더 자세히 살펴볼 필요가 있다.

제일자동차는 중국에서 처음으로 린 생산방식을 도입한 기업으로 잘 알려져 있다. 제일자동차의 린 생산방식 도입은 1977년, 1981년 오노 타이이치(大野內一)의 두 차례에 걸친 제일자동차 방문에서 비롯되었다.[9] 그러나 당시 제일자동차의 토요타 방식 도입은 개념의 이해 단계에 멈추었을 뿐 전면적으로 실행된 것은 아니었다(李春利 1997, 94; Lee 2002). 토요타 방식이 제일자동차에 전면적으로 도입된 것은 1970년대 말 1980년대 초 제일자동차의 토요타 방식에 대한 인식 능력 제고에다 트랜스미션 공장의 기술 협력 파트너로서 히노(日

---

8 매일 전문 검사원이 검사에 합격한 완성차 1대를 표본으로 추출하여 '품질 검사 등급별 지도서'(質量審核評級指導書)라는 매뉴얼에 따라 847개 항목으 체크리스트에 따라 정지 상태 검사와 50km 주행 검사를 실시한다. 결함이 발견되면 그 항목에 대해 감점(0.0~5.0의 5단계로 나누고 점수가 낮을수록 감점수가 낮다)하는 방식으로 집계하고 검사 당일 관련 라인으로 피드백되어 불량 원인 규명과 문제 해결 방법을 찾는다(李春利·藤本隆宏 2001, 161, 165).
9 제일자동차의 토요타 생산방식 도입에 대해서는 李春利(1997, 88-108), 陳晋(2001, 221-223) 참고.

野)가 선정되어 히노의 신제품인 트랜스미션이 채택되면서부터이다. 트랜스미션 공장은 1985년 9월에 착공되어 1987년 9월에 완공되었고, 1989년 테스트를 거쳐 1990년 8월 정식으로 생산을 개시했다.

생산과 더불어 트랜스미션 공장은 우선 반장 이상을 대상으로 토요타 방식을 교육하고 이를 점차 현장으로 확대했다. JIT 방식이 도입되는 과정에서 노동자들이 제기했던 가장 큰 문제점은 다양한 공정 수행과 노동강도 강화가 왜 임금과 연동되지 않는가 하는 점이었다. 이 문제를 해결하기 위해 트랜스미션 공장은 '직무임금제'(崗位工資制, post-wage system)를 도입했다. 제일자동차의 경우 수작업의 비율, 노동강도, 기술의 복잡성 등에 따라 노동자의 직무를 4가지로 구분하고, 직무 수당을 최고 등급의 경우 최저 등급의 3배로 설정했다. 또 보너스(獎金)의 격차도 확대하여 현장 노동자의 최고수준 보너스는 보조노동자의 10배로 설정했다(李春利 1997, 102-103; 李春利·藤本隆宏 2001, 178-180). 1999년 마츠무라 후미토(松村文人 2001, 140)의 조사에 따르면 제일자동차의 임금체계는 ①기본임금, ②보너스, ③수당의 세 부분으로 나뉘어져 있고, 기본급은 또 다시 ①기능임금, ②직무임금, ③근속임금의 세 가지로 구성되어 있었다. 1990년대 확립되었던 제일자동차의 직무임금제가 1990년대 후반기에도 여전히 유지되고 있었다.[10]

한편, 제일자동차는 2002년 8월 토요타와 중국에 고급형 승용차를 생산하기로 계약하고 제일토요타를 설립했다. 그리고 2002년 제일자동차는 톈진자동차와의 연합을 발표하면서 톈진샤리와 톈진화리의 지주회사가 되었다. 2004년 새로운 자동차산업 발전정책에서도 나와 있듯이 대형 자동차기업 그룹의 발전 계획은 국가발전개혁위원회의 지도에 따르도록 되어 있다.[11] 따라

---

10 임금총액에서 기본급이 차지하는 비중은 1997년 현재 44%이다(松村文人 2001, 141).
11 2003년 중국의 정부기구 개혁 이전에는 국가경제무역위원회 산하의 각 사(司)와 국(局)이 산업을

서 제일자동차와 토요타의 합자, 제일자동차와 톈진자동차의 연합에는 중앙
정부와 톈진 지방정부의 관계, 제일자동차의 중앙정부 교섭 능력, 제일자동차
의 발전전략 등의 복잡한 문제가 깔려 있다. 이 점에 대해서는 향후 조사와 보
다 진전된 연구가 필요하다. 또한 제일토요타와 제일자동차로 흡수된 톈진샤
리와 톈진화리 등의 생산방식, 부품업체와의 관계, 임금 및 노동관리 체계 등
에 대한 조사 및 연구도 뒤따라야 하겠다.

⑵ 둥펑자동차

둥펑자동차는 '냉전 프로젝트'의 일환으로 1965년에 건설된 특수한 배경
을 가진 중앙정부가 관리하는 기업이다. 중소 관계가 악화되고, 미중 간의 냉
전이 지배하던 1960년대 초 중국은 병기 및 중대형 공업부문을 중국의 중·서
부 내륙 지역에 건설하는 소위 '3선 건설' 프로젝트를 추진했다. 둥펑자동차 건
설은 3선 건설 프로젝트 가운데 하나로 후베이(湖北)성 중부 산간 구릉지대 스
옌(十堰)시 부근에 단조·주조공정부터 기계가공, 조립공정에 이르는 27개 분
(分) 공장으로 구성된 생산공장 체제를 건설했다. 냉전 프로젝트라는 성격을
반영하듯 둥펑자동차공장은 건설 당시에는 주로 2.5톤 군용 트럭을 생산했지
만, 개혁·개방 정책이 시작되었던 1978년 이후에는 '군용 트럭을 민간용 트럭
의 생산으로 전환했다'(軍轉民).

관리해 왔다. 2003년 정부기구 개혁으로 국가경제무역위원회가 폐지됨에 따라 그 산하의 각 사(司)
와 국(局)의 기능은 국가발전개혁위원회의 공업사(工業司)로 이관되었다. 한편 자동차 유통관리 기
능은 새롭게 설립된 상무부로 이관되었다. 또한 국유기업의 주요 지도자 선발과 국유자산 관리감독
기능은 새롭게 설립된 국가국유자산관리위원회가 담당하게 되었다(國家信息中心中國經濟信息網
2004, 18).

둥펑은 '자력갱생'이라는 노선에 따라 국산 장비와 기술로 건설된 자동차 공장이다. 국산 설비로 대체할 수 없는 설비만 서독, 일본, 이탈리아, 미국, 스위스, 덴마크 등의 국가로부터 수입했는데, 전체 설비의 5%밖에 되지 않았다. 제일자동차는 둥펑자동차의 27개 분 공장 가운데 12개 공장을 건설했고, 약 5,000명의 간부와 기능공을 둥펑에 배치했다. 둥펑의 생산 시스템은 제일자동차를 복제했기 때문에 포드 시스템이 지배적이었다. 특히 산간 지역이라는 입지 조건 때문에 둥펑은 제일자동차를 능가하는 수직 통합적이고 지역 집중적인 생산체계를 구축하고 있었다. 1975년까지 둥펑이 생산한 5톤 트럭의 부품 내제 비율은 75%에 달했다(李春利 1997, 125).

1977년 제1기계공업부와 후베이성의 지지 하에 둥펑은 군용 트럭 생산에서 민간용 트럭 생산으로 전환하는 건의서를 제출했고, 정부의 승인을 받아 1978년부터 5톤 트럭을 생산하기 시작했다. 둥펑자동차는 1979년 9월 중국의 국유기업 개혁방안 중 초기에 실시되었던 이윤유보(利潤留保)제도를 도입하여 이윤의 일부분을 기업의 각종 기금으로 비축할 수 있었다. 1985년까지 둥펑은 약 3.95억 위안을 유보할 수 있었고, 이 자금을 이용하여 품질 개선 및 신제품 설계 개량에 나섰다. 이는 1980년대 초반 둥펑 트럭의 경쟁력 강화로 연결되었다.

1982년 둥펑자동차는 이윤유보제도에서 한발 더 나아가 '하청 책임제'(承包責任制)를 도입했다. 이 하청 책임제는 기업의 손익과 관계없이 기업은 국가가 정한 일정한 금액을 상납하고 나머지는 기업의 재량으로 사용할 수 있게 한 국유기업 개혁방안 가운데 하나이다. 당시 둥펑자동차에 적용되었던 국가의 규정은 상납액을 1.4억 위안으로 확정하고 매년 7%씩 가산하여 상납한다는 것이었다. 한편 당시 중국 정부당국은 가격 자유화 조치의 일환으로 계획생산량에서 10%를 초과하는 생산량에 대해서는 기업의 재량으로 그 상품을 시장에 판매할 수 있는 조치를 취했다. 시장경쟁력을 갖고 있던 둥펑자동차의 트럭 판매량은 제일자동차의 트럭 판매량을 앞질렀고, 둥펑자동차는 막대한 이윤을 사내에 유보할 수 있었다.

1981년 둥펑자동차는 정부방침에 따라 자신을 핵심으로 한 '둥펑자동차공업연합공사'(東風汽車工業聯合公司)를 결성했다. 연합공사는 둥펑자동차가 윈난(雲南)자동차공장(윈난성), 항저우(杭州)자동차공장(저장성), 신장(新疆)자동차공장(신장 위구르 자치구), 류저우(柳州)자동차공장(광시 장족 자치구), 한양(漢陽)특수자동차제조공장(후베이성), 광저우자동차저조공장(광둥성), 충칭(重慶)자동차제조공장(쓰촨성), 구이저우(貴州)자동차제조공장(구이저우성) 등 전국에 산재한 8개 공장을 연합한 것이다. 각 기업들은 연합에 참여하기 위해 둥펑자동차와 계약을 체결했다. 이들 기업이 연합에 참여한 이유는 ①산업 내의 분업체계 형성, ②지방정부의 요청, ③기업의 요청, ④둥펑의 장기적인 발전전망 등 다양한 이유가 있었다(李春利 1997, 136). 한편 둥펑자동차와 연합에 참여한 이들 기업들간 관계는 협력의 긴밀 정드에 따라 '강한 연합,' '일반적인 연합,' '약한 연합'으로 나뉘어진다(李春利 1997, 131).

강한 연합의 특징은 각 협력기업의 행정 관계와 이윤 상납의 채널을 둥펑자동차와 동일하게 조정하고 연합공사가 ①인사권, ②재무계획 심사 및 허가권, ③물자 조달계획 심사 및 허가권, ④제품 판매에 대한 부분적인 지배권(국가의 계획범위 내의 생산품에 대해서 연합공사와 협력기업은 각각 10%의 지배권을 행사하고, 국가의 계획량을 초과한 생산량에 대해서는 연합공사가 80%를, 협력기업은 20%의 지배권을 행사한다)을 갖는다는 것이다. 1994년 현재 강한 연합에 참여한 기업은 18개사다. 일반적인 연합은 협력기업의 행정 관계와 이윤 상납의 채널을 변경하지 않은 채 기업간의 제휴를 생산·판매·기술부문으로 제한하는 형태이다. 1990년 현재 일반적인 연합에 참여한 기업은 38개사다. 느슨한 연합은 협력기업이 둥펑자동차의 제품 생산에 참여할 뿐 그밖의 상호 규제는 없다. 1990년 현재 느슨한 연합에 참여한 기업은 256개사이다(李春利 1997, 133-134).

둥펑자동차는 입지 조건이 나쁘기 때문에 '3단계 도약 전략'을 채택하여 자신의 장기적인 발전을 도모하고 있다. 우선 스옌으로부터 랑판(襄樊)으로, 랑판으로부터 우한(武漢)으로, 우한에서 양쯔강을 따라 화동의 상하이, 화남의 광둥성 후이저우(惠州)로 발전해 나간다는 전략이다. 이 3단계 발전전략의 중심에 있는 프로젝트가 랑판에 있는 디젤 엔진 공장이다. 이 프로젝트는 국가의 제7차 5개년 계획(1986~96)에 편입되었고, 둥펑자동차는 중앙정부의 예산을 기초로 공장을 건설하기 시작하여 1994년에 본격적으로 가동하기 시작했다. 한편, 둥펑자동차는 1994년 랑판시에 '소형 상용차·승용차 연구원'(輕·轎車硏究院)을 설립하여 소형 상용차와 승용차의 개발능력 향상을 꾀하고 있다. 이로써 둥펑자동차는 랑판시와 우한시의 소형 상용차·승용차 개발·생산 거점과 스옌시의 중·대형 트럭 개발·생산 거점을 확보했다(丸山惠也 編 2001, 165).

리춘리(李春利 1997, 174-188)의 조사에 따르면, 둥펑자동차는 일본의 생산관리 방식, 즉 JIT의 한 방식인 '한 개의 흐름'(一個流し) 방식을 도입하고 있었다. 1986년 닛산 디젤(日産ディゼル)이 둥펑자동차에 트랜스미션 설계 및 기술 제공을 합의한 것이 구체적인 계기가 되었다. 둥펑자동차의 각 자동차공장장들은 '한 개의 흐름 연수단'을 구성하여 수차례 닛산 디젤을 방문하여 일본식의 생산관리 방식을 학습하고 둥펑자동차의 현장에 적용하기 시작했다. 현장관리, 품질 관리, 관리 표준, 지표 등의 항목마다 세부 관리 항목을 설정하고 점수를 계산했다. 둥펑은 1988년 이후 8개 공장 78개 라인에 '하나의 흐름' 방식을 도입했다. 그러나 둥펑자동차는 리춘리가 1995년 조사할 당시 이 방식의 도입을 전면적으로 중단했다. 노동강도가 강화되는 것에 대해 노동자의 저항이 뒤따르기도 했지만, 무엇보다 근본적인 원인은 일본식 생산방식 도입에 따른 잉여노동력과 유휴설비 처리 문제를 해결할 방법이 없었기 때문이다(李春利 1997, 188).

한편, 둥펑자동차의 승용차 사업 진출은 '중·일 경제지식 교류회'가 1987

년 봄에 중국 정부당국에 제출한 '2000년 중국 자동차공업 산업발전전략'이 계기가 되었다. 이 보고서는 중국 자동차공업의 발전을 위해 제일자동차와 제이자동차(둥펑) 2대 그룹에 각각 연 생산량 30만 대 규모의 승용차공장을 건설해야 한다고 제안했다. 국무원 경제기술 사회 발전 연구중심과 국무원 정책결정 자문협력조 역시 동일한 제안을 했다. 1988년에는 국가계획위원회가 둥펑자동차의 승용차 30만 대 프로젝트 건설 계획을 정식으로 허가했다(陳晋 2000, 200 각주 38). 그 후 둥펑자동차는 토요타, 디우 등을 포함한 수많은 승용차 메이커들과 접촉한 뒤 가장 선진적인 기술과 대규모 투자에 관심을 보인 시트로엥을 파트너로 선정했다.

둥펑과 시트로엥은 1988년 9월부터 시장, 차종 선택, 공장 건설, 국산화, 자금 조달 등과 관련된 대규모 사업화 조사를 실시했다. 당시 수요가 많았던 공무원용 차는 중·대형 승용차로 이미 상하이VW이 1800cc 산타나를 생산하고 있었고, 가정용 소형 자동차는 톈진자동차가 1000cc 샤리(夏利)를 생산하고 있었기 때문에, 둥펑과 시트로엥이 고려했던 것은 범용성이 높은 1300~2000cc의 차종이었다. 택시 회사, 국유기업 및 개인을 수요층으로 보았던 것이다. 이 사업 계획은 1989년 국가계획위원회에 제출되었고, 1989년 8월에 승인되었다. 그러나 1989년 6월 천안문 사건이 발생한 뒤 프랑스 정부가 중국에 대한 경제제재 정책을 채택했기 때문에 합자 계획은 동결되고 말았다. 합자 계획은 1994년 장쩌민(江澤民) 당시 국가 주석의 프랑스 방문으로 재개되어 1995년 선룽자동차(神龍汽車)라는 이름의 합자회사로 실현되었다.[12]

선룽자동차의 출자비율은 중국측이 70%, 프랑스측이 30%이다. 후베이성에는 시트로엥과 관련된 시설이 세 개 있는데, 하나는 사무용 빌딩이고, 다른

---

12 '선룽자동차'는 둥펑자동차의 브랜드 '펑선'(風神)의 '선'과 시트로엥의 중국 명 '쉐테룽'(雪鐵龍)의 '룽'을 합친 것이다(馬佳 2001, 82).

두 개는 생산 공장이다. 두 개의 공장은 우한 경제기술개발구와 그곳으로부터 약 300킬로미터 떨어진 곳에 위치해 있다. 이들 공장은 KD 방식으로 생산하고 있다. 조업개시 당시에는 부품의 40%는 중국산을, 60%는 프랑스산을 사용했다(야스무로 겐이치 등 2003, 347). 선룽자동차 경영생산 시스템의 특징은 중국과 프랑스 스타일의 혼합이 두드러진다는 점이다. 마자(馬佳 2001)의 조사에 따르면 경영조직은 9개 부(部)가 있는데 부장 6명과 부부장 4명은 중국인이고, 부장 3명과 부부장 5명은 프랑스인이다. 중국인이 부장직을 맡고 있는 부서는 인사, 재무, 시스템 관리 등 경영의 중추 부분이고, 프랑스인이 부장직을 맡고 있는 분야는 제조공정부, 제품공정부, 품질관리부 등 생산과 직결된 부분이다.

한편 현장 조직과 생산관리는 프랑스식의 방식이 채택되고 있다. 현장에서는 현장의 책임자인 '라인 주임'(工段長)을 'AM2'(Agent de Maitrise 2)로, '반장'을 'AM1'(Agent de Maitrise 1)으로 호칭하고 있다. AM2와 AM1은 시트로엥 본사에서 도입하고 있는 직무로서 프랑스식 호칭이다. 조립공장의 경우 내장 1라인, 내장 2라인, 수정 라인의 세 라인이 있는데 각 라인마다 1명의 AM2가 있다. 내장 1라인 산하에는 5개의 반이, 내장 2라인 산하에는 4개의 반이, 수정 라인에는 3개의 반이 있고 각 반마다 한 명의 AM1이 있다. 하나의 반에는 10-20개의 직무가 있는데, 이 작업을 모두 할 수 있는 사람은 다기능공(POL)이다. 각 반에서는 계획적인 훈련을 통해 다기능공이 양성되지만 일본과 같이 '순환 배치'(job rotation)하지는 않는다. 그밖에 수리공(RET)이 있는데 라인의 이상 처리, 품질 검사, 결근 보충 등을 담당한다. 각 반마다 1명의 수리공이 있다. 생산관리는 녹색은 정상, 적색은 이상을 알리는 '색'에 의한 관리가 이루어지고 있다. 그밖에 '정리, 정돈, 청소, 청결, 소양 등 '5S' 운동도 전개되고 있다.

둥펑은 2001년 장쑤웨다기아자동차(江蘇悅達起亞汽車, 현재는 東風悅達起亞汽車)의 주식 25%를 구매한 데 이어 닛산(日産)과 합자하여 둥펑자동차유한공사(東風汽車有限公司)를 설립하는 등 2000년 이후 다국적기업과 협력을 강화

하고 있다. 2004년 8월 둥펑웨다기아자동차를 조사했을 당시 둥펑자동차는
생산과 경영에 대해서는 일체 관여하지 않은 채 단지 투자 회사로 남아 있었
을 뿐이다. 그러나 둥펑자동차유한공사의 경우에 대한 경험적인 연구 성과는
전혀 없다. 둥펑자동차와 닛산의 합자 배경, 부품업체와 관계, 생산관리 방식,
임금 및 노동관리 체계 등에 대한 체계적인 조사 연구가 요망된다.

⑶ 상하이자동차

〈표 5-7〉에서 나타나듯이 상하이자동차의 전신은 1956년에 설립된 '상하
이시 내연기 부품제조공사'이다. 상하이자동차는 상하이시 정부의 기업간 연
합 방침에 따라 여러 자동차 관련 기업들을 연합하여 관리·투자하는 일종의
그룹 기획조정 본부와 같다. 상하이자동차는 제일자동차와 둥펑자동차와는
달리 상하이시 정부 관할 기업으로 아주 영세한 상쾌에서 출발했다. 상하이자
동차는 1976년 3월 승용차 생산에 중점을 두고 경령 트럭의 생산을 점차 감소
할 것이라는 내용을 담은 '상하이자동차산업 구상'이라는 보고서와 1977년 6
월 1985년에는 트럭 생산을 중단하고, 승용차 생산량을 10,000대로 증가한다
는 내용을 담은 '1978~85년 기간의 기획 구상'을 상하이시 정부에 연이어 제출
한 뒤, 이상의 구상을 '상하이 호 승용차 10,000대 기획에 대한 보고'로 정리하
여 상하이시 정부를 거쳐 중앙정부에 제출했다.

1978년 6월 27일 국무원은 국가계획위원회, 경제위원회, 대외무역부가
공동으로 작성한 〈대외 가공·조립 사업의 발전에 대한 보고〉를 허가했는데,
이 보고에는 "승용차 조립 라인을 상하이에 배치하고, 상하이의 승용차 산업
을 개조한다."는 내용이 들어 있다. 1978년 8월 상하이시 정부는 제1기계공업
부와 함께 〈승용차 제조기술 도입과 상하이 승용차 공장 개조에 대한 보고〉를

〈표 5-7〉 상하이자동차총공사 조직 연혁

설립시기	조직 명칭
1956년 5월 24일	상하이시 내연기 부품제조공사(上海市內燃器部品製造公司)
1958년 3월 13일	상하이시 동력기계 제조공사(上海市動力機械製造公司)
1960년 1월 16일	상하이시 농업기계 제조공사(上海市農業機械製造公司)
1969년 4월 24일	상하이시 트랙터 자동차공업공사(上海市拖拉機汽車工業公司)
1983년 10월 20일	상하이시 자동차 트랙터 기계공업 연합공사(上海市汽車拖拉機工業聯合公司)
1990년 1월 26일	상하이시 자동차 총공사(上海市汽車工業總公司)

출처 : 陳晋(2000, 74).

국무원에 제출했고 그 해 9월 중앙정부의 허가를 받았다. 이 프로젝트는 외국 자동차 메이커로부터 제조기술을 구입하는 방안을 담고 있었지만, 외국 자동차 메이커는 합자를 제안했기 때문에 다시 중앙정부의 동의 절차를 밟지 않으면 안 되었다. 동년 11월 덩샤오핑의 동의를 받아 상하이시 정부와 상하이자동차는 합자 방식으로 각국의 자동차 메이커와 교섭을 시작했다.

1981년 합자 파트너로 독일의 VW이 선정되기까지 상하이자동차는 GM, FORD, 닛산, 푸죠, 시트로엥, VW 등 7개 사와 2년 간의 협상을 전개했다. 중앙정부도 이 프로젝트에 깊은 관심을 보였는데, 1980년 2월에는 라오빈(饒斌) 제1기계공업부 부부장 등 중앙정부의 관계 부문과 상하이자동차 책임자로 구성된 대표단이 독일 VW을 방문해 합자 조건에 대해 전면적으로 조사하기도 했다. 협상 과정에서 시트로엥이 제시한 투자 조건이 VW보다 유리했지만, VW은 차 모델과 제조기술면에서 매력이 있었기 때문에 상하이자동차는 최종적으로 VW을 합작 파트너로 선정했다(陳晋 2000, 74). 계약 체결 이전인 1984년 6월 상하이자동차와 VW은 '실행가능 심사 보고,' '합자 계약서,' '합자회사 규칙' '기술이전 협정'을 작성하고 상하이시 정부는 그 서류를 국가계획위원회를 통해 중앙정부에 제출했고, 1984년 9월 최종적으로 국무원의 허가를 받았다. 상하이자동차의 프로젝트는 국가의 증점 프로젝트로 제7차 5개년계획 (1986~90년)에 포함되었다. 상하이자동차와 VW의 계약은 1984년 10월에 체결되었다.

1992, 1994, 1995년 리춘리(李春利 1997)가 수행한 상하이VW에 대한 조사에 따르면, 상하이VW의 이사회는 사실상 경영에 개입하지 않고, 집행관이 이사회의 결정에 따라 실제로 경영을 관리하는 체제로 되어 있다. 집행관은 총경리, 부총경리 겸 상무집행 경리, 기술집행 경리, 인사행정집행 경리의 4명으로 구성되어 있는데, 총경리와 인사행정집행 경리는 중국인이, 부총경리 겸 상무집행 경리와 기술집행 경리는 독일인이 담당하고 있다. 총경리는 법률, 선전, 회계감사, 정책 연구를 담당하고, 부총경리 겸 상무집행 경리는 영업, 판매, 에프터 서비스, 재무, 부품공급을 담당하고 있다. 기술집행 경리는 프로젝트, 생산 계획, 자동차공장, 엔진 공장 등의 부문을 관리하고, 인사행정집행 경리는 인사, 조직, OJT 및 복지후생을 담당하고 있다.

1992, 1994, 1995년 리춘리(李春利 1997. 109)의 상하이VW 조사에 따르면, 상하이VW의 생산관리 방식은 독일식 방식과 일본식 방식이 혼재되어 있다. 상하이VW에 대량생산방식과 품질 관리 방법을 정착시킨 것은 독일의 VW이지만, 린 생산방식을 정착시킨 것은 일본의 코이토(小糸) 제작소로 알려져 있다. 상하이VW은 산타나 조립과 동시에 독일VW의 품질검사(Audit) 제도를 도입했다. 이 제도는 부품공급 업체에 대해서도 엄격하게 적용되었다. 한편 상하이VW은 VW의 린 생산방식인 'KVP 2'[13]의 영향을 강하게 받았지만, 코이토 제작소를 견학하면서 린 생산방식이 더욱 정교해졌다. 상하이자동차는 코이토 제작소와 1989년 '상하이코이토자동차등유한공사'(上海小糸車燈有限公司)

---

13 'KVP2'는 일본의 린 생산방식에 대항하기 위해 유럽 국가들이 개발한 '부단한 개선' 프로그램이다 (李春利 1997, 109 각주 83).

를 합자로 설립했는데, 코이토제작소 견학 및 상하이코이토의 생산관리 방식 등을 통해 학습한 일본식 생산방식을 '린 생산 개념과 방법,' '팀 업무법'라는 제목의 팜플렛으로 정리하여 산하 기업들에 보급했다. 본 보고서 작성을 위해 2004년 8월 상하이VW을 조사했을 때에는 상하이VW은 독일VW의 호흡관리 시스템으로 생산관리 방식을 전면적으로 재조정하고 있었다(본 글의 3절 참조).

상하이자동차는 독일 VW측과 상하이VW 설립을 계약할 때 독일VW에 개발권을 이양했기 때문에 자신의 의도에 맞는 제품 선택을 할 수 없었다. 그 같은 제약을 극복하기 위해 상하이자동차는 제2차 도약을 준비하면서 다양한 승용차 메이커와 새로운 합자를 준비해갔다. 1995년 상하이자동차는 GM을 합자 파트너로 선정했는데, GM이 선정된 주된 이유는 GM이 제기한 승용차 모델이 상하이VW과 제일VW에서 생산하고 있는 모델과 중복되지 않았고, 또 '범아시아기술연구소' 설립 투자 등 GM이 제시한 조건이 좋았기 때문이다. 상하이GM의 생산관리 방식, 부품업체와의 관계, 생산관리 방식, 임금 및 노동관리 체계에 대한 조사 연구는 현재까지 전무하다. 현지조사의 어려움 때문에 비록 체계적인 조사가 이루어지지 않아 향후 좀 더 많이 보완되어야 하겠지만 상하이GM의 생산관리 방식, 임금 및 노동관리 체계에 대한 내용은 2004년 8월에 조사한 내용을 정리한 본 글의 제3절을 참고하기 바란다. 한편 상하이자동차는 2004년 10월 한국의 쌍용자동차를 인수함으로써 많은 주목을 받았다. 상하이자동차가 쌍용자동차를 인수한 배경, 이것이 상하이자동차의 발전에 미칠 영향 등에 대해서도 체계적인 연구가 요망된다.

(4) 소결

중국 완성차업체의 발전과정에 바탕해 이들 완성업체의 특징을 다음의 몇 가지 내용으로 정리할 수 있다. 첫째, 중국 완성차부문의 생산관리 시스템의 다양성이다. 중국의 완성차부문은 합자 파트너에 따라 생산 및 경영 관리 방식을 달리하고 있고, 동일한 그룹 내에서도 합자선에 따라 다양한 시스템이 병존하고 있다. 그런 가운데서도 합자기업에서 일관되게 발견되는 것은 두 가지다. 생산과 관련된 부문은 해외의 다국적기업이 담당하고 인사 및 행정 관련 부문은 중국측이 담당하여 양자의 조화를 이끌어내고 있다는 점이다. 그리고 일본의 토요타 생산방식이 강한 영향을 미치고 있다는 점이다. 토요타 생산방식의 수용과 함께 인센티브 제도로 생산성 향상과 임금제도를 결합하는 중국 식 변용 과정도 주목해야 할 점이다.

둘째, 완성차부문의 능동성이다. 국유기업인 중국의 완성차부문은 한편으로 국가의 강한 제약을 받으면서도 다른 한편으로는 끊임없이 국가와 교섭을 통해 많은 재량권을 행사해 나가고 있다. 그 과정에서 기업과 지방정부의 중앙정부에 대한 교섭 능력에 따라 프로젝트가 성사되기도 하고 실패하는 경우도 있다(圖恩 2003; Harwit 1995; 陳晋 2000). 따라서 중국 완성차부문의 경제 행위를 분석하는 시각 가운데 국가 및 제도 중심적인 접근법은 여전히 유효하지만 기업의 역동성을 포착하지 못한다는 측면에서는 제한적이라 할 수 있다. 따라서 중국의 자동차산업을 분석할 때 그 분석의 차원을 국가와 제도에서 기업 차원으로 낮추어 동일한 환경 속에 놓여 있는 완성차부문이 어떻게 환경을 개척해 나가는지를 살펴볼 필요가 있다는 지적은 설득력을 갖는다(李春利 1997; 陳晋 2000).

셋째, 완성차부문의 역동성과 불안정성이다. 중국의 완성차부문은 해외의 완성차부문뿐만 아니라 국내의 완성차부문과도 다각적으로 제휴하고, 합자하며, 연합하고 있다. 생존과 발전을 위한 제휴, 합자, 연합이 이루어지고 있다는 것은 중국 자동차산업이 역동적으로 발전하는 동시에 불안정한 상태에 놓여 있다는 점을 보여주고 있다. 그것은 중국 자동차시장의 경쟁이 그만큼 강화되고 있기 때문이다. 한편 완성차부문의 역동성과 불안정성이 세계 자동차시장의 재편 과정과 맞물려 조성되는 것이기 때문에 중국 완성차부문의 발전 가능성을 가늠할 때 다국적기업의 발전전략도 함께 고려하는 종합적인 시각이 요망된다.

3) 부품부문의 특징

중국 부품부문의 가장 큰 특징은 완성차부문의 수직통합적 관계 속에 포섭되어 있다는 점이다. 제일자동차의 발전과정을 살펴보면서 간단하게 언급했지만 제일자동차와 부품부문의 관계는 초기에는 강한 수직통합적 관계를 보였다. 이 점은 입지 조건이 좋지 않은 둥펑자동차의 경우 더욱 심화된 양태를 보였다. 한편 수직통합적 관계는 둥펑자동차의 발전과정에서 분석한 것처럼 협력 정도에 따라 '강한 연합' '일반적인 연합' '약한 연합'과 같이 다양한 형태로 나타났고, 그에 따른 부품업체 또는 협력업체의 권리도 달라졌다. 또 완성차부문이 연합 관계를 형성할 때 지역적인 거리는 크게 고려할 변수로 등장하지 않고 있다.

이 같은 수직통합적 관계는 자동차시장이 분할되어 있을 때에는 비록 부품부문이 영세하고 제품의 질이 조야해도 그 수직통합적 관계 속에서 생존할 수 있었다. 중국 국무원발전연구중심의 한 연구진은 『중국 자동차공업 연감 2000』(中國汽車工業年鑑 2000)의 자료를 기초로 중국 자동차상품 시장구조를 다음과 같이 밝히고 있다. 첫째, 중국 자동차기업의 대부분은 한 두 차종을 생산하고 있다. 차종의 차이는 기업의 차이 때문에 비롯된다. 이는 진입 제한과 목록관리제도 등 정책적인 요인 때문에 비롯되었다. 둘째, 자동차기업 간의 시장경쟁이 취약하다. 그 이유는 지방정부의 보호, 경쟁에서 패배해도 쉽게 시장에서 퇴출당하지 않는 국유기업의 폐해 때문이다. 셋째, 완성차부문이 수직통합적 방식으로 대량의 부품업체를 포함하고 있다. 중국의 최대 자동차기업인 제일자동차, 둥펑자동차, 상하이자동차는 완성차업체이면서 동시에 부품생산 기업이다. 이 같이 폐쇄적인 산업즈직 구조가 효율을 저하시키고, 완성차부문 간, 완성차부문과 부품부문의 경쟁을 제한하고 있다.[14]

중국 부품부문은 다음과 같은 몇 가지 종류로 나뉜다. ①중앙 관할 완성차공장 속에 있는 부품부문 : 이는 제일자동차와 둥펑자동차 그룹 산하에 있는 부품부문이다. ②중앙 관할 완성차공장 건설과 더불어 국가가 건설한 독립적인 국유 부품부문 : 이들 부품부문은 자동차시장 확대와 함께 다수의 완성차부문에 부품을 납품하고 있다. ③지방정부 산하의 부품부문 : 1970년대 중국은 각 지역에 자립할 수 있는 산업구조를 지향해 왔기 때문에 정부 산하에 이 같은 부품부문이 양산되었다. ④군사공업겨 부품부문 : 1980년대 이후 군수업체를 민수업체로 전환하면서 수많은 부품부문이 민수 부품 생산업체로 전환되었다 ⑤외자계 부품부문 : 독자 형태도 있으나 대개 합자 형태로 있다. ⑥향진기업 및 민영 부품 : 처음에는 복제를 하면서 출발했으나 그 중 일부는 경쟁력을 갖추어 완성차에 '주문자 상표 부착'(OEM) 방식으로 공급하기도 한다. 이들 중 ①, ③, ④는 완성차의 계열사이고, ⑤도 중국측 합자 파트너는 ① 또는 ③이기 때문에 계열사와 같은 안정된 관계에 있고, ②와 ⑥은 계열 외 존재이다(廖靜南 2004, 51-52).

이 같은 수직통합적 구조 하에서 안정적으로 부품을 공급할 수 있기 때문에 중국의 부품산업은 발전이 더디다. 게다가 부픔산업에 대한 투자가 매우 낮아 단기간에 발전을 기대하기도 힘들다. 중국 부품부문에 대한 투자는 완성

---

14 國務院發展研究中心 "新形勢下中國汽車産業發展戰略與政策研究" 課題組, "新形勢下中國汽車産業發展戰略與政策研究(總報告)", 작성연도 미상.

차부문에 대한 투자의 40%밖에 되지 않는다. 앞서 분류한 부품부문의 여섯 종류 가운데 외자계 부품부문을 제외한 나머지 유형의 대다수 부품업체들은 품질 관리 면이나 생산관리 기술이 안정돼 있지 않아 제품의 질이 낮다(廖靜南 2004, 54-55).

그럼에도 불구하고 자동차시장의 경쟁이 강화되면서 완성차부문의 복사발주가 점차 확대되고 있다. 복사발주란 완성차부문이 특정 부품을 복수의 공급체로부터 구입하는 것을 말한다. 선룽, 상하이VW 등 합자 완성차부문은 대부분 복사발주를 채택하고 있다. 선룽의 경우 부품부문을 A, B, C급으로 나누고 A급과 B급에 7 : 3 혹은 6 : 4와 같은 비율로 발주하고, C급은 예비로 두는 발주 형태를 취하고 있다(丸川知雄·伊達憲浩 2004, 241). 상하이VW 산타나의 경우 국가의 국산화 정책으로 인해 정부가 부품업체를 지정하는 경우가 있었지만 최근 들어 유력한 부품업체들이 증가하면서 새로운 부품업체를 선정하는 경우도 늘어나고 있다. 상하이VW은 1종 부품을 평균 2.52사, 선룽은 2.05사, 제일VW은 2.18개사로부터 구매하고 있다(丸川知雄·伊達憲浩 2004, 252). 그러나 승용차의 시장경쟁이 치열해지면서 신모델 투입이 급속하게 이루어짐에 따라 그에 맞는 수준의 부품을 제공할 수 있는 부품업체가 적어 1사 발주하는 경우도 많다. 상하이GM이 1사 발주 방침을 채택하고 있는 것도 이 같은 이유 때문이다.

한편 제일자동차와 둥펑자동차는 1980년대로 들어서면서 내제율을 저하시켜왔고, 1990년대 들어서는 본사의 부품공장을 독립 기업으로 분리하여 내제율을 대폭 저하시켰다. 제일자동차는 1993년부터 산하의 부품공장을 독립적인 법인으로 분리하기 시작했다. 그 중 푸아오(富奧)자동차부품유한공사는 제일자동차 산하에 있던 9개의 부품공장과 이들을 모체로 하여 형성된 6개의 합자회사를 산하에 두고 있는 발전 가능성이 큰 기업이다. 이는 GM으로부터 분리된 델파이나 포드로부터 분리된 비스테온(VISTEON)을 모방한 것이다. 둥평자동차의 경우 1999년부터 부품공장을 독립적인 자회사로 분리하고, 2002년 현재 16개의 자회사를 만들었다. 둥펑자동차 산하에는 최종 조립, 엔진, 프레임, 하대, 바디 등 몇몇 핵심적인 부분만 남겨놓았다(丸川知雄·伊達憲浩 2004, 236-238).

이런 움직임과 관련하여 중국 당국이 자동차 부품산업의 모듈화 정책을 전개하고 있고 중국의 자동차 부품 기업들도 점차 모듈화로 나가고 있다는 관측도 제기된다(廖靜南·吳保寧 2004, 79). 2001년 6월 중국의 국가경제무역위원회가 발표한 '중국자동차공업 제10차 5개년계획(2001~2005년)'과 2004년 국가발전개혁위원회가 발표한 '자동차산업 발전정책'에는 중국 자동차 부품산업의 집약화의 요구가 담겨 있고, 국가의 중점 육성발전 대상으로서 ①중국에서 막 생산이 시작되었거나 아직 생산되지 않은 분야로 ABS, 에어백, EFI, 촉매컨버터, AT 등 분야, ②어느 정도 기초가 튼튼해 노력 여하에 따라 우위에 설 수 있는 부품으로서 브레이크 시스템, 스티어링 시스템, MT, 클러치, 인스트루먼트 파넬, 모터 등, ③휠, 와이어하네스, 시트, 베터리 등 재료 집약형, 노동집약형, 장거리 운반에 적합하지 않은 부품으로 중국이 이미 비교 우위에 서 있는 부품 등을 선정하였다(廖靜南·吳保寧 2004, 85).

중국 자동차 완성차부문과 부품부문의 수직통합적 관계는 서서히 약화되고 있고, 또한 부품부문 간의 경쟁이 강화되면서 부품부문 내부에 급속한 변화가 나타나고 있다. 경쟁력을 갖춘 부품업체는 다양한 완성차부문에 공급선을 늘리고, 경쟁력이 약한 부품업체는 시장에서 도태되고 있다. 이 같은 현상은 자동차 부품의 관세가 최저점에 도달하는 2005년 7월 1일 이후부터 외국 부품이 대량 수입으로 인해 더욱 가속화될 전망이다. 중국의 2002년 부품 수입액은 전년 대비 40.3% 증가한 65억 9,986억 달러에 달했다. 부품산업이 취약한 중국 자동차산업의 현 상황과 중국 자동차시장의 확대를 고려한다면 부품 수입의 증가 추세는 당분간 계속 지속될 전망이다. 이 같이 개방된 환경 하에서 중국의 자동차 부품산업은 생존을 위해서라도 자신의 경쟁력을 국제적인 수준으로 높여야 할 내적 동기를 갖게 되었다.

4) 소결

1980년대 중반 이후부터 중국 당국은 중국 자동차산업의 집약화를 통한 국산화 발전전략을 채택해 왔다. 그러나 중국 당국의 이 같은 자동차산업 발전전략에도 불구하고 1990년대에는 중국 당국이 의도했던 자동차산업의 재편 효과가 나타나지 않았고, 중국을 대표하는 승용차를 양산하는 민족기업 또한 등장하지 않았다. 2000년 들어 중국 당국이 거두고자 했던 중국 자동차산업의 재편 효과는 국가의 정책보다는 시장의 힘에 의해 서서히 추진되고 있다. 1990년대 중후반 들어 과잉생산에 접어든 세계 자동차 다국적기업은 앞다투어 새로운 시장 개척을 위해 중국으로 진출했고, 그 결과 중국의 자동차시장은 다국적기업의 각축장이 되었다.

중국 자동차시장의 경쟁이 치열해짐에 따라 몇 가지 예기치 않은 현상들이 나타나고 있다. 첫째, 중국 자동차기업의 합자 선이 다각화되고 있다. 중국의 자동차산업은 격심한 시장경쟁 환경 하에서 외국의 선진적인 자동차기업과 합자 선을 다각화함으로써 자신의 생존과 발전을 모색하고 있다. 둘째, 경쟁력을 갖지 못한 중국의 자동차기업은 경쟁력을 갖춘 자동차기업으로 흡수되고 있다. 셋째, 외국의 자동차 다국적기업 역시 치열한 경쟁 압력에 대해 선진적인 생산 기술과 상품으로써 대처하고 있다. 앞의 첫 번째, 두 번째 현상은 향후 중국의 자동차산업이 서서히 경쟁력을 갖춘 자동차기업들을 중심으로 재편될 것임을 예고하고 있다. 세 번째 현상은 중국 자동차산업이 발전할 수 있는 새로운 기회로 작용할 것이다. 즉 다국적기업들이 중국 현지에 선진적인 생산 기술을 투입함으로써 중국의 현지 기업들은 적은 비용을 들이고 선진적인 생산 기술을 학습할 수 있는 기회를 맞이하게 되었다.

한편 중국 자동차산업의 재편을 가속화할 환경도 동시에 조성되고 있다. 즉 2001년 중국이 WTO에 가입하면서 체결한 의정서에 따르면 자동차 관련 상품의 관세는 가입시 14~40%에서 2006년에는 완성차의 경우는 25%, 부품의 경우 10~12%로 낮아지게 된다. 중국 국내의 자동차 부품산업은 외국의 수준 높은 자동차 관련 상품과 경쟁해야 하는 환경이 조성되고 있어 효율이 떨어지고, 영세한 중국 자동차 부품산업의 재편도 가속화될 형편이다. 중국의 국무원발전연구중심은 중국이 WTO에 가입한 뒤 경쟁력이 뒤떨어지는 자동차 관련 기업들의 파산으로 자동차공업의 취업자는 498,000명이 감소될 것이라고 예측한 바 있다(拉適 2002, 140).

결국 중국 당국 혹은 중국 자동차산업이 직면한 문제는 인적자원, 지적 기반, 기간 설비, 기술 수준 등의 면에서 열세에 처해 있는 중국의 자동차산업이 세계적인 경쟁구도 하에서 생존하고 발전해야 한다는 점이다. 이 점과 관련하여 크게 두 가지의 관점이 제시되고 있다. 첫째, 기존의 전통적인 기술이 아니라 새로운 기술로 대처해 나가야 한다는 관점이다. 중국공정원·미국국가공정원·미국국가연구이사회(中國工程院·美國國家工程院·美國國家硏究理事會 2004, 214)는 환경친화적이고 자원절약적인 새로운 자동차 기술 개발로 대처해 나가야 하고, 그럴 경우 중국도 노력 여하에 따라 국제경쟁력을 가질 수 있다고 주장한다. 둘째, 자동차의 경우 다양한 부품간의 미묘한 균형으로 제품의 성능이 좌우되기 때문에 기술 격차가 단시간에 극복되기 힘들다는 관점이다(丸川知雄 2004). 이 관점의 연장선에 있는 것이 중국의 자동차산업은 세계분업체제에서 한 부분을 담당할 수밖에 없다는 주장이다(劉世錦·馮飛 2002, 6). 이 주장은 최근 들어 '개방형 분업체계 형성'으로 정교화되고 있다. 개방형 분업체계란 중국의 자동차산업이 세계의 분업 구조에서 한편으로는 낮은 역할을 담당하면서도 다른 한편으로서는 비교우위에 설 수 있는 중·저가 시장에서 국내 브랜드를 만들어 발전을 꾀한다는 관점이다.[15]

그간 중국 자동차산업의 발전 경로로 보았을 때 두 번째의 관점이 보다 현실적이라고 보이고, 첫 번째의 주장은 국가의 지지를 얼마나 획득하느냐에 따라 실현 여부가 결정될 것이기 때문에 향후 좀 더 면밀한 조사와 연구가 필요하다고 볼 수 있다. 한편 위의 두 가지 주장 외의 기타 가능성에 대해서도 열린 시각이 필요하다. 중국공정원·미국국가공정원·미국국가연구이사회(2004, 89-90)는 중국의 오토바이 및 농업 운수용 자동차업계의 소형 승용차 진입 가능성, 외국 독자 기업이 새로운 유형의 자동차시장에 진입할 가능성, 중국의 자동차 관련 기업에 전문적인 기술을 제공할 중·소형 기업이 출현할 가능성 등 여러 가능성을 제시하고 있다.

일부 학자는 인적자원, 지적 기반, 원재료, 기간 설비, 금융 능력 등 5개 요소가 향후 중국 자동차산업의 승패를 가늠할 수요 요소라고 보았을 때 중국 자동차산업은 금융 능력을 제외하고 일본, 한국의 자동차산업에 비해 열세에 처해 있다고 지적하고 있다(Harwit 2002). 이 같은 비관적인 시각을 좀 더 낙관적인 시각으로 전환하면, 중국 자동차산업은 자신이 갖고 있는 막대한 금융 능력을 이용하여 생산 기술을 제고하고 시장을 개척해 나갈 수도 있다. 2004년 10월 자금력을 구비한 상하이자동차가 한국의 쌍용자동차를 구매한 데서도 나타나듯 중국의 자동차기업이 해외합병 등을 통해 독자적인 발전을 모색할 가능성도 열려 있다. 여러 가능성을 염두에 두고 중국 자동차산업의 발전 추세를 면밀히 관찰하고 조사·연구하는 작업이 요구된다.

---

15 국무원발전연구중심 산업경제연구원 펑페이(馮飛) 연구원 인터뷰(2004년 6월 18일).

3. 중국 자동차산업 고용관계에 대한 사례 연구

1) 조사대상 기업들의 경영특성과 전략

기업의 인적자원 관리와 집단적 노사관계를 도괄하는 고용관계는 제품시장 및 요소시장, 기업지배 구조와 경영전략, 해당 국가의 법제도 및 인사 관행, 그리고 전국적 노사관계 등 각종 환경 변수의 영향을 받는다. 중국 자동차산업의 고용관계 역시 예외가 아니기 때문에 우선 앞서 〈그림 5-1〉에 표시된 사례 대상 기업들의 경영특성과 전략에 대하여 살펴볼 필요가 있다.

(1) 완성차 부문

한국의 쌍용자동차를 인수하였고, GM대우자동차의 10.6% 지분을 갖고 있어 국내에도 잘 알려진 중국 최대 자동차기업집단 상하이자동차는 지주회사와 유사한 조직이다.[16] 이 상하이자동차가 합작계약을 체결한 선진업체가 VW과 GM으로서, 각각 상하이VW과 상하이GM의 회사명을 갖고 있다. 이들은 같은 기업집단에 속하면서도 상호 연계관계는 거의 없으며, 오히려 2004년에는 전통적 1위 업체였던 상하이VW을 한 때 상하이GM이 추월하여 긴장이 조성될 정도로 각각 독자적인 조직과 전략을 갖고 있다. 1985년에 VW이 합작을 성사시켜 진출하고 그보다 12년 늦게 GM이 진출하였지만, 최근의 수요 증가세와 GM의 공격적 투자에 힘입어 두 회사는 거의 대등한 경쟁력과 시장지

---

16 상하이자동차를 비롯하여 외자계 기업과 복수의 합작계약을 체결하고 있는 중국 기업집단의 지배구조에 대해서는 추가적인 연구가 필요하다.

<표 5-8> 중국의 승용차 모델별 판매순위 (단위 : 만 대, %)

순위	2002			2003		
	모델	업체명	판매대수	모델	업체명	판매대수
1	제타	제일(一汽)VW	12.1 (9.6)	제타	제일VW	14.3 (6.6)
2	산타나	상하이VW	9.9 (7.8)	산타나	상하이VW	12.3 (5.7)
3	산타나2000	상하이VW	9.5 (7.5)	파사트	상하이VW	12.2 (5.7)
4	샤레이드	제일샤리(一汽夏利)	8.4 (6.6)	샤레이드	제일샤리	9.6 (4.5)
5	파사트	상하이VW	7.9 (6.2)	산타나2000	상하이VW	9.3 (4.3)
6	세일	상하이GM	5.6 (4.4)	뷰익 레갈	상하이GM	9.0 (4.2)
7	시트로엥ZX	선룽(神龍汽車)	5.3 (4.2)	어코드	광저우혼다	8.0 (3.7)
8	보라	제일	5.2 (4.1)	보라	제일	7.8 (3.6)
9	奇瑞	치루이(奇瑞汽車)	5.0 (4.0)	알토	창안스즈끼	6.1 (2.8)
10	알토	창안스즈끼	4.9 (3.9)	아우디 A6	제일	5.3 (2.5)

주 : 판매대수란의 ( )는 시장점유율임.
출처 : FOURIN(2004, 2).

배력을 갖고 있는 것으로 보인다.

<표 5-8>에서 볼 수 있듯이 VW은 상하이자동차 외에 제일자동차와도 합작관계를 맺고 있기 때문에 현재 베스트셀링 모델을 5~6개나 갖고 있다. 또한 뒤늦게 출발한 상하이GM 역시 세일, 뷰익리갈 등의 인기 모델을 보유하고 있다. 이 중 세일의 경우는 중국과 미국의 합작 연구소인 범아자동차기술센터(PATAC; Pan Asia Technical Automotive Center)에서 개발된 모델로 중국인들의 기대를 모으고 있다. 그러나 상하이GM은 GM대우의 라세티를 분해부품(Knock Down) 상태로 수입하여 조립해 판매하는 전략도 구사하고 있어 다양한 방법을 통하여 모델을 구성(line-up)하고 있음을 알 수 있으며, 한국 대우자동차의 아시아(중국) 사업에서의 중요성도 짐작케 한다.

상하이VW은 1만 5천 명의 종업원과 50만 대의 생산능력을 보유하고 있는

중국 내 최대 자동차업체이며, VW이 초국적 자동차기업 가운데 가장 먼저 중국에 진출하여 합자 형태로 설립한 기업이다. 상하이VW의 발전은 두 단계로 나누어 설명할 수 있다. 첫 번째 단계는 상하이자동차제조공장(上海汽車制造廠)과의 초기 합작 사업 전개 단계이다. 이 시기에 상하이자동차제조공장 인력 약 1천 명 정도가 상하이VW에 새로 채용되어 합작 사업에 본격적으로 참여한다. 두 번째 단계는 상하이VW이 제2공장을 설립하면서부터이다. 새로운 공장을 건설하면서 상하이자동차제조공장의 노동자 약 3천 명 정도가 새로 채용되었고, 과거 중국측이 경영하던 상하이 자동차 제조공장은 사실상 상하이VW으로 통합된다. 이 당시 상하이VW으로 자리를 옮긴 노동자들은 최근까지도 이 회사에서 근무하고 있다고 한다(면접 결과). 상하이VW의 이사회는 4명의 이사로 구성되어 있는데, 중국측과 독일측 각각 2명씩이다. 중국측이 집행관리를 책임지고, 이사장은 독일측이 맡고 있다.

상하이GM은 미국이 일거에 15.7억 달러를 중국에 투자한 대형프로젝트로 세인의 주목을 받으면서 출범하였다. 중국내 고급승용차의 부족을 메운다는 차원에서 미국과의 합의가 이루어져 뷰익이라는 고급 브랜드를 도입하였지만, 이후 세일의 개발 등에서 보듯 대중차로의 진출도 이루어져 왔다. 상하이GM은 중국 경제발전의 상징인 상하이시 푸둥(浦東)지구에 본사공장을 두고 있을 뿐 아니라 옌타이(烟臺)와 선양(沈陽)에도 생산기지를 두면서 전국적인 생산, 판매 활동에 박차를 가하고 있다. 또한 과거 대우자동차의 엔진공장을 인수하여 상하이GM 엔진 공장(上海通用發動機總程有限公司)으로 전환하여 산하에 편입시켰다. VW과 마찬가지로 GM 역시 상하이자동차집단과 50:50의 합작관계를 맺고 있으며, 이사장은 미국인이, 집행총책임은 중국인이 맡는 분담구조를 갖고 있다.

이 두 업체에 비하여 현대자동차그룹 산하의 베이징현대차와 둥펑웨다기아차는 후발주자에 속한다. 베이징현대차는 초국적기업들 중 가장 최근에 진출했음에도 불구하고 가장 빠른 속도로 성장해 왔다. 베이징현대는 2002년 베이징자동차 산하의 베이징자동차투자공사와 50:50으로 자본금 2.17억 달러, 30년 기간의 합작회사를 출범시켰다.[17] 2004년 상반기 현재 회사의 직원은 2,710명이며 이 중 한국인 주재원은 62명이다. 2003년에는 진출 1년만에 매출액 10억 달러를 올렸으며, 2004년 매출액 23억 달러 목표를 설정하고, 화북, 화중, 화남 지역을 중심으로 2004년 말까지 중국 전역에 200여 개의 딜러망을 확충할 계획이라고 설명하였다(방문 당시인 6월에는 114개). 베이징현대는 초기 단계에서 비교적 성공적인 진출을 보여, 2003년에는 30%대의 기록적인 이윤을 남기기도 하였다. 이는 쏘나타의 성공에 힘입은 것인데, 중대형 승용차부문에서 베이징현대는 진출 1년 만에 VW과 GM, 혼다에 이어 4위의 지위를 차지하기도 하였다. 그러나 2004년부터 중국 정부의 긴축정책이 추진되고, 시장 경쟁이 격화됨에 따라 고이윤 프리미엄은 빠른 속도로 소멸하고, 본격적인 품질 및 가격 경쟁이 전개되고 있다. 베이징현대차는 향후 중국 시장의 10% 정도를 차지하는 주요 자동차 메이커로 성장하는 것을 목표로 삼고 있다.

베이징현대는 베이징 인근에 위치하면서 24만평 부지를 차지하고 있는데, 향후 30만 대 생산 체제로 확장해 나갈 계획을 갖고 있다. 장기적으로 베이징현대는 현지조달 부품재고 수준을 15일 정도, 수입 부품은 1개월 정도로 유지하려 하고 있으며, 자동차 배송 시스템을 개선하여 육로를 통한 철도 수송시스템을 확보할 계획이라고 한다. 그러나 현대가 진출한 베이징 지역의 경우 상하이에 비해 자동차산업 관련 인프라가 취약한 편이다. 즉 산업클러스터 형성 정

---

17 2002년도에 이루어진 현대자동차의 중국 진출은 여러 가지 측면에서 절묘한 시점에 이루어진 것이었다. 당시 중국 정부는 신산업정책의 발표와 더불어 자동차산업의 진입장벽을 높이기 위해 더 이상 해외 메이저들의 진입을 허용하지 않으려는 경향을 보이고 있었다. 현대보다 20여 년 먼저 중국에 진출한 VW 등은 중국 시장 개척에 엄청난 노력을 했지만, 현대는 후발 주자로서 중국에서 자동차 대중화가 본격화되는 초기 단계에 시장 진입 기반을 구축할 수 있었던 것이다(인터뷰 결과).

도가 약하고, 물류와 숙련 기술인력 공급 등에서 상하이에 비해 불리한 위치에 있다는 것이다. 이와 같은 불리한 조건에도 불구하고 현대자동차의 베이징 진출은 중국 시장 진출에 대한 회사의 적극적 의지와 지역내 제조업 발전을 원하는 베이징시의 의도가 결합되면서 성사될 수 있었다. 베이징시는 중국 정치의 중심지이면서도 상하이보다 제조업 기반이 취약하다. 베이징시는 주변의 주요 대학들을 중심으로 IT산업을 집중 육성하기 위해 노력하고 있지만, IT산업만으로는 고용을 창출하고, 경제 성장을 이끄는 데 한계가 있다고 판단하였기 때문에 경쟁력 있는 국제적 파트너를 필요로 했던 것으로 보인다. 베이징시는 상하이시와 여러모로 경쟁하는 상황에서 상하이에 비해 현저히 뒤진 베이징의 자동차산업을 단기간에 끌어올릴 수 있는 외국 메이커를 원했던 것이다. 이런 상황에서 '속도의 현대'라는 강력한 이미지를 지닌 파트너에 대한 필요와 베이징시의 이해가 맞아 떨어졌다. 중국측 공식 파트너인 베이징자동차는 산하에 지프를 생산하는 크라이슬러, 경형기차, 현대자동차 등과 복수의 파트너십을 맺고 있다. 베이징기차와 현대자동차는 50:50의 합작 경영에서 발생하는 주요 보직을 1:1로 나누고 있다. 판매와 구매, 재정 부문은 한국측이 주로 담당하며, 생산과 관리는 중국측이 담당하는 분업 구조를 갖고 있다.

현대자동차의 베이징 진출은 기록적인 속도로 진행되었다. 2002년 6월 합작의향서를 체결하고, 10월에 회사를 설립한 직후인 12월에 곧바로 소나타 생산에 착수할 정도로 빠른 사업 전개가 이루어졌다. 현대자동차는 부지 확보와 공장 허가가 나기 전부터 주재원들을 대규모로 파견하여 공장 건설에 착수할 정도로 중국 진출에 대한 강한 의지를 보였다. 현대는 12개 부품업체들과의 동반 성장을 통해 2003년 3월 국산화율 40% 인증을 조기에 획득하였고, 2003년 7월 ISO 9001 품질인증 획득, 2004년 6월 생산 누계 10만 대를 달성할 정도로 기록적인 진출 속도를 보인 바 있다.[18] 현대자동차의 베이징 사업에서 부품업체들과의 동반 진출은 현지부품조달률을 충족시킬 뿐 아니라 관세 절감으로

<표 5-9> 현대자동차의 중국 진출 일지

2002년 2월 합작의향서 체결
2002년 9월 합작계약서 조인
2002년 10월 회사 설립
2002년 12월 소나타 생산·판매 개시
2003년 3월 국산화율 40% 인증 획득
2003년 12월 현지 진출 1년 만에 5만 대 생산 체제 구축
2004년 1월 아반떼 XD 판매
2004년 4월 15만 대 증설 완료 (2개 차종)
2004년 6월 10만 대 판매 돌파
2005년 9월 30만 대 생산 계획(4개 차종)

비용을 줄일 수 있다는 점에서도 매우 중요하다. 2004년 현재 베이징현대의 부품업체는 한국계 47개, 중국계 13개 등 모두 60여 개로 증가되었다.

현대자동차의 베이징 진출로 인한 경제적 효과는 어떻게 평가할 수 있을까? 이에 대한 회사측 설명은 대단히 흥미롭다. 우선 2003년에 5만 2천 대의 완성차를 현지 생산, 판매하였으며, 2004년에는 15만 대를 예상하고 있는 데 비해, 한국으로부터의 수입차는 2001년 1,941대, 2002년 3,482대, 2003년 4,468대 등에 불과하다. 다시 말해 현지생산이 아니라면 달성할 수 없는 판매 실적을 올렸다는 것이다. 또한 한국계 부품업체 47곳으로부터 조달하는 부품 비중이 61%인데, 이 부품업체들이 다시 부분품을 한국에서 수입한 비중이 40%이다. 따라서 완성차 1대당 61%×40%=24%의 부품수출 효과를 올렸으

---

18 폭스바겐이 20년 만에 61만 대 생산 체제를 갖추었고, 닛산과 시트로엥 등은 10년이 지나서야 7만 대 규모의 생산 체제 갖출 수 있었으며, 광주에 진출한 혼다가 95년 의향서 체결 이후 98년에 들어서 야 생산에 착수했던 것과 비교할 때, 현대자동차의 중국 진출이 얼마나 빠르게 전개되었는지를 알 수 있다.

며, 직접 부품수입 비중 30%를 더하면 54%의 부품이 한국에서 중국으로 수출되었다. 이를 2004년 예상 생산판매대수 15만 대로 환산하면 8만 대의 완성차 수출 효과가 현대차의 중국 진출을 통해 만들어졌다는 것이다. 실제로는 완성차 가격 중 약 70% 정도만이 부품의 가치이므로 8만 대의 70% 효과로 추정해야 할 것이다. 그렇다 하더라도 5.6만 대의 완성차 수출효과는 실제 완성차 수출 5천여 대의 10배가 넘는 수치임을 알 수 있다.

한편 현대자동차는 1999년 기아자동차를 인수하여 300만 대 생산능력을 갖춘 세계적인 기업으로 도약한 바 있는데, 기아자등차는 부도와 피인수 이전에 이미 장쑤성 옌청에서 자동차 생산 허가를 획득하고 있었다. 그러나 그것은 지방정부 차원의 상용차 생산 허가였기 대문에 프라이드 밴을 중심으로 소량 생산에 머물고 있었다. 초기 기아자동차의 합작선이었던 위에다그룹은 의류생산을 위주로 하는 옌청지역의 대표 기업이었다. 위에다기아차는 승용차 생산으로의 전환을 위하여 중국의 제2 자동차, 즉 등펑자동차와 다시 합작관계를 맺고 등펑웨다기아자동차로 회사명을 바꾸게 된다. 이때 지분은 기아자동차가 50%, 웨다와 등펑이 각각 25%씩이다. 이에 따라 총경리는 기아, 회장은 위에다, 상임 부총경리와 판매는 등펑, 생산은 기아와 위에다, 관리는 위에다, 품질은 기아, 판매와 A/S는 등펑측이 담당하는 등 복잡한 합자 관계의 경영 체제를 이루고 있으며, 이로 인해 겪는 애로 사항이 적지 않은 것으로 보인다. 다만 실제 경영에서 등펑측은 깊게 개입하지 않는 것으로 알려져 있다(면접 결과).

이 회사의 납입 자본금은 7,000만 달러로 옌청지역에 25만 평방미터의 부지를 확보하고, 2004년 현재 약 1,100명의 종업원이 근무하고 있다. 등펑웨다기아의 출범 이전 프라이드 택시 등으로 매출을 유지하던 이 회사는 2002년부터 소형차 천리마(한국명 현대 베르나의 업그레이드 모델)를 생산하기 시작해 2004년 상반기에는 소형승용차 부문 1위를 차지하는 등 돌풍을 일으키기도 하였다. 둥펑과의 합자를 계기로 기아자동차의 대대적인 투자가 이루어져 2003년 무렵 1단계로 연간 13만 대 생산체제를 갖추었고, 향후 30만 대 생산 능력을 지닌 제2공장을 구축하고, 장기적으로는 50만 대로 생산능력을 증강할 계획이다. 이 회사의 생산 규모는 2001년 2천 대, 2002년 2만 대, 2003년 5만 대 실적에 이어, 2004년 8만 대, 2005년 13만 대 생산을 예상할 정도로 급성장을 거듭하고 있었다.[19] 카니발은 7월부터 양산을 시작하였고, 옵티마는 10월부터 생산을 준비하고 있었으며, 전산관리 시스템 등 체계적 공장관리를 위한 인프라 구축 작업이 속속 진행되고 있었다. 이렇듯 베이징현대와 마찬가지로 기아자동차는 이제 막 본격적인 대량생산체제가 가동되는 초기 단계에 진입해 있는 것으로 보인다. 기아자동차가 진출한 옌청지구의 인구 규모는 약 800만 명 정도이며 도시 호구를 가진 인구는 약 60만 명 정도이다. 기본적인 사회간접자본은 어느 정도 갖추어진 편으로 볼 수 있으나, 주변의 제조 및 서비스 업체들과의 협력 네트워크는 이제 막 구축되는 과정에 있다. 중국 당국은 국내에서 생산되는 자동차 부품의 40% 이상을 국산화하도록 요구하고 있으며, 엔진이나 차체 등 핵심 기본 품목 가운데 총 5개 품목의 국산화를 요구하고 있다. 특히 엔진과 차체를 모두 국산화하지 못하면 나머지 6개 주요 품목(브레이크, 스티어링, 에어컨, 트랜스미션, 사이드프레임, 액슬)을 국산화할 것을 요구한다. 현재 둥펑웨다기아의 국산화율은 50% 정도라고 한다.

이 회사는 옌청지역 반경 1,300km 내에서 핵심 부품들을 모두 조달할 수 있는 생산 체계를 구축하려 하고 있으며, 옌청지역의 경우 현재 부품협력업체는 29개, 그 중 옌청시에 8개 업체가 입주해 있다. 이 밖에 다수의 부품업체들이 인근의 우시, 상하이, 쿤산(昆山) 등에 분포하고 있다. 주변에 고속도로 등

---

19 필자가 방문을 마친 2004년 7월 이후 이 회사의 매출은 다소 주춤한 것으로 알려져 있다.

인프라가 개통되면서 과거 6시간 이상 소요되던 상하이 지역으로부터의 부품 조달 시간도 1시간 40분 정도로 단축되었다.

현대자동차그룹은 세계 자동차산업에서 5위 이내에 진입하기 위해서는 중국 시장 진출이 필수적이라 판단하고, 베이징과 옌청지역을 합하여 약 100만 대 정도의 생산 체제를 갖추는 것을 목표로 하고 있다. 현대자동차 그룹 경영진과의 인터뷰에 따르면 현대와 기아의 초기 중국 시장 진출은 때마침 중국 시장에서 경제성을 지닌 중소형차 시장이 확대되면서 주력 모델 쏘나타와 천리마 등의 판매가 호조를 보임에 따라 상당한 성공을 거둔 것으로 평가된다. 현대자동차는 향후 중국 사업에서 베이징 지역은 중형에서 대형으로 발전시키고, 옌청지역은 중형에서 소형과 RV(recreational vehicle, 레저용 차량)로 특화시킨다는 전략을 갖고 있는 것으로 보인다.[20] 이를 의해 현대차그룹은 중국에 지주회사를 설립하여 베이징현대와 둥펑위에다기아는 물론 모비스와 같은 계열회사들을 모두 아우름으로써 시너지 효과를 극대화하는 현지화 전략을 추진하고 있다. 중국 진출 초기에는 상하이 지역이 현대차그룹의 총괄본부 역할을 수행하였으나, 베이징에 진출한 이후에는 베이징이 자동차산업의 총괄 역할을 수행하고 있다.

---

20 현대차그룹의 전략에 대해 중국의 전문가들은 한국의 서남 해안지대와 가까운 발해만 일대를 중심으로 한국과의 분업체계를 강화하는 방향에서 중국 진출 전략을 추진하는 것이 바람직할 것으로 본다. VW, GM 등이 진출한 상하이 지역 등은 이미 대형 부품업체들이 진입하여 지역 클러스터를 형성하는 단계에 도달하였고, 중국 남부 지역에는 토요타 혼다 등 일본 메이커들이 그들의 생산 입지를 구축하고 있으나, 아직 북부 지역에는 산업클러스터가 형성되지 못하고 있기 때문이다(중국 국무원발전연구중심 연구원과의 인터뷰, 2004. 6. 18.).

⑵ 부품 부문

중국의 자동차부품산업은 전반적으로 경쟁력이 취약한 것으로 평가되지만, 일부 외자계 기업의 경우 상당 정도의 기술력과 관리력을 보유하고 있다. 우선 앞서 소개한 상하이자동차집단은 VW이나 GM과 합자관계를 맺고 있을 뿐 아니라 포드의 부품사업부문이 독립한 비스테온과도 합자를 맺고 있는데, 그 회사가 옌펑비스테온이다. 정식 명칭이 옌펑비스테온(Visteon) 자동차내장 시스템유한공사(延鋒偉世通汽車飾件系統有限公司)인 이 회사는 1994년 중국 상하이자동차와 미국의 비스테온사의 50:50 합자로 설립되었다. 산하에 상하이옌펑 존슨콘트롤(Shanghai Yanfeng Johnson Controls Seating), 옌펑비스테온자동차 전장(Yanfeng Visteon Automotieve Electronics) 등 다수의 부품 메이커들을 거느린 중국 최대의 자동차 시스템 공급 메이커이다. 운전석 모듈, 인테리어 시스템, 시트 시스템, 전장 시스템, 안전 시스템 등을 생산하고 있고, 산하에 기술개발 센터까지 보유한 종합 자동차부품 메이커로 자리잡았다. 2002년 이 회사는 중국에서 277번째로 매출 규모가 큰 중국내 해외 자동차 메이커로 성장하였고, 상하이 정부로부터 최고 품질 기업상을 수상하였다.

또한 상하이VW, 상하이GM, 제일자동차그룹, 둥펑그룹, 창안포드 등을 주요 거래선으로 확보하고, 향후 상하이를 기반으로 중국 시장의 핵심 메이커로 자리 잡은 후 수출 기업으로의 성장을 지향하고 있는데, 이미 일부 품목을 미국 포드 등 북미 지역 등에도 납품하고 있는 대규모 다국적 종합 부품 메이커로 볼 수 있다. 옌펑비스테온은 이미 상하이 지역에 직원 230명 규모의 기술 센터를 운영하고 있으며, 컨셉트 개발, 제품 디자인, 모델링, 엔지니어링 등과 관련된 연구개발 체제를 구축하였으며, 미국의 비스테온 본사와 직접 연결된 데이터 시스템을 갖고 있다.

합자 조건은 중국측과 미국측이 교대로 이사장과 총경리(각각 임기 3년)를 담당하기로 했지만, 줄곧 미국측이 총경리를 담당해 왔고 중국측은 부총경리를 담당해 왔다. 관리 면에서 낡은 관념에 사로잡혀 있던 중국측이 미국측으로부터 배울 것이 많다고 느꼈기 때문이라고 한다(면접 결과). 합자 당시 상하이자동차로부터 2,000명의 종업원이 참여했다. 혼재 본사 종업원은 2,000명 정도이고, 자회사까지 포함한 전체 종업원은 약 6천 5백 명 정도이다. 가동 초기에는 미국인 종업원들도 많았으나 지금은 필요에 따라 3년간의 파견이 이루어지고 있다. 기획, 고객, 기술, 최고경영 부문은 미국인이 담당하고 있는데, 미국인이 가장 많은 부문은 개발 부문이며, 관리 투문에는 거의 없다고 한다.

회사의 목표는 질, 비용, 속도, 기능 면에서 세계에서 가장 좋은 자동차 부품회사로 성장하는 것이다. 이 회사가 생산하는 품목은 다양하다. 운전석 콕핏 시스템, 도어 패널, 범퍼, 시트 시스템, 오디오 시스템, 에어백, 스티어링 휠 등이다. 이 회사는 상하이를 중심으로 지속적인 확장을 도모하고 있어 아시아 태평양 설계사무소를 상하이로 이전할 계획이다. 현재 독립적인 설계 부문이 있는데, 본부의 설계 인력은 300명에 달한다. 시트와 전자 제품 설계 능력이 제고됨에 따라 장차 설계 사무소의 인력은 7~8백 명으로 증가할 것이라고 한다. 한편 도장 설비는 스위스의 ABB, 공장의 설비는 일본의 UBE로부터 도입하여 선진적인 설비를 갖추고 있다.

옌펑비스테온과 미국의 초국적 자동차부품회사인 J사가 1997년에 50.01 : 49.99로 합작하여 설립한 상하이E사 역시 모기업들이 자동차용 시트 시스템 분야에서 세계적 기술력을 인정받고 있는 대형부품회사이다. 총 투자액은 5,308만 달러, 자본금 2,477만 달러로 중국에서는 캉차오, 안팅(安亭), 화두, 옌청 등에서 사업을 전개하면서 상하이GM, 옌타이(㷉臺) GM, 광저우, 옌청 기아자동차 등 중국에 진출한 유수의 국제 자동차 메이커들에게 자동차 시트를 납품한다. 이 회사는 상하이 지역 해외투자 업체들 중 37번째로 큰 규모로, 2003년에는 기술센터까지 건설하여 본격적인 중국 시장 진출에 나서고 있다.

　　다음으로 대만계 부품업체인 상하이 민푸에 대해 알아보자. 상하이 민푸는 대만의 민푸(敏孚)라는 기업이 투자하여 99년 1월에 설립한 합자기업이다. 중국측 투자기업은 '선양화천그룹'(深陽華晨集團)이다. 선양화천그룹은 랴오닝(遼寧)성 정부 산하의 국유기업으로 바오마(寶馬), 진베이(金杯) 등에도 투자하고 있다. 선양화천그룹은 대만 민푸보다 상하이 민푸의 주식을 더 많이 갖고 있어 실질적인 대주주이자 법정 대표이지만, 상하이 민푸에 한 명의 관리자도 파견하지 않고 있다. 또한 상하이 민푸의 총경리는 품질관리부(質量部) 경리가 겸임하고 있을 정도로 소규모 기업이다. 대만의 민푸는 1992년에 닝보(寧波)에 진출한 이래 상하이, 충칭, 광저우, 톈진 등의 지역에 8개 공장과 1개 기술센터를 설립했다. 본부는 닝보에 있다. 닝보에 소재하고 있는 기술센터는 각 지역 공장의 제품 개발을 주도하고 있다. 닝보의 본부에는 대만인이 있지만, 상하이 민푸에는 대만인은 없다. 상하이 민푸 설립 당시 닝보에서 1백여 명이 파견되었지만, 회사가 안정된 후 모두 닝보로 되돌아갔다. 이 회사의 주요 생산 품목은 사출과 프레스 관련 제품이다. 생산품은 자동차 유리 및 관련 플라스틱 제품 등으로 상하이GM과 상하이VW에 납품하고 있다. 그 밖에 광저우 혼다, 선양 진베이(金杯), 장링(江鈴), 베이징 지프, 둥난(東南), 선펑(神風), 하이난 마쯔다(海南馬自達), 창안 그룹(長安集團) 등에도 부품을 납품하고 있다. 상하이GM에 부품을 공급하기 시작한 것은 2001년부터이며, 상하이GM과 상하이폭스바겐에 납품되는 부품 판매액은 전체 판매액의 50%를 점하고 있다. 판매총액은 2002년 9,700만 위안, 2003년 1.2억 위안 정도의 소규모이다.

　　허베이링원그룹은 13개 자동차 부품 관련 자회사를 거느린 중국 투자 지주회사이다. 그리고 그 중 둘은 한국 부품업체 S사 및 T사와 합자사업을 운영하고 있고, 그 중 T사는 베이징현대차에 부품을 납입하는 61개 업체 중 하나이다. 링원그룹은 1985년 이후 군 장비 생산에서 민간제품 생산업체로 전환되었는데, 중국 병기창의 불하로 민영화되었다. 국영 기업체들, 정부투자 업체들, 기타 업체들이 컨소시엄을 형성하여 지분을 공유하고 있다.[21] 산하 각 부품회사는 독일계, 미국계(델파이), 덴마크 등의 회사들과 합작 및 부품공급 관계를 형성하고 있을 정도로 자동차부품산업 경영에 적극적이다. 그러나 주요 생산 품목은 자동차에 들어가는 각종 플라스틱 관, 자동차용 파이프, 도어 프레임, 압출 성형 제품, 자동차 액세서리, 보일러 연소기, 등속 조인트, 이음새 부품, 공조관, 에어컨 파이프 관 등 부가가치가 낮은 품목으로 한정되어 있다. 부품 납입선은 상하이VW의 보라, 상하이GM의 뷰익, 라세티 등이다.

　　베이징 C사와 D사는 베이징현대에 납품하고 있는데, 차체부품업체인 C사는 처음부터 동반진출한 12개 업체 중 하나이며, 거의 같은 시기에 상하이 근처의 우시에도 공장을 건설하여 기아자동차 옌청 공장에도 납품하고 있다. 크로스멤버 등을 생산하는 샤시 부품업체인 D사의 경우는 C사보다 다소 늦게 진출하였지만, 현지에서 확고하게 뿌리를 내린 것으로 보인다. 상하이 B사는 기아자동차 옌청공장에서 5분 거리에 위치하여 에어컨을 납품하고 있다. 이 회사는 기아자동차와 오랜 기간 협력관계를 유지해 왔기 때문에 중국 진출을 통해서도 동반 성장을 도모하고 있는 것으로 보인다.

　　베이징C사는 한국의 모기업 C사와 그 그룹 관계사들이 공동으로 중국 현지에 700억 원 정도 규모로 단독 출자한 업체이다. 한국 C사의 매출액은 5,000억 정도로 대형 기업이고, 2003년 현재 베이징 C사의 매출 규모는 600억 정도이다. C사의 중국 진출 과정에서 중국 정부는 현지 업체들과의 합자를 독려하였고, 이에 따라 란싱그룹과 손을 잡았지만, 이후 증자에 대해 소극적이어서 C사가 100% 지분을 갖게 되었고, 역으로 톈진지역의 부품회사는 다수 지분을

---

21 이 회사는 軍轉民의 대표적인 사례로서, 정부 및 당과의 관계(꽌시)로 인하여 어느 한 사업에 집중하지 못하는 약점을 안고 있다. 예를 들어 거래선이 300여 개 회사에 달하여 품목별 규모의 경제를 달성하는 데 큰 애로를 겪고 있고, 어느 한 품목도 시장점유율 10%를 넘기지 못하고 있다.

란싱에 넘기게 되었다. 자동차 내판 제품 생산에는 기술력, 엔지니어링 노하우, 모기업과의 긴밀한 협력 관계 등을 필요로 하는데, 프레스 가공 생산 분야에서 상당한 명성을 획득한 이 회사는 주로 내장 차체 부품을 제작한다. 회사측은 중국 업체들의 경우 프레스 설비가 노후화되어 있고, 라인업과 정교한 공정 튜닝이 안 되어 있으며, 금형 부문에서 기술력이 취약할 뿐만 아니라, 납기 관념이 약해 '적기생산체제'를 구축하는 데 어려움을 겪고 있어 한국을 따라잡는 데 상당한 시간이 걸릴 것으로 전망한다(면접 결과). 프레스 제품의 경우 대형 부품들은 현지에서 제작하고 소형 제품들은 한국에서 수입하여 활용하지만, 수입 부품이 고부가가치 제품은 아니며, 단지 물류비가 적게 들기 때문인 것으로 보인다. 중국은 인건비는 저렴하지만 자재비가 비싸 애로를 겪고 있다고 한다.

베이징 C사와 베이징 D사는 모두 중국 외에도 현대자동차 인도공장 인근에도 동반 진출해 있으며, D사의 경우는 미국 알라바마에도 공장을 준공해둔 상태이다. 베이징 D사는 2002년 11월 750만 달러에 달하는 중국 투자를 결정하고, 베이징 인근에서 공장을 가동하기 시작했다. 초기 진출업체들과 달리 단독 투자가 아니면 진출하지 않겠다고 버티자 중국 당국이 이를 허용하였다고 한다. D사는 베이징 공장에 총경리 1명과 부장급 4명 등을 파견하고 있으며, 전체 종업원 수는 408명에 달한다. 2003년 매출은 249억 원이지만, 향후 10년 내에 1,600억 원의 매출을 올리는 것이 목표인데, 이는 현재 한국 본사의 매출액 수준이라고 한다. 종합 샤시 부품업체로서 자동차 샤시 모듈, 콘트롤암, 바디 부품 등을 생산하고 있는데, 중국에 진출하면서 연료탱크 생산에도 진출할 수 있게 되었다. 즉 소수 업체들이 중국에 진출하면서, 일단 진출한 업체들은 새로운 아이템으로도 확장할 가능성이 있는 것이다.

상하이 B사는 역시 100% 한국 기업에 의해 설립된 카에어컨 제조회사이다. 이 회사는 기아자동차의 옌청지역 진출과 더불어 비슷한 시기에 장쑤성 옌청시 경제개발구 지역에 600만 달러를 투자하였다. 부지 규모는 1,034평 (3,410㎡) 정도로 2002년 8월 16일 설립되어, 2003년 말 100명, 2004년 말 130명(예정) 정도의 인력을 운용하고 있으며, 이 중 20명 정도는 연구진 방문 당시 한국에서 연수를 실시하고 있다고 하였다. 100% 한국 기업의 출자이기 때문에 사장은 한국에서 파견하였고, 총경리, 부총경리, 관리 담당 차장, 생산 담당 차장, 영업/품질 담당 과장 등 5명의 주재원을 두고 있다. 현지 채용 관리자는 18명 정도이며, 계속 확대할 계획이라고 한다.

이상에서 본 것처럼 한국계 부품 3사의 경우 모두 100% 단독 투자한 경우이며, 현대자동차와 기아자동차의 현지법인 출범 혹은 확장에 맞추어 동반 진출하였음을 알 수 있었다. 현대와 기아의 현지 사업이 조기에 안착하면서 부품업체들 역시 성장세를 이어가고 있으며, 한국 본사와 유사한 규모, 혹은 그 이상으로 사업을 확대할 계획도 갖고 있다. 완성차 업체와 동반 진출한 부품업체는 완성차 업체와 동일한 운명에 놓여 있다고 할 수 있다.

2) 인적자원 관리

중국의 고용 및 임금관련 제도에 대해서는 이미 앞에서 기본적인 특징과 역사적 흐름을 살펴보았지만, 기업 단위의 실제 제도 운영에 대해서는 알려진 바가 적다. 특히 중국 자동차산업의 고용관계에 관한 기존 연구가 거의 없기 때문에 이하의 현장조사 내용을 정리한 것은 큰 의의를 가질 것이다. 고용관리에 대한 내용을 우선 살펴보고 다음으로 임금 및 복리후생 제도에 대하여 완성 4사, 부품 7사의 사례를 종합적으로 비교하면서 설명해 보고자 한다. 〈표 5-10〉과 〈표 5-11〉은 조사기업의 고용제도와 운용 현황, 임금 복리 제도와 수준을 요약한 것이다.

<표 5-10> 조사 대상업체들의 고용제도와 운용 현황

구분	업체명	종업원 수(명)	기본형태	비정규 활용/기타	비고
완성차	상하이VW	15,000	계약제(근속 10년 이상 종신고용 비율 높음)	노무공(3년 계약) 30% 이상, 인턴사원 및 공고실습생	최근 직능자격제 도입
	상하이GM	-	생산직 1, 2, 4년 계약, 관리직 4년	노무공 1% 미만	식당, 청소 등은 외주
	베이징현대	2,710	생산직 1년 계약 후 2년 계약	임시공 57명	여성 14.5%
	(옌청)기아	1,379 (생산본부)	계약제	노무공 160명, 공고실습생 264명	여성 15%
부품	옌펑비스테온	2,000 (그룹 6,500)	생산직 1년, 관리직 3년	노무공 30% 이상	평균 연령 45세
	상하이민푸	193 (생산직 100)	계약제	노무공 30%	평균 연령 28세
	상하이E사	74 (관리직 14)	생산직 1년, 관리직 3년 계약	-	-
	허베이링윈	2,850 (그룹 기준)	-	-	-
	베이징C사	600	1년 계약제	2개월 시용기간	승진 사다리 세분화
	베이징D사	-	생산직 1년, 관리직 2년 계약	-	조선족 13명
	상하이B사	120	모든 직종 1년 계약제	공고실습생 2개월	조선족 5명/통역수당

<표 5-11> 조사 대상업체들의 임금복리 제도와 수준

	업체명	임금체계	임금구성 등	임금수준	복지/기타
완성차	상하이VW	직능자격제	능력과 성과에 따른 평가, 연공수당 최소화	상하이시 최고의 75%	상업보험, 차량 할인
	상하이GM	-	기본임금 70%, 수당 30%	동 업종 최고의 75% 수준	차량할인 및 할부, 주택공적금 제도, 5대보험료 임금총액의 30%
	베이징현대	-	-	생산직 월 1,650위안(잔업 포함시 3,160원), 대졸 2,400위안	-

(옌청)기아	직무임금제 (4등급)	상여금 3개월분	생산직 월 1,200우 안(잔업포함 월 2,500위안), 관리직 1,800~2,000위안	-
옌펑비스테온	직무임금제 (생산직 10등급, 관리직 15등급)	기본임금 60%, 변동임금 40%	-	-
상하이민푸	직무임금제	-	생산직 1,300~1,500위안, 대졸 2,000위안	50%의 종업원에게 상업의료보험
상하이E사	직무임금제	분기별스타 5명에 인센티브	생산직 월 850위안, 대졸 2,000위안	(옌청지역)
허베이링윈	-	-	연봉 3만 위안, 실수령은 월 1,500~2,000위안)	4대 보험
베이징C사	-	상여 200%, 근속수당 도입, 만근수당	생산직 월 1,400~1,500위안, 관리직 2,300~2,400위안	체육대회, 경조사 참여, 부녀절 선물지급 등
베이징D사	-	근속수당 2~3% 정도	전년도 임금인상 30%	-
상하이B사	직무임금제 (직무수당 중점)	상여금 200%	생산직 월 600위안, 관리직 1,500위안	※수당 비중 높음

주 : 인터뷰 결과에 의한 것이기 때문에 임금수준은 부정확할 수 있음.

(1) 고용제도

중국의 고용제도는 국유기업 개혁 등과 맞물리면서 사회주의체제 하의 노동자 보호 장치가 이완되어 온 것으로 특징지을 수 있다. 이에 따라 근속년수가 10년을 넘어서면 종신고용의 기회를 부여받게 되지만, 그 이전까지는 많은 기업에서 노동자들과 1년 혹은 수년의 계약을 체결하는 형태로 정규 인력을 운용하고 있다. 게다가 많은 기업들이 노무공이라는 파견 형태의 노동자들을 상당한 비율로 채용함으로써 인력 운영의 유연성을 확보하고 있는 것도 특징적이다. 그러나 정규인력에 대한 인사관리에 있어서도 외자계인 상하이VW, 옌펑비스테온 등은 독일이나 미국에서 영향을 받은 나름대로의 발전된 제도를 갖고 있어서 주목을 끌었다.

상하이VW의 경우 상하이자동차집단으로부터 인력을 넘겨받은 지가 20년이 넘었고 그 이후 채용한 인력 중에서도 10년 이상 근속한 노동자가 많기 때문에 인력운용에 있어 유연성에 대한 요구가 절실한 편이다. 이에 따라 상하이VW의 경우 30% 이상의 노무공을 보유하고 있는데, 보통 1년씩 채용하는 다른 기업들과는 달리 이들의 계약기간은 3년이다. 또한 노무공 사이에서도 등급이 설정되어 있으며, 높은 등급을 받은 노동자들은 처우와 훈련과정이 차별화되어 있어 우수한 인력은 계약직으로 전환되거나 계약이 갱신된다. 그리고 혹시 노무공이 필요 없어지더라도 3년간 약속된 기본임금은 지급한다고 한다.[22] 이에 비해 뒤늦게 출범하여 상하이자동차로부터 이전해 온 인력이 없는 상하이GM의 경우 인력구성이 젊은 편이며, 노무공의 비율은 1%에도 미치지 않는다고 한다. 다만 한국 기업의 사내하청 형태와 유사하게 식당이나 청소 업무는 외주로 처리하고 있다. 상하이GM은 생산직 노동자의 계약을 1, 2, 4년으로 차등화하여 회사에서 인정을 받을수록 계약기간이 길어지는 시스템을 갖고 있다. 또한 중간관리자급은 아예 4년 계약제로 운영하고 있다. 중국에 진출한 한국 기업들도 이러한 고용제도의 영향을 받아 베이징현대차의 경우 생산직 노동자들과 1년 계약을 체결하며, 근무태도가 성실할 경우 이후 2년마다 계약을 체결한다.[23] 옌청의 기아자동차 역시 유사한 고용제도를 갖고 있는

---

[22] 예를 들어 상하이VW은 인력중개회사와 3년간의 근로계약을 체결했지만 1년을 사용한 뒤 노동자를 해고했을 경우, 나머지 2년치의 임금도 다 지급한다. 이 때 지급되는 임금은 출근하지 않고 일을 기다리는(대기발령) 정식 종업원에게 지급되는 임금과 동일하다. 이것은 다른 중국기업에서는 발견되지 않는 상하이VW의 특징이라고 한다(2004. 7. 27. 면접 결과).
[23] 이밖에 베이징현대차는 주로 3D 직무에 종사하는 임시공 57명을 보유하고 있는데, 이는 파견의

184

데, 160여 명의 노무공을 보유하고 있는 것이 베이징현대차와의 차이점이다. 한편, 다른 중국업체들과의 차이점은 이들 노무공을 파견회사를 통해 공급받는 것이 아니라 직접 채용하고 있다는 점이다. 베이징현대차가 베이징경형자동차 인력 3,600명 가운데 800명만을 선발하여 차용한 데 비해 기아자동차의 경우 웨다에서 이전해 온 인력이 상당수에 달하여 고용 유연성을 확보할 필요성이 더 크기 때문인 것으로 풀이된다. 중국내 현대자동차와 기아자동차의 인력은 각각 2,710명과 1,379명(생산본부만)인데, 그 중 여성인력의 비중이 15% 내외로 거의 비슷하다. 이들 여성 인력은 품질검사나 테스트 등 정교하고 섬세한 작업에 투입되는 경우가 많다고 한다. 이밖에 기아자동차의 경우는 옌청지역내 고등학교 3학년생들을 실습생으로 받아 훈련시키고 있는데, 이들의 숫자도 264명으로 적지 않은 규모다.[24] 이 두 회사는 생산량 증가에 조응하여 최근 생산인력을 인터넷 등을 통해 공모하였는데, 기아자동차의 경우 경쟁률이 10:1에 이를 정도로 응모자가 많다고 한다.

이 같은 고용제도는 부품업체들의 경우도 유사한데, 상하이 E사와 옌펑비스테온은 생산직 1년 계약제, 관리직은 3년 계약제를 채택하고 있다. 그 중 옌펑비스테온은 노무공 비율도 30% 이상에 달하고 있는데, 이는 정규인력의 평균연령이 45세에 달하는 등 상하이자동차집단에서 전적해 온 노동자들이 많은 데 따른 대응양식인 것으로 보인다. 그러나 평균 연령이 28세에 불과한 상하이 민푸의 경우에도 계약공이 70명, 노두공이 30명으로 고용 유연성 확보에

성격을 갖는 노무공과는 다른 형태인 것으로 보인다. 왜냐하면 일반적으로 파견회사로부터 공급받는 노무공의 임금수준은 계약공과 거의 비슷한데, 중국 관리자 면접에서 이들의 임금수준이 정규 인력의 1/3에 불과하다는 이야기를 들었기 때문이다. 이는 향후 추가적인 조사를 통해 확인해 보아야 할 점이다.

[24] 이들도 임금을 지급받는데, 3개월까지는 월 350위안, 3~6개월 350~450위안, 6개월 이상 700위안이다. 700위안은 둥펑위에다기아의 최말단 직무에 종사하는 노동자가 받는 기본급이다.

소규모 기업도 예외가 없음을 보여주었다. 다만 상하이 민푸 관계자는 이 두 가지 고용형태 간에 임금차별은 전혀 없음을 강조하였다. 반대로 앞서 옌펑비스테온의 경우는 노무공의 임금이 약간 적다고 말해 기업별로 조금씩 차별화되어 있는 것으로 보인다. 한국계 부품기업들의 경우도 이와 유사한 계약 제도를 운영하고 있는데, 베이징 C사가 1년 계약제, 베이징 D사는 생산직 1년 계약제, 관리직 2년 계약제, 상하이 B사는 생산직, 사무직 모두 1년 계약제로 운영하고 있었다. 이 중 베이징 C사의 경우 2개월간 시용 기간을 두어 임금을 90%만 지급하고 있었으며, 다만 임시공은 전혀 활용하지 않는다고 하였다. 한국계 완성차업체도 그러하지만, 부품업체들도 조선족 노동자들을 현장 통역 등의 이유로 다수 채용하고 있었는데, B사 5명, C사 18명, D사 13명 등이었고, 상하이 B사에서는 이들에 대하여 통역수당을 적지 않게 지급하는 방법으로 한족과 임금을 차등화하고 있었다. 또한 옌청 기아자동차와 마찬가지로 상하이 B사에서도 공고 3학년 학생들을 2개월간 실습생으로 채용하고 있었는데, 월 500위안의 임금을 지급하였다. 이처럼 학교와 기업을 연계하는 제도는 상하이VW에서 매우 발달해 있었는데, 대학 3학년생부터 인턴사원으로 적극적으로 채용하고, 생산직에 대해서도 공고 3년생들을 실습시킨다고 한다.

이상의 논의를 통해 중국에서는 완성차와 부품업체를 불문하고 정규 인력에 대한 계약직 채용이 일반화되어 있다는 것을 알 수 있다. 근속년수 10년이 넘으면 무기계약을 체결하게 되기 때문에 역사가 오래되었거나, 외자기업이더라도 합자선으로부터 인력을 넘겨받은 경우 인력운용의 경직성에 직면하고 있는 것으로 보인다. 이에 따라 이러한 고근속자의 비율이 높고 기업 규모가 클수록 노무공이나 임시공을 활용하는 비율이 높은 것으로 보이며, 약간 성격이 다르긴 하지만 공고 실습생들을 활용하는 경우도 있는 것으로 보인다. 그리고 한국계 기업들도 중국계/대만계나 구미계와 크게 다르지 않은 고용제도를 갖고 있는 것으로 판단된다.

승진제도와 관련해서는 조사가 충분히 이루어지지 않았지만, 사무관리직의 직제는 한국 기업과 크게 다르지 않은 것으로 보였으며,[25] 생산직의 직제에 대해서는 이하 작업조직편에서 다시 언급하고자 한다. 다만 흥미로운 것은 한국계 베이징C사와 상하이VW의 사례인데, 베이징 C사의 경우 승진 사다리를 매우 촘촘하게 다단계로 설정하여 두고 있었다. 예를 들어 사무관리직의 경우 2개월의 시용 기간을 거쳐 사원, 업두주간, 브주임, 주임, 부과장, 과장, 부부장, 부장 등으로 승진하도록 설계되어 있으며, 생산직의 경우에도 시용(2개월), 준사원(3개월), 정사원, 준조장, 부조장, 조장, 부반장, 반장 등으로 승진 단계를 구성하였다. 인적자원 관리에 상당한 정성을 들이고 있는 베이징 C사의 경우 종업원들의 승진 욕구를 자극하고 충족시켜주는 관리 방식을 채택하고 있는 것으로 판단된다. 그렇지만 매년 계약 갱신에 앞서 성실성, 작업내용 우수성 등 11개 항목을 평가하여 하위 10% 인원은 재계약을 하지 않고 있는 것으로 보아, 인센티브와 패널티 제도를 혼용함으로써 종업원들의 충성도를 이끌어내는 전략을 구사하고 있는 것으로 보인다. 상하이VW의 경우 최근 인사제도를 전면 개편하고 있는데, 직능자격제도를 도입하면서 노동자들이 전문가(expert) 경로와 관리자(manager) 경로를 선택할 수 있도록 하고 두 가지 경로의 같은 직능등급에 대해서는 같은 수준의 임금을 지급하는 것으로 체계화하고 있었다.

요컨대 중국에서는 정규인력의 경우에도 근속년수 10년 미만인 경우에는 계약직의 신분을 갖는 것이 특징적이다. 더부분의 경우 계약은 갱신되지만,

---

[25] 미국계인 옌펑비스테온의 사례를 보면 4명의 경영진(CEO)을 두고 있는데, 기술, 재무, 생산제조, 인사가 그것이다. 미국인과 중국인이 2명씩이다. 조직의 기본체계는 과원 - 과장 - 경리(부장/임원급)의 위계구조인데, 관리자 등급은 15개로 나뉘어져 있다. CEO는 14~15등급, 부장 12~13등급, 공장장 10~11등급, 과장 9~10등급, 그리고 생산반장들은 별도의 등급이 나뉘어져 있다(2004. 7. 28. 면접결과).

기업은 불황기에 이들과의 계약을 갱신하지 않을 수 있으며, 더욱이 베이징C
사의 사례에서 보듯 업무실적이 좋지 않은 노동자들에 대해서는 해고의 재량
권을 갖는다고 볼 수 있다. 이러한 계약 기간은 생산직의 경우 대부분의 기업
에서는 1~2년 단위이며, 대졸 사무관리직의 경우 기업마다 천차만별이어서
1~4년 등으로 차별화되어 있다. 또한 한국의 파견근로자와 유사한 노무공의
경우에도 운영실태 및 정규직에 대한 비율은 기업마다 큰 차이를 보였다. 예
를 들어 상하이VW의 경우는 3년씩 계약하면서 거의 계약직에 준하는 지위를
부여하고 있었으나, 옌펑비스테온의 경우는 계약직보다 임금을 적게 지급하
고 있었다. 한편 중국에서도 학교와 기업을 연계하는 인턴사원제 혹은 공고실
습생제도를 운영하고 있었으며, 입사 이후 기업의 특색에 따라 승진기회가 부
여되고 있는 것으로 나타났다. 이 중 상하이VW에서 최근 직능자격제를 도입
한 것은 눈여겨볼 필요가 있는 대목이다.

(2) 임금 및 복지 관련 제도

중국 기업의 임금 구성은 한국 기업과 유사하게 기본급과 제 수당, 그리고
상여금 등으로 이루어져 있지만, 임금의 결정요인은 직무급이 기본이어서 한
국 기업과 큰 차이를 보인다. 임금수준은 역시 한국의 1/10~1/8 내외에 불과하
지만, 한국계 관리자들은 이들의 생산성을 높지 않게 평가하고 있었다. 기타
복지부문에서는 과거 국유기업이 지녔던 공동체적 특성은 약화되는 가운데 새
로이 대기업들을 중심으로 상업보험 혜택 등이 주어지고 있는 것으로 보인다.

그런데 같은 직무임금제를 채택하고 있으면서도 기업별로 그 내용은 많은
차이를 보이고 있었다. 둥펑웨다기아자동차의 경우는 비교적 단순하게 직무
를 구분하고 있었는데, 약 80여 명의 금형 수리공, 자동차 정비공 등 일정한 기

술이 요구되는 직무가 월 1,200위안, 조립공 등 대부분의 직무는 1,100위안,
전기공, 정비보조공이 950위안, 그리고 청소 등을 담당하는 수십 명이 700위
안을 적용받고 있었다. 여기에 도장, 용접, 프레스 직무를 담당하는 50여 명에
대해서는 다시 월 40~60위안을 추가 수당으로 지급하며, 조반장 수당 100위
안, 근속수당 50~150위안 등이 있었다. 한편 관리자들의 경우도 기능임금
(400~500위안)과 직무임금(1,260~1,300위안)을 합하여 월 2,000위안 정도의 기본
급을 받고 있는 것으로 나타났다. 여기에 잔업수당과 3개월분의 상여금 등이
추가되면 실제 지급되는 임금은 월 평균 2,500위안을 넘어서지만, 낙후된 지
역임을 반영하여 임금수준이 높지 않음을 알 수 있다. 상하이시 외곽에 소재
한 대만계 상하이민푸의 경우도 직무임금제를 채택하고 있었다. 또한 기아자
동차에 납품하는 상하이B사의 경우도 임금수준은 기아보다 낮지만,[26] 직무임
금제를 채택하고 있으며, 특히 수당을 통하여 이러한 직무에 대한 보상을 차
별화하고 있는 것으로 보인다. 예를 들어 용접수당 50위안, 검사수당 50위안,
조장수당 150위안 등이 그것이다. 또한 이 기업의 경우 기본급이 400위안인
데 비해 무려 150위안의 만근수당(지각, 조퇴 2회 이상이면 비지급)을 설정하고
있어 근태관리에 중점을 두고 있음을 알 수 있다.

미국계 기업인 옌펑비스테온은 미국식 직무급제도를 채택하여 직무등급
이 위에서 소개한 기업들보다 세분화되어 있는 것으로 나타났다. 이 기업은
1992년에 상하이VW의 임금제도를 참고하였으나, 1998년부터 미국식 임금제
도를 참조하여 임금결정원리를 변경하고[27] 생산직 노동자의 직무등급을 10단

---

26 이 회사의 통상임금은 월 600위안 정도인데, 이는 낙후된 옌청지역 내 임금수준 300~400위안보
다 높은 편이다. 게다가 많은 중국 기업들이 임금을 체불하고 있는 데 비해 한국계 기업들은 날짜에
맞추어 어김없이 지급한다고 한다.
27 필자와 만난 피면담자는 인력자원부를 맡고 있는 중국인으로 1995년 미국에 연수를 가서 미국식
임금제도를 연구하기 시작했다고 한다.

<그림 4> 상하이VW의 직무구분과 직능등급에 따른 임금수준

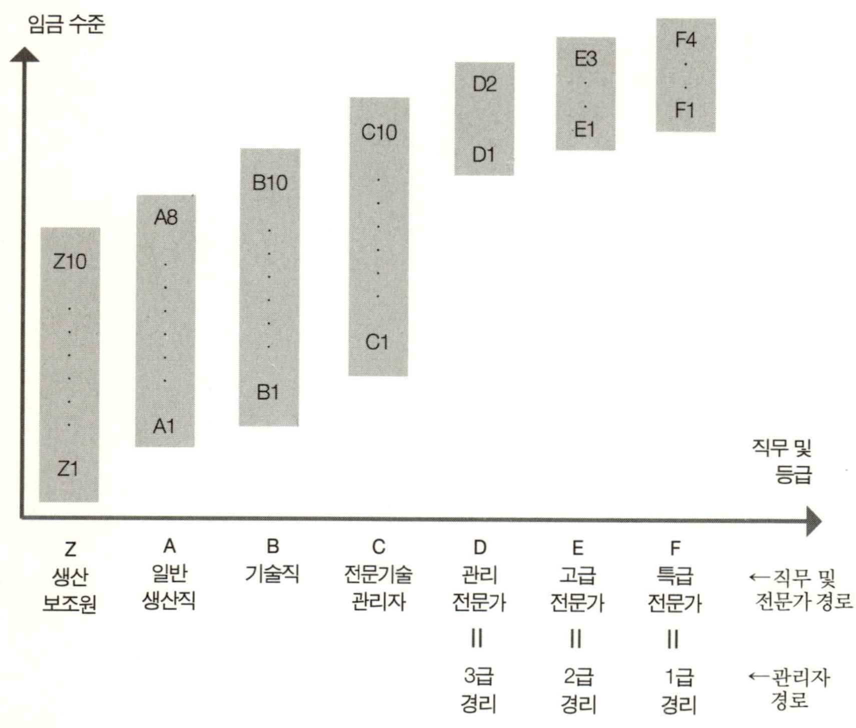

주 : 인터뷰에 의존하여 구성했기 때문에 각 등급별 임금수준의 비교는 부정확할 수 있음.

계로 설계하였다. 그러나 등급별 임금격차가 지나치게 크다는 반발에 따라 2001년 제도개혁 시에는 등급별 격차를 축소하기도 하였다. 이 기업의 임금은 기능과 업무성과에 따라 결정되는데, 구성비는 60%가 기본임금, 그리고 40%가 변동임금이다. 그런데 각 부문의 경리(임원)가 이 배분비율을 수정할 권리를 갖고 있는데, 예를 들어 금형부문에서는 그 비율을 50:50으로 바꾸었다고 한다. 이렇듯 이 회사의 인력자원부는 각 부문의 종업원수에 따라 임금총액을 결정해 주고, 각 부문 경리는 그 정해진 임금 총액 내에서 분배를 결정할 권리를 갖는다. 각 부문 경리가 결정안을 인력자원부에 보고하면, 인력자원부는 회사 전체의 방침 및 시장상황과 부합하는지를 고려하여 CEO에게 보고하고, 결정을 받아 시행하게 된다. 결국 이 회사는 개인의 성과, 잠재력, 적극성 등을 평가하고, 이를 반영한 임금을 지급함으로써 임금이 노동력 가치를 반영하도록 하는 데 중점을 두고 있다(면접 결과).

상하이VW의 경우는 앞서 언급한 바와 같이 2004년 3월부터 직능자격제도를 도입하였는데, 직무급을 기본으로 하건서 직능급을 결합한 형태를 취하고 있다. 이전에는 모든 직무를 단일 등급제로 포괄하여 1~21등급으로 나누고 직무에 따라 등급승진의 범위와 상한을 두고 있었다. 이후 개편된 제도에서는 이를 명확히 분리하여 직무를 7개로 구분하고 각 직무별로 직능등급을 설정하였다. 〈그림 5-4〉에서 볼 수 있듯이 각 직무와 직능에 따라 임금수준이 결정되는데, 노동자들은 전문가 경로를 선택할 수도, 관리자(manager) 경로를 선택할 수도 있다. 어느 경로를 선택하더라도 같은 직므직능등급에 속할 경우 동일한 임금을 적용받는다. 최말단의 생산보조원은 식당, 창고, 유아원, 목욕실 등 주변적인 직무에 종사하는 노동자에게 적용되는데, 예를 들어 창고 직무의 상한은 Z5로 정해져 있는 등 직무별로 승급 경로가 다르다. 다음으로 A직무의 일반 생산직 노동자도 일정한 업무 경력을 구비하고 평가와 (고급) 기능사 시험을 거치면 기술직 노동자 혹은 그 이상의 직무단계로 전환될 수 있다. 이 때 노동자들이 전문가 경로와 관리자 경로를 선택할 수 있는데, 생산현장에서 반장으로 승진하면 3급 경리에 해당된다. 어떤 직무건 각 등급 내에서 매년 1등급씩 올라가지만, 자격이 없다고 평가되면 한 등급에 수년씩 정체되어 있을 수도 있다. 승급은 주로 능력에 따라 이루어지며, 연말 상여금 등은 그 해에 나타낸 실적에 따라 지급된다. 즉 승급은 성과보다는 개인의 발전 잠재력에 보다 중점을 두어 이루어지는 것이다. 평가는 임금평가위원회에서 이루어지는 데, 개인의 공헌도와 직무의 중요성, 업무환경, 그리고 인재의 획득 가능성 등을 고려한다. 이렇듯 직무와 직능, 그리고 그 해의 성과를 중시하는 임금체계를 갖고 있기 때문에 연공수당의 비중은 매우 적다고 한다.

이렇게 평가에 기초하여 임금에 인센티브를 부여하는 경우는 중미합작기업인 상하이 E사에서도 발견되었는데, 이 회사는 74명의 종업원 중 매분기 5명씩을 '스타'로 선정하여 상당액의 보너스를 지급한다고 한다. 이에 비해 한국계 기업들은 2개월(상하이 B사와 베이징 C사), 혹은 3개월(둥펑웨다기아) 분의 상여금을 지급하는 경우 외에 강한 인센티브 제도를 운영하고 있지는 않은 것으로 보인다. 오히려 베이징 C사와 D사의 경우는 액수는 작지만 최근 근속에 따른 보상제도를 도입하고 있는 것으로 나타났다. 한국계 관리자들도 중국에서는 노동자들이 다른 일을 하면서 같은 임금을 받는 데 항의하는 등 수직적 공평성을 중시하는 경우가 많아 차별적인 임금을 지급하는 것이 오히려 인센티브 효과를 강화한다는 것을 인정한다. 그럼에도 불구하고 한국계 기업들은 팀웍과 '우리 회사' 의식에 보다 중점을 두고 체육대회나 경조사 참여 등을 독려하고 있어 중국 사회에서 한국식 인사관리제도가 뿌리를 내릴 수 있을지 여부도 주목할 필요가 있겠다.

전반적인 임금수준은 〈표 5-11〉에서 볼 수 있듯이 대졸 사무관리직의 경우는 지역과 무관하게 대체로 비슷한 수준을 나타냈으나, 생산직의 경우는 대도시인가, 지방인가, 혹은 대기업인가, 중소기업인가에 따라 상당한 차이를 나타냈다. 또한 양로, 의료, 실업, 산재, 출산의 5대 보험 등 각종 간접비용이 30~40%에 달하고 있는 점도 감안해야 할 것이다. 한편 생산성 수준이 낮은 점에 대해서는 한국계 기업 관리자들의 의견이 거의 일치하고 있는데, 이에 대해서는 일본측의 연구도 공통적인 내용을 보이고 있다. 마루가와와 타카야마(丸川知雄·高山勇一 2004)에 따르면 중국의 임금은 일본의 1/20 혹은 1/30에 불과하지만, 이는 40~60%에 달하는 사회보험료나 복리후생비를 감안하지 않은

것이며, 일본 동해지방의 1인당 완성차 생산대수가 129대인 데 비해 중국 외
자계 기업 4사 평균의 1인당 생산대수는 18~47대임을 고려하여 대당 노동비
용을 계산하면 일본의 35~90% 수준에 달한다는 것이다. 게다가 일본차의 부
가가치가 높다는 점을 감안하면 노동비용의 차는 더욱 줄어들 것이라고 한다.
이러한 상황은 자동차부품업종의 경우도 유사하며, 특히 지역별로 임금격차
가 상당한 수준이라는 점을 염두에 두어야 한다그 지적하고 있다.

　이와 같이 중국의 임금수준은 낮지만, 생산성은 기대에 미치지 못하고 있
는 것으로 보인다. 그러나 상하이VW이나 옌펑비스테온 등에서 보이듯이 독
일식 혹은 미국식 직무급제로 보완하면서 전반적으로 직무임금제도가 광범하
게 채택되고 있어 평가를 통한 유인체계가 작동하고 있는 것으로 보인다. 한
국계 기업들의 경우도 직무임금제를 기본으로 하지만, 평가와 유인보상체계
가 다소 미진한 것으로 판단되어 다른 외자-계 기업에 비해 관리 능력이 뒤처
지지 않을까 우려된다. 다만 진출 후 기간이 얼마 되지 않아 다른 외자계 기업
이나 국유기업에 비하여 장기 근속자의 부담이 없는 점은 당분간 직간접 인건
비 부담을 적게 하는 요소라고 판단된다.

3) 생산관리와 작업조직 및 교육훈련

　중국 자동차산업의 생산관리 수준 혹은 기술체계와 작업조직을 포괄하는
생산방식 양태는 전반적으로 낙후되어 있으나, 이 부분에서도 외자계 기업은
본국의 관리방법을 도입하면서 상당히 발전되어 있는 것으로 보인다. 이는 이
미 1980년대 이후 일본식 생산방식을 도입하려는 구미 기업들의 노력에 따른
결과로, 서구 방식으로 소화한 토요타 생산방식이 중국에 도입되고 있다. 작
업조직과 관련해서는 자동차산업에 일반적인 통제 범위(span of control)에 따라
생산직 노동자들이 조직되어 있으며, 소집단활동과 교육훈련에 대한 관심도

높은 편이다.

　우선 근로시간과 관련하여 각 기업들은 중국의 노동법에 따라 1일 8시간, 주5일 근무제를 실시하고 있으며, 평일 잔업은 150%, 토·일요일은 200%, 국경일 등은 300%의 임금률을 적용한다. 이 중 한국계 기업들의 근로시간이 긴 편에 속하는데, 베이징현대차의 경우 주야 각 교대조별로 8시간 정규근무 외에 매일 3시간씩의 잔업을 실시하며, 2003년과 2004년의 예상밖의 호황으로 토·일요일 특근도 많았던 것으로 보인다. 옌청의 기아자동차에 납품하는 상하이 B사의 경우도 1일 11시간을 일하고 있는 것으로 나타났다. 또한 베이징의 허베이링윈의 경우도 1일 8~10시간 정도를 일하며, 토요일도 8시간을 일한다고 한다. 베이징 C사의 경우는 1일 10시간 근무로 베이징현대차보다 근로시간이 적지만, 휴게시간을 뺀 실근로시간(bell to bell)을 적용하고 있어 실질적으로는 거의 비슷한 수준으로 판단된다. 옌펑비스테온의 경우는 미국과 합작하면서 2교대를 3교대로 바꾸어 공장가동시간을 크게 늘린 것으로 나타났다.

　근로시간 및 교대제와 관련하여 최근 상하이VW과 상하이GM이 상당히 유연한 시간제도를 도입하여 주목을 끌었다. 특히 상하이VW은 독일에서 널리 적용되고 있는 '호흡시스템'을 2004년 8월 1일부터 전면 확대 적용할 예정이라고 하였다. 호흡시스템이란 사람이 숨 쉬는 것만큼 자연스럽게 공장가동시간을 조절할 수 있는 근로시간제도로서, 독일에서는 노동시간계정제로 더 잘 알려져 있다.[28] 이는 공장가동시간을 확보하면서도 개인에게 자유로운 시간 선택권을 주는 제도인데, 개인은 잔업 등을 통하여 일한 시간을 저축할 수 있고, 이에 대해서는 시장 금리보다 2~4% 높은 이자율도 적용되며, 불황시에는 이를 찾아 씀으로써 임금의 안정성을 보장받을 수 있다. 상하이VW에서 적

---

[28] 독일의 노동시간 계정제(Arbeit Zeit Konto)의 내용과 효과에 대해서는 조성재·이상민(2004)을 참조.

〈표 5-12〉 상하이VW의 호흡시스템 구성과 종류

유연노동시간제	업무의 효율을 높이기 위해 매일의 노동시간을 조정
작업교대제	2교대, 3교대 등을 시장의 수요에 따라 조정
작업일	매주 고정된 시간 범위 내에서 업무시간을 유연하게 조정
직업 생애	22~55세 기간 동안 자신의 노동시간을 유연하게 조정(조기퇴직도 가능)

출처 : 면접에 의하여 구성.

용하고 있는 호흡시스템의 종류는 〈표 5-12〉와 같이 네 가지로 하루, 한 주일, 그리고 생애에 이르기까지 다양한 범위로 적용하고 있다. 그런데 이 제도가 성립되기 위해서는 작업장 내에서 빈번한 전환배치와 다기능화가 가능하지 않으면 안 된다. 이에 따라 상하이VW은 노동자와의 계약시에 전환배치 가능성을 강조하며, 실제로 매년 3천 명 정도가 직무를 바꾼다고 한다. 또한 그러한 질적 유연성만으로 자유로운 노동시간 제도를 보완할 수 없기 때문에 상하이VW의 노무공 비율이 30%에 이를 정도로 높은 것이다. 빈번한 전환배치에 대해서는 노동자들의 반발이 적지 않았으나, 이렇게 유연한 제도로 임금의 안정성이 보장되고 해고를 피할 수 있다는 점에서 수용이 가능했던 것으로 보인다. 또한 기업측에서는 중국 자동차산업이 고속 성장만을 지속하지는 않을 것으로 예상되며, 선진업체들의 경쟁적인 시장진출로 경쟁이 격화되고 과잉생산의 우려가 점증하는 상황 속에서 유연성을 확보해 두는 것이 필요했기 때문으로 풀이된다. 상하이GM의 경우는 이처럼 유연한 근로시간 제도가 미국 본사에도 없기 때문에 제도 도입에 한계가 있으나, 법정 노동시간 내에서 근무시간을 조정하는 '종합노동시간제'를 실시하고 있다고 한다. 또한 3교대제를 적용할 준비는 갖추었으나, 실제로는 주간 연속 2교대제(A조 06:14:00, B조 13:00~22:00)만을 실시하고 있어 한국계 기업들보다 근로시간이 짧은 것으로 보인다.

한국계 기업들의 근로시간이 긴 이유 중 하나는 노동력에 의존한 품질 확보 등이 매우 중요하기 때문이다. 다시 말해 높은 품질 수준을 올릴 수 있을 만큼 생산관리 능력이나 부품 품질이 받쳐 주지 않는 상황에서 전수조사 등을 통해 이 문제에 대응하고 있는 것으로 나타났다. 즉 공정간 이동시 내부 품질은 한국의 현대자동차보다 뒤떨어지지만, 전수 검사와 재작업 등을 통해 일단 공장 밖으로 나가는 제품의 품질은 한국 현대자동차의 90~95%의 수준에 도달해 있다. 이렇듯 어떤 수단을 활용하든 현대자동차그룹에서는 최근 비용보다 품질에 더 큰 중요성을 부여하고 있는데, 상대적으로 임금이 싼 둥펑웨다기아의 로봇 도입 대수는 12대에 불과한데 반해 베이징현대차는 134대에 이르는 것으로 나타났다.

　　한편 베이징현대차에서 만난 중국인 관리자 중 한 사람은 제일자동차 등에서 일한 경험을 갖고 있었는데,[29] 베이징현대차의 생산방식이 중국내에서 토요타 방식에 가장 가깝다고 언급하였다. 이는 서구학자들이 한국의 생산방식을 일본에 가장 가깝게 평가하는 것과 일맥상통한다.[30] 중국에 신설된 자동차공장에서 (한국화된) 일본식 생산방식을 적용할 수 있는 것은 우수한 생산엔지니어와 숙련 노동자들의 현지지도가 있었기 때문이다.[31] 또한 조반장을 비롯한 중국 노동자들을 한국 공장 등에서 연수시켰는데, 이는 둥펑웨다기아의 경우도 마찬가지이다. 특히 차종에 따라 쏘나타는 아산공장, 아반떼와 천리마(베르나)는 울산공장(2~3달), 카니발은 소하리공장(100명), 옵티마는 화성공장

---

29 앞서 소개한 바와 같이 제일자동차에서는 1980년대에 도요타 생산방식의 창시자 중 한사람인 오노 다이이치를 두 차례 초빙하여 일본식 생산방식을 배우려는 노력을 전개한 바 있다.

30 MIT 대학에서 수행한 IMVP 연구 결과 등을 참조.

31 한 모델의 양산을 위해서는 6개월의 준비기간 동안 한국인 9천~1만 노동일(man-day)의 중국 현지지도가 필요하다고 한다(2004. 7. 29. 둥펑위에다기아 경영진과의 면담). 다시 말해 수십명의 인원이 수일 혹은 수개월에 걸쳐 중국에 머물면서 생산관리 및 품질관리를 지도하는 것이 필요하다는 것이다. 한편 베이징현대차의 경우도 현지지도를 나온 한국인 엔지니어 혹은 조반장의 숫자가 어느 한 시점에서 100명을 넘는 경우도 있었다고 한다.

<표 5-13> 중국 자동차업체들의 생산관리 수준 평가 목표 (항목 및 기업성격별)

기업의 성격	생산 실적 표시	공정간 재고	품질 기록	불량품 하치장	노동 환경·안전	수송 경로 확보	4S	손으로 드는 것 유무	노동 태도
국유·자동차보디	×	×	×	×	△	△	△	×	△
국유·자동차조립	○	○	-	-	-	×	△	×	×
국유·트랜스미션	×	△	×	×	○	○	○	○	×
외자계·자동차조립	○	○	○	-	-	○	○	-	△
외자계·램프(Lamp)	○	△	○	×	-	○	○	○	○
외자계·오일 실(Oil Seal)	×	×	-	○	-	○	○	○	○
외자계·스티어링(Steering)	○	○	○	○	-	○	○	-	-
외자계·에어컨	○	-	○	-	○	○	○	○	○
외자계·시트(Seat)	○	×	○	-	△	△	○	×	○
민영·도어 프레임(door frame)	○	○	○	○	-	○	○	○	○

주 : 1. ○ 양호한 상태, △ 조금 문제가 있음, × 크게 문제가 있음.
　　 2. 견학시에 확인되지 않았거나 견학자가 판단하지 못한한 것.
출처 : 丸川知雄·高山勇一 編(2004).

(65명) 등 같은 모델을 생산하는 공장으로 연수시켜 효과를 극대화하고자 하였다. 흥미로운 점은 쏘나타의 경우 말레이시아 현대차 생산공장으로도 연수를 보냈다는 것인데, 이는 말레이시아 공장의 자동화율이 낮아 오히려 중국 공장에 필요한 훈련에 더 적합했기 때문이라고 한다. 이러한 한·중 공장간, 노동자간 교차훈련은 베이징 C사, 베이징 D사, 상하이 B사 등 부품기업들에서도 공통적으로 실시되었다.

　노동자들에 대한 교육훈련의 강조는 중국계와 구미계 기업의 경우도 유사한데, 예를 들어 상하이 민푸의 경우 주요 납품선인 상하이GM이 마련한 교육훈련 프로그램에 적극적으로 참여해 2004년의 경우 품질관련 교육에 2명을 초대받았으나 8명을 보냈다고 한다. 또한 상하이 E사도 그룹내 캉차오 훈련센터에서 조반장들이 매주 토요일 8시간씩 교육을 받도록 하는 사례를 소개하기도 하였다.

　그럼에도 불구하고 중국의 공장 생산성이나 품질 수준이 높지 않다고 평가받는 이유는 무엇인가? 이에 대해 한국계 공장의 관리자들은 물론 중국계 기업들에서도 유능하고 열성적인 중간관리자의 부족을 지적하였다. 다시 말해 능력 있는 생산 엔지니어나 숙련공 출신의 현장 관리감독자가 부족하다는 것이다. 이에 따라 중국 공장의 생산관리 능력은 미흡한 것으로 평가받는데, 그럼에도 불구하고 역시 외자계 기업에서는 독자적인 모국과의 훈련프로그램 교환 등에 힘입어 우수한 인력을 양성·확보하고 있는 것으로 판단된다. 이는 일본 연구자들의 조사 내용에서도 확인할 수 있다. 〈표 5-13〉에 따르면 눈에 보이는 관리(생산실적 표시)나 재고 수송 및 관리, 청소·청결(4S) 등 쾌적한 공장 환경의 유지, 기록의 유지 및 보존 등 일본식 생산방식의 강점으로 지적되는 많은 항목에서 외자계 기업들은 중국 국유기업들보다 양호한 상태인 것으로 보인다. 결국 한국계 공장의 경우도 생산기능직 노동자들에 대한 교육과 더불어 생산 및 품질관리를 이끌어나가는 중간관리 인력의 확보와 시스템의 개선이 요구된다고 하겠다.

　한편 본 연구에서는 상하이GM의 생산방식 혹은 작업조직에 대한 조사가 누락되었으나,[32] GM 그룹은 전 세계 공장에 걸쳐 GM-GMS(Global Manufacturing System)라고 하는 미국화된 일본식 생산방식을 표준적으로 전개하고 있다. 이에 대해 연구진은 한국의 GM대우 방문을 통해 한국 관리자들이 GM-GMS를 익히기 위해 상하이GM으로 훈련을 다녀온 사실을 들을 수 있었다. 이로써 예상대로 GM의 경우는 나름대로 자신의 생산방식을 중국에도 적용하고 있을

---

[32] 연구진의 상하이GM 방문 시점은 상하이자동차의 쌍용자동차 인수 건 등이 얽혀 있어 피면담자들이 다소 민감한 반응을 보였으며, 따라서 원론적인 답변을 거듭하는 경우가 많았다. 추후 GM 대우자동차나 쌍용자동차 등과의 비교 연구가 이루어질 필요가 있을 것이다.

것으로 짐작할 수 있다.

요컨대 외자계 기업을 중심으로 중국에서도 생산방식의 고도화와 유연한 근로시간제도의 도입 등이 이루어지고 있는데, 그것은 각기 독일, 미국 등 초국적기업 본사의 영향을 받고 있었다. 한국계 공장들 역시 한국 본사와의 교차훈련과 현장지도 등을 통해 조기에 생산성 및 품질의 안정을 달성할 수 있었던 것으로 보인다. 다만 중간관리자층에 대한 훈련을 포함하여 관리능력의 전반적 향상을 모색하는 것은 다른 외자계 기업과의 경쟁과 중국계 기업과의 격차 유지를 위해 필수적으로 갖추어야 할 요소인 것으로 판단된다. 그리고 그것은 중국 인력들과의 공생을 통해 현지화를 완수하는 과정에 다름 아닐 것이다. 그러한 점에서 노사관계는 또 다른 중요한 관리 영역으로 부각된다.

4) 노동관계

중국의 노동조합은 '공회'로 불리는데, 공산당의 지도를 받고 있으며, 전직종을 포괄한다는 점에서 한국이나 서구의 노동조합과 구분된다. 법으로 노동조합을 조직하도록 되어 있으며, 노동조합 경비 역시 노동자 임금의 2%를 갹출하도록 규정되어 있다. 노동자들의 이해를 대변하면서도 공산당의 지도를 받는 노동조합의 위상은 중국 정부가 경제성장에 중점을 둘 경우 노동자들의 이익이 일시적이라도 보류되어 후순위로 밀릴 가능성을 제기한다. 실제 국유기업이나 외자계 기업, 특히 자동차산업은 국가 기간산업으로 정책적으로 육성되고 있기 때문에, 이러한 경우 산업발전과 노동자 이해 대변이 현장에서 어떻게 조화를 이루고 있는가를 살펴보는 것은 매우 흥미로울 일이다.

조사대상 11개 업체 가운데, 허베이링원의 경우는 노동조합에 대하여 언급하지 않았으며, 나머지 10개 업체 중 한국계 부품회사 두 곳은 노동조합을 조직하고 있지 않았다. 또한 다른 한 회사는 그 지역 총공회의 거듭된 요구에 따라 노동조합을 조직하기는 했으나, 사실상 활동을 거의 하고 있지 않다고 인정하였다. 이에 비해 중국계와 미국계 부품회사들은 모두 노동조합을 조직하고 있었는데, 중미 합작기업인 상하이 E사의 경우 연구진의 방문 직전에 74명 중 59명의 노동자가 민주적인 선거를 통해 위원장 등 간부 3명을 선출하고 여가활동 조직이나 지역 도서관 출입증 발급 등의 활동을 전개하고 있었다. 또한 상하이VW의 경우는 피면담자가 독일 본사보다 더 노동조합 활동이 활발하다고 했는데, 예를 들어 보너스의 결정과정도 참여한다고 소개하였다. 또한 옌펑비스테온의 경우에도 2003년과 2004년 노동조합과의 협의를 통하여 임금인상률이 결정되었다고 소개하기도 했다.[33] 한국계 완성차기업들 역시 노동조합을 조직하고 있으나, 둥펑웨다기아의 경우는 아직 단체협상을 체결하지 못하고 있었다. 이에 비해 베이징현대의 경우 2004년 노동조합과의 임금협상을 통해 생산직은 4.6%, 사무관리직은 7.8%의 임금인상안에 합의했다고 한다. 이렇듯 한국계 기업을 포함하여 각 사의 노동조합 활동 수준은 차이를 보이는데, 전임자 숫자에서도 상하이VW 10명, 베이징현대 7명, 둥펑위에다기아 1명, 옌펑비스테온 21~22명 등으로 상당한 차이를 보였으며, 상하이민푸나 상하이 E사, 상하이 B사 등은 모두 노동조합 간부들이 회사의 행정직을 겸직하고 있었다. 흥미로운 것은 모든 직종이 가입하는 중국 노동조합에서 간부들은 대개 사무관리직, 그 중에서도 고위직이 담당하는 경우가 많다는 점이다.

한편 한국계 부품업체 두 곳은 노동조합을 설립하지는 않았지만, 베이징 C사가 직공대표회의를 조반장급을 중심으로 조직하고 있었으며, 특히 반장급은 상임위원회를 두고 매달 모임을 열어 회사측에 노동자들의 의견을 전달하

---

33 2003년 생산직 2.5%, 관리직 8%, 2004년 생산직 2%, 관리직 9%였음.

는 통로로 활용하고 있었다. 또한 베이징 D사의 경우는 현장건의함을 설치해두고 고충을 수렴하였으며, 여기서 식당에 대한 불만이 큰 것을 파악하고 식당운영위원회를 별도로 설치해두는 등 나름대로의 노력을 전개하고 있었다. 그럼에도 불구하고 전반적으로 한국계 기업들은 중국계나 구미계 기업에 비하여 노동조합과 협력하고 타협하는 데 소극적인 것으로 보인다.

4. 결론

중국 자동차산업은 지난 10여 년간 빠른 성장을 거듭해 왔으며, 특히 최근 2~3년은 폭발적인 생산 및 판매 증가세를 나타내고 있다. 2004년 하반기 들어 경기과열에 대한 거시경제 조절 등으로 다소 주춤한 양상을 보이기도 하였으나, 2008년 베이징 올림픽, 2010년 상하이 국제박람회 등을 계기로 더 큰 도약을 할 것이라는 점을 의심하는 사람은 없다. 이 같은 상황에서 중국은 광대한 시장 규모를 바탕으로 초국적기업들을 흡수하고 있으며, 장기적으로는 이들이 모두 중국화될 것으로 기대하고 있는 것으로 보인다. 특히 완성차부문에서 50% 이상의 지분을 외국인에게 허용하지 않는 것과 2004년 신산업정책에서 브랜드의 중요성을 강조한 것 등은 민족적 입장에서 산업육성에 대한 의지를 읽게 하는 대목이다.

그럼에도 불구하고 아직 중국계 업체들의 경쟁력은 미진한 것으로 보이며, 많은 부분에서 초국적 선진업체들의 기술과 관리능력에 의존하고 있다. 고용관계에서도 이러한 양상은 두드러졌는데, 상하이VW은 독일식의 근로시간제도와 직능자격제도, 그리고 상하이GM과 옌펑비스테온은 미국식 직무급제도와 생산방식 등을 적용하고 있어 중국의 노동시장과 고용제도에 '적응'하면서도 자신의 고유한 방식을 '적용'하여 글로벌 기업으로서의 통일성을 확보하려는 전략을 보여주었다. 그리고 이것은 각 초국적기업들에게는 검증된 관리 방식이기 때문에 경쟁력의 향상에서도 큰 효과를 발휘할 것으로 예상된다. 결국 중국 시장에서의 경쟁은 치루이 등 일부 중국계 독자업체들을 제외한다면 초국적업체들간의 총체적인 경영시스템 경쟁으로 귀결될 가능성이 크다.

그러한 점에서 한국계 완성차 및 부품업체들의 경우에도 현재까지 한국 내에서 적용하여 성공했던 '속도'와 '돌파'를 위주로 하는 관리 방식을 채택하고 있는 것으로 보인다. 그렇지만, 문화와 제도적 여건이 다른 중국에서 이러한 전략이 무리 없이 뿌리를 내릴 수 있을지에 대해서는 다시 한 번 돌아볼 필요가 있을 것이다. 또한 중국 시장에서의 경쟁이 어느 한 부분의 기술력이나 관리능력, 혹은 부품경쟁력 등에 의존하는 것이 아니라 총체적인 시스템간의 경쟁이라면 중국 현지의 경영시스템을 재점검하면서 한국 내 모기업의 시스템도 진단해 볼 필요가 있을 것이다.

중국 자동차산업의 고용관계와 관련하여 기업들은 정규 인력에 대해서도 1~4년 단위로 계약을 체결하고 노무공(파견노동자)과 임시공을 활용하는 등 근속 10년 이상의 무기한 계약 노동자들로 인한 경직성을 피하기 위해 다양한 방식을 채택하고 있었다. 그러나 노무공의 임금은 계약직 정규 사원에 비하여 적지 않으며, 상하이VW의 경우는 이들에게도 훈련기회를 제공하는 등 등급별로 관리를 체계화하고 있었다. 또한 직능자격제도 혹은 발달된 직무급 제도를 적용하는 등 구미계 기업들의 경우 경제적 합리성을 인적자원 관리에 적용하는데도 노력하고 있는 것으로 확인되었으며, 그럼에도 불구하고 노동조합과의 공존을 통한 노동자 의견 수렴과 충성도 확보에도 만전을 기하고 있었다. 이러한 양상은 부품업체들의 경우에도 공통적으로 나타나는 현상이지만, 관리력과 임금수준은 완성차업체들에 비해 다소 떨어지는 것으로 보인다. 한국계 완성차 및 부품업체들 역시 중국계 및 구미계 기업들과 유사한 관리 방식을 채택하고 있으나, 근로시간이 길고 노동조합과의 공존과 협력에 소극적인 것에서 알 수 있듯이 현지화를 위해서는 더욱 큰 노력이 요구된다. 또한 한·중 공장간 교차훈련이 활성화되어 있는데, 이 부분을 향후 더욱 발전시켜 나감으로써 중국 사업의 성공은 물론 한국 공장에도 긍정적인 영향을 미치도록 하는 방안을 모색해야 할 것이다.

제6장

중국 전자산업의 분업구조와 노동관계 :
가전산업을 중심으로

1. 서론

중국은 전 세계의 공업산업을 강력하게 흡수하고 있는 블랙홀이다. 초기에는 양질의 저렴한 노동력, 거대한 시장, 정치·사회적 안정이 중국을 블랙홀로 만들었지만, 이제는 블랙홀이 흡인한 세계의 공업산업이 산업집적의 효과를 만들어냄으로써 그 블랙홀을 더욱 가공스럽게 만들고 있다. 거대한 산업인프라가 구축되어 있는 주장(珠江) 델타지역, 양쯔강 델타지역, 보하이(渤海)만 지역은 다국적기업과 중국기업의 공업제조가 활발하게 이루어지는 세계의 공장이 되었다.

중국이 세계의 공장으로 변화하면서 중국시장은 세계에서 경쟁이 가장 치열한 시장의 하나로 변화하고 있다. 전자제품의 경우, 다국적기업과 중국 국내기업은 공급이 수요를 좇아가지 못했던 1980년대까지만 하더라도 수요의 요구에 미치지 못하는 상품을 공급하고서도 이윤을 획득할 수 있었지만, 공급이 수요를 초과하기 시작한 1990년대 중반기 이후부터는 수요의 요구에 미치지 못하는 상품을 공급할 경우 시장에서 신속하게 도태되기 시작했다.

최근 들어 중국시장에서 공급되고 있는 컬러텔레비전, 에어컨, 컴퓨터, 냉장고, 세탁기, 컴퓨터, 핸드폰 등과 같은 전자제품들은 다국적기업이 본국에서 출시하는 것과 동일한 모델이다. 세계의 모든 최신 모델이 중국시장에서 경쟁을 하고 있는 셈이다. 1980년대 선진국의 생산설비와 기술을 도입해 전자제품을 만들기 시작했던 중국의 기업들 가운데, 하이얼(海爾), 롄상(聯想), TCL, 메이더(美的), 창훙(長虹) 등과 같은 일부 기업은 이제 세계의 다국적기업과 어깨를 나란히 하며 중국시장뿐만 아니라 세계시장까지 개척해 가고 있다.

자국의 생산설비가 중국으로 빠져나가고, 중국 전자산업이 급속하게 부상하자 중국의 전자산업이 발전하게 된 원인, 중국 전자산업이 경쟁력을 갖게 된 원인, 현재 중국 전자산업의 경쟁력 수준, 향후 중국 전자산업의 발전전망 등을 체계적이고 실증적으로 분석한 다양한 연구 성과가 나오고 있다. 그 가운데 주목을 끄는 몇 가지 이론을 들어보면 다음과 같다.

우선, '생산 네트워크'(network of production) 이론이다. 이 이론은 중국 전자산업의 발전을 이해하기 위해서는 무엇보다 다국적기업의 생산설비가 동아시아로 이전되는 역사적 맥락을 이해해야 한다고 강조한다. 즉, 미국의 다국적기업이 '주문자상표 부착 생산'(OEM) 방식을 채택하고 동아시아 지역을 생산제조 기지로 설정한 것과 1980년대 플라자 합의 이후 일본과 신흥공업국(NIEs)의 전자산업이 평가절상 압력과 보호무역의 장벽을 극복하기 위해 산업설비를 동아시아로 이전한 것이 중국 전자산업의 발전과 직결되어 있다는 것이다.

생산 네트워크 이론은 다국적기업의 생산설비 이전으로 새로운 국제 노동분업 체계가 형성되고 있는 것에 주목한다. 즉, 부가가치가 높은 생산의 상류와 하류 부문을 담당하는 다국적기업과 부가가치가 낮은 조립제조를 담당하는 중국의 전자기업 사이에 국제적인 노동분업 체계가 형성되고 있다는 것이다(Bernard & Ravenhill 1995; Gereffi 1997; 尹春志 2003).

한편, 생산 네트워크 이론은 미국으로 대표되는 '개방적 생산 네트워크'와 일본으로 대표되는 '폐쇄적 생산 네트워크'를 구분한다. 미국의 전자산업은 연구개발, 제품 설계, 마케팅 등 '가치 연쇄'(value chain)의 두 극단에 있는 고부가

가치 영역에 자신의 역량을 집중하면서 부가가치가 낮은 제조단계의 대부분을 외부화한다. 이 때 미국의 다국적기업은 자신의 브랜드에 부합하는 품질을 확보하기 위해 기술이전과 훈련을 통해 위탁기업의 능력을 제고시킨다. 그런데 미국의 전자산업과 달리 일본의 전자산업은 연구 개발, 제품 설계, 부품 조달, 제조 모든 과정에 직접 참여하고, 또 그 과정이 일본 기업을 중심으로 이루어지기 때문에 기술과 제조 노하우는 폐쇄적인 네트워크에 들어가 있지 않은 현지 기업으로는 거의 확산되지 않는다(尹春志 2003, 12).

다음은 '아키텍처'(architecture) 이론이다. 아키텍처 이론이란 제품에 체화되어 있는 설계 정보를 분석하는 것을 말한다. 아키텍처 이론은 본래 공학 이론의 하나인데, 1990년대 이후 미국 연구기관을 중심으로 경제학·경영학의 분석 방법론으로 응용되기 시작했다가, 최근 들어 일본을 중심으로 기업과 산업의 경쟁력과 수익성을 분석하는 주요한 이론의 하나로 자리잡아 가고 있다. 최근 들어 일본에서는 아키텍처 이론을 이용하여 중국의 전자산업을 포함한 기타 산업의 발전과 관련한 몇 가지 의미 있는 연구가 나오고 있는데, 이를 정리하면 다음과 같다.

첫째, 중국은 국제 노동분업 체계의 중·하위에 있고, 그 같은 상태는 상당 기간 지속될 것이라는 점이다. 아키텍처 이론은 전자제품 제조기술이 발전하여 전자 부품의 모듈화가 촉진됨으로써 전자산업의 진입 장벽은 현저하게 낮아지고 있고, 제품의 '라이프 사이클'(life cycle)도 단축되고 있기 때문에, 기술 축적의 정도가 낮은 후발 기업들도 생산설비를 갖추면 전자산업에 진출할 수 있고, 신제품을 저렴한 가격으로 내놓는 것이 경쟁력을 갖는 주요한 요인이 된다고 주장한다. 아키텍처 이론은 중국의 전자산업이 경쟁력을 갖는 분야는 주로 '모듈형 아키텍처'(modular architecture) 영역에 한정되는 것으로 보고 있다. 그러나 제품 설계가 복잡하여 기술적 통합이 요구되는 '통합형 아키텍처'(integral architecture) 영역의 경우 기술 수준이 낮은 후발 기업들은 진입에

어려움이 크기 때문에 '상당한 기간 동안' 일본을 비롯한 선진국의 다국적기업
이 경쟁 우위를 점한다고 주장한다(藤本隆宏·新宅純二郎 2005; Ogawa, Shintaku
and Yoshimoto 2005).

둘째, 전자산업의 기술 발전으로 전자산업 영역에서는 일본식의 폐쇄적
생산 네트워크가 점차 미국식의 개방적 생산 네트워크로 대체되고 있다는 점
이다. 전자 부품의 모듈화가 촉진됨에 따라 시장을 통해 규격화된 부품을 저
렴한 가격으로 확보할 수 있게 되면서 일본식의 폐쇄적 네트워크는 점차 미국
식의 개방적 네트워크로 대체되고 있다는 지적이다(伊藤勳 2005; Gereffi 1997,
85). 한편, 중국에서는 통합형 아키텍처에 속하는 진품의 부품이 모듈화가 촉
진되고 있기 때문에, 진품이 '부품 복제 → 모조품 → 모조품 개량'을 통해 모조
품으로 만들어지고 또 다수의 조립기업들이 그 모조품을 만들어 마치 통합형
아키텍처에 속하는 부품이 범용 상품처럼 사용되고 있기 때문에(藤本隆宏
2005, 9), 산업 전반에 걸쳐 일본식의 폐쇄적 생산 네트워크는 미국식의 개방적
네트워크로 대체될 것이라는 추론도 가능하다.

셋째, 강한 중국 기업의 출현 가능성과 그 한계성이다. 아키텍처 이론은
전자산업은 모듈화가 촉진됨으로써 다수의 조립제조 기업들이 난립하고 이들
간에 치열한 경쟁이 이루어져 공급 과잉을 야기하면서, 상품의 가격저하를 불
러일으켜 조립제조 기업의 수익성이 전반적으로 악화되지만, 치열한 경쟁에
서 승리한 기업은 '강한 기업'으로 탈바꿈할 수 있다고 지적한다. 그러나 강한
중국 기업조차 가격경쟁 때문에 제품 차별화를 위해 기술개발 투자비용을 조
달하기 힘들고, 따라서 모조 부품을 종합하는 수준을 넘어서기 힘들다고 지적
한다(藤本隆宏 2005, 9).

생산 네트워크 이론과 아키텍처 이론은 중국의 전자산업 발전 현상에 대
해 동일한 진단과 함께 다른 진단을 내놓고 있다. 동일한 진단은 다음과 같다.
생산의 상류와 하류 부문은 선진국의 다국적기업이, 중류 부문은 중국 기업이

담당하는 국제 노동분업 체계가 '당분간' 지속될 것이라는 전망이다. 이렇게 동일한 진단 속에는 시장의 규모가 아주 큰 중국 시장의 마케팅 분야를 중국 기업이 지배하고 있다는 사실과 그 의미를 파악하려는 적극적인 시각이 결여 되어 있다. 생산 네트워크 이론이 선진국의 다국적기업과 중국의 전자산업 사이에 형성된 국제 노동분업 체계를 정태적으로 보고 있는 점이나, 아키텍처 이론이 중국의 '강한 기업'조차 제품 차별화를 위한 개발투자 비용을 조달하기 힘들기 때문에 모조품을 조립하는 수준에 멈출 수밖에 없다고 지적하고 있는 점에 대해서는 좀 더 진지한 검토가 필요할 것으로 보인다.

한편, 서로 다른 진단은 다음과 같다. 생산 네트워크 이론은 중국의 전자 산업에서 개방적 네트워크와 폐쇄적 네트워크가 공존하고 있다고 보는 반면, 아키텍처 이론은 폐쇄적 네트워크는 개방적 네트워크로 점차 대체될 것이라 고 전망하고 있다. 이 같은 상반된 진술은 폐쇄적 네트워크를 운영하고 있다 고 지목되는 일본 및 한국 다국적기업의 생산 네트워크가 중국의 전자산업 내에서 실제로 어떻게 운영되는지에 대한 실증적인 연구를 통해 그 진위가 밝혀 질 것이다.

본 글은 중국의 가전기업 사례연구를 통해 중국의 전자산업이 당분간 생산의 중류 부문을 담당할 수밖에 없는 원인, 네트워크의 형태 변화 양상에 대해 살펴보고 생산 네트워크 이론과 아키텍처 이론에서는 전혀 관심을 두고 있지 않은 고용관계에 대해서 살펴보고자 한다. '기술적 특성'(technological characteristics)은 경영의 형태, 피공용자의 조직, 감독 문제, 요구되는 노동력의 종류 등에 큰 영향을 미침에도 불구하고(던롭 1988, 26), 전자산업의 기술적 특성 변화에 착목하고 있는 생산 네트워크 이론과 아키텍처 이론은 고용관계 전반으로까지 관심을 확대하지 못하고 있는 실정이다. 본 글의 사례는 2005년 4월 과 8월 두 차례에 걸쳐 중국의 현지기업과 한국의 가전기업 방문을 통해 수집 된 자료에 근거하고 있다.

208

2. 중국 가전산업의 발전 현황

1) 중국 가전산업의 발전 현황

중국의 가전산업은 1978년 개혁개방 정책 이후 과거 군수산업이었던 전자산업이 신속하게 민수산업으로 전환되면서 발전하기 시작했다. 1980년대에 걸쳐 중국 도시주민들의 소득이 증가하여 냉장고, 컬러텔레비전, 세탁기 등 가전제품에 대한 수요는 급증했으나 중국의 군수산업이었던 전자산업은 그 수요를 충족시킬 만한 생산설비와 기술을 갖지 못했다. 가전제품 수입이 급증하는 가운데, 중국의 군수산업이었던 전자산업은 지방정부의 적극적인 비호 하에 외국의 설비와 기술을 도입하여 신속하게 가전제품 공급을 확대해 나갔다.

1980년대 경제체제 개혁이 본격적으로 진행되는 과정에서 중앙 소속의 수많은 국유 전자기업이 지방 소속으로 전환되었고, 기업간 합종연횡, 전자산업 내부의 기업집단화 움직임이 활발하게 나타났으며, 사영기업의 전자산업 진출도 활발해졌다. 1985년까지 전국에 133개의 전자공업공사가 설립되었고, 대규모 전자기업집단도 30여 개나 설립되었다. 〈표 6-1〉에서 알 수 있듯이, 1990년 전자산업의 기업 수는 3,298개, 생산액은 698.1억 위안, 고용자 수는 168.1만 명으로 성장하여 규모의 경제적 효과가 서서히 나타나는 단계로 진입했다(陳建平 2003, 238-239).

중국 당국은 제8차 5개년 계획 기간(1991~95년) 중에 기계 및 전자산업을 중국 산업의 중심으로 발전시킨다는 전략을 확립했다. 이 같은 산업정책에 힘입어 각 지역에서 성장한 대형 가전업체들은 1990년대 중반부터 사업을 다각화하고 중국의 내수시장과 해외시장을 놓고 치열한 가격 경쟁을 전개하기 시작했다. 그 과정에서 가전제품의 가격은 저하되었고, 품질은 개선되었으며, 신기술 및 신제품이 시장에 나타났다. 그 결과 중국 가전산업의 규모는 급성

<표 6-1> 중국 전자산업 발전 현황 (1980~2000년)

연도	생산액(억 위안)	기업수(개)	종업원 수(만 명)
1980	100.3	2,834	123.8
1985	286.4	2,292	134.2
1990	698.1	3,298	168.1
1995	2,471.0	3,502	169.7
2000	10,624.2	2,954	152.8

출처 : 陳建平(2003, 239).

장하여 <표 6-2>에서 보이듯이, 2000년 현재 생산면에서는 일본을 제치고 세계 1위, 소비면에서도 미국에 이어 세계 2위를 점하고 있다(지만수 2002, 277).

1990년대 후반 들어 중국은 이미 가전제품의 주요 수출국으로 부상했다. 2003년 중국 가전산업의 냉장고, 세탁기 생산량은 전 세계 생산량의 30%, 에어컨, 전자레인지는 70%를 점하고 있다. 2003년 중국의 가전제품 수출총액은 125.76억 달러로 2002년에 비해 42% 증가했다(國家信息中心中國經濟信息網 編著 2005, 23-24). 1990년대 중반 들어 사업을 다각화하기 시작했던 중국의 가전산업은 하이테크 분야에도 진출하여 <표 6-3>과 같이 디지털 카메라, 노트 북, 대형 액정 디스플레이(LCD) 등 하이테크 분야에서도 세계시장 점유율을 확대해 나가고 있다.

1990년대 중반 이후 중국 가전산업의 생산능력 확대와 수출 증가는 중국 국내 가전산업의 발전에 기인하지만, 생산 기지를 중국으로 이전한 세계 다국적기업도 큰 역할을 하였다. 중국가용전기협회(中國家用電器協會)의 통계자료에 따르면, 1999년 5대 외자기업의 냉장고 판매액은 판매총액의 15.9%, 생산량은 총생산량 14.3%를 점하고, 2000년에는 판매액은 판매총액의 18.9%, 생산량은 총생산량의 16.7%를 점했다. 1995년 제3차 전국공업조사 자료에 따르

<表 6-2> 2000년 세계 가전산업 및 가전시장 (단위 : 억 달러)

	미국	일본	중국	한국
가전생산액				
1998	5,919	16,791	14,460	3,234
1999	5,560	16,547	16,200	3,753
2000	5,466	16,793	17,736	3,917
가전시장 규모				
1998	25,776	86,725	8,463	1,137
1999	26,726	8,759	9,693	1,151
2000	27,486	9,008	10,637	1,852

출처 : 『전자진흥』 2000. 9; 지만수(2002, 278)에서 재인용.

<표 6-3> 중국 주요 전자제품의 세계 생산량 점유 비중(2002년) 추정치 (단위: %)

	중국	일본	한국	대만	기타
DVD 플레이어	54	8	7	-	31
데스크탑 컴퓨터	30	2	6	17	45
휴대전화기	28	13	19	-	41
컬러 텔레비전	27	1	9	-	64
디지털 카메라	13	52	5	21	9
노트북 컴퓨터	12	19	7	48	14
대형 LCD	-	29	36	35	0

출처 : 新宅純二郎·加藤寬之·善本哲夫(2005, 150).

면, 1995년 일용전기제품의 수출 중 3자 가전기업이 차지하는 비중은 50%이상에 달한다(胡楠·姚戰琪 2004, 295-298). <표 6-4>는 중국에 들어와 있는 세계 주요 가전기업의 현황이다.

<표 6-4> 1990년대 이후 다국적 가전기업의 중국 투자 현황

다국적기업 명칭	투자 지역	투자 내용
독일 Bosh Simens (博世西門子)	양저우(揚州)	양쯔(揚子)집단과 합자로 보시양(博西揚)을 설립했다. 냉장고, 세탁기를 생산한다.
스위스 Electrolux (伊萊克斯)	창사, 항저우, 톈진	합자회사를 설립하여, 냉장고, 에어컨, 소형 가전제품을 생산한다.
미국 Whirlpool (惠爾浦)	베이징	베이징쉐화(北京雪華)와 합자하여 냉장고를 주로 생산해 왔으나, 자본을 철수한 뒤 지금은 독자적으로 사업을 전개하고 있다.
미국 Maytag (美泰克)	허페이(合肥)	허페이의 룽스다(榮事達)와 합자로 냉장고를 생산해 왔으나 자본을 철수한 뒤, 지금은 독자적으로 사업을 전개하고 있다.
이태리의 Zanussi (扎奴西, Electrolux가 지배)	칭다오(青島), 톈진, 상하이	칭다오의 오커마(澳柯瑪)와 합자로 냉장고를 생산하고 있다. 톈진, 상하이에서는 냉장고 컴프레서를 생산하고 있다.
미국 Philco (飛歌)	허페이	합자로 에어컨을 생산하고 있다.
일본 소니	상하이	텔레비전을 생산하고 있다.
일본 마츠시타 (Panasonic)	산둥(山東), 다롄, 광저우, 항저우, 베이징	산둥에 텔레비전 생산기지를 두고, 영상 녹화 사업에 거액을 투자했다. 다롄에 '화루마츠시타 영상촬영기'(華錄松下攝像機) 생산 기지를 두고 있다. 광저우완바오(廣州萬寶)와 합자로 에어컨을 생산한다. 항저우에는 세탁기 공장이, 베이징에는 브라운관 공장이 있다.
일본 샤프 (Sharp)	상하이	상하이광뎬(上海廣電)과 합자기업을 설립하여 샤프 에어컨, 냉장고, 세탁기를 생산하고 있다.
일본 도시바	다롄	선진적인 컬러텔레비전 생산기지를 두고 있다.
한국 LG	선양(深陽), 톈진, 난징 등지	선양에 거액을 투자하여 세계 텔레비전 생산기지로 삼고자 하고, 톈진에는 전자레인지 생산기지를 두고 있으며, 춘란(春蘭)과 합자로 냉장고 등 가전제품을 생산하고 있다.
한국 삼성	톈진, 쑤저우(蘇州)	톈진에 컬러텔레비전을 생산하고, 쑤저우에는 샹쉐하이(香雪海)와 합자로 세탁기를 생산하고 있다.

자료 : 胡楠·姚戰琪(2004, 299).

2) 중국 가전제품의 발전 현황

1990년대 들어 세계의 다국적 가전기업들이 속속 중국으로 생산설비를 이전했지만, 중국 가전업체와 치열한 경쟁에서 대부분 패배했다. 1995년 한 해만 하더라도 가전분야에서 외국회사가 58개의 합자기업을 세우고 중국 시장을 공략했다(지만수 2002, 280). 그러나 대다수 외국 브랜드들의 중국 시장 공략은 실패하고 몇몇 다국적기업들만 중국 시장의 일부분을 점유하고 있을 뿐이다. 현재 중국의 가전시장을 지배하고 있는 기업은 다국적기업이 아니라 중국 국내의 대기업이다. 아래에서는 주요 가전제품의 판매량과 시장 점유율을 살펴보겠다.

(1) 에어컨

중국의 에어컨 생산은 1978년에 시작되었는데, 당시 생산량은 연 223대에 불과했다. 1991~93년 생산을 확대하기 시작했고, 1994~96년 고도성장기를 거쳐, 2003년 현재는 연 생산량이 5,000만 대에 달한다. 중국의 에어컨 생산량은 미국과 일본을 제치면서 세계 1위를 기록하고 있다. 2003년 전 세계 에어컨 판매량은 1.05억 대인데, 그중 중국의 판매량이 3,165만 대에 달한다. 중국 판매량 가운데 내수는 1,750만 대, 수출은 1,415만 대에 달한다. 에어컨 생산 기업은 약 3백 개에 달하지만, 그 중 연 생산량이 100만 대 이상 되는 기업은 20여 개밖에 되지 않는다(國家信息中心中國經濟信息網 編著 2005, 31).

2003년 중국 시장에서 상위 5개 기업과 10개 기업의 에어컨 시장 판매 점유율은 각각 48.8%, 61.3%이다. 〈표 6-5〉에서 알 수 있듯이 중국 에어컨 시장의 경쟁은 아주 치열하다. 상위 10개 기업 가운데 하이얼, LG, 옥스(奧克斯), 하이신(海信)의 판매액만 2002년에 비해 약간 증가했고 나머지 기업은 저하했는

<표 6-5> 2003년 중국 상위 10대 기업의 에어컨 판매량 및 시장 점유율 (단위 : 만 대, %)

기업	판매량	시장점유율
하이얼	238.5	16.1
메이더	159.8	10.8
거리(格力)	129.2	8.7
LG	97.4	6.6
옥스	96.9	5.7
하이신	84.2	4.9
신커	71.8	4.2
커룽	62.2	4.2
창훙(長虹)	47.3	3.2
히타치(日立)	36.7	2.5

출처 : 國家信息中心中國經濟信息網 編(2005, 36).

<표 6-6> 2003년 중국 상위 10대 기업의 냉장고 판매량 및 시장 점유율 (단위: 만 대, %)

기업	판매량	시장점유율
하이얼	268.7	26.79
룽성(容聲)	107.7	10.74
신페이(新飛)	88.1	8.78
지멘스(西門子)	87.8	8.75
메이링(美菱)	80.4	8.02
Electrolux(伊萊克斯)	78.3	7.81
LG	69.5	6.93
삼성	39.7	3.96
룽스다	30.2	3.01
마츠시타	21.8	2.17
기타	130.8	13.04

출처 : 國家信息中心中國經濟信息網 編(2005, 46-47)

데, 판매량 저하 기업 중 메이더, 신커(新科), 커룽(科龍) 등의 판매량 저하가 두 드러진다(國家信息中心中國經濟信息網 編著 2005, 35).

(2) 냉장고

중국은 세계 최대의 냉장고 생산국이다. 2003년 중국의 냉장고 생산 능력은 2,500만 대, 생산량은 2,207.50만 대에 달했다. 88개 기업이 약 40여 개 브랜드를 생산하고 있으나, 대다수 기업의 연 생산량은 40만 대에 미치지 못한다. 2003년 상위 10대 기업의 냉장고 생산량은 1,617.22만 대로 전체의 68.76%를 점하고 있다. 상위 10대 기업의 생산량은 전년대비 41.66% 증가했다. 〈표 6-6〉에서 나타나듯이 냉장고의 경우 브랜드 집중도가 높고, 외자기업의 시장 점유율이 점차 확대되고 있다(國家信息中心中國經濟信息網 編箸 2005, 41, 46).

(3) 세탁기

2003년 중국의 세탁기 생산량은 1,942.63만 대로 전년대비 27.81% 증가했다. 2003년 상위 10대 기업의 생산량은 1,617.22만 대로 총생산량의 69.45%를 점한다. 상위 10대 기업의 생산량은 전년대비 41.66% 증가했다(國家信息中心中國經濟信息網 編箸 2005, 52). 〈표 6-7〉은 중국 상위 10대 기업의 세탁기 판매량과 시장 점유율이다.

(4) 기타

컬러텔레비전을 생산하는 중국의 가전기업은 약 100개 사에 달한다. 2003년 말 중국 가전기업의 텔레비전 연 생산량은 7,530.18만 대인데, 그 중 컬러텔레비전은 6,541.40만 대이다(國家統計局工業交通司 2004, 51). 2003년 10월까지 컬러텔레비전 수출은 2,517만 대에 달한다(國務院産業發展研究中心産業經濟研究部主持編選 2004, 208). 2001년 현재 25인치 이상의 컬러텔레비전 시장 점

<표 6-7> 2003년 중국 상위 10대 기업의 세탁기 판매량 및 시장 점유율 (단위: 만 대, %)

기업	판매량	시장점유율
하이얼	350.8	26.9
샤오텐어(小天鵝)	253.0	19.4
룽스다	130.4	10.0
LG	73.3	5.7
마츠시타	73.0	5.6
Whirlpool(惠爾浦)	56.1	4.3
지멘스	54.8	4.2
샤오야(小鴨)	45.6	3.5
삼성	39.1	3.0
산뇨(三洋)	31.3	2.4
기타	195.6	15.0

출처 : 國家信息中心中國經濟信息網 編(2005, 57).

유율 상위 5개 기업은 TCL, 하이신, 창훙, 촹웨이(創維), 캉자(康佳)이다(지만수 2003, 281).

3) 중국 가전제품 핵심 부품 대외의존 현황

중국의 대기업이 가전시장을 지배하고 있지만, 핵심부품의 외부 의존도는 여전히 높은 편이다. 2003년 중국의 가전제품 수입총액은 19.8억 달러로 전년 대비 32.1% 증가했는데, 그 대부분이 핵심 부품 수입 때문에 발생했다(國家信息中心中國經濟信息網 編著 2005, 41, 119). 물론 수많은 외국의 핵심 부품 생산 기업이 중국으로 진출해 있지만, 중국 국내에서 생산되는 핵심 부품의 생산량은 급속하게 증가하고 있는 완제품 업체의 수요를 따라가지 못하고 있다.

냉각 가전제품의 핵심 부품인 냉각 컴프레서의 경우 외자기업의 판매량이

〈표 6-8〉 주요 컴프레서 생산기업(2000년)

등수	기업	합자측	주식구조	생산량(대)	판매량(대)
1	상하이히다치 전기유한공사	히다치(일)	중국 75%	3,176,188	3,181,161
2	광둥메이더(廣東美的) 집단주식유한공사	도시바*(일)	중국≧60%	2,659,161	2,436,825
3	마츠시타완바오(松下萬寶) 광저우 컴프레서 유한공사	마츠시타(일)	일본≧70%	2,468,300	2,415,800
4	미츠비시(三菱) 전기 광저우 컴프레서 유한공사	미츠비시(일)	일본 독자	1,666,321	1,722,218
5	선양화룬산요(深陽華潤三洋) 컴프레서 유한공사	산요(일)	중국≧60%	1,553,149	1,549,723
6	칭안(慶安) 집단 유한공사	비합자	중국 독자	1,081,301	1,138,089
7	주하이링다(珠海凌達) 컴프레서 유한공사	비합자	중국 독자	851,572	848,936
8	LG전자 톈진 전기 유한공사	LG(한)	한국 지배	706918	64,677

주 : 1998년 광둥메이더 집단은 광둥완자러(廣東萬家樂)공사와 도시바공사의 주식을 매입하여 광둥메이시바(廣東美芝)를 설립했다.
출처 : 胡楠·姚戰琪(2004, 304).

절대다수를 점하고 있다. 2000년 5개 중국·일본 합자기업의 에어컨 컴프레서 판매량은 총판매량의 70%를 점하고 있다. 〈표 6-8〉에서 알 수 있듯이 에어컨 냉각 컴프레서 판매량 상위 8대 기업 가운데 외자기업이 6개를 점하고 있고, 이들 외자기업의 생산량이 총생산량에서 점하는 비중은 86%에 달한다. 그러나 8대 기업 가운데 중국측이 지배주주인 기업은 5개에 달한다. 예를 들어 상하이히타치(上海日立)의 경우 중국측이 75%의 주식을 갖고 있다. 2000년 이 5개 기업의 판매량은 9,154,734대로 8개 기업 판매량의 65.76%를 점하고 있다(胡楠·姚戰琪 2004, 304).

핵심 부품에 대한 중국 가전대기업의 대외의존도가 높은 것은 컬러텔레비전의 핵심 부품인 브라운관에서도 잘 드러난다. 중국 텔레비전 생산기업 중

〈표 6-9〉 중국 시장의 브라운관 생산 능력

기업 명	생산 능력(만 대/년)
베이징마츠시타(北京松下, 일본계 마츠시타)*	700
사이거히다치(賽格日立, 일본계 히다치)**	600
프랑스 톰슨포산(法國湯姆遜佛山, 유럽계 톰슨)	200
광둥푸디(廣東福地, 유럽계 톰슨)***	510
난징화페이(南京華飛, 유럽계 필립스)	500
선전삼성SDI(深圳三星, 한국계 삼성 SDI)	500
톈진삼성SDI(天津三星, 한국계 삼성 SDI)	250
LG수광(LG曙光, 한국계 LG)****	500
차이훙(彩虹, 중국계)	1,000
상하이융신(上海永新, 중국계)	630
합계	5,390

주 : * 2004년 마츠시타와 도시바가 합자하여 '마츠시타도시바 영상디스플레이 주식회사'를 설립했기 때문에 베이징마츠시타는 정확하게 말하면 마츠시타도시바 영상디스플레이 주식회사의 자회사다.

** 사이거히다치는 히다치의 자회사로 히다치의 출자비율은 25%이다. 선전사이거가 실제 운영을 담당하고 있기 때문에 중국계로 보는 것이 더 현실적이다.

*** 광둥푸디는 중국계이지만 톰슨이 구매했다.

**** LG와 필립스는 2001년 브라운관 사업을 통합하여 'LG필립스 디스플레이'를 설립했다. 따라서 LG수광, 난징 화페이는 LG필립스 디스플레이의 자회사다.

출처 : 新宅純二郎·加藤寬之·善本哲夫(2005, 160).

브라운관을 내재화한 기업은 없는 것으로 알려져 있다. 〈표 6-9〉에서 알 수 있듯이 중국의 컬러텔레비전 생산대기업은 일본계, 한국계, 소수의 중국계 브라운관 제조업체로부터 브라운관을 구매하고 있다. 중국 가전 대기업은 화질을 좌우하는 중요한 기술인 베어관 ITC(integrated tube component) 조정 능력을 갖고 있지 못한 것으로 보인다(新宅純二郎·加藤寬之·善本哲夫 2005, 158).

3. 사례분석

〈표 6-10〉은 한국노동연구원의 '동북아 제조업의 분업구조와 고용관계' 프로젝트의 일환으로 2005년 4월과 8월 두 차례에 걸쳐 중국의 현지기업과 한국 기업을 방문한 일람표이다. 상하이융신 컬러브라운관 주식유한공사는 중국에서 브라운관 생산능력을 갖춘 극소수의 기업 중 하나이고, 하이얼집단은 중국 최대의 가전회사다. 중국 진출 LG와 삼성기업의 경우 동반 진출한 한국의 기업들을 함께 조사했고, 현지 부품공급 업체도 조사했다. LG의 경우 생산 네트워크와 분업구조를 파악하기 위해 창원의 LG전자와 국내 부품공급 업체도 함께 조사했다.

1) 생산 네트워크와 분업 구조

본 조사에서 한국과 중국의 생산 네트워크를 비교적 체계적으로 볼 수 있는 기업은 세탁기, 에어컨, 전자레인지, 컴프레서, 고터 등을 생산하는 LG전자다. LG전자의 생산 중심은 창원 LG전자이다. LG전자는 중국에는 톈진, 난징 등지에도 생산공장을 두고 있고, 친황다오(秦皇島)에는 주물공장을 두고 있다. 국내와 중국의 가전 디지털 어플라이언스 생산 비중은 6 : 4 정도이다.

LG전자의 한국과 중국 생산 네트워크의 가장 큰 특징은 '이중적 생산체계'(dual production system)이다. 즉, 본국에서는 '하이 엔드'(high-end) 제품을 생산하고 현지에서는 '로우 엔드'(low-end) 제품을 생산하는 이중적인 체계다. 일본 기업 해외 생산 네트워크의 주요한 특징 중 하나라고 알려져 왔던 이중적 생산체계가 한국 기업에서도 그대로 드러나고 있다.

〈표 10〉 조사기업 일람표

회사명	진출 형태 및 설립연도	생산제품	고용자수 (비정규직 노동자)	임금수준	노조유무	방문 일
상하이융신 컬러브라운관 주식유한공사	합자(홍콩) 1987년	컬러 브라운관	3,600명 (55%)	정규직: 연 40,000위안 노무공: 연 20,000위안	유	05.4.19
상하이광전 NEC LCD 유한공사	합자(일본) 2003년	5세대 TFT-LCD	생산직 1,100명(2/3)	지역내 최고임금 수준의 70% 수준. 기본급: 성과급=5: 5	유	05.4.19
세신과기(우시) 유한공사	독자(한국) 1999년 쑤저우삼성과 동반 진출	플라스틱 성형, 와이어 하네스, 압출, 포장재	생산직 700명 (60%)	지역 최저임금 620위안. 8시간+보험료+식비=최저임금의 1.7배	무	05.4.20
쑤저우 삼성전자 유한공사	합자(한국) 1995년	냉장고, 에어컨, 컴프레서, 세탁기 등	4,600명 (1,900명)	정규직: 월 1,300위안 비정규직: 월 800위안 보너스 연1회 100%	유	05.4.20
난징LGPANDA 전기 유한공사	합자(한국) 1995년	세탁기	1,000명 (생산직의 50%)	정규직: 월 1,200위안(잔업특근 포함 1,500-1,600위안) 비정규직: 월 660위안(잔업 및 특근 포함 1,200위안)	유	05.4.21
LG둥촹 컬러디스플레이시스템 유한책임공사	합자(한국) 1995년	LCD, PDP, CRT	1,300명. (50%)	n.a. 연말 상여금 200%	유	05.4.22
난징자오지 전기 유한공사	사영기업 1999년	와이어 하네스, 전선, 동선 와이어 등	200명 (n.a.)	생산직: 월 700위안 일반 사원: 월 1,000위안	무	05.4.22

				경리 : 월 2,500위안 부총경리 : 월 4,500위안		
하이얼집단(칭다오)	중국 국유기업. 1984년 이후 집단으로 발전	냉장고, 에어컨, 세탁기, 컴퓨터, 핸드폰 등	전체 23,000명, 그중 사무직 1,000만 명	삼성 수준보다 약간 낮다	유	05.8.15
LG전자톈진	합자(한국) 1995년	에어컨, 전자레인지, 청소기, 모터, 컴프레서, 마그네트론	전체 9,500명. 생산직 8,569명 (65%)	정규직 : 650위안 비정규직 : 530위안 톈진 최저임금 590위안	유	05.8.19
톈진화웨 금형, 산웨 플라스틱제품 유한공사	사영기업 1993년	가전제품 플라스틱 부품공급. 공급선은 LG, 삼성 등	전체 400여 명.	기능에 따라 800~1,500위안	유	05.8.19
창원LG전자 제2공장	한국기업 1958년	냉장고, 에어컨, 세탁기, 전자레인지, 모터, 컴프레서	창원 공장만 전체 6,700명 (500명)	n.a.	유	05.8.26
신성델타테크(주)	합자(일본) 1987년	사출전문. 주력은 LG에 세탁기 외곽 부품공급. 휴대폰, TFT-LCD 부품	전체 502명 (200명)	신입사원 기본급 25,000원	무	05.8.26

  이중적 생산체계는 본국 기업의 전략, 본국과 현지의 생산기술 격차, 소비
수준의 격차 등 다양한 요인에 의해 형성된다. 조사에 응한 창원LG 관계자에
따르면, 에어컨 컴프레서의 경우 소음을 줄이고, 외부의 온도 변화에도 불구
하고 잘 작동하도록 하는 것이 핵심 기술에 속하는데, 중국에서 생산되는 컴
프레서의 경우 한국 제품보다 품질이 낮기 때문에 중국에서 하이 엔드 제품을
생산할 가능성은 당분간은 없다고 지적한다. 창원LG전자는 일본으로부터 컴
프레서 생산 기술을 배워 1977년에 컴프레서 공장을 설립했는데, 지금은 친환
경적인 컴프레서 생산을 위해 노력하고 있다. 이중적 생산체계 때문에 LG전
자의 해외 생산량은 국내 생산량을 앞서지만, 전체 매출액에서는 한국과 해외
비중이 8:2 정도로 역전되어 있다.

  중국 현지 법인 가운데 생산의 중심은 톈진 LG전자다. 톈진 LG전자의 부
품 협력회사는 중국계가 500개, 한국계가 70개 정도이지만, 최근 들어 한국 부
품업체가 중국으로 들어오는 것은 거의 없다. 난징LGPANDA전기유한공사(南
京LG熊猫電器有限公司, 이하 '난징LG전자')의 경우 부품의 80% 정도는 현지에서
조달하고, 20% 정도는 한국이나 일본으로부터 수입한다. 난징LG전자의 전체
부품 협력업체는 100여 개 사인데, 그 중 한국계 협력업체는 10여 개 사에 불
과한 실정이다. 중국 LG전자가 한국에서 조달하는 주요 부품은 철판, 반도체
회로 등이지만, 철판의 경우 최근 들어 중국기업인 바오강(寶鋼)으로부터 공
급받기도 한다.

  주요 부품 일부를 제외한 대부분의 부품을 현지 기업으로부터 조달받고
있는 중국 LG전자의 생산 네트워크는 개방적 생산 네트워크와 폐쇄적 생산
네트워크가 공존하는 형태를 띠고 있다. 폐쇄적인 네트워크가 유지되고 있는
것은 중국의 부품공급 업체의 기술력이 뒤따라오지 못하고 있는 부분으로 한
정되어 있고, 나머지는 개방적 네트워크라고 볼 수 있다.

  한편 난징 및 톈진 LG전자의 경우 현지 기술자들이 제품 설계에서 생산까

지 거의 대부분을 담당할 수 있는 능력을 갖추고 있다. 난징 및 톈진 LG전자는 연구개발비를 지속적으로 확대하여 세탁기 및 에어컨의 핵심 부품에 속하는 컴프레서, 모터 등 핵심 부품을 내재화하고 있다.

LG전자의 폐쇄적 네트워크에 들어가 있는 대표적인 기업이 바로 신성델타테크다. 사출 전문업체인 신성델타테크는 일본의 다가기(Tagaki)델타와 50 : 50 비율의 합자 형태로 설립된 기업인데, 현재 일본 지분은 20%로 감소되었다. 최신의 사출설비를 갖춘 신성델타테크의 기술 담당은 부사장인 일본인이 맡고 있다. 창원LG전자에 드럼 세탁기의 외곽 부품 전체를 제조·조립하여 LG전자에 공급하고 있는 신성델타테크는 난징LGPANDA의 현지 진출 요청에 따라 최근에 중국으로 진출했다. 난징LGPANDA는 현지 기업으로부터 부품을 공급받으려 했으나 제품의 질이 낮아 신성델타테크에 현지 진출을 요청했다고 한다.

LG전자 중국 법인의 개방적 네트워크에 들어가 있는 기업이 바로, 톈진LG전자에 주로 전자레인지 부품을 공급하고 있는 '톈진시 화웨 금형유한공사'(天津市華躍模具有限公司, 이하 '화웨')·'톈진시 산웨 플라스틱제품 유한공사'(天津市三躍塑料制品有限公司, 이하 '산웨')다. 화웨·산웨는 플라스틱 사출업체로 400여 명의 직원을 고용하고 있는 중소 사영기업이다. 거래선은 톈진LG전자, 톈진삼성전자, 톈진현대전자 등인데, 그중 톈진LG전자에 대한 납품 비중이 50~60%로 가장 높다. 톈진LG전자는 화웨·산웨의 부장급 이상 직원들을 직접 교육·훈련하고 있고, 화웨·산웨도 톈진LG전자의 요구대로 생산관리를 실시하고 있다. 최근 들어 중국 시장에서 전자레인지의 가격이 큰 폭으로 하락하자 톈진LG전자 등 완성품 제조업체가 하청단가 인하를 요구해와 비용을 절감하기 위해 노력하고 있다.

쑤저우(蘇州)삼성전자의 생산 네트워크도 LG전자와 유사한 형태를 띠고 있다. 수원삼성공장은 연구개발센터, 광주공장은 프리미엄급 백색가전 생산,

중국은 일반 백색가전 등으로 분화되어 있는 이중적인 생산 네트워크 형태를 띠고 있다. 쑤저우삼성전자는 1996년 냉장고와 전자레인지를 생산하기 시작했고, 2000년에는 에어컨, 2003년에는 로터리 컴프레서를 생산하고 있다. 중국 현지 부품 조달률은 60%에 달하고, 동반 진출한 한국기업과 국내로부터 40%의 부품을 조달받고 있다. 쑤저우 삼성전자는 중국 현지 공장의 개발실 기술자의 기능 향상을 위해 최장 2년간 한국에 파견하는 등 현지 공장의 생산 능력을 제고하고 있다.

쑤저우삼성전자와 동반 진출한 '세신과학기술(우시)유한공사'(이하 '우시세신')는 생산 네트워크 가운데 부가가치가 낮은 부분을 담당하고 있다. 쑤저우에서 승용차로 약 1시간 정도 떨어진 우시 IT 공단에 위치해 있다. 세신은 11년 전 광둥성 후이저우(惠州)지역에 처음 진출하였으나, 최초의 공장은 분사시키고, 6년 전 우시에 진출하기 시작하여 2년 전부터 공장을 본격 가동하기 시작했다. 세신은 수원, 정읍, 장성, 구미 등지에 4개 공장을 두면서, 태국, 멕시코, 중국 등지에 공장을 두고 있는 다국적화된 중소기업이다.

우시세신의 주력 사업은 와이어하네스 생산이지만, 포장재(EPS), 전장제품, 핸드폰 플라스틱 껍데기 등 전자제품에 들어가는 잡다한 부품들도 생산하고 있다. 우신세신은 성격이 다른 여러 사업부를 한 공장에 두고 있기 때문에 단일 품목을 전문적으로 생산하는 기업보다 관리 비용을 상대적으로 더 많이 지불하고 있지만, 모기업에 여러 부품들을 한꺼번에 공급할 수 있는 장점도 갖고 있다. 인터뷰에 응한 피조사자는 "돈 안 되는 사업만 하고 있다"고 할 정도로 임금, 가격 경쟁이 치열하다. 우시세신의 기술 수준은 중국 업체들과 비교할 때 결정적인 경쟁 우위를 지닌 것은 없다. 우시세신 공정의 대부분은 중국 업체들도 이미 따라 온 상태이고, 고급 아크릴재, 인쇄에 필요한 잉크 등 핵심 소재는 전량 일본에 의존하고 있다.

'LG둥촹 컬러디스플레이 시스템 유한책임공사'(LG同創彩色顯視係統有限責

任公司, LG-Tontru Colour Display System, 이하 'LG둥촹')는 중국과 합자기업으로 LG전자의 브라운관(CRT), 모니터(MNT), LCD 사업의 분업 구조를 잘 보여주는 대표적인 기업이다. LG전자, 난징시, 둥촹이 각각 70%, 25%, 5%의 지분을 갖고 있고, LG전자가 실질적인 경영권을 행사하고 있다. 합자 파트너인 둥촹은 컴퓨터를 제조하는 회사로 1997년 중국내 모니터 시장 점유율은 3위였다. LG둥촹은 한국 LG전자의 후공정에 해당하는 조립을 담당하고 있다.

LG둥촹은 동반 진출한 업체 10여 개 정도의 한국기업과 150여 개 정도의 중국 협력업체로부터 부품을 조달받고 있다. LG둥촹은 한국 동반 진출 기업에 대해서도 중국 현지 기업과 마찬가지로 경정력을 갖추지 않으면 도태시킨다고 한다. 시장에서 전개되고 있는 치열한 가격 경쟁이 폐쇄적인 생산 네트워크를 해체하고 개방적인 생산 네트워크를 형성하도록 압력을 행사하고 있다.

LG전자의 모니터 생산은 글로벌 생산의 개념으로 이루어지고 있다. LG전자는 중국, 인도네시아, 영국, 폴란드, 멕시코, 브라질 등지에 공장을 두고 있는데, 중국의 생산 규모가 가장 크다. 모니터 가격은 생산 단가가 가장 낮은 중국을 기준으로 설정되지만, 생산 설비를 중국으로 이전하지 못하는 것은 현지 시장을 개척해야 할 필요성이 존재하고, 현실적으로 무역 장벽이 존재하며, 현지 바이어들 혹은 현지 국가가 생산설비 이전을 반대하고 있기 때문이다.

CRT 생산설비는 모두 중국으로 이전되었다. CRT 분야에서 제품 디자인을 비롯한 연구개발은 거의 중국 현지에서 이루어지고 있다. 한국에서 파견한 기술자들이 현지 기술자와 함께 근무하면서 CRT의 드께를 줄이는 기술을 개발하고 있다. 이 점은 비록 폐쇄된 생산 네트워크에 한정된 것이긴 하지만 생산 기술이 현지로 이전되고 있음을 단적으로 보여주고 있다.

LCD의 경우 핵심 부품은 모두 한국에서 생산되고 중국 현지에서는 조립 생산만 이루어진다. 이에 반해 한국 LCD의 경우 글로벌 시장 수준에서 가격이 결정되는데, 패널이 전체 원가의 85%를 차지하기 때문에 나머지 15%에서 가격 경쟁력을 확보해야 한다. 결국 LG전자는 인건비 절감을 통한 경쟁력 강화를 위해 생산설비를 중국으로 이전했다. 피조사자에 따르면 LCD의 이윤율은 0.5%-1% 정도에 불과하지만 공급 물량이 많기 때문에 생산을 포기하지 못한다고 한다.

모니터는 LG전자, IBM, Sony, Dell 등 글로벌 수요자들에게 주문자 상표 방식으로 공급된다. 특히 SONY 등 글로벌 구매자는 제품 디자인, 사양, 품질 면에서 요구 수준이 높다. 제조업체들은 구매자들에 대해 종속적인 관계에 있다. 구매자의 요구에 따라 제품을 생산하고, 구매자들의 상표를 붙여 전 세계를 대상으로 납품하고 있는 LG둥촹의 경우 Gerefii(1997)가 지적하고 있는 '구매자 주도 상품 연쇄'(buyer-driven production chains)가 잘 드러난다.

LG둥촹의 생산 네트워크에서 가장 부가가치가 작은 부분을 담당하고 있는 것이 바로 '난징 자오지 전기 유한공사'(南京兆基電器有限公司, 이하 '자오지')다. 자오지는 CRT, LCD 등에 들어가는 와이어 하네스를 주로 생산하는 사영 기업이다. 미국, 중국 등 다국적 메이커들과 부분적인 거래가 있긴 하지만, LG둥촹이 주요 거래선이다. 자오지는 최근 원자재 가격이 급격히 상승하면서 LG둥촹의 가격인하 압력이 가중되어 경영상 애로를 겪고 있다. 난징시 장닝(江寧) 공업지역에 설립되었던 자오지는 최근 들어 부지 임대료 및 임금이 상승하면서 공장을 시외곽으로 이전하기도 했지만 물류비용이 증가하여 현지조사 당시 운수회사와 교섭 중에 있었다.

상하이광전NEC LCD 유한공사(上海廣電NEC液晶顯視器有限公司, SVA-NEC Liquid Crystal Display Co. Ltd, 이하 '광전NEC')는 상하이광전집단과 일본의 NEC가 합자로 2003년 11월에 설립한 중국 최초의 5세대 LCD 공장이다. 연간 52K 정도의 생산 규모를 갖고 있고, 주로 동북아 지역의 LCD 패널 수요 업체들을 대상으로 제품을 판매하고 있는데, 주된 시장은 대만이다. 일본과 중국(광전 등)의 지분은 각각 75%, 25%이며, 소유지분구조에 맞추어 이사회를 구성하고 있다. NEC가 TFT-LCD 패널(panels) 및 모듈을 제공하고 있다.

　　LCD산업은 경쟁력을 유지하기 위해 지속적으로 생산설비 투자를 해야 하나 가격 하락이 심해 하위 업체들의 구조조정이 활발하게 전개되고 있는 영역이다. 이러한 경향은 한국과 대만의 양산 경쟁에서 열세에 처한 일본의 LCD업체들에게서 두드러지게 나타나고 있다(배찬권 2002, 189). 2000년 이후 일본의 LCD 생산업체는 대형 LCD사업을 축소하고 액정텔레비전과 휴대단말기 등 중소형 제품으로 사업 방향을 바꾸고 있다(吉岡英美 2003, 303).

　　NEC가 상하이 광전과 합자 형태로 중국에 생산기지를 설립한 것은 중국 시장과 해외 시장에 존재하는 LCD 저가품에 대한 광범위한 수요를 고려한 것이지, LCD 사업부문 확대를 겨냥한 것은 아닌 것으로 보인다. 한편, 본 연구의 조사 과정에서는 밝혀지지 않았지만, NEC가 광전NEC내에서 LCD 제조기술을 중국측에 이전하고 있는지, 그렇다면 그것이 한국과 대만이 경쟁하고 있는 LCD 산업에 어떤 영향을 미칠지에 대해서도 주목할 필요가 있다.

　　'상하이이융신 컬러브라운관 주식유한공사'(上海永新彩色顯像管股份有限公司, Shanghai Novel Color Picture Tube Co. Ltd., 이하 '상하이이융신')는 CRT를 생산하는 중국과 홍콩의 합자기업이다. 중국과 홍콩의 투자 지분은 각각 75%, 25%인데, 홍콩 융신은 주로 투자전문기업이고, 생산제조는 중국측이 담당하고 있다. 상하이융신의 전신은 흑백브라운관을 생산한 상하이이전구공장(上海燈泡廠)인데, 1987년 일본 도시바(東芝)에서 기술을 도입하면서 기업의 면모를 일신했다. 상하이이융신은 구미 LG전자의 생산 라인을 도입하여 CTR을 생산하고 있다.

　　상하이이융신은 부가가치가 낮은 컬러브라운관을 대량 생산하여 주로 TCL, 창홍, SVA등 중국의 가전업체에 납품하고 있고, 약 15% 정도는 해외에 수출하고 있다. 1997년에 처음으로 기술 연구소를 만들었지만, 개발 역량은 취약하다. 상하이이융신은 대부분의 부품들을 중국 현지에서 자체 조달하는 체계를 유지하고 있다. 상하이이융신은 기존의 생산기반을 타탕으로 외국의 생산설비와 기술을 도입하여 발전하고 있는 대표적인 중국 가전업체이다.

하이얼집단은 중국의 중소형 적자 국유기업이 지방정부의 지원 정책에 힘입어 외국의 생산설비와 기술을 도입하여 중국의 최대 가전회사이자 다국적 기업으로 성장한 중국 가전회사의 대표적인 기업이다. 하이얼집단은 1984년 독일의 리브허(Liebherr)사로부터 생산설비와 기술을 도입하여 당시로서는 고급 냉장고를 생산하여 시장 진입에 성공했다. 그 후 하이얼집단은 칭다오시 정부의 지원 정책으로 대규모로 생산설비를 확대하여 자신의 브랜드로 생산 품목을 다각화하고, 품질 중시와 철저한 고객 서비스를 바탕으로 시장 점유율을 신속하게 확대해 나갔다.

가전제품의 가격경쟁이 치열하게 전개되었던 1990년대 초, 아시아 금융 위기가 발생한 1997년 이후 하이얼집단은 경영이 악화된 기업의 인수합병을 통해 신속하게 생산능력을 확대해 나갔다. 1992년 하이얼집단은 13개 적자기업을 인수합병했고, 1993년에는 상하이 증권거래소에 상장함으로써 자금 문제를 해결했으며, 1997년에는 적자기업을 인수 합병하여 구이저우(貴州)하이얼, 광둥순더(廣東順德)하이얼, 산둥차이양(山東采陽)하이얼, 안후이허페이(安徽合肥)하이얼 등 전국에 걸쳐 생산기지를 구축했다(西口敏宏·天野倫文·趙長祥 2005, 9).

하이얼집단은 1996년 인도네시아에 현지 기업과 합자 형태로 하이얼 브랜드로 냉장고 생산공장을 설립한 것을 시발로 말레이시아, 이란, 미국, 파키스탄, 방글라데시, 베트남, 나이지리아, 우크라이나, 이탈리아, 알제리아, 멕시코 등 세계 12개국에 하이얼 브랜드의 가전제품을 생산하는 공장을 설립했다(王曙光 2002, 213). 그리고 전 세계에 걸쳐 40,000여 개의 영업점을 두고, 12개 해외 판매 지사를 설립하고 있다(王珊·吳琨 2004, 118).

하이얼집단은 중국 국내와 세계에 걸쳐 방대한 생산 네트워크를 갖추고 있지만, 핵심 부품을 개발하는 능력은 취약한 것으로 평가받고 있다(西口敏宏·天

228

野倫文·趙長祥 2005, 32). 하이얼집단은 시장으로부터 핵심 부품을 공급받아 자신의 브랜드로 최신 모델을 가장 저렴하게 판매함으로써 경쟁력을 획득한 대표적인 기업이다. 하이얼집단은 겉으로 보기엔 미국식 개방형 생산 네트워크 형태를 취하고 있지만, 미국의 다국적기업이 부가가치가 높은 생산의 상류와 하류 부문을 장악하고 있는 것과 달리 부가가치가 낮은 중류와 부가가치가 높은 하류 부문을 담당하고 있는 독특한 개방형 생산 네트워크를 구축하고 있다.

2) 인적자원 관리

(1) 고용 특징

가전산업의 중국투자 확대로 중국 가전산업의 고용이 확대되고 있고, 국제적인 노동분업 체계 속에서 한정적이나마 기술 이전이 이루어지고 이에 따른 훈련체계가 확립됨에 따라 기술자가 증가하고 있다. 중국 가전산업 고용제도의 가장 큰 특징 가운데 하나는 고용 유연성이 대단히 높다는 데 있다. 이는 경쟁이 치열하고 또 계절적 수요 변동에 민감하게 반응해야 하는 가전산업의 특성에서 비롯된다. 중국에서 가전산업은 가격 경쟁이 치열하여 이윤율이 매우 낮기 때문에 기술혁신과 고용 유연성을 확보하지 않고서는 시장경쟁에서 생존할 수 없다.

고용 유연성은 여러 가지 형태로 나타나고 있다. 〈표 6-10〉에 나타나듯이 비정규직의 비율이 대단히 높다. 중국의 비정규직 노동자는 '노무공,' '농민공,' '외지인' 등 다양한 이름으로 불린다. 조사 기업의 대다수는 일정한 소개비를 지불하고 중개기구를 통해 비정규직 노동자를 채용하고 있었다. 비정규직 노동자는 고용 회사와 근로계약을 체결하는 것이 아니라 중개기구와 계약을 체결하고 있기 때문에 중개기구가 파견하는 파견 노동자로 볼 수 있다.

조사 대상 기업의 비정규직 노동자 고용 현황은 다음과 같다. 상하이융신은 생산직 노동자의 55%, 광전NEC는 2/3, 우시세신의 경우는 전체고용자 700명 가운데 약 60%, 쑤저우삼성은 전체 고용자 4,600명 가운데 40%, 난징LG전자와 LG둥촹은 생산직의 50%, 톈진LG전자는 생산직 8,570명 가운데 65%가 비정규직 노동자다. 자오지, 화웨·산웨도 비정규직 노동자를 고용하고 있으나 그 비율은 정확하지 않다. 하이얼집단의 경우 노무공을 고용하지 않고 있지만, '실습생'(試用員工)으로 전체 노동자의 10%를 고용하고 있다(西口敏宏·天野倫文·趙長祥 2005, 12).

기업이 비정규직 노동자를 고용하는 이유는 비정규직 노동자의 인건비가 정규직 노동자보다 저렴하기 때문이다. 조사 기업마다 편차가 있지만, 비정규직 노동자의 임금은 정규직 노동자 임금의 70% 정도 수준이다. 또한 기업은 비정규직 노동자에 대해서는 사회보험비를 납부하지 않거나 또는 정규직 노동자보다 저렴한 비정규직용 사회보험비를 내고 있다. 기업이 비정규직을 고용하는 주된 이유는 계약기간이 다양하고, 계약기간이 종료되었을 때 부담없이 해고를 할 수 있기 때문이다. 생산직 정규직 노동자의 계약기간은 대체로 1년이지만, 비정규직 노동자의 계약기간은 다양하게 구분되어 있다. 예를 들어 우시세신, 쑤저우삼성의 비정규직 노동자의 계약기간은 3개월, 6개월, 1년으로 구분되어 있다. 쑤저우삼성, 톈진LG, 하이얼집단 등은 비정규직 노동자로 고용했다가 근무 성적이 좋은 경우 정규직 노동자로 전환하기도 하지만, 대다수의 비정규직 노동자는 계약기한이 종료되면 고용관계가 자동으로 해지된다.

중국 가전산업의 고용 유연성은 엄격한 심사를 거쳐 자격에 미달하는 정규직 노동자를 비정규직 노동자로 전환하거나 해고 조처를 취하는 데서도 잘 나타난다. 예를 들어 하이얼집단이 1993년부터 실시하고 있는 '삼공전환'(三工

轉換) 제도가 대표적이다. 삼공전환 제도란 노동자를 '우수 노동자'(優秀員工) '합격 노동자'(合格員工) '실습생'(試用員工)으로 분류한 뒤 기업이 실시하는 평가에 따라 세 종류의 노동자들이 상호 순환하고, 평가에 아주 미달되는 경우 퇴출시키는 제도를 말한다(西口敏宏·天野倫文·趙長祥 2005, 12).[1] 텐진 LG전자의 경우도 1년 단위로 평가해서 기업의 요구 수준에 도달하지 못하는 정규직 노동자는 계약을 해지한다.

고용관계의 두 번째 특징은 자기 브랜드를 가진 다국적기업의 경우 점차 연구개발 인력을 증가시키고 있다는 점이다. 광전NEC의 경우 종업원 2,000명 가운데 엔지니어가 300명에 달하는데, 일본인 엔지니어가 생산과 기술 부문에 배치되어 이들을 훈련시키고 있다. 쑤저우삼성의 경우 정규직 2,700명 가운데 연구개발 인력은 300명에 달한다. 텐진LG전자의 경우 2001년에 127명에 불과하던 연구개발 인력을 2004년에는 600명으로 증가시켰고, 2005년에는 700명으로 증가시킬 예정이다.

본 조사 대상기업 중 중국 가전시장의 시장 점유율이 가장 높은 하이얼집단과 텐진LG전자의 사무관리기술직 노동자의 구성 비율은 묘한 대조를 보이고 있다. 칭다오 하이얼집단의 경우 관리사무기술직 노동자가 전체에서 차지하는 비중은 43%에 달하지만, 텐진LG전자의 경우는 15%밖에 되지 않는다. 이 점은 생산의 중류를 담당하고 있는 다국적기업의 현지기업과 생산의 중류와 중국내에서 생산의 하류 부문을 지배하고 있는 중국 가전기업의 차이를 반영한다. 좀 더 자세한 조사가 뒤따라야 하겠지만, 하이얼집단의 관리사무기술직 노동자의 비율이 높은 이유는 자재, 부품조달과 판매 및 판매 후 서비스 기능이 강화된 것과 관련이 있어 보인다.[2]

---

1 허페이하이얼 공장의 세탁기 사업부에서는 노동자가 규정에 따르지 않고 사전에 정보를 컴퓨터에 입력했다는 이유로 해고되기도 했다(『海爾人』 04/04/28).

(2) 임금제도 및 사회보장 현황

본 조사 기업들의 임금제도는 저임금이라는 공통점을 제외하면 대단히 큰 편차를 보여준다. 우선 저임금과 관련된 내용을 살펴보자. 우시세신, 자오지, 톈진LG전자, 화웨·산웨 등의 임금 수준은 지역 최저임금 수준이거나 그보다 약간 높은 수준이다. 상하이와 쑤저우에 위치한 광전NEC, 상하이융신, 쑤저우 삼성 등의 임금 수준은 이들 기업보다 높은데, 이것은 상하이와 쑤저우의 물가와 생활수준이 난징, 톈진, 우시 등지보다 더 높은 것을 반영한 것으로 보인다.

조사 기업 가운데 개수임금제를 채택하고 있는 자오지 외 나머지 기업의 임금은 기본임금, 연공임금, 성과급으로 구성되는 공통된 특징을 보이고 있다. 그러나 연공임금제도는 정규직 노동자에게만 적용될 뿐 비정규직 노동자에게는 적용되지 않는다. 한편, 성과급이 임금에서 차지하는 비중은 기업마다 달랐는데, 상하이융신의 경우 성과급의 비중은 약 30%, 상하이NEC의 경우 조사 당시에는 30%였지만 50%로 조정할 예정이었고, 톈진LG전자는 기본급에서 성과급이 차지하는 비중이 50%에 달했다.

조사 기업 임금제도의 가장 큰 특징 가운데 하나는 임금을 철저하게 개인 또는 집단의 생산성과 연계하는 성과주의를 채택하고 있다는 점이다. 생산성과 집단을 연계한 대표적인 기업은 다음과 같다. 우시세신, 쑤저우 삼성의 경

---

2 하이얼집단은 1999년 시장의 반응에 신속하고 전면적으로 반응할 수 있도록 '업무 흐름 재조정'을 단행했다고 한다. 전체 업무를 핵심 흐름과 지원 흐름으로 나누고, 핵심 흐름에는 생산과 관련된 상품제조본부와 추진본부를 두는 조직구조 재편이다. 추진본부 산하에는 네 개의 추진본부가 있다. 물류추진본부는 전 세계에서 원재료, 자재, 부품을 조달하고, 국내외 공장과 판매점 등에 대한 물자, 반제품, 제품 배송을 담당한다. 상류(商流) 추진본부는 주문 획득, 판매, 대금 회수, 서비스, 재무를 담당한다. 그 외 결산과 자금관리 및 운영을 담당하는 자금류(資金流)추진본부, 수출입업무, 해외생산 및 국제기술교류를 담당하는 해외추진본부가 있다. 이 같은 조직 개편 후에도 2002년 시장 동향에 민감하게 반응하기 위해 4대 추진본부와 병렬적 위치에 있는 주문집행본부가 신설되었다(王曙光 2002, 181-183).

〈그림 6-1〉톈진 LG전자 직위, 급여체계

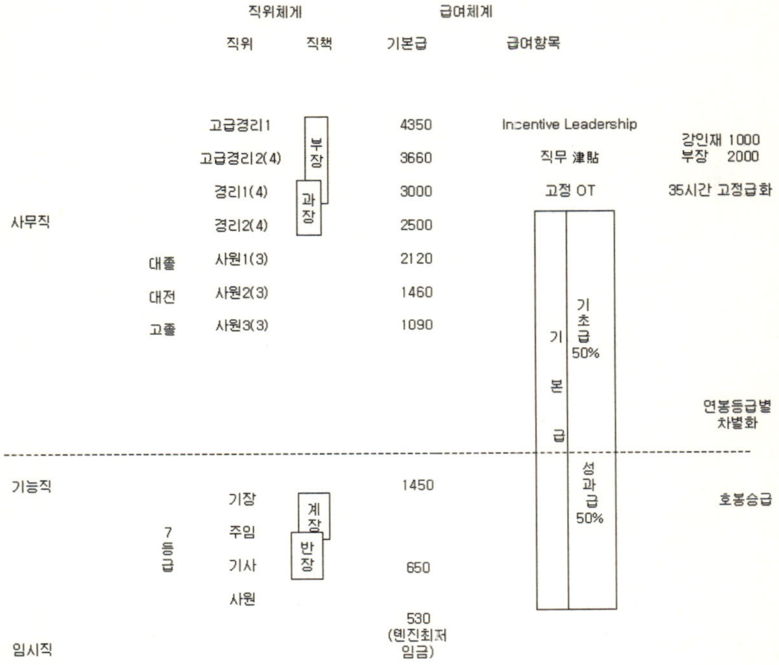

우 사업실적에 따라 연간 100%의 상여금을 지불하고 있고, LG둥창의 경우 200%의 상여금을 지불하고 있다. 한편, 개인과 생산성을 연계한 성과주의 임금제도를 가장 체계적으로 실시하고 있는 기업은 한국계 기업 가운데서는 톈진LG전자, 중국계 기업 가운데서는 하이얼집단으로 보인다. 〈그림 6-1〉은 톈진LG전자의 직급에 따른 임금체계를 보여주는데, 생산직의 경우 근무태도, 품질의식, 기초질서 준수 등을 평가하여 이를 임금에 반영하고 있다. 그리고 직책과 직무에 따라 리더십 인센티브(leadership incentive)와 '강인재'(強人才, 강한 인재) 인센티브를 부여하고 있다.

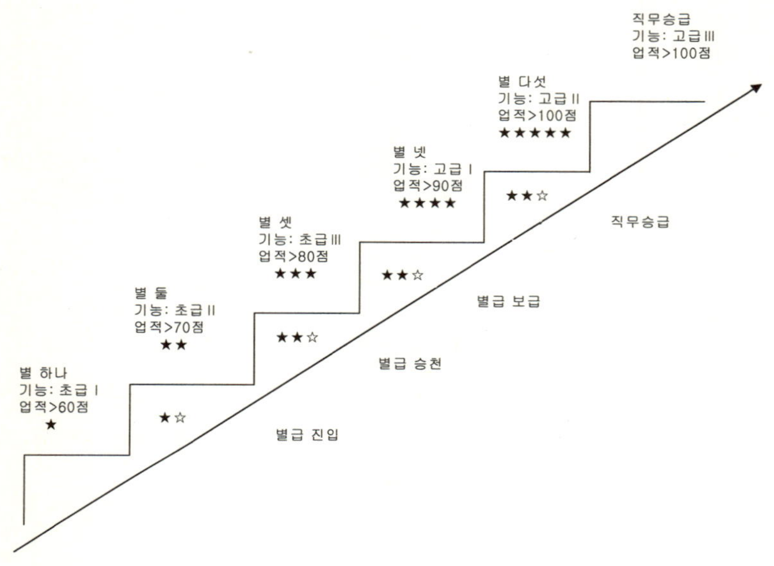

주 : 물류사업부는 2003년 12월 초 업무 시험을 본 뒤 시험 성적과 평상시 성적을 고려하여 별급
을 확정했다. 별급에 따라 서로 다른 보수가 주어진다. 물류 JIT의 130명 경리 가운데 먼저 칭
다오 지구와 칭다오 개발구의 95명을 실험적으로 선발했는데, 그중 별 하나 급은 29명, 별 둘
급은 22명, 별 셋급은 18명, 별 넷 급은 6명, 별 다섯 급은 공석으로 남아 있고, 20명이 별급으
로 진입하지 못하고 있다.
출처 : 『海爾人』(04/01/29).

텐진LG전자가 기능직과 사무직을 엄격하게 구분하고, 그에 따라 보상체계
를 달리 설정하고 있는 반면, 하이얼집단은 업무 성과에 따라 그 같은 구분이
의미를 갖지 않는 임금제도를 채택하고 있다. '형호 경리 제도'(型號經理制度)가
이를 잘 보여준다. 형호 경리는 한 '모델'(형호)의 기획, 개발부터 판매까지 모두
책임을 지는 사람을 말한다. 형호 경리는 독립적으로 개발할 수 있는 능력을
갖춘 사람들인데, 이들은 주로 과장급에 해당한다. 형호 경리는 모델을 개발할

때 적게는 3~18명 정도의 프로젝트 추진팀을 구성하는데, 이 프로젝트 팀은 시장에서 판매 실적에 따라 보상과 책임을 공유한다(西口敏宏·天野倫文·趙長祥 2005, 14). 프로젝트 팀은 회사에 대해 의무와 책임을 지는 것 외에 팀원들 상호 간에도 의무와 책임을 명확히 하는 계약을 체결한다. 최근 들어 하이얼집단의 일부 부서는 형호 경리 제도에서 한 발 더 나아가 소사장제도를 도입하는 실험을 전개하기도 한다.[3]

'별급'(星級) 평가제도 역시 하이얼집단의 성과주의적 임금체계를 잘 보여주고 있다. 〈그림 6-2〉는 하이얼집단의 물류 사업쿠에서 자발적으로 추진되다가 생산직을 포함한 전 부서로 확산된 별급 평가제도이다. 각 사업부마다 평가 시기와 별을 부여하는 기준은 다르다. 예를 들면 냉동고 사업부의 경우 매주 한 번씩 노동자들을 평가하는데, 회사가 설정한 기준에 도달하면 '☆' 하나를 부여하고, 한 달에 각 평가 항목별로 네 개의 ☆을 획득한 경우 '★' 하나를 부여하고 있다(『海爾人』 04/02/04). 별의 수에 따라 보상과 직무는 달라진다.

하이얼집단의 각 부서 내에서는 다양한 평가가 정기적으로 실시되고, 그 평가를 기초로 임금과 직무를 결정하는 것이 보편화되어 있다. 예를 들어 간부의 경우 매월 간부 평가회를 통해 평가를 받는데, 연말에 성과가 좋지 않은 간부에 대해서는 배치전환, 심지어는 직급 강등과 해고 등 여러 가지 조치를 취하고 있다. 한편, 공석이 된 간부직의 경우 모든 직원을 대상으로 공채를 실시하고 있다.[4] 이론적으로는 생산직 노동자의 경으도 자격을 갖추면 이 공채에 응모할 수 있다.

---

3 물류추진본부의 강판 구매 경리가 'ㅇㅇ회사'를 설립했다(『海爾人』 04/11/03).
4 하이얼집단의 간부 공개 채용 제도는 1992년에 시작되었다. 그 전에는 총경리가 간부 임면권을 행사했다. 처음에는 중간간부 공개 채용에서 시작되었다가 2000년에는 집단의 부총재까지 공개경쟁을 통해 선발하고 있다. 사원 앞에서 자신을 소개하고 평가를 받은 두 상층부의 면접을 거쳐 종합득점에 근거하여 간부를 선발한다(王瑞光 2002, 147).

한편, 조사 기업들은 정규직 노동자에 대해서는 양로, 의료, 실업, 육아의 4대 보험비와 주택공적금을 중국 당국이 규정한 대로 납부하고 있지만, 비정규직 노동자에 대해서는 다소 편차가 있었다. 지방정부가 비정규직 노동자를 대상으로 한 사회보험 관련 규정을 두고 있는 경우 기업은 그 비용만큼을 중개회사에 관리비 명목으로 더 지불하고 있었지만, 지방정부가 그 같은 규정을 두고 있지 않은 경우 조사 기업들은 사회보험비를 납부하지 않고 있었다.

3) 노동관계

본 조사 기업들의 경우 집단적인 노동관계는 존재하지 않는다. 주된 이유는 노동조합의 역할이 노동자들의 이익을 대변하기보다는 기업의 생산을 보조하는 것으로 제한되어 있기 때문이다. 노동조합의 주된 활동은 개선활동 촉진, 문화체육활동 전개, 직공 복지, 안전과 관련된 활동 등이다. 중국 노동조합의 노동자 이익대표 기능이 현저하게 약한 것은 중국 당국의 이데올로기적·제도적인 강제 때문이다(張曉碩 2004; 백승욱 2001; 장윤미 2004).

조사 기업들 중 노동조합을 둔 기업의 경우 노동조합 주석은 기업 당위원회 간부 또는 기업의 인력자원 담당 책임자가 맡고 있다. 예를 들면, 상하이융신의 경우 인사부 경리가, 광전NEC는 기업 당위원회 서기가, 난징LG전자는 인사부장이, 톈진LG전자는 기업 당 서기가 노동조합 주석을 맡고 있다. 보통 합자기업의 당 서기는 부사장급에 해당되기 때문에 기업의 주요 간부가 노동조합의 주요 간부직을 맡고 있는 형국이다. 이 같은 이유 때문에 본 조사기업 중 단체교섭을 통한 임금 및 단체협약을 체결한 기업은 거의 전무한 실정이다.

조사 과정에서 드러난 특이점은 그간 노동자 권리의 사각지대에 놓여 있다고 여겨졌던 비정규직 노동자가 노동조합 가입 자격을 획득하고 있다는 점이다. 조사 기업 중 상하이융신과 톈진LG전자에서는 2004년부터 비정규직 노동자들이 노동조합에 가입하기 시작했다. 이는 중국 당국이, 농촌에서 도시로 몰려나온 '농민공'들이 인권의 사각지대에 놓여 있다는 비판적 여론을 수렴하여 2004년부터 이들의 권익을 옹호하는 정책을 채택했기 때문에 나타난 현상이다. 그러나 상하이융신과 톈진LG전자 비정규직 노동자들의 노동조합 가입 형태는 차이가 있다. 상하이융신의 경우 1,000여 명의 비정규직 노동자들이 노동조합에 가입해 있지만, 이들은 파견회사 소속이기 대문에 파견회사의 노동조합 조합원 신분만 갖고 있을 뿐이다. 이에 반해 톈진LG전자의 5,000명에 달하는 비정규직 노동자는 톈진LG전자의 노동조합 신분을 갖고 있다. 톈진LG전자 노동조합은 이들 비정규직 노동자에 대해서는 아직 대의원(노동조합 대표) 자격을 부여하고 있지 않지만, 앞으로는 대의원 자격을 부여할 예정이라고 한다.

조사 기업들 중 일부 다국적기업에서는 현지 파견 인력과 중국 현지 노동자 간에 기업에 대한 충성도, 임금, 승진 문제 등을 둘러싸고 갈등이 발생하고 있었다. 현지 파견 인력은 중국 노동자들의 기업에 대한 충성도가 낮다는 이유로 주요한 직책으로 승진시키는 데 주저하고 있었고, 중국 노동자는 임금이 낮고 승진의 길이 막혀 있다는 이유로 노동 적극성을 보이지 않는 악순환을 보이고 있었다. 이러한 갈등 요인은 집단적인 노사관계가 형성되어 있지 않기 때문에 개별적으로 해소되고 있다. 즉, 중국 노동자의 경우 갈등 요인이 개별적인 차원에서 잠복되거나 기업을 떠나는 형태로 나타나고 있는 것이다.

4. 결론

중국 전자산업의 발전은 다국적 전자기업 생산 네트워크의 동아시아, 특

히 중국으로의 집중, 전자산업 자체의 기술 발전, 중국 당국의 전자산업 육성
정책 등에 힘입은 바가 크다. 진입 장벽이 낮은 가전산업의 경우 가격경쟁이
치열하게 전개되면서 기술과 관리 혁신을 통해 중국의 일부 가전산업은 중국
의 시장을 지배하면서 다국적기업으로 거듭나고 있다.

　　그러나 생산 네트워크 이론과 아키텍처 이론이 지적하고 있는 것처럼 중
국의 가전산업은 국제적인 노동분업 구조에서 주로 부가가치가 낮은 생산의
중류, 즉 조립가공을 담당하고 있다. 이는 중국 가전산업 노동자의 임금이 저
임금 상태로 묶인 채 비정규직 노동자가 확대되고 있는 주된 이유이다.

　　가전제품의 경우 모델의 전환이 빠르기 때문에 가전기업이 경쟁에서 우위
를 점하기 위해서는 설비투자를 확대하지 않으면 안 되지만, 가전제품의 가격
경쟁이 치열하게 전개되기 때문에 기업의 이윤율은 전반적으로 매우 낮은 상
태다. 시장경쟁의 강한 압력을 받고 있는 중국의 제조 완성업체는 인건비 부
담이 낮고, 수요 변동에 따라 노동력의 규모를 조절하기 쉬운 비정규직 노동
자를 확대하는 한편, 기업 내부에 강력한 경쟁제도와 엄격한 관리제도를 도입
하여 기술 혁신과 상품 및 서비스의 질을 제고하는 방식으로 그 같은 경쟁 압
력을 극복하고자 한다. 또한 제조 완성 업체는 생산 네트워크의 최말단에 위
치해 있는 기업의 하청 단가를 인하하고, 또 부품의 질을 제고함으로써 시장
경쟁에서 우위에 서고자 한다. 이 같은 이유 때문에 생산 네트워크의 최말단
에 있는 가전 부품업체의 근로 조건은 더욱 악화된다.

　　중국의 경우 집단적인 노사관계가 형성될 수 있는 이데올로기적·제도적
기초가 확립되어 있지 않기 때문에 가전산업 노동자들의 열악한 근로조건은
'당분간' 해소될 전망이 없는 것으로 보인다.

　　아키텍처 이론과 생산 네트워크 이론이 제기하고 있는 것처럼 중국에 진
입해 있는 다국적기업의 생산 네트워크는 경쟁 압력을 받아 폐쇄적인 생산 네
트워크는 부분적으로 유지되면서, 대개 개방적 생산 네트워크로 대체되고 있

238

다. 폐쇄적인 생산 네트워크가 유지되고 있는 부분은 중국 현지 부품업체들의 기술력이 따라 오지 못하는 영역에 국한되어 있는 것으로 보인다. 현재 유지되고 있는 폐쇄적인 생산 네트워크의 경우 핵심 부품 영역을 제외한 대부분은 현지 부품업체들의 기술력이 향상된다면 개방적인 생산 네트워크로 대체될 전망이다.

컴프레서, 브라운관 등 핵심적인 일부 부품조차도 난징LG전자, 톈진LG전자에서 나타나고 있지만 이미 현지 생산이 가능할 정도로 기술 이전은 보이지 않게 전개되고 있다. 치열한 중국 가전시장의 경쟁 환경이 다국적기업으로 하여금 핵심 기술을 중국 현지로 가져오도록 만들고 있는 것이다.

기술 이전이 보이지 않게 진행되기 때문에 중국 가전산업 혹은 전자산업은 아키텍처 이론과 생산 네트워크 이론이 상정하는 것처럼 생산의 중류 부분에서만 발전하고 있는 것은 아니다. 과거 중류 부분을 담당했던 한국, 대만 등의 가전산업이 끊임없이 생산의 상류 부분으로 발전하고 있듯이, 중국 가전산업의 발전도 동태적인 시각에서 바라보아야 할 것이다. 더욱이 중국의 일부 가전기업은 하이얼집단과 같이 중국이라는 거대한 시장을 지배하고 있기 때문에 시장규모가 작은 국가의 가전기업보다 자본축적이 용이하고, 이를 바탕으로 기술 혁신과 시장 확대를 도모할 수 있을 것으로 보인다. 물론 그 같은 일은 서서히 진행되겠지만, 그 과정에서도 전자산업의 국제적인 분업구조와 고용관계는 적지 않은 영향을 받을 것이다.

제7장

중국 노동조합 기능 전환과 국가의 정책

1. 서론

자본, 상품, 서비스, 정보, 기술의 탈민족국가적 이동이 가속화되고 있는 지구화시대가 전개되면서 '노동제도'(labor institutions)도 지구화시대에 부합하도록 유연하게 재조정되어야 한다는 압력이 거세다. 중국의 경우 30년 동안 개혁개방 정책을 추진해오는 과정에서 아주 점진적으로 노동제도를 개혁해왔고, 이제 중국의 노동관계는 그 어느 국가보다 유연하고, 불안정하며, 관리자의 노동통제가 심한 국가로 변모했다고 평가받고 있다(Gallagher 2004, 14). '노동자가 국가와 기업의 주인'(主人翁)이라는 과거의 이데올로기가 여전히 선전되고 있지만, 개혁개방 후 중국 노동자의 지위는 현저하게 저하되었다는 것은 공인된 사실이다.

중국의 개혁개방 과정에서 노동제도의 변화는 항상 국유기업 개혁의 종속변수로 취급되었을 뿐 한 번도 독립변수로서 진지하게 고민된 적이 없다. 국유기업의 사회적 부담을 경감하기 위해 노동자의 종신고용제도, 사회보험제도가 개혁될 필요가 있다고 선전되었을 뿐, 건전한 노동관계를 확립하기 위해 어떠한 노동제도를 확립해야 하는지에 대한 역발상적 선전은 없었다. 노동제도 개혁이 몰고 올 사회적 갈등 때문에 중국 당국은 1980년대에는 매우 신중한 태도로 개혁에 임했지만, 1990년대 들어 이전까지 미루어 놓았던 노동제도를 본격적으로 개혁하기 시작했다. 그리고 그 배경에는 국유기업의 전반적인 경영 악화라는 요소가 있었다.

국유기업은 1980년대 전반에 걸쳐 비공유제 기업과 경쟁하는 가운데 적자 폭이 커졌고, 그 적자를 메워야 하는 국가의 재정 부담도 가중되었다(Naughton 1995b). 중국 당국은 1990년대 중반 경영상태가 좋은 대형 국유기업은 국가가 집중적으로 육성·발전시키고, 적자가 심한 중·소형 국유기업을 시장원리에 따라 재편한다는 소위 '조대방소' 정책을 통해 국유기업에 대한 대대적인 개혁을 단행하면서 노동제도 또한 본격적으로 개혁하기 시작했다. 1994년 노동법 제정을 계기로 전면적인 근로계약제도를 도입했고, 1997년에는 양로보험 제도를, 1998년에는 의료보험제도를 개혁했으며, 1999년에는 실업보험 제도를 확립했다. 이러한 제도개혁을 통해 그간 국유기업의 부담을 가중시켰던 잉여노동력을 사회로 배출시킬 수 있는 제도적 기반이 확립된 셈이다. 1995년 29.1만 개에 달하던 국유기업의 수는 2001년 17.4만 개로 급감했고, 국유기업의 노동자 수도 같은 기간 7,544만 명에서 3,809만 명으로 급감했다(張春霖 2003, 175). 가히 '소리 없는' 거대한 구조조정의 혁명이 전개되었다고 할 수 있겠다.

국유기업에 대한 대대적인 구조조정이 이루어지는 가운데 〈그림 7-1〉에서 보는 바와 같이 노동쟁의도 지속적으로 증가했다. 태업, 파업, 상방, 시위 등과 같이 중국 당국의 통계 지표에 잡히지 않는 집단행동까지 포함하면 노동쟁의 건수는 〈그림 7-1〉보다 훨씬 많을 것이다. 오늘날 중국에서 노동자들의 집단적 쟁의행위는 일상적인 일이 되었다고 해도 과언이 아니다. 그러나 중국 당국은 노동자들의 저항이 일정한 한도를 넘어서는 사태를 방치하지 않고 있다. 중국 당국의 노동통제 정책은 여러 형태로 나타나고 있지만, 무엇보다 노동조합의 개혁을 미루고 노동조합을 공산당의 통제 하에 묶어 두는 방식을 통해 잘 나타나고 있다.

중국의 노동조합은 2005년 말 현재 1,174,421개의 기층 노동조합과

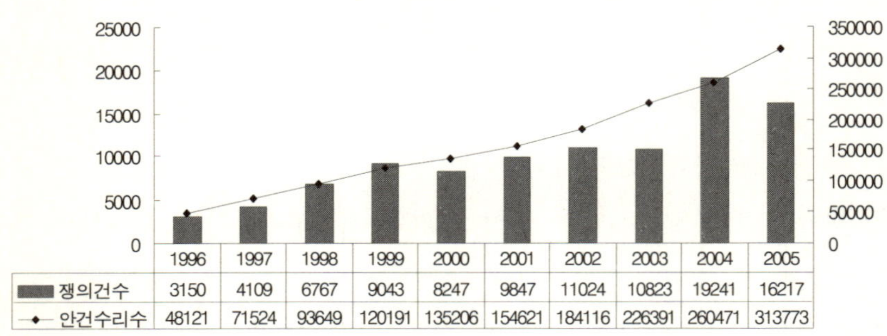

〈그림 7-1〉 노동쟁의 안건 수 변화 추세

출처 : 國家統計局人口和就業統計司·勞動和社會保障部規劃財務司 編, 『中國勞動統計年鑑 2006』, 499쪽.

150,293,965명의 조합원을 두고 있는 방대한 조직이다. 이 방대한 노동자 조직은 청년조직인 공청단, 여성조직인 부녀연합과 함께 공산당의 외곽 대중조직으로서 당의 방침을 대중에게 전달하고, 대중의 의견을 공산당에 전달하는 '교량'(transmission belt)로 역할을 하고 있다. 공산당이 노동자의 이익을 강조할 때 노동조합 조직은 자신의 역할에 충실함으로써 존재 의미를 가졌지만, 공산당이 시장과 기업 친화적인 제도 환경을 확립해 가는 과정에서는 역할 수행에 갈등을 느낄 수밖에 없다. 시장친화적인 제도 환경과 노동자 이익 대변은 '최적의 조합'보다는 상호 이율배반인 조합을 만들 가능성이 훨씬 높기 때문이다.

중국 노동조합은 개혁개방 정책이 추진되는 과정에서, 노동자의 이익을 진정으로 대변하지 못했고, 결과적으로 노동자로부터 유리되고 있다는 평가를 받아왔다. 이런 평가는 중국 총공회 스스로가 조사한 자료에서도 나타나기 때문에 총공회의 고민은 개혁개방 정책이 심화될수록 더욱 깊어졌다고 볼 수 있다. 아래 본문에서는 다음과 같은 몇 가지 문제를 검토해 보고자 한다. 개혁개방 시기 중국 노동조합은 왜 노동자의 이익을 대변하는 데 실패하고 있는

가? 중국 노동조합은 개혁개방 정책이 심화되는 가운데, 어떻게 자신의 위기 상황을 극복해나가고 있는가? 현재 중국 노동조합이 해결해야 할 중요한 과제는 무엇인가? 중국 노동조합의 문제를 해결할 수 있는 길은 어디에서부터 모색하는 것이 현실적으로 타당한가? 중국 당국은 나날이 악화되고 있는 노동관계를 어떻게 재조정하려고 하고 있는가?

2. 계획경제체제 시기 노동조합의 기능

과거 계획경제체제 하에서 중국 당국은 소련에서 확립되었던 노동조합의 '고전적 이원주의'(classic dualism)를 본받아야 할 모델로 채택했다. 1921년 레닌은 소련공산당 제10차 대회에서 사회주의 사회에서는 더 이상 계급착취가 존재하지 않기 때문에 노동조합의 주요 기능은 노동생산성을 제고하는 것이지만, 사회주의 사회에서도 관료주의의 폐단이 존재하기 때문에 노동조합은 노동자의 이익을 보호해야 하는 기능을 동시에 가져야 한다고 강조했다. 즉, 노동조합의 고전적 이원주의 모델은 노동조합의 '생산과 보호'(生産和維護) 기능을 강조하는 것이다(Pravda & Ruble 1986, 1-7). 중국에서는 이와 같은 고전적 이원주의 모델이 변형된 형태로 개혁개방 이전까지 지속적으로 관철되었다.

계획경제체제 시기의 전 중국 노동조합은 3단계의 발전과정을 거쳐 독특한 조직 기능을 확립했다. 첫 번째 단계는 1949~56년의 시기로 사영기업과 공영기업 등 다양한 소유제 형태의 기업이 병존했던 기간이다. 두 번째 단계는 1957~66년의 시기로 사회주의 개조가 완성된 시기다. 세 번째 단계는 1966~76년의 시기로 문화대혁명이 발발했던 시기다.

1) 첫 번째 단계(1949~56년)

중화인민공화국이 건국된 후 중국공산당이 해결해야 할 가장 큰 당면 임무는 혁명과 전쟁으로 피폐해진 국민경제를 회복하는 것이었다. 중국공산당은 국민경제 회복 사업에 노동조합 조직을 동원했다. 농촌에 근거지를 두고 혁명을 전개했기 때문에 도시 기반이 상대적으로 취약했던 중국공산당은 각 대도시에 수많은 공산당 간부를 파견하여 위로부터 아래로 노동조합을 설립해 나갔다. 중국공산당은 처음에는 산업별로 노동조합을 설립해 갔다. 1952년 전국에 걸쳐 기층 노동조합은 20.7만 개 설립되었고, 노동조합 조합원 수는 1,002.3만 명에 달했다. 주요 도시 산업 노동자의 90%가 노동조합의 조합원이 되었다(倪志福 主編 1997, 49).

중국공산당은 중화인민공화국이 설립되기 바로 직전, 일부 해방구에서 노동자들이 공상계의 이익을 고려치 않고 과도하게 노동자의 이익을 추구하는 경향이 나타나자 신화사(新華社)에 "직공(職工) 운동의 정확한 노선을 견지하고 '좌경' 모험주의를 반대한다"라는 사설을 발표해 '생산을 발전시키고, 경제를 번영시키며, 공기업과 사기업의 이익을 함께 고려하며, 노사 모두에게 이득이 되도록 한다'는 방침을 제시했다. 중국공산당은 그 외에도 공(公)기업과 사(私)기업을 대상으로 수많은 규정과 방침을 제시했는데, 여기서는 계획경제 체제 시기 중국 특유의 노동제도로 남게 된 공영기업을 대상으로 한 공장관리위원회제도 및 직공대표대회제도에 대해서만 검토하기로 하겠다.

공장관리위원회와 직공대표대회제도는 해방 전부터 해방구의 국영기업에서 채택되었던 기업 민주관리 제도의 한 형식이다. 1949년 8월 10일 화북 인민정부가 발표한 〈국영, 공영 공업기업에서 공장관리위원회와 직공대표대회 설립에 대한 실시 조례〉는 "공장관리위원회는 공장장(혹은 경리), 부공장장(혹은 부경리), 총공정사(혹은 주요 공정사) 및 기타 생산 책임자, 직공대표로 구성하고, 생산, 관리, 인사, 임금, 복리 등의 일상적 업무를 책임진다"고 규정하고 있다.

조례는 "200명 이상을 고용하고 있는 국영, 공영 공장은 반드시 직공대표대회를 설립하고, 노동조합 주석이 직공대표대회를 소집할 권리가 있으며, 직공대표대회는 공장관리위원회의 보고를 토론할 권리와 공장관리위원회의 경영 및 지도 방식에 대해 검사하고 비판할 권한을 갖는다"고 규정하고 있다. 이처럼 해방 전후 중국의 노동자와 노동조합은 공장관리위원회 및 직공대표대회제도를 통해 국영기업의 주요한 경영 결정 업무에 참여하고 감독할 권한을 가졌다.

그러나 1954년 사회주의 개조 이후 중국 노동자와 노동조합의 이 같은 경영참여 권리는 크게 변화했다. 사회주의 개조 이후 중국의 경제체제가 명령경제체제로 전환되자 기업의 자주권은 크게 감소되었다. 정부의 기업주관 기관은 기업의 세부적인 생산 지표를 하달했고 상품과 필요한 물자를 통일적으로 조달했으며, 기업은 이윤의 전부를 정부에 상납했다. 노동부와 인사부는 기업이 필요로 하는 직공의 수와 임금총액을 통일적으로 정해 주었다. 사회주의 개조와 함께 기업은 국가 행정기구의 명령을 단순히 집행하는 하부 기구로 전락했다(蔣一葦 1980). 이 같은 상황에서 공장관리위원회는 직공대표대회를 정부의 명령을 전달하는 통로로 삼았다(Lee 1986, 99).

1956년 생산수단의 사회주의적 개조가 완료된 후 전민소유제 기업에서는 더 이상 착취관계가 존재하지 않고, 국가, 기업, 개인의 이익은 완전히 일치한다는 이데올로기가 지배하게 되었다. 이에 따라 노동조합의 기능도 서서히 변화되어 당과 국가의 정치 및 생산 명령에 노동자를 동원하는 '행정의 조수'로 전락했다. 이런 상황에서 노동조합은 종종 두 가지 곤경에 처하게 되었다. 즉, 대중으로부터는 '행정의 꼬리'(行政的尾巴)라는 비난을 받았고, 기업 간부로부터는 '대중의 꼬리'(群衆的尾巴)로 행정의 권위에 도전한다는 비난을 받았다(倪志福 主編 1997, 220).

2) 두 번째 단계(1957~66년)

노동조합 간부는 기업 내부의 모순을 처리하는 과정에서 종종 행정 간부의 편에 서서 모순을 처리했기 때문에 노동관계의 모순은 점차 누적되고 때로는 격화된 형태로 표출되기 시작했다. 1956년 10월에서 1957년 3월 사이에 1만여 건의 파업이 발생했고(Perry 1995, 308), 1957년 5~6월 사이에는 상하이에서 발생한 파업과 청원 사건만 하더라도 545건, 참여 노동자 수는 2.6만 명에 달했다. 총공회의 당조(黨組) 조사 자료에 따르면 노동쟁의의 81.7%는 노동자의 생활, 임금 문제를 불합리하게 처리한 데서 비롯되었다(李桂才 主編 1990, 574-581).

중국공산당은 기업 간부의 관료주의적 작풍을 대중의 불만을 야기하고 또 모순을 격화시킨 주된 원인으로 지목했다(倪志福 主編 1997, 222-223). 이런 모순을 극복하기 위해 중공중앙은 '당위원회 지도하의 공장장 책임제'를 도입하고, 당위원회 지도하의 대중 감독을 강조했다. 그리고 1957년 4월에는 〈정풍운동에 대한 지시〉를 발표했다. 정풍운동이 전개되면서 노동조합의 성격, 지위, 기능, 임무에 대한 광범위한 토론이 전개되었고, 그 과정에서 1951년 총공회 당조 확대회의가 결정한 〈노동조합 업무 중의 경제주의, 생디칼리즘 반대 및 리리산(李立三) 비판에 대한 문제〉[1]에 대한 이의도 제기되었다. 그런데 정

---

[1] 1951년 12월 총공회 당조 제1차 확대회의는 초대 노동부 장관 겸 총공회 주석을 담당했던 리리산을 경제주의, 생디칼리즘으로 비판하는 결정을 내렸다. 리리산은 1951년 9월 중공중앙의 요구에 따라 '신민주주의 시기 노동조합 업무에 대한 몇 가지 문제에 대한 결의'(초고)를 기초했고, 동년 10월에는 마오쩌둥 앞으로 '노동조합 업무 중에 발생한 논쟁의 원칙 문제와 이론 문제에 대한 의견'이라는 글을 발송했다. 리리산은 이 두 문건에서 공영기업에서 노동조합은 공사(公私) 이익의 일치를 주장해야 하지만, 공사 이익 사이에는 일정한 모순이 존재하기 때문에 공영기업에서 노동자의 이익을 대표하는 노동조합이 존재하고 또 노동조합은 노동자의 이익을 보호해야 하는 객관적 기초가 존재한다는 관점을 피력했다. 이런 입장에 대해 총공회 당조는 리리산은 소위 분배문제, 개인 이익, 눈 앞의 이익를 편면적으로 강조함으로써 협애한 경제주의의 오류를 범했고, 당을 노동자의 최고 조직 형식으로 보지 않고 노동조합을 최고 조직 형식으로 봄으로써 노동조합이 공산당의 지도에서 이탈하도록

246

풍운동은 곧바로 반우파 투쟁으로 전환되어 비판적 의견을 제시한 간부들은 총공회 제3차 확대회의에서 '우파분자'로 낙인찍히게 되었다.[2]

1951년과 1958년 두 차례에 걸친 노동조합 간부의 탄압 사건은 중국 노동조합이 더 이상 노동자의 이익을 대변하지 못하고 생산에만 전념하도록 만든 결정적 사건이었다. 1957년 10월 중공중앙 제8기 3중 전회가 개최된 후 중국 공산당은 연속하여 영국을 초월한다는 목표를 제기했고, 중앙당국의 요구에 부응한다는 명목으로 동년 12월에 개최된 총공회 제8차 대회에서는 노동조합의 산업별 조직 원칙을 '산업과 지역의 상호 결합' 조직 원칙으로 전환한다는 결정을 내렸다. 노동조합의 조직 원칙이 변화된 것은 중국 노동조합의 '본토화'(reorientation) 과정이자(Lee 1986, 59), 지역 공산당의 노동조합에 대한 통제 강화라는 함의가 담겨 있다(Hong & Warner 1998, 23).

1958년 대약진운동이 전개되자 각 지역의 노동조합은 지방 당위원회의 지도를 받아 대중운동을 전개했다. '노동자는 관리에 참여하고, 간부는 노동에 참여하며, 불합리한 규칙을 개혁하는 실천을 상호 결합한다'는 소위 '양참, 일개, 삼결합'(兩參一改三結合) 운동이 전개되어 일부 기업 관리자들은 생산현장으로

한 엄중한 생디칼리즘의 오류를 범했다는 결정을 내렸다(倪志福 主編 1997, 315-331; Perry 1995, 306-308; White III 1976, 99-104).
2 1958년 5-8월에 개최된 총공회 제3차 확대회의는 라이뤄위(賴若愚) 총공회 주석 등 일부 총공회 간부를 '엄중한 우경 기회주의, 종파주의'라고 결론 내렸다. 라이뤄위 등 총공회의 일부 간부들은 1956-57년 동안 발생한 노동자 파업 및 청원 사건을 조사하면서 '노동조합과 당 조직은 모두 노동자계급의 조직이지만, 양자는 구분된다. 당은 노동자계급의 선봉대이고, 노동조합은 대중조직이다…당의 노동조합에 대한 지도는 정치사상 면에서의 지도다. 노동조합 조직은 노동자계급의 선진적인 부분과 낙후한 부분을 함께 포함하고 있고 당이 전체 인민을 단결하도록 하는 중요한 교량 역할을 한다. 그렇지만 대중은 자신의 절실한 신변 생활을 통해 사회주의를 이해하기 때문에 노동조합은 정치적으로 대중을 보살펴야 할 뿐만 아니라, 그들의 물질적 생활과 문화적 생활에 대해서도 최대한 보살펴야 한다'는 보고서를 제출했다. 총공회 당조는 그가 당의 노동조합에 대한 지도를 반대하고, 사실상 노동조합을 통해 노동자계급에 대한 지도를 실현하려 하며, 노동조합을 당의 위에 올려놓았다고 비판했다(李桂才主編 1990, 749-767).

내려가 노동에 참여했고, 행정관리 권한이 직장(車間), 라인(工段), 반조(班組)로 이전되기도 했다. 이런 이유 때문에 대약진운동 기간에 노동자 혹은 노동조합의 경영 참여 권리가 확대되었다는 평가를 받기도 한다(Lee 1986, 103).

그렇지만 대약진운동 기간 일부 지역의 노동조합은 조직의 과도한 정치화·군사화 경향 때문에 좌절을 겪기도 했다. 1958년 농촌의 인민공사화가 완료된 직후 인민공사는 당위원회의 지도하에 주민 생활을 집단화하는 등 군사적 편제로 운영되기 시작했다. 이 같은 상황 하에서 일부 지역의 인민공사는 노동조합이 불필요하다 판단하고, 현(縣) 노동조합을 폐쇄하는 조치를 취하기도 했다. 1958년 총공회는 중공중앙에 제출한 '현급 노동조합 처리에 관한 의견'을 통해 현급 노동조합은 인민공사로 대체될 수 있다는 관점을 피력하기도 했다. 일부 성과 성 소속의 노동조합 역시 스스로 노동조합의 간판을 내렸고, 노동조합의 간부들은 당, 정부기관의 유관 부문으로 편제되기도 했다(倪志福 主編 1997, 261-262).

대약진운동이 실패로 종결된 직후 총공회 및 각 급 노동조합은 당의 조정 방침에 따라 노동조합 운동에서 나타났던 좌 편향적 경향을 치유하고 노동조합의 기초를 다지는 노력을 전개했다. 그렇지만 1962년 중국공산당 제8기 10중 전회에서 다시 '계급투쟁'이 강조된 후 노동조합은 또 한 번 좌편향적 실천에 앞장서게 된다. 1963, 1964년 인민해방군을 학습해야 한다는 선전이 강화되는 가운데 공업기업 산하에는 인민해방군을 모방하여 정치부가 설립되었고, 노동조합은 정치부로 편입되기도 했다. 1965년 '4청' 운동[3]이 전개되었던

---

3 1963년 2월 11~28일까지 중국공산당 중앙은 베이징에서 공작회의를 개최한 뒤 도시에서는 5반(절도 반대, 투기활동 반대, 낭비 반대, 분산주의 반대, 관료주의 반대) 운동과 농촌에서는 사회주의 교육 문제를 전개할 것을 결의했는데, 그 후 농촌의 사회주의 교육운동은 4청(장부, 재고, 재산, 임금 점수 점검 정리) 운동으로 발전했다. 4청 운동은 1965년 이후 '정치, 사상, 조직, 경제 문제 정리'로 그 내용이 변화했고, 도시와 농촌에서 동시에 전개되고 있던 사회주의 교육운동은 '4청'으로 명명되었다.

일부 공업기업에서는 '혁명위원회' 혹은 '혁명노동자 협회'(革命工人協會)를 설립하여 노동조합을 대체하는 현상도 나타났다(倪志福 主編 1997, 307-309).

3) 세 번째 단계(1966~76년)

1966년 5월부터 1976년 10월까지 지속되었던 문화대혁명은 1962년 중국 공산당 제8기 10중 전회가 결정한 계급투쟁 노선의 연장이라 볼 수 있다. 동년 8월 중국공산당 제8기 11중 전회를 통과한 〈무산계급 문화대혁명에 대한 결정〉(소위 '16조')은 문화대혁명의 진행 방법을 밝히고 있는데 '문화대혁명은 경제적 생산을 방해하지 말아야 한다는 소위 '혁명을 부여잡고, 생산을 촉진한다'(抓革命, 促生産)는 방침을 천명하고 있다. 이 방침으로 다수 공업기업의 노동조합은 문화대혁명 초기에는 혁명의 소용돌이 속으로 흡수되지는 않았다(Lee 1986, 108).

1966년 11월 중공중앙이 발표한 〈혁명을 부여잡고, 생산을 촉진하는 데 대한 10조 규정(초안)〉과 〈농촌 무산계급 문화대혁경에 대한 지시(초안)〉은 노동자, 농민이 자신의 조직을 설립할 수 있고, 학생과 함께 연대활동(串聯)을 할 수 있으며, '크게 말하고(大鳴), 크게 터뜨리며(大放), 크게 쓰며(大字報), 크게 논쟁한다(大辯論)'는 소위 '대민주'(大民主) 형식으로 문화대혁명을 진행할 수 있다고 규정하고 있다. 이 두 문건이 기층으로 하달되면서 본래 문교부문과 당정 기관에 한정해서 진행되었던 문화대혁명은 농촌과 도시의 기업으로 신속하게 확대되었다.

1967년 1월 상하이에서 기존의 시 당위원회를 타도하고 혁명위원회가 설립된 소위 '1월 혁명'부터 1968년 9월 티베트(西藏)와 신장(新疆) 두 자치구에 혁명위원회가 설립되기까지 계급투쟁은 아주 복잡하게 전개되었다. 이 기간 노동조합은 계급투쟁의 소용돌이 속에서 마비되었다. 총공회를 필두로 각급 노동조합 조직은 계급투쟁이 아니라 생산을 중심으로 삼고 있다는 이유로 '생산 노동조합' '복리 노동조합' 등으로 비판받았다. 조반파 노동자들이 조직한 혁명 조직들이 전면에 나서 노동조합을 '접수'함으로써 노동조합 조직은 무력화되었다. 기업의 공산당 조직 역시 조반파 노동자로부터 철저하게 공격을 받아 무력화되었다.

벨텔렘(Bettelheim 1974), 앤돌스(Andors 1977)의 연구에 따르면, 문화대혁명 당시 공장 내에서는 과거와는 전혀 다른 조직과 공장 관리 방식이 나타났다. 당위원회를 대신하여 새로운 권력기구로서 혁명위원회가 설립되었고, 조반파 노동자 대표, 군 대표, 혁명적 지식인으로 구성된 혁명위원회는 대약진운동 시기에 나타났던 '양참, 일개, 삼결합'을 실천에 옮겼다.[4]

위에서 언급한 세 단계의 노동조합 기능 변화 과정을 볼 때 중국 노동조합은 계획경제체제 하에서 적지 않은 좌절을 겪었음을 알 수 있다. 특히 정치적 대중운동이 전개될 때마다 중국 노동조합이 노동자로부터 존재의 정당성이 부정당하는 현상이 나타났다. 중국 당국이 채택했던 소련 노동조합의 '고전적 이원주의' 모델의 내재적 모순이 집중적으로 나타났다고 볼 수 있다. 이는 노동조합이 국가가 제정한 생산 목표를 관철하는 동시에 노동자의 이익을 대변한다는 '이중적 과제'를 실현하는 것이 결코 쉽지 않다는 것을 보여준다. 노동조합은 생산에 참여하는 과정에서 부지불식간에 행정의 부속 기구로 전락했고, 노동자의 이익을 진정으로 대변하지 못함으로써 노동자로부터 외면당하는 결과를 빚었다. 이 모순의 해결 방안은 개혁개방 이후 중국 노동조합의 개혁 노력에서 그 실마리를 찾을 수 있다.

---

4 공장 혁명위원회에 대한 상세한 논의는 장영석(2007)을 참조.

3. 개혁개방 이후 중국 노동조합의 기능 전환

개혁개방 정책 시기의 중국 노동조합은 과거 계획경제체제 하에서 나타났던 '고전적 이원주의' 모델의 한계를 극복하기 위하 몇 차례에 걸친 개혁 실험을 전개하면서 자신의 지위와 역할을 재정립해 나갔다. 사회주의 시장경제체제를 확립하는 과정에서 경영자와 노동자 사이의 이익 분화가 심화되고, 노동자의 합법적 권익이 침해당하는 일들이 자주 발생하면서 노동쟁의가 증가되었다. 〈그림 7-1〉에서 보듯 노동쟁의중재위원회가 수리안 쟁의안건 수, 집단적인 노동쟁의 안건 수는 꾸준히 증가하고 있다.

중국 노동조합은 과거 노동자의 이익 토호를 강조했다가 중국공산당의 비판을 받았던 '악몽'에서 벗어나 이제는 노동자 이익의 '보호 기능을 특별히 강조하는'(突出維護) 다양한 실천을 전개하고 있다. 중국 노동조합이 본격적으로 노동자의 이익을 보호해야 한다고 강조하기 시작한 것은 국유기업의 개혁이 심화되던 1990년대 중반부터이다. 1994년 12월 중화전국총공회(이하 '총공회') 제12기 제2차 집행위원회에서 당시 웨이젠싱(尉建行) 총공회 주석은 '노동조합은 노동법 실시를 계기로 노동자의 합법적 권리를 더욱 잘 보호해야 한다'고 강조했고, 이로부터 중국 노동조합 내부에서는 노동자의 이익을 '보호하는 기능을 특별히 강조하는' 새로운 흐름이 형성되었다(孫中范·桉苗·馮同慶 1997, 97).

중국 노동조합이 노동자의 이익 보호 기능을 특별히 강조하는 새로운 흐름을 형성코자 한 노력은 크게 세 단계로 나누어 살펴볼 수 있다. 첫 번째 단계는 1976~84년 시기로 개혁개방 초기 단계다. 두 번째 단계는 1984-89년 천안문 사건이 발발한 시기로 개혁개방 심화 단계다. 세 번째 단계는 1992년 이후부터 현재까지 사회주의 시장경제체제가 확립되는 단계다.

1) 첫 번째 단계(1976~84년), 개혁개방 초기 단계

1978년 10월에서 1983년 10월까지 중국 노동조합 제9차 대표대회 기간 동안 중국 노동조합은 대부분의 역량을 '과거사 정리'(拔亂反正)와 노동조합 조직 역량을 회복하는 데 쏟았다. '과거사 정리' 업무는 문화대혁명 시기의 '좌경적' 오류뿐만 아니라 중화인민공화국 건국 초기의 오류까지 바로 잡는 작업으로 확대되었다. 1978년 11월 중공중앙 제11기 3중 전회가 개최된 이후, 총공회 당조는 1958년에 개최되었던 총공회 당조 제3차 확대회의의 결의 사항을 재검토했다. '우경 기회주의, 종파주의, 반당, 반인민, 반사회주의'의 오류를 범했다는 라이뤄위(賴若愚) 등 총공회의 일부 간부들에 대한 비판은 근거가 없다는 결론을 내렸고, 동년 9월 중공중앙은 이 결론을 승인했다. 또한 1981년 3월 총공회는 1951년 총공회 당조 제1차 확대회의의 결의 사항에 대해서도 재검토하고, 리리산을 '생디칼리즘, 경제주의'로 낙인찍은 것은 근거가 없다는 결론을 내렸다.

개혁개방 초기 중국공산당은 총공회 당조 제1, 3차 확대회의의 결정을 '좌편향적' 오류라고 규정했지만, 이론적으로는 여전히 노동조합의 '고전적 이원주의' 모델에서 완전히 벗어나지는 못했던 것으로 보인다. 한 예로 1983년 총공회 내부에서는 노동조합의 기능 문제를 둘러싸고 논쟁을 전개했는데, 이에 대한 해답을 찾기까지는 무려 5년이라는 시간이 걸렸다(孫中范·桉苗·馮同慶 1997, 155).

중국 노동조합이 노동조합의 '고전적 이원주의'의 속박에서 벗어나지 못해 온전한 기능을 발휘하지 못하고 있는 가운데, 노동조합이 노동자 대중으로부터 외면당하는 각종의 폐단들이 나타났다. 특히 노동조합 간부의 관료주의, 특권화 문제가 심각했다. 1981년 총공회 당조의 조사 자료와 일부 자료는 노동조합 간부가 노동자에게 배분될 주택을 선점하고, 노동조합 간부가 직공대표대회의 결의 사항을 무시하는 등의 이유로 상하이, 톈진, 충칭, 우한, 타이위안(太原) 등지에서 적지 않은 파업과 태업이 발생했다고 보고하고 있다(Perry 1995, 314; Wilson 1990, 54). 1982년 총공회의 '직공 대오 조사' 자료에 따르면 '현재의 가장 중요한 폐단은 무엇인가' '가장 머리를 아프게 만드는 것은 무엇인가'라는 질문에 피조사자 2만여 명의 노동자 가운데 80% 이상이 '간부의 특권화,' '사회의 부정 기풍'이라고 응답했다.

한편, 1982년 헌법 개정으로 중국 노동조합의 기능은 더욱 불완전한 모습을 띠게 되었다. 1982년 10월-12월 동안 개최되었던 제5차 전국인민대표대회는 노동자의 파업권을 삭제하는 '중화인민공화국 헌법' 수정안을 결의했다. 개혁개방 초기 노동조합은 '과거사 정리' 작업을 통해 자기 활동을 전개할 수 있는 최소한의 이론적 기초를 다졌다. 그렇지만 노동조합 간부들은 여전히 고전적 이원주의의 속박에서 벗어나지 못한 채, 일부 노동조합 간부들의 관료주의와 특권화 때문에 노동자 대중들로부터 점차 유리되고 있었다. 더구나 노동조합은 자신의 결정적인 무기인 파업권을 박탈당했기 때문에 나날이 이해관계가 분화되고 모순이 누적되는 노동관계에서 자신의 역할을 제대로 수행할 수 없게 되었다. 중국 노동조합은 새로운 위기에 직면하고 있었던 것이다.

2) 두 번째 단계(1984~89년), 개혁 심화기

이 시기는 기업의 경영 자주권이 더욱 확대되고, 근로계약제가 도입되는 등 중국 국유기업의 노동관계가 아주 복잡해진 시기다. 1984년 12월 중국공산당 제12기 3중 전회에서 〈경제체제 개혁에 대한 중공중앙의 결정〉이 통과된 후 개혁정책은 도시, 특히 국유기업에 집중되었다. 1986년에는 종신제 고용의 부작용을 극복하기 위해 근로계약제가 실시되었다. 국유 공업기업의 자주권 확대 및 기업 경영자의 권한 확대를 위한 구체적인 개혁정책은 1988년에 발표되었던 〈전민소유제 공업기업 하청(承包) 경영책임제 잠정 조례〉(이하 '잠정 조례')와 〈전민소유제 공업기업법〉(이하 '기업법')에 집중적으로 나타나 있다.

먼저, 국가, 기업, 개인 3자의 분배 구조가 크게 변화했다. 가장 큰 변화는 기업의 분배 권력이 강화되었다는 점이다. 잠정 조례는 "국가에 상납해야 할 기본 이윤을 확실하게 지키고, 더 많은 수익을 올릴 경우 기업에 더 많은 이윤을 유보하며, 적자가 날 때에는 스스로 보충한다"(包死基數, 確保上繳, 超收多留, 欠收自補)는 원칙을 밝히고 있다. 기업은 이윤의 55%를 소득세로, 국가가 정한 일정한 이윤을 조절세로 국가에 상납한 뒤 나머지 이윤을 기업에 유보할 수 있게 되었다. 1983~86년은 이윤 상납이 세금으로 대체된 기간인데, 국유기업의 이윤 유보액은 1983년 291억 위안에서 1986년 489억 위안으로 증가하였다. 이에 비해 기업 소득 중에서 국가가 획득한 소득은 점차 하락하였다. 기업 소득에서 국가, 기업, 노동자의 소득이 차지하는 비중 1984년 63 : 9 : 28에서 1988년 50 : 17 : 33으로 변화했다(令狐安 主編 1992, 169).

기업하청 경영책임제가 실시된 결과 기업 경영자의 소득은 대폭 증가하였다. 잠정 조례는 하청 경영자의 소득은 기업 직공 평균소득의 1-3배로 한정하되, 기업 발전에 대한 공헌도가 높은 경영자에 대해서는 그 수준보다 약간 더 높은 소득을 보장한다고 규정하고 있지만, 기업 경영자는 자신의 권한을 이용하여 이 규정보다 훨씬 높은 소득을 올리고 있었다(馮同慶 1988, 29). 반면, 기업 경영자에 비해 노동자의 소득은 상대적으로 하락하고 있었다. 노동자의 임금 인상률은 노동생산성 증가율을 넘어서지 못했으며, 시장경쟁에서 비공유제 기업에 패배하여 적자가 확대되고 있던 일부 국유기업의 경우 심지어 임금을 지급하지 못하는 상황도 나타났다.

다음으로 국가, 기업, 개인 3자의 권력 구조에서도 큰 변화가 나타났다. 1984년 12월 중국공산당 제12기 3중 전회에서 통과된 〈경제체제 개혁에 대한 중공중앙의 결정〉은 과거 '당위원회 지도하의 공장장 책임제'를 '공장장 책임제'로 변경한다고 규정하고 있다. 1988년 국무원이 발표한 기업법에도 공장장 책임제를 명시하고 있다. 국가와 국유기업의 관계에서 정부는 공장장을 임면할 권한을 갖고(기업법 제55조), 기업 경영자는 정부 부문에 부공장장 급 간부의 임면을 요청할 수 있으며, 중간층 간부를 임면할 수 있고, 노동자를 법에 따라 상벌할 수 있게 되었다(기업법 제45조). 기업법에서 주목되는 것은 당위원회와 공장장의 관계에 관한 내용이다. 기업법에 따르면, 공장장은 기업경영 전반에 대한 책임을 지고, 당위원회는 당·국가의 정책 노선을 기업에 관철하고 기업을 감독하는 책임을 진다고 규정하고 있다. 이를 통해 기업 내에서 당위원회의 지위가 현저하게 저하되었음을 알 수 있다.

한편, 1986년 9월에 발표된 〈전민소유제 공업기업 직공대표대회 조례〉는 노동자의 기업 민주관리 권리를 보장하고 있다. 기업법 역시 직공대표대회가 기업의 주요 결정을 청취하고, 심의하며, 심사하여 동의하거나 부결할 권리가 있다고 명시하고 있다. 그러나 1986년 총공회의 직공 대오 조사 자료에 따르면, 직공대표대회는 이러한 기능을 제대로 수행하지 못하고 있는 것으로 나타났다. 노동자들 중 직공대표대회의 기능을 묻는 질문에 '아주 큰 역할을 하고 있다'고 응답한 비율은 6.5%, '때로는 역할을 하지만, 때로는 역할을 하지 못한다'고 응답한 비율은 23.9%, '형식적인 도구다'라고 응답한 비율은 45.19%에 달하고 있다(中華全國總工會 1987, 151).

기업과 노동제도에 대한 개혁이 심화되면서 중국의 노동조합도 변화된 환경에 적응하기 위해 일련의 개혁정책을 실시하기 시작했다. 우선, 노동조합의 '개혁정책 제정 참여권'(參政議政) 확보를 위한 노력이다. 1985년 11월 중공중앙 판공청과 국무원 판공청은 총공회가 제출한 '당과 정부의 유관회의 및 업무 기구에 노동조합이 참여할 것에 대한 지시 요망'을 허가했는데, 그 후 중국 노동조합은 노동자의 이익과 관련된 '노동조합법'(工會法) 수정, '국유기업의 근로계약제 실시에 대한 잠정 규정,' '기업 파산법,' '국영기업 노동쟁의 처리 잠정 규정,' '국영공업기업법,' '기업법' 등 정부의 각종 법규 제정에 참여하여 자신의 의견을 피력할 수 있게 되었다.

그 다음, 개혁 심화기 중국 노동조합은 고전적 이원주의 모델에서 벗어나 '노동자 이익 보호를 중심으로 하는'(以維護職工利益爲中心) 새로운 모델을 확립하기 위해 여러 방안을 모색했다. 그 결과 1988년 10월 총공회 제10기 6차 회의는 〈노동조합 개혁에 대한 기본 구상〉(關于工會改革的基本設想, 이하 '기본 구상')을 결의했다. 기본 구상이 확정한 노동조합 개혁의 기본 목표는 '중국 노동조합을 중국공산당이 지도하는 독립 자주적이고, 민주가 충만하며, 노동자가 신뢰할 수 있는 노동자계급의 대중조직으로 만든다'는 것이다. 기본 구상은 위의 목표를 실현하기 위해 다음과 같은 개혁 과제를 제기하고 있다. 첫째, 노동조합에 대한 공산당의 지도는 정치적 지도에 한정하고, 노동조합의 일상적인 업무에 대해서는 간섭하지 않도록 공산당과 노동조합의 관계를 '바로 잡는다'(理順)는 것이다. 공산당은 노동조합 내 당 조직의 활동과 당원의 모범적 역할을 통해 정치적으로 지도하고, 그 정치적 지도는 노동조합의 민주적 과정을 통해 노동조합의 결의 형태로 실현해야 한다는 것이다. 둘째, 노동조합과 정부의 관계를 바로 잡는다는 것이다. 즉, 정부는 입법과 제도를 통해 노동조합의 권리와 의무를 규정하고, 노동조합은 그 규정에 따라 자신의 권리와 의무를 다 해야 한다는 내용이다. 셋째, 노동조합과 대중의 관계를 바로 잡는다는 것이다. 기층 노동조합의 활동을 중심으로 삼고, 노동조합의 행정화 경향을 극복·방지하며, 노동조합 조직의 대중화·민주화를 실현해야 한다는 것이다 (陳驥 主編 1993, 100-105).

1988년 10월 하순에 개최된 중국노동조합 11차 대회는 이러한 기본 구상을 통과시켰다. 기본 구상은 중국 노동조합이 직면한 위기를 극복하기 위해 마련한 자구책이라고 할 수 있다. 기본 구상의 핵심적 내용은 중국 노동조합이 노동자의 이익을 대표하는 독립적 이익 주체로 선다는 것이지만, 위로부터 아래로의 개혁 자체에 내재된 한계성, 즉 개혁의 동력이 취약하다는 약점을 동시에 안고 있었다. 또한 총공회가 기본 구상을 제출할 수 있었던 것은 당시의 정치적 분위기와 밀접한 관계가 있다는 점도 지적될 필요가 있다. 만약 당시 중국공산당이 정치개혁 프로그램을 제시하지 않았다면 과연 총공회가 그 같은 개혁방안을 제기할 수 있었는지는 의문이다. 총공회의 기본 구상은 1989년에 발생한 천안문 사건으로 중국의 정치적 분위기가 보수로 회귀되면서 결국 아무런 성과도 내지 못한 채 차후의 해결 과제로 남게 되었다.

3) 세 번째 단계(1992년~현재), 사회주의 시장경제체제 확립기

1989년 천안문 사건이 발발한 이후 1989-91년의 소위 '조정기' 동안 중국 당국은 긴축경제 정책으로 인플레이션을 진정시키려 했다. 긴축정책은 인플레이션을 진정시켰지만, 국유기업의 경영상황을 더욱 악화시키기도 했다. 이 국유기업의 적자 폭이 확대되는 동안 경영성과가 나쁜 국유기업에서는 반(半) 실업자와 실업자를 양산하여 경제문제가 사회문제로 전환하기 시작했다. 1992년 초에는 덩샤오핑의 남순강화로 새로운 개혁정책이 속속 나타났다. 개혁정책의 방향은 1992년 10월에 개최된 중국공산당 제12차 당 대회를 통해 개혁의 목표로 설정된 '사회주의 시장경제체제 확립'이라는 총노선에 잘 나타나 있다.

시장 친화적인 다양한 개혁정책이 전거되면서 국가, 기업, 개인 3자의 이해관계도 신속하게 분화되기 시작했다. 3자의 권리와 의무도 법률과 정책을 통해 점차 명확해졌다. 특히 1992년에 발표된 〈전민소유제 공업 기업경영 메커니즘 전환 조례〉(이하 '전환 조례')와 1993년에 발표된 〈중화인민공화국 기업법〉, 1994년에 제정된 〈중화인민공화국 노동법〉은 사회주의 시장경제체제 확립 시기 3자의 권리와 의무를 규정하는 구체적인 내용을 담고 있다.

첫째, 국가와 기업의 관계가 규범화되었다. 국가와 기업의 관계는 1994년에 전면적으로 실시된 새로운 세제를 계기로 구조적 변화를 겪게 되었다. 새로운 세제는 기업 소득세를 일률적으로 33%로 확정하고, 조절세를 폐지했다. 기업은 이윤 중에서 33%의 소득세를 납부한 뒤 나머지는 모두 기업에 유보할 수 있게 되었다. 새로운 세제가 적용되면서 경영성과가 좋지 않은 국유기업은 시장에서 점차 도태되었고, 그 반대 현상도 나타났다. 국가는 시장원리에 맞게 국유기업을 재편하는 정책을 들고 나왔다. 특히 중국 당국이 1990년대 중반에 국유기업 개혁 방안으로 제출한 '경영성과가 좋은 대형 국유기업은 국가가 집중적으로 육성·발전시키고, 경영성과가 좋지 않은 중·소형 국유기업은 시장원리에 맞게 재편한다'는 소위 '조대방소' 정책으로 상당수의 국유기업은 시장원리에 따라 합자, 매각, 합병 등의 다양한 형식을 통해 사유화되었다(Oi & Walder 1999). 1997년에 개최되었던 제15차 당 대회는 국민경제의 핵심 영역이 아닌 국유기업에 대해서는 더 이상 독점 특권을 부여하지 않고 시장원리에 맡겨 구조조정을 단행한다는 진일보한 정책을 발표했고, 1999년에 개최된 중국공산당 제15차 당 대회 4중 전회는 국가의 통제를 필요로 하는 업종을 ①국가 안전과 연관된 업종, ②자연 독점적 업종, ③주요 공공 상품과 서비스를 제공하는 업종, ④지주 산업과 하이테크 산업의 골간 기업으로 한정한다는 방침을 발표했다.

둘째, 기업과 노동자의 관계도 점차 규범화되고 있다. 노동법이 발표된 후 법형식적 차원에서 기업과 노동자는 근로조건 결정의 당사자가 되었고, 국가는 기업 노동관계의 미시적 차원에 개입하지 않게 되었다. 기업과 노동자의 권력 구조 역시 복잡하게 변화하고 있다. 기업법은 주주대회(股東大會)를 기업의 최고 의사결정 기구로, 이사회(股東會)를 기업의 일상적인 의사 결정 기구로, 감사회는 기업의 감독 기구로 규정하고 있다. 소위 '신삼회'로 불리는 이 세 기구의 기능은 직공대표대회, 당위원회, 노동조합 등 소위 '구삼회'(舊三會)의 기능과 중첩된다. 신삼회는 현대 자본주의 기업들이 채택하고 있는 기구인데 반해 구삼회는 사회주의체제의 유산이라 할 수 있다. 현대 자본주의 국가의 기업들에게는 없는 직공대표대회, 당위원회 등과 같은 조직의 기능이 어떻게 조정될지 주목된다. 이와 관련, 상하이의 실험은 많은 시사점을 던져주고 있다. 상하이시가 관할하고 있는 59개 지주회사(控股公司) 및 대기업 증 '당위원회 간부가 경영자로 참여하는'(雙向進入, 交叉任職) 기업은 49개로 전체 기업들 중 83.1%를 점하고 있다.[5] 따라서 신삼회와 구삼회의 기능 중복 문제는 직공대표대회 및 노동조합과 신삼회 및 경영자 사이에 있다고 볼 수 있다(盧書嵩 1994, 10).

직공대표대회는 노동자가 기업경영과 기업경영 감독에 참여할 수 있는 민주적 제도인데, 국유기업의 주식제 기업 등 현대기업으로의 전환과 함께 그 기능은 주주대회와 감사회로 대체될 형편이다. 총공회의 1997년 직공 대오 조사 자료에 따르면, '직공대표대회가 행정이 담당하고 있는 업무 보고를 청취하고 심의하는 것에 대한 평가' '직공대표대회가 분배 방안을 심사 동의 혹은 부결하는 것에 대한 평가' '직공대표대회가 직공 복리기금 사용 상황을 심사 결정하는 것에 대한 평가' '직공대표대회가 지도 간부를 평가하고 감독하는 것에 대한 평가'를 묻는 질문에 '비교적 잘 한다' '아주 잘 한다'고 응답한 것을 합친 비율은 각각 49.1%, 39.3%, 35.9%, 32.7%밖에 되지 않는다(全國總工會政策研究室 1999, 1246). 한편, 1999년 9월 중국공산당 제15기 4중 전회가 통과시킨 〈국유기업 개혁과 발전에 관한 중공중앙의 약간의 중대한 문제에 대한 결정〉과 1999년 12월 제9기 전인대 제13차 회의에서 통과된 기업법은 '국유독자기업과 국유지배회사의 이사회와 감사회에는 모두 직공대표가 참여해야 한다'는

---

5 中共中央組織部研究室和中共上海市委組織部, "造就面向21世紀高素質的企業領導人才: 上海市深化國有企業幹部制度改革調査"(『人民日報』 99/11/04).

규정을 두고 있어 노동자의 경영 참여 및 기업 감독의 길을 열어 놓고 있지만, 이사회와 감사회에서 소수자인 이들 노동자 대표가 얼마나 노동자의 이익을 대변하고 있는지에 대해서는 좀 더 많은 관찰이 요구된다.

구삼회의 한 기구이자 현대 자본주의 기업에서도 일정한 역할을 하고 있는 노동조합 역시 사회주의 시장경제체제 확립 시기 자신의 지위와 역할을 찾기 위해 다양하게 노력하고 있다. 1989년 천안문 사건이 발생한 직후인 동년 12월 중공중앙은 '노동조합, 공청단, 부녀연합 업무에 대한 당의 지도 강화 및 개선에 대한 통지'를 발표하고, 대중조직은 동급 당위원회와 상급 조직의 이중적 지도를 받되, 동급 당위원회의 지도를 우선적으로 받아야 한다고 지시했다. 중국 공산당은 노동조합이 갖고 있는 '잠재적인 파괴성'(potentially subversive nature of the union)을 잘 알고 있고, 따라서 개혁개방 이후 노동조합에 대한 통제의 고삐를 늦추려 하지 않았다. 중국공산당의 노동조합에 대한 정치적 통제가 강화되는 가운데 중국 노동조합 간부들은 1980년대 말에 전개했던 일련의 노동조합 개혁 요구를 더 이상 심화시키지 못한 채 침묵을 지켰다.

노동조합의 개혁이 정체되면서 노동조합은 대중으로부터 더욱 유리되어 갔고, 노동조합 간부들의 위기의식은 심화되어 갔다. 노동조합 개혁을 위한 새로운 돌파구는 국유기업이 아니라 비공유제 기업에서 나타났다. 국유기업보다 근로조건이 훨씬 열악한 비공유제 기업의 노동관계는 사회주의 시장경제체제 확립 시기 전반에 걸쳐 악화되고 있었다. 특히 비공유제 기업 중 일부 노동집약적 외국인 기업에서는 노동자의 합법적 권리를 침해하는 사건들이 빈번하게 발생했는데, 1993년 선전(深圳) 소재의 한 외자기업에서 발생한 화재로 84명의 여성 노동자들이 사상당하는 사건이 노동조합 개혁의 결정적인 계기가 되었다. 중국 노동조합 간부들은 이 사건을 계기로 노동자의 합법적 권리를 보호할 필요성을 강하게 강조하기 시작했다. 당, 국가의 영향력이 약한 곳에서부터 노동자의 권리를 쟁취하려는 일종의 '우회 전략'이라고 할 수 있다(장윤미 2004).

이런 노력을 기초로 1994년 12월 총공회 제12기 제2차 집행위원회는 〈노동조합 업무에 대한 총체적인 사고〉(工會工作的總體思路)를 결정했다. 1995년 12월에 개최된 제3차 집행위원회는 그 함의에 대해 "노동법 실시를 계기로, 노동조합의 보호 기능을 특별히 강조하며, 평등한 협상과 '단체협약'(集體勞動合同) 체결이라는 중점 사업을 잘 추진하는 것"이라고 밝히고 있다(中華全國總工會 1996b, 13). 1996년 노동부, 전국 총공회, 국가경제무역위원회, 중국기업가협회는 연명으로 "점차적으로 단체협상 및 단체협약을 실행하는 데 대한 통지"를 발표함으로써 단체협약 체결 문제는 중국 총공회가 고립적으로 주장하는 '희망 사항'이 아니라 중국 정부 당국과 기업가들도 함께 추진하고 있는 '노동정책'임을 밝혔다.

비록 기업의 대표가 단체협상 제도를 호피함으로써 단체협상제도는 형식적인 제도에 지나지 않는다는 전국 총공회 내부 비판도 제기되고 있는 실정이지만(全國總工會政策硏究室 1999, 1248), 노동사회보장부는 2000년 '기업 대표와 노동자 대표는 단체협상을 통해 기업의 내부 임금분배 형식을 결정한다'는 〈임금 단체협상 실험적 실시 방법〉(工資集體協商試行辦法)을 발표한 데 이어, 2004년에는 '단체협약 규정'을 발표함으로써 '위로부터' 단체협약을 강제하고 있는 실정이다. 또한 2007년 6월 29일에 법 제정이 완료되어 2008년 1월 1일부터 발효되는 근로계약법은 '특별 규정'으로 단체협약에 관한 법 조항을 두고 있어 이제 단체협약 체결은 기업이 회피할 수 없는 의무사항으로 되었다(자세한 내용은 본 서 제8장 참조).

중국 당국이 '위로부터' 강제하고 있는 단체협약 체결과 관련하여 주목할 만한 것은 '3자 협상'(tripartite consultation) 시스템의 구축이다. 2001년 8월 노동사회보장부, 전국 총공회, 중국기업연합회·중국기업가협회가 베이징에서 전국 차원의 노동관계를 조정하기 위한 노·사·정 협의 기구를 설치한 것을 시발

점으로 해서 2002년 말까지 시장(西藏) 자치구를 제외한 30개 성 및 자치구 차원의 노·사·정 협의 기구가 설치되었고, 2004년 현재 모든 시에 노·사·정 협의 기구가 설치되었으며, 현재는 구(區), 현(縣) 차원에서 설치 작업이 진행 중이다(이창휘 2005, 43; 李環 主編 2007, 243-244). 2002년 8월 노동사회보장부, 전국총공회, 중국기업연합회·중국기업가협회가 연명으로 발표한 〈건전한 노동관계 3자 협상 메커니즘을 확립하는 것에 대한 지도 의견〉은 국가 차원의 3자 협상제도의 주된 기능을 여섯 가지로 제시하고 있다. 즉, ①경제체제 개혁 정책과 사회경제 발전 계획이 노동관계에 미치는 영향을 분석하고 정책적 의견과 건의를 제출하고, ②노동관계의 정황 및 문제에 대한 정보를 교류하고 노동관계에서 전국적 성격이나 경향성을 갖고 있는 문제에 대해서는 상호 협의하며, ③노동관계와 관련된 법규 제정에 의견 및 건의를 제출하고 집행을 감독하며, ④지방의 3자 협상제도 및 기업의 평등 협상과 단체협약 체결에 대해 자문·지도하고 지방의 노동쟁의처리 업무를 지도하며, ⑤중대한 영향이 있는 집단적인 노동쟁의 및 '대중적 항의사건'(群體性事件)에 대해 조사하고 해결 및 예방 의견을 제시하며, ⑥노동 법규 선전 업무를 전개한다는 것이다.

　　중국의 일부 노동관계 연구자들은 중국기업연합회·중국기업가협회와 전국 총공회가 각각 기업가 및 노동자의 이익을 대변하는 데 한계가 많기 때문에, 특히 중국기업연합회·중국기업가협회 조직의 경우 전국 총공회와 달리 지방 차원의 조직 건설이 미진하기 때문에 중국 당국이 위로부터 추진하고 있는 이 같은 3자 협상제도가 제대로 작동하지 않는다는 비판을 내놓고 있지만(李環 主編 2007), 서구의 일부 연구자들은 이 같은 3자 협상제도가 확립된 것 자체에 큰 의미를 부여하면서 중국 당국이 향후 조합주의(corporatism)적 방식으로 노동관계를 조절할 것이라는 전망을 내놓고 있다(Clarke and Lee 2003). 이 전망과 관련해서는 본 글의 결론 부분에서 좀 더 자세히 토론해 보도록 하자.

　　사회주의 시장경제 체제 확립 시기 중국 당국과 전국 총공회는 지난한 과정을 거쳐서 노동관계를 규범화할 수 있는 일정한 정도의 노동관계 법체계를 정비했고, 또 정부·기업·노동조합의 3자의 역할과 관련하여 큰 방향을 확정했다. 정부의 역할은 기업 차원의 구체적인 노동관계에는 개입하지 않으며 거시적 정책을 통해 국가 차원의 노동관계 전반을 조절해 나간다는 원칙을 확정했고, 3자 협상제도를 통해 그 원칙을 실현한다는 것이다. 한편, 기업 차원의 노동관계에 대해서는 사용자와 노동조합 등 이해 당사자들이 평등한 협상을 통해 노동관계를 조절해 나가야 한다는 큰 원칙을 확립했고, 단체협상 제도를 통해 그 원칙을 실현한다는 것이다. 아래의 결론에서는 중국 당국이 확립한 이 같은 원칙 및 법 제도 정비의 함의는 무엇인지, 중국 당국이 설정한 원칙을 실현할 수 있는 제도적인 장치가 제대로 가동되기 위해서 해결되어야 할 선행 과제는 무엇인지를 검토해 보고자 한다.

4. 결론

중국 노동조합은 1994년에 제정된 노동법을 통해 노동자의 이익을 대표하는 지위와 역할을 법률적으로 보장받았다. 노동조합의 고전적 이원주의의 속박에서 벗어나기 위해 1988년 노동조합 개혁 기본 구상을 확정한 시기로부터 약 6년 만에 자신의 법률적 지위와 역할을 확립한 셈이다. 비공유제 기업, 특히 일부 노동집약적인 외자기업의 열악한 노동관계가 그 같은 지위와 역할을 확립하는데 중요한 배경으로 작용했다. 중국 노동조합이 확립한 지위와 역할을 검토하면서 서구의 연구자들은 서로 관점이 다른 다양한 이론을 내놓으면서 그 함의를 추적하고 있다. 그 이론들은 크게 '조합주의 모델'(corporatism model) 혹은 '중개자 모델'(intermediary model)과 '시민사회 모델'(civil society model)의 두 가지로 나누어 검토해 볼 수 있다.

　우선 조합주의 모델 혹은 중개자 모델이다. 비록 중개자 모델은 "중개자의 가장 중요한 기능은 국가의 권력을 대체하는 것이 아니라 국가와 사회의 간극을 메우는 것이기 때문에 중개자 관점은 국가와 사회를 대립적으로 보고 있는 조합주의와 다르다"라고 주장하지만(Zhang 1997b, 152), 그럼에도 불구하고 양자는 차이점보다 공통점이 더 많아 보인다. 그 공통점은 다음과 같다. 당과 국가는 노동관계의 미시적 영역으로부터 퇴각하면서 대중과 연결할 수 있는 사회단체를 필요로 하고, 중국 노동조합은 '위로부터 아래로' 혹은 '아래에서 위로' 두 가지 방식을 통해 당, 국가와 기층 노동자를 연결하는 '교량' 역할 또는 '중개자' 역할을 할 수 있다는 것이다(Unger & Chan 1995; Zhang 1997a).

　다음은 시민사회 모델이다. 이 관점은 두 가지로 구분된다. 첫째, 중국 노동자 조직의 시민사회적 요소는 정부가 조직한 전국 총공회와 같은 어용조직에서는 찾아볼 수 없고 비정부조직 혹은 지하 조직에서 찾을 수 있다는 관점이다(White, Howell and Shang 1996). 이 관점은 중국의 노동조합이 노동자의 이익과 관련된 정부의 의사 결정 과정에 참여할 수 있는 권리를 획득하긴 했지만, 여전히 '음식을 골라서 시킬 수 있는'(點菜) 권리는 확보하지 못하고 있다고 주장한다. 또한 기층 노동조합은 기업의 이익을 대표할 뿐 노동자의 이익을 대표하지 못하기 때문에 일부 연해지역의 경우 기존의 노동조합을 대체할 '대안적 자주 조직'(alternative autonomous organization)이 출현하고 있고, 이들 조직 속에서 시민사회의 맹아적 요소를 발견할 수 있다는 점을 강조한다. 둘째, 시민사회적 요소는 중국 노동자의 능동성 속에 있다는 관점이다(Perry 1995). 이 관점은 "국가의 조직에는 시민사회적 요소가 없고, 민간 조직에서야 시민사회적 요소를 발견할 수 있다"는 이분법적 구분은 중국에서는 큰 의미가 없다고 강조한다. 정부가 조직한 전국 총공회와 같은 어용 노동조합이든 '대안적 노동자 조직'이든 그 내부에는 개혁을 추동하는 세력이 있고, 이들을 움직이게 만

드는 것이 바로 현장 노동자들의 능동성이라고 주장한다.

중국 국내의 노동조합 연구자들은 서구 연구자들의 이 같은 연구 관점에 대해 연구 대상으로 삼았던 기업, 지역, 시적이 각각 다르기 때문에, 즉 통일적 기준이 없기 때문에 이들 연구를 좀 더 자세히 분석하면 일정한 한계가 드러난다고 지적하고 있다(李琪 2003, 28). 필자는 클락과 리(Clarke and Lee 2002)가 지적하듯이 정부, 기업, 노동조합 모두가 이익의 주체로 서 있어야 조합주의 모델이 설득력을 갖는데 무엇보다 중국 노동조합은 기층 노동자들의 이익을 진정으로 대변할 수 있는 기반이 취약하기 때문에 조합주의 모델로 노동관계를 설명하는 것은 무리가 뒤따른다는 지적에 동의한다. 때문에 중국 당국이 조합주의 모델로 노동관계를 조정하려 하고 있지만, 현실적으로는 조합주의 모델이 잘 작동되지 않고 있다는 지적에 동의한다.

한편, 시민사회 모델의 경우 '시민사회'의 맹아적 요소라고 일컬어지는 노동자의 비정부 조직 혹은 지하조직 의 실체를 파악하기 어렵기 때문에 그 주장의 타당성을 검토하기는 힘들다. 그러나 본서의 제 4장 정저우 ○○ 공장 사례에서 나타나듯이, 중국의 노동자들은 저항의 과정에서 자신의 권리를 자각하고 또 자신의 자주적인 조직을 형성해 나가고 있는 것은 분명하다. 그런 의미에서 시민사회의 요소를 노동자의 능등성에서 찾아야 한다는 페리(Perry 1995)의 주장은 설득력을 갖고 있다. 시민사회 모델에서 주목을 요하는 점은 전국 총공회 내부에서도 시민사회적 요소가 있다는 주장이다. 전국 총공회 내부의 개혁 세력의 실체 역시 외부의 관찰자에게는 쉽게 감지되는 것은 아니지만, 1980년대 후반기 위로부터의 노동조합 개혁 시도, 그리고 최근에는 항저우, 광저우 시 총공회의 노동조합 간부 직선제 실험 등과 같이 총공회 내부에서도 노동조합을 개혁하려는 움직임이 있기 때문에 전국 총공회 내부에서도 시민사회적 요소가 있다는 주장은 어느 정도 설득력을 갖는다고 할 수 있다.

그렇다면 중국 노동조합이 기층 노동자의 이익을 진정으로 대변하지 못하도록 만드는 제도적 제약 요소는 무엇인가?

첫째, 노동조합 간부를 선출하는 민주적 절차가 제대로 확립되어 있지 않다. 노동조합법은 "각급 노동조합 간부는 조합의 민주적 선거를 통해 선출된다"라고 규정하고 있으나 사실상 '공산당 조직의 파견 혹은 심사'(黨委委派制)를 통해 선출되는 경우가 많다. 일반적으로 노동조합 간부는 두 가지 방식으로 선출된다. 우선, 동급 당위원회가 노동조합의 간부를 추천하고, 상급 노동조합과 상급 당위원회의 동의를 거쳐 민주적 선거로 선출하는 방법이다. 그다음, 상급 당위원회의 조직 부문과 노동조합이 노동조합 간부를 추천하고, 기업의 당위원회 및 행정간부 회의를 거쳐 다시 노동조합의 간부를 추천하며, 상급 당위원회 조직부문 심사를 거치고 상급 노동조합의 의견을 들은 뒤 상급 당위원회의 최종적인 동의를 거쳐 민주적 선거로 선출하는 방법이다(中華全國總工會 1996a, 18). 이처럼 노동조합 간부가 당위원회의 동의를 거쳐 선출되고, 당위원회의 간부들은 행정 간부를 겸직하고 있기 때문에 노동조합의 간부는 노동쟁의가 발생했을 때 노동자의 이익을 대변하는 데 한계를 가질 수밖에 없다. 노동조합 간부의 직선제와 관련하여 최근 들어 중국의 일부 지방 총공회가 전개하고 있는 실험은 주목할 만하다. 2000년 저장(浙江)성 닝보시에 소재하고 있는 15개 기업에서, 2003년 저장성 항저우시 위항(余杭)구의 경우 310개 기업에서 노동조합 간부 직선제 실험을 전개했으며, 2003년 광둥성 12만여 개의 기층 노동조합 가운데 1/3 정도는 직선제를 통해 간부를 선출했다(李環 主編 2007, 101). 앞으로 전국 총공회가 이 같은 실험의 성과를 어떻게 평가하는지, 또 그 경험을 어떻게 확산될 것인지에 대해서는 좀 더 많은 주목을 요한다.

둘째, 노동조합 간부의 이중적 신분 문제다. 중국 기업에서는 노동조합 주석과 부주석이 기업의 행정직을 겸하고 있는 것이 보편화되어 있다. 1981년 7월 중공중앙, 국무원이 발표한 '국영기업 직공대표대회 잠정 조례'에는 '기업 당위원회 부서기, 부공장급의 간부를 선출하여 기업의 기층 노동조합의 주석을 담당하도록' 요구하고 있다. 따라서 노등조합 주석은 한편으로 기업의 이익을 대변해야 하고, 다른 한편으로 노동자의 이익을 대변해야 하는 이중적 입장에 처하게 된다. 이런 상황 하에서 평등한 단체협상을 기초로 단체협약을 체결하는 것을 기대하기는 어렵다.

셋째, 노동쟁의를 해결 절차가 복잡하고 불충분하다. 노동쟁의처리 조례, 노동법에는 노동쟁의 처리 절차를 '조정(調解), 중재, 소송' 3단계로 규정하고 있지만, 중국의 노동쟁의 처리 절차 기간은 너무 길다(關懷 1998). 조정은 기업 내부에 설립되어 있는 노동쟁의 조정위원회를 통해 노동쟁의를 해결하는 일종의 노동쟁의 예방 제도라고 할 수 있다.

만약 기업 내부에서 노동쟁의를 조정할 수 없으면, 노동쟁의 당사자는 노동쟁의 발생일로부터 60일 이내에 노동쟁의중재위원회에 중재를 신청할 수 있다. 중재위원회는 안건을 접수한 날로부터 60일 이내에 결정을 내려야 하지만, 안건이 복잡할 경우 기한을 30일까지 연기할 수 있다. 노동부가 1993년 10월에 발표한 〈노동쟁의 중재위원회 안건 처리(辦案) 규칙〉은 30명 이상이 참여한 집단적인 노동쟁의일 경우 '안건 특별 심리'를 할 수 있다고 규정하고 있다. 중재위원회는 집단적인 노동쟁의 안건을 수리한 날로부터 15일 이내 결정을 내려야 하고, 복잡한 안건일 경우 15일까지 연기할 수 있다. 이로부터 알 수 있듯이 중재의 최장 기한은 5개월에 달한다. 한편 중재에 불복할 경우 노동쟁의 당사자는 소송할 수 있는 권한이 있다고 명시하고 있다. 노동쟁의 당사자는 1, 2심을 요청할 수 있는데, 민사소송법은 1심은 6개월 이내, 특수한 안건인 경우 6개월 기한을 연장할 수 있도록 되어 있다. 2심은 안건이 접수된 날로부터 3개월 이내 심의를 마치도록 되어 있다. 이로부터 알 수 있듯이 민사소송의 절차는 최장 1년 3개월이다. 따라서 조정, 중재, 소송의 기한은 최장 2년에 달한다. 이처럼 노동쟁의 해결 기간이 길어 그 유효성이 떨어지기 때문에 중국의 노동쟁의, 특히 집단적인 노동쟁의는 종종 정부당국을 찾아가 청원하는 '상방'과 같은 비규범적 행위 방식으로 표출되기도 한다. 더욱 심각한 문제는 노동쟁의중재위원회가 노동쟁의의 안건을 수리하지 않는 경우도 있다는 점이다.[6]

넷째, 중국 노동자 혹은 노동조합은 단체행동권을 갖지 못하고 있다는 점이다. 중국 당국은 1982년 헌법 개정 때 노동자의 파업권을 삭제했다. 단체행동권은 단체협상의 기초가 된다. 비록 노동법이 중국 노동조합에 대해 단체협상권을 부여하고 있긴 하지만, 단체행동권을 부여하고 있지 않기 때문에 기업이 단체협상을 거부해도 노동조합이 취할 수 있는 대응 수단은 매우 제한되어 있다. 이런 상황 때문에 중국에서 단체협약은 형식적인 것에 지나지 않는다는 비판이 제기되고 있는 것이다.

중국 노동조합이 노동자의 이익을 대변할 수 있는 독립적인 주체로 서기 위해서는 위에서 언급한 제도적 장애 요소를 극복하지 않으면 안 된다. 위의 제도적 장애 요소 가운데는 공산당의 대중조직 통제 방식과 같이 과거 사회주의 계획경제체제의 유산도 있고, 노동쟁의 해결 절차의 불완전성 및 단체행동권 제약 등과 같이 '건전한' 시장경제 체제에 부합하지 못하는 요소도 있다. 이 같은 제도적 장애 요소를 극복하기 위해서는 무엇보다 중국 노동조합의 능동성과 적극성이 있어야겠지만, 과거의 경험에서 보듯이 그 같은 능동성과 적극성은 중국 당국의 개혁 의지가 없으면 쉽게 발휘될 수 없을 것으로 보인다.

개혁개방 정책이 노동자의 이익을 훼손하면서 추진되어 왔기 때문에 중국에서는 노동자들의 크고 작은 노동쟁의가 끊이지 않고 있으며, 이제는 노동문제는 중국 당국이 시급히 해결해야 할 심각한 사회적 문제로 부상하고 있는 실정이다. 그간 중국 당국은 이 같은 노동문제에 애써 무시하는 정책을 펴온

---

6 이 점에 대해서는 본서의 제4장 "중국의 국유기업 개혁과 노동자 저항의 논리: 정저우 ○○공장 사례를 중심으로"를 참조.

것으로 보인다. 그러나 최근 들어 중국 당극은 나날이 악화되고 있는 노동관계를 더 이상 방치하지 않을 것이라는 여러 가지 신호를 보이고 있다. 최근 들어 중국 당국이 '조화로운 노동관계'(和諧勞動關係)를 부쩍 강조하고 있는 것도, 또 근로계약법을 제정하여 노동자의 권익 보호에 나서고 있는 것도 그 같은 신호들 중 하나다. 중국의 노동자와 노동조합이 최근 자신들에게 유리하게 전개되고 있는 정부 당국의 노동정책을 어떻게 이해하고, 또 활용해 나갈지 주목된다.

제8장

중국 당국의 노동정책 변화, '노동 보호' 정책의 등장 :
근로계약법의 내용과 법 제정의 함의

1. 서론 : 중국 근로계약법 제정 경과

그간 중국의 경제계와 노동계를 뜨겁게 달구었던 근로계약법이 마침내 2007년 6월 29일 중국 전국인민대표대회(이하 '전인대') 상무위원회의 4차 심의에서 표결로 통과되어 2008년 1월 1일부터 발효하게 되었다. 전인대 상무위원회가 2005년 12월 24일 근로계약법 초안에 대한 1차 심의를 시작한 날로부터 약 1년 반 만에 법제화가 완성된 셈이다. 노동법이 각계의 이견으로 15여 년 동안 수십 차례의 토론 과정을 거쳐 제정된 것과 비교하면 근로계약법은 대단히 빨리 제정되었다고 할 수 있다. 특히 경제계와 노동계는 물론, 입법 과정에 참여했던 노동계 인사들 내부에서조차 법 제정의 방향과 정신을 둘러싸고 많은 이견이 노출되었던 근로계약법 초안이 이렇게 신속하게 법제화 된 것은 극히 이례적인 일이다.

이례적인 것은 그뿐만이 아니다. 전인대 상무위원회는 중국의 입법사에서 보기 드물게 지난 2006년 3월 20일 한 달 동안 각계의 의견을 수렴하겠다며 근로계약법 초안을 대외에 공개하고 의견 수렴 절차에 들어갔다. 신춘잉(信春鷹) 전인대 상무위원회 법제공작위원회 주임이 2006년 4월 21일 기자회견장에서 밝힌 바에 따르면, 근로계약법 초안을 대외에 공표한 날로부터 한 달 동안 접수된 의견 수는 무려 191,849건에 달했는데, 이는 역대 최고 기록이라 할수 있다.

중국의 언론도 근로계약법 초안을 둘러싼 각계의 논쟁을 신속하고 적나라하게 보도하는 등 그간 볼 수 없었던 예외적 보도 터도를 취했다. 전인대가 발간하는 『전인대신문』은 전국에서 접수된 각계의 의견을 분류하여 보도했고, 인민일보, 신화사, 시나닷컴 등 중국을 대표하는 신문사, 통신사, 포털 사이트도 근로계약법 초안 제정에 참여했던 인사들의 법 제정 방향을 둘러싼 이견을 다룬 뉴스, 일부 외국자본을 대표하는 기업단체들이 자신의 의견을 제출했다는 소식, 중국 노동계의 토론회를 다룬 뉴스 등 다양한 보도 내용을 쏟아냈다.

전인대 상무위원회의 초안 공개나 중국 언론의 보도 태도는 근로계약법이 앞으로 중국의 노동관계에 미칠 영향을 경제계와 노동계가 사전에 미리 예측하고 대비하라는 강한 메시지를 담고 있는 것으로 해석할 수 있다. 근로계약법 초안의 내용은 노동자에 대한 과도한 보호 조항 때문에 외국계 기업단체, 중국의 경제단체로부터 강한 반발에 직면했다. 근로계약법 초안은 대외에 공개되어 각계의 논쟁을 불러일으켰지만, 전인대 상무위원회에서 토론되었던 2, 3차 심의안은 각 지방 정부의 노동국, 총공회, 중국경제단체 등 유관단체만이 회람하였을 뿐 대외적으로는 공개되지 않았다. 그렇지만 2, 3차 심의안을 둘러싼 논쟁도 중국 언론을 통해 간헐적으로 보도되었기 때문에 이들 뉴스를 추적해 보면 근로계약법 제정을 둘러싸고 중국의 정책 입안자들 내부에서 전개되었던 쟁점 사안이 무엇이었는지, 법 제정에서 보완된 내용은 무엇인지, 무엇보다도 중국 당국의 근로계약법 제정의 의도는 어디에 있는지를 보다 분명하게 확인할 수 있다.

톈청핑(田成平) 중국 노동사회보장부 부장은 2005년 12월 24일 제10기 전인대 상무위원회 제19차 회의에서 근로계약법 초안의 작성 경위와 내용을 설명했다. 그가 밝힌 바에 따르면, 근로계약법 초안을 마련한 기관은 노동사회보장부다. 이 초안은 18명으로 구성된 '국무원 법제 판공실 근로계약법 초안 과제조'(이하 '국무원 초안 과제로')의 검토 과정을 거쳐 2005년 10월 28일 국무원 상무회의의 심의를 통과했다. 그 후 전인대 상무위원회로 이관되어 2005년 12월 24일 1차 심의를 거쳤으며, 전인대 상무위원회는 각계 의견을 수렴한다는 명분으로 1차 심의를 마친 근로계약법 초안을 2006년 3월 20일 대외에 공표하였다.

근로계약법 초안은 초안 작성자 및 검토자들 간의 이견이 충분히 조정되지 않은 상태에서 대외에 공표된 것으로 보인다. 2006년 4월 23일 상하이에서 개최된 초안 토론회에 참석했던 국무원 초안 과제조 성원들 간의 심각한 의견 대립이 노출되었기 때문이다. 국무원 초안 과제조 성원 가운데 한 사람인 둥바오화(董保華) 중국노동법학연구회 부회장은 "해고 절차를 까다롭게 규정하고 그 기준을 높게 설정한 근로계약법 초안의 법 조항들 때문에 기업은 고용을 제한할 것이고, 따라서 신규 대졸자를 포함한 경쟁력이 약한 중·하층 노동자의 고용은 더욱 어려워질 전망"이라고 지적한 뒤 "노동법의 기초 위에서 제정되어야 할 근로계약법이 오히려 노동법을 전복시키고 있다"고 밝혔다. 중국 언론은 둥바오화 부회장의 이 같은 발언에 대해 그를 자본측의 입장에 서 있는 노동계 학자라고 평가했다. 이와 달리 국무원 과제조 성원 중 한 사람인 궈쥔(郭軍) 전국총공회 법률부 부부장은 "노동자의 권익이 과도하게 침해당함으로써 중국경제는 낮은 수준의 양적 발전만 하고 있다"며 노동자의 권익 보호를 주장하기도 했다. 한편, 국무원 과제조 조장 창카이(常凱) 인민대학교 교수는 "노동자 해고는 일정한 절차를 거쳐서 추진되어야 하나 현재의 노동법은 이 점을 모호하게 규정하고 있고, 근로계약법은 그 모호한 점을 보다 명확하게 해 주고 있다"며 노동자의 권익 보호를 강조한 근로계약법 초안의 방향이 올바르게 설정되어 있다는 관점을 피력했다.[1]

중국 당국이 현행 노동법의 수정이 아니라 근로계약법 제정을 선택한 이유에 대해서도 양자 간 이견이 노출되었다. 둥바오화 중국노동법학연구회 부회장은 "노동법학계가 근로계약법 입법의 가치 지향과 기술적 선택 문제에 대해 명확한 공통의 의견 혹은 결론에 도달하지 못했다. 막상 근로계약법 초안이 제정되었지만, 모두가 어느 방향으로 나가야 하는지 모르고 있다"고 밝혔다. 이에 반해 창카이 인민대학교 교수는 "현행 노동법은 불완전하고, 구체적이지 못하며, 탄력성이 너무 크고 엄격하지 못해, 법 적용이 이상적이지 않다"고 밝혔다.[2]

창카이 교수의 관점은 국무원의 관점을 따르고 있는 것으로 보인다. 국무원은 사회주의체제로부터 시장경제체제로 전환하고 있는 중국의 복잡하고도 다양한 고용관계를 현행 노동법에 담기에는 한계가 있다고 보고 있다. 2005년 10월 28일 원자바오 국무원 총리가 주최한 국무원 상무회의는 "시장 주체와 이익 관계가 다원화되고, (노동법이 규정하고 있는) 현행 근로계약제도 실시 과정에서 새로운 상황과 문제가 발생함에 따라, (그간의) 실천 경험을 종합하는 기초 위에서 사회주의 시장경제 조건 하의 근로계약제도를 전문적으로 규범화할 법이 필요하게 되었다"며 현행 노동법의 수정이 아닌 근로계약법의 제정 이유를 밝혔다.[3]

위의 논쟁에서도 알 수 있듯이, 근로계약법 초안을 심의할 당시에는 근로계약법을 노동법의 근로계약 부문을 보강하는 노동법의 하위법 형태로 할 것인지, 아니면 노동법과 다른 독립적인 법률로 규정할 것인지에 대해 입법 과정에 참여한 노동계 인사들조차 의견이 통일되어 있지 않았다. 전인대 상무위원회 4차 심의에서 표결로 통과된 근로계약법은 근로계약법 초안 제1조에 명

---

1 『21세기 경제도보』(21世紀經濟報導)(06/05/11).
2 『신민주간』(新民週刊)(06/05/24).
3 신화사(新華社)(2005/10/28).

시되어 있는 "…중화인민공화국 노동법에 근거하여 본 법을 제정한다"는 규정을 삭제했다. 이로 미루어볼 때 근로계약법은 노동법의 법체계와 다른 별도의 독립적인 법률로 탄생했다고 볼 수 있다. 그런 의미에서 근로계약법을 '신노동법'이라고 표현하는 것도 타당하다 하겠다.

근로계약법 초안은 몇 차례의 심의 과정을 거치면서 그 내용이 크게 수정되었다. 본래 근로계약법 초안은 총칙, 근로계약 체결, 근로계약 이행과 변경, 근로계약 해지와 종결, 감독 검사, 법 책임, 부칙 등 총 7장, 64조로 구성되어 있었으나 전인대 상무위원회 4차 심의를 통과하면서 '특별 규정'을 두어 총 8장, 98조로 구성되었다. 근로계약법의 '특별 규정' 제1절은 단체협약(集體合同), 제2절은 노무파견, 제3절은 비전일제 노동자 고용과 관련된 내용을 다루고 있는데, 법체계상 주목을 끄는 부분은 단체협약 규정이다. 주로 개별적 노동관계를 다루는 근로계약법에 집단적 노동관계와 관련한 단체협약의 내용이 새롭게 들어간 것은 전국 총공회의 의견이 강력하게 반영된 결과라고 한다. 본래 중국 총공회는 근로계약법을 제정하기에 앞서 '단체협약법'(集體合同法)을 먼저 제정하기를 원했지만, 법 제정의 우선순위가 바뀌면서 단체협약법에 들어가야 할 내용의 일부가 근로계약법에 들어가게 되었다는 지적이다.[4]

근로계약법은 고용 안정을 위해 장기 근로계약 체결을 유도하고 있으며, 해고 요건을 강화하고, 노무파견을 제한하며, 단체협약 체결시 노동조합의 권한을 강화하는 내용을 담고 있어 향후 중국의 노동관계는 크게 변화될 전망이다. 중국 당국은 근로계약법 제정에 이어 앞으로 단체협약법, 노동쟁의처리법 제정을 의사일정에 올려놓고 있다. 단체협약법과 관련하여 노동사회보장부는 이미 2001년에 '임금 단체협상 시행 방법'(工資集體協商辦法)을, 2004년에는

---

4 2007년 6월 29일 중국 ILO 사무실 '노동관계 및 사회대화 고급 전문가' 이창휘 박사 인터뷰.

'단체협약 규정'을 발표한 바 있고, 노동쟁의처리법과 관련해서는 국무원이 1993년에 '중화인민공화국 기업노동쟁의 처리 조례'를 발표한 바 있다. 이미 각종 노동보호 조항을 포함하고 있는 근로계약법 제정으로 중국 당국의 노동보호적 정책 기조는 확인된 셈이기 때문에 앞으로 제정될 단체협약법, 노동쟁의처리법이 중국의 노동관계에 미칠 영향은 미루어 짐작할 수 있다.

저렴한 인건비와 고용 탄력성이 높은 중국의 노동시장에 익숙해져 있던 기업들은 이제 노동 비용이 높고, 노동조합과 교섭도 진행해야 하며, 노동쟁의도 증가되는 새로운 노동시장에 적응하지 않으면 안 되게 되었다. 중국의 노동자 및 노동조합도 새롭게 강화된 자신의 권한을 어떻게 사용할지를 고민해야 할 환경이 조성되었다. 근로계약법 제정으로 그간의 고용관행과 노동관계가 순식간에 변화하지는 않을 것이다. 기업 또는 기업 경영자와 노동조합 또는 노동자들이 근로계약법 제정이라는 새로운 환경 하에서 상호 교섭하고 상호 영향을 미치는 가운데 새로운 고용관행이 굳어지면서 그에 따라 새로운 노동관계도 자리잡아갈 것이다. 아래에서는 향후 고용관행과 노동관계에 큰 영향을 미칠 새로운 근로계약법의 핵심 내용을 살펴보면서, 그 함의를 짚어보도록 하겠다.

2. 근로계약법의 핵심 내용

근로계약법 초안에 대해 가장 민감하게 반응한 집단은 자본측과 노동측이다. 자본측의 요구는 다양한 경로를 통해 중국 당국에 전달되었지만, 중국 언론이 집중적으로 보도한 내용은 중국 진출 미국계 기업을 대표하는 '중국미국상회'(中國美國商會, The American Chamber of Commerce, People's Republic of

China)와 유럽계 기업을 대표하는 '중국EU상회'(中國歐盟商會, The European Union Chamber of Commerce in China) 등의 요구다.

그러나 이들 외국기업을 대표하는 단체들이 중국 당국에 전달한 구체적 요구사항이 대외에 여과 없이 알려진 것은 아니다. 중국 언론들은 "초안의 많은 조항은 고용 비용을 상승시켜 중국의 경쟁력을 약화시키며, 결과적으로 중국 노동자의 고용 기회를 감소할 것"이라는 포괄적인 내용만을 보도했을 뿐이다. 이들 외국기업을 대표하는 단체들이 중국 당국에 전달한 구체적인 요구들은 몇 차례의 토론 및 보고서를 통해 상세하게 확인할 수 있다. 중국미국상회 상하이 지부는 베이커와 맥켄지(Baker & McKenzie)의 법률 전문가 안드레아스 라우프스(Andreas Lauffs)와 군합(君合) 법률사무소의 법률 전문가 마젠쥔(馬建軍)을 초청하여 초안에 대한 질의응답 시간을 가졌는데, 이 때 발표되었던 안프레아스 라우프스의 브리핑 자료[5]와 마젠쥔의 브리핑 자료[6]는 외국기업의 요구 사항을 파악할 수 있는 좋은 자료라 할 수 있다. 또한 중국 비즈니스에 참여하고 있는 250여 개 기업을 대표하고 있는 미중무역전국위원회(美中貿易全國委員會, The US-China Business Council)의 최근 보고서는[7] 이들 단체의 요구를 종합해 놓은 보고서로 보인다.

한편, 노동측의 요구는 근로계약법 초안에 많이 반영되어 있지만, 보다 근

---

5 베이커와 멕켄지(Baker & McKenzie)의 라우프스(Andreas Lauffs)가 발표한 8쪽의 파워포인트 자료로, 그 내용은 그가 작성한 다음의 보고서를 통해 더욱 자세히 파악할 수 있다. Baker & McKenzie. "China's Draft Labor Contract Law: Major Changes for Employers on the Horizon." February 2006. http://www.bakernet.com/NR/rdonlyres/1E1FB031-23FC-49EA-81CE-59392B3DEB2E/o/CNMarch2006Salient_Points_of_Draft_Law.pdf(검색일: 2006년 6월 3일).
6 Ma Jianjun. "What is behind Legislation of Labor Contract Law?"
7 The US-China Business Council. "Comments on the Draft Labor Contract Law of the People's Republic of China"(Draft of March 20, 2006). April 19. 2006. http://www.uschina.org/public/documents/2006/04/Uscbs-comments-labor-law.pdf(검색일: 2006년 6월 1일).

본적인 요구는『중국신문주간』사가 2006년 4월 18일 중국의 노동 전문가를
초청하여 개최한 '노사이익 평형과 경제협조 발전'(勞資利益平衡與經濟協助發
展)이라는 토론회 자료와 전인대에 접수되었던 각계의 의견을 분류하여 보도
한『전인대신문』, 중국 총공회의 간부들이 각종 토론회에서 밝혔던 자료 등을
통해 그 내용을 파악할 수 있다. 본장에서는 자본측과 노동측이 근로계약법
초안에 대해 각각 어떠한 요구들을 제기했고, 또 그 요구들이 몇 차례에 걸친
근로계약법 초안의 수정 과정에서 어떻게 반영되었는지를 근로계약법의 핵심
내용을 통해 살펴보고자 한다. 근로계약법 초안의 내용이 어떻게 수정·보완되
었고 또 어떤 새로운 내용들이 첨가되었는지를 살펴봄으로써 중국 당국의 근
로계약법 제정의 의도는 더욱 선명하게 드러날 것이다.

1) 고용 안정을 위한 장기 근로계약 유도

근로계약법 제47조는 단기 근로계약 방지를 위해 근로계약이 종료되어 근
로계약을 해지할 때에는 사용자 단위가 노동자에게 경제보상금을 지급하도록
규정하고 있다. 이 규정으로 중국의 산업현장에는 그간 존재하지 않았던 퇴직
금 제도가 나타나게 되었다. 근로계약법 제47조는 경제보상금에 대해 "노동자
가 본 단위에 만 1년 동안 근무했을 경우 1개월 분의 임금을, 6개월 이상 1년
미만의 기간 동안 근무했을 경우 1년 동안 근무한 것으로 산정하고, 6개월 미
만인 경우 1개월 분 임금의 절반에 해당하는 임금을 경제보상금으로 지급한
다"고 규정하고 있다. 근로계약법 제47조는 근로계약법 초안의 제32조, 제39
조에 규정된 내용인데, 근로계약법 초안이 공개되었을 당시 자본측으로부터
노동 비용을 증가시키는 규정이기 때문에 삭제되어야 한다는 주장이 강력하
게 제기되었으나 심의 과정에서 그 같은 의견은 반영되지 않았다.

한편, 무기한 근로계약 체결의 범위가 확대된 것도 주목을 끈다. 근로계약법 제2장은 근로계약 체결과 관련된 조항을 두고 있는데, 근로계약의 형태를 '고정기한 근로계약, 무기한 근로계약, 특정 업무의 완료 시점을 기한으로 하는 근로계약' 세 가지로 나누고 있다. 근로계약법 제12조는 '노동자가 본 사용자 단위에 연속하여 10년 근속했을 경우, 2회 연속해서 고정기한 근로계약한 뒤 다시 근로계약을 체결하는 경우'에는 무기한 근로계약 체결을 의무화하고 있다. 또한 근로계약법 제12조는 "사용자 단위가 노동자를 고용한 날로부터 만 1년이 지났으나 노동자와 서면 근로계약을 체결하지 않은 경우 사용자는 노동자와 무기한 근로계약을 체결한 것으로 간주한다"고 규정하고 있으며, 제82조는 "사용자 단위가 노동자를 고용한 날로부터 1개월 이상 1년 미만이 지나도록 노동자와 서면 근로계약을 체결하지 않을 경우 노동자에게 매월 2배의 임금을 지급해야 한다"고 규정하고 있어 서면 근로계약 체결을 강력하게 유도하고 있다.

근로계약법 초안 제9조는 근로계약의 형태를 '고정기한 근로계약, 무기한 근로계약, 특정 업무의 완료 시점을 기한으로 하는 근로계약' 세 가지로 나누고 있을 뿐 근로계약법 제12조, 제82조의 규정을 명시하지 않았다. 근로계약법 제12조, 제82조는 전인대 상무위원회 제3차 심의 과정에서 새롭게 추가된 내용이다.8 근로계약법 제12조, 제82조가 심의 과정에서 추가된 데서도 알 수 있듯이, 중국 당국은 중국의 산업현장에 만연되어 있는 단기 근로계약 체결 및 근로계약 체결 회피 관행의 폐해를 심각하게 인식하고 있고, 산업현장에 고용 안정을 기할 수 있는 장기 근로계약 관행의 정착과 고용관계의 규범화를 강력하게 희망하고 있다.

<hr>

8 http://news.sina.com.cn/c/2007-06-25/074712085485s.shtml(검색일: 2007년 6월 26일).

2) 노동조합의 노동자 보호 역할 강화

근로계약법 제4조는 "사용자 단위는 노동 보수, 근무 시간, 휴식 및 휴가, 노동안전 및 보건, 보험 및 복리 후생, 직공 훈련, 노동기율, 노동정액 관리(勞動定額管理)9 등 노동자의 이익에 직접적으로 관련된 규장제도 혹은 중대 사항을 제정·수정·결정할 때 반드시 직공대표대회 혹은 전체 직공의 토론을 거쳐야 하고, 그 방안과 의견을 제시해야 하며 노동조합 혹은 직공대표와 평등하게 협상하여 확정한다"고 규정하고 있다. 근로계약법 제4조는 근로계약법 초안 제5조의 내용을 약간 수정한 것인데, 초안이 공개되었을 당시 자본측은 그 조항에 대해 '특정 사안에 노동조합의 개입을 허용하고 있는 근로계약법 초안은 피고용자의 이익을 해치는 예기치 않은 결과를 빚을 수 있다'며 다음과 같은 몇 가지 요구 사항을 제기한 바 있다.

첫째, 개념 규정과 관련하여 '노동조합,' '직공대표' 등의 말이 혼용되고 있는데, '직공대표'라는 개념이 모호하기 때문에 기업내 직공대표의 지위가 좀 더 명확하게 규정되어야 한다. 둘째, 사용자 단위는 지역과 전국적 차원의 정책 변화에 따라 규칙을 수정할 필요가 있다. 그러한 변화 이전에 노동조합의 동의를 획득하도록 규정한 것은 사용자 단위에게 많은 부담을 지운다. 셋째, 사용자 단위는 환경, 건강, 안전 문제에 최종적이그 법률적인 책임을 진다. 기업의 최종적인 권위와 책임은 사용자 단위의 손에 있어야 한다. 자본측의 이같은 요구 가운데 '직공대표' 개념이 모호하다는 지적은 과거 사회주의 체제 하에서 형성된 직공대표대회 제도에 대한 이해 부족에서 비롯된 것이기 때문에 초안의 수정 과정에서 그 요구는 반영되지 않은 것으로 보인다. 그 밖의 요

---

9 노동정액(勞動定額)이란 단위 상품을 생산하거나 일정 업무를 추진하는 데 소모되는 일정한 노동 기준량을 말한다.

구 역시 전혀 반영되지 않았는데, 이는 중국 당국이 노동조합이 노동자의 이익 보호에 일정 정도의 역할 수행을 기대하기 때문인 것으로 해석할 수 있다.

한편, 단체협약 체결시 노동조합의 권리가 강화된 점이 주목을 끈다. 근로계약법 제5장은 '특별 규정'으로 제51조부터 제56조까지는 단체협약에 대한 규정을 두고 있다. 근로계약법 제51조는 '단체협약은 노동조합이 기업 직공을 대표하여 사용자 단위와 체결한다. 아직 노동조합이 설립되지 않은 사용자 단위의 경우 상급 노동조합이 노동자를 지도하여 추천한 대표가 사용자 단위와 체결한다'고 규정하고 있다. 근로계약법에 특별 규정으로 단체협약에 관한 절을 둠으로써 사실상 기업은 노동조합과 단체협약을 체결해야 하게 되었다. 그리고 노동조합이 설립되지 않은 기업을 겨냥하여 상급 노동조합이 단체협약 체결에 주도적인 역할을 수행할 수 있도록 한 규정은 전인대 상무위원회 3차 심의 과정에서 새롭게 검토된 내용이다.[10] 전인대 상무위원회는 3차 심의 과정에서 '아직 노동조합을 설립하지 않은 사용자 단위는 상 1급 노동조합이 노동자를 지도·추천하여 선발된 대표가 사용자 단위와 근로계약을 체결할 수 있다'는 신설 규정을 검토했지만, 최종 심의 과정에서 '상 1급 노동조합' 규정은 삭제되었고 포괄적인 표현인 '상급 노동조합'이라는 말로 수정되었다.

중국 당국이 업종별, 지역별 단체협약을 추동하고 있는 점도 주목을 끈다. 근로계약법 제53조는 "현(縣)급 이하 지역에 설립된 건축업, 채광업, 외식서비스업 등의 업종은 노동조합과 기업의 대표가 업종적 성격의 단체협약 혹은 지역적 성격의 단체협약을 체결할 수 있다"고 규정하고 있고, 제54조는 "업종적 성격 및 지역적 성격의 단체협약은 해당 업종 및 해당 지역의 사용자 단위와 노동자에 대해 구속력을 갖는다"고 규정하고 있다. 이로써 근로조건이 열악한

---

10 http://www.sina.com.cn(2007년 4월 25일 國際在線, 검색일: 2007년 6월 26일).

일부 업종에 대해서는 노동조합이 업종별, 지역별 단체협약을 체결할 수 있는 길을 터놓고 있다. 2001년 노동조합법 개정 당시 반영되었던 노동조합의 업종별, 지역별 단체협약 체결권이 비록 현(縣)급 행정 구역이긴 하나 근로계약법 제정을 통해 재확인된 셈이다.

3) 해고 요건 강화

근로계약법 제43조는 사용자 단위가 근로계약을 해지할 경우 반드시 사전에 그 이유를 노동조합에 통지해야 하고, 노동조합의 의견을 연구해야 하며, 처리 결과를 서면으로 노동조합에 통지하도록 규정하고 있다. 한편 근로계약법 제41조는 "20명 이상 감원하거나 감원 인원이 20명 미만이지만 그 비율이 전체 직공의 10%를 넘는 경우, 사용자는 30일 이전에 노동조합 혹은 전체 직공에게 상황을 설명하고, 노동조합 혹은 직공의 의견을 들은 후 감원 방안을 노동행정부문에 보고한 후 인력을 감원할 수 있다"고 규정하고 있다. 근로계약법 제43조, 제41조는 각각 근로계약법 초안 제35조, 제33조의 내용을 수정한 것이다. 주목을 요하는 부분은 근로계약법 초안 제33조는 '50명 이상을 감원할 경우'를 상정하고 있는 반면, 근로계약법 제41조는 '20명 이상 혹은 20명 미만이지만 전체 직공의 10%를 감원하는 경우'를 상정하고 있다는 점이다. 근로계약법 초안의 심의 과정에서 해고 요건이 더욱 까다로워진 것이다. 중국 언론은 이를 근로계약법 초안에 대한 2심 과정에서 노동계의 의견이 반영된 결과라고 보도하고 있다.[11]

한편, 근로계약법 제42조는 "직업병 위험이 있는 작업에 종사하는 노동자

---

11 http://news.sina.com.cn/c/2007-04-30/193312905505.shtml(검색일: 2007년 6월 26일).

가 해당 직무에서 물러나기 전에 건강 검진을 받거나 혹은 의사(疑似) 직업병 환자가 진단이나 의학적 관찰 기간에 있는 경우, 본 단위에서 직업병을 얻었거나 혹은 업무상 산업재해를 입어 노동능력을 상실했거나 부분적으로 상실했음이 확인된 경우, 질병에 걸렸거나 혹은 업무 이외의 이유로 부상을 입어 정해진 의료 기간에 있을 경우, 여성 노동자가 임신, 출산, 수유 기간에 있을 경우, 본 단위에서 만 15년간 근속하고 동시에 법정 퇴직연령까지 남은 기간이 5년 미만인 경우" 근로계약 해지를 금지하고 있다. 근로계약법 제42조는 근로계약법 초안 제32조의 내용을 수정한 것인데, 초안에 규정되어 있는 '평등 협상을 맡고 있는 대표'에 대한 근로계약 해지 금지 규정이 삭제된 대신 '본 단위에서 만 15년간 근속하고 동시에 법정 퇴직연령까지 남은 기간이 5년 미만인 경우' 근로계약 해지 금지 규정이 새롭게 들어갔고, 나머지 초안의 규정은 수정 없이 근로계약법에 반영되었다.

4) 노동자의 경쟁 업종 취업 및 개업 제한 행위 규제

근로계약법 제23조부터 제25조까지는 노동자가 사용자 단위의 상업상의 기밀과 지적재산권을 준수하고 경쟁 업종 취업 및 창업을 제한한다는 규정을 담고 있다. 근로계약법 제23조는 "사용자 단위는 기밀 유지 의무를 지는 노동자에 대해 근로계약 혹은 기밀 유지 협약을 통해 노동자와 경쟁 업종 취업 및 창업을 제한한다는 약정을 체결할 수 있다"고 규정하고 있고, 제24조는 "경쟁 업종 취업 및 창업이 제한되는 인력은 사용자 단위의 고위직 경영자, 고위직 엔지니어, 기밀 준수 의무를 지는 기타 인력으로 한정한다"고 규정하고 있다. 또한 근로계약법 제23조는 "사용자는 기밀 유지 의무를 지는 노동자와 근로계약을 해지한 후 경쟁 업종 취업 및 창업 제한 기간 동안 매월 노동자에게 경제적 보상을 해야 한다. 노동자가 경쟁 업종 취업 및 창업 제한 약정을 위반한 경우 약정 사항에 따라 사용자에게 위약금을 지불하야 한다"고 규정하고 있다. 또한 근로계약법 제24조는 "경쟁 업종 취업 및 창업 제한 기한은 2년을 초과할 수 없다"고 규정하고 있다.

근로계약법 제23부터 제25조까지의 내용은 근로계약법 초안 제16조의 내용을 수정한 것이다. 근로계약법 초안 제16조는 경쟁 업종 취업 및 창업 제한 대상자를 근로계약법 제24조와 같이 구체적으로 명시하지 않고 다만 '노동자'라는 개념으로 포괄적으로 규정하고 있고, 노동자의 경쟁 업종 취업 또는 창업의 제한 범위를 원 사용자와 실질적인 경쟁 관계에 있는 지역으로 한정하고 있다. 또한 원 사용자가 노동자의 경쟁 업종 취업 및 창업 제한을 이유로 노동자에게 보상해야 할 경제적 보상금은 노동자의 연 임금소득보다 적어서는 안 되고, 노동자가 경쟁 업종 취업 및 창업 약정을 위반했을 경우 노동자가 원 사용자에게 위약금으로 지불해야 하는 금액은 원 사용자가 경쟁 업종 취업 또는 창업을 제한한 것을 이유로 노동자에게 보상해야 하는 경제보상금의 3배 이상을 초과해서는 안 된다고 규정하고 있다.

근로계약법 초안 제16조의 규정에 대해 자본측은 노동자가 협약을 위반할 경우 사용자에게 지불해야 할 위약금이 너무 적고, 경쟁 업종 취업 및 창업 제한 조항을 한정된 지역에 적용하는 것은 대단히 어렵기 때문에 지역 제한 규정을 폐지해야 한다는 요구사항을 제시했다. 또한 사용자가 경쟁 업종 취업 및 창업 제한을 이유로 노동자에게 지불해야 할 경제적 보상금은 연 임금소득보다 적지 않아야 한다는 규정은 연 임금소득이 기본임금만을 의미하는지, 아니면 상여금 등을 포괄하는 개념인지 불명확하기 때문에 보다 정교한 개념으로 대체되어야 하고, 경제적 보상금 및 노동자의 위약금 규정에 대해서는 근로계약법에 특별한 규정을 두기보다는 당사자 간에 협약을 체결하여 해결하는 것이 1995년의 노동법 제22조의 정신에 부합한다는 의견을 제시했다. 근로계약법 심의 과정에서는 자본측의 주장이 상당 부분 반영되었다. 근로계약법에는 자본측이 제기했던 경쟁업체 취업의 지역적 제한 규정 폐지 주장, 노동자가 협약을 위반했을 때 사용자에게 지불해야 할 위약금 상한 규정 폐지 주장, 위약금 및 경제 보상금 등에 대해서는 당사자 간의 협약 체결을 통한 문제 해결이 바람직하다는 주장 등이 반영되었다.

5) 시용 기간 제한

근로계약법 제19조부터 제21조까지는 시용 기간과 관련된 내용을 규정하고 있다. 근로계약법 제19조는 "근로계약 기한이 3개월 이상 1년 미만인 경우 시용 기간은 1개월을 초과할 수 없고, 근로계약 기한이 1년 이상 3년 미만인 경우 시용 기간은 2개월을 초과할 수 없으며, 3년 이상 고정 기한 및 무기한 근로계약을 체결한 경우 시용 기간 6개월을 초과할 수 없다"고 규정하고 있다. 근로계약법 제19조는 근로계약법 초안 제13조의 내용을 수정한 것이다. 근로계약법 초안 제13조는 '근로계약 기간이 3개월 이상인 경우 시용 기간을 정할 수 있고, 비기술적 노동 직무의 실습기간은 1개월, 기술적 노동 직무는 2개월, 고급 전문기술적 노동 직무는 6개월을 초과할 수 없다'고 규정하고 있다. 자본측은 근로계약법 초안 제13조가 규정하고 있는 '비기술적, 기술적, 전문기술적 노동 직무' 개념은 모호하기 때문에 삭제해야 한다고 주장했다. 근로계약법 초안의 심의 과정에서 자본측의 주장이 반영되어 노동의 성격을 기준으로 시용 기간을 구분한 내용은 삭제되었고, 대신 근로계약 기간에 따라 시용 기한을 구분한 내용이 새롭게 보완되었다.

한편, 근로계약법에는 근로계약법 초안에 규정되지 않은 새로운 내용들이 상당수 들어가 있다. 근로계약법 제19조는 동일 사용자와 동일 노동자는 1회의 시용 기간만 약정할 수 있다고 규정하고 있고, 제20조는 노동자 시용 기간 동안의 임금은 해당 사업체의 동일 직무(崗位)의 가장 낮은 수준의 임금 혹은 근로계약에 약정된 임금의 80%보다 낮아서는 안 되고, 사용자 소재지의 최저 임금 기준보다 낮아서는 안 된다고 규정하고 있다. 또한 근로계약법 제21조는 시용 기간 중 근로계약을 해지할 경우 사용자 단위는 노동자에게 그 사유를 설명해야 한다고 규정하고 있다. 근로계약법 제19조부터 제21조까지의 규정 으로 인해, 그간 시용 기한을 최장 6개월로 명시하고 있는 현행 노동법 제21조 의 규정에 근거하여 저임금으로 6개월 간 노동자를 시용해 왔던 기업의 관행 은 여러 형태로 제약을 받을 수밖에 없게 되었다.

6) 파견 형태의 고용 규제

근로계약법 제5장 '특별 규정'의 제2절 '노무 파견'은 중국 산업현장에 보편 화되어 있는 농민공, 노무공 등 다양한 이름으로 존재하는 파견 형태의 고용 을 규제하기 위한 내용을 담고 있다. 본래 근로계약법 초안에서 파견 형태의 고용을 규제하고 있는 규정은 제12조뿐이었는데, 초안을 심의하는 과정에서 그 내용이 대폭 보강되었다. 근로계약법 초안 제12조는 "노무 파견 업체의 등 록 자본금은 50만 위안 이상이어야 하고, 노무 파견 업체는 파견 노동자와 근 로계약을 체결해야 하며, 근로계약에는 파견 노동자를 수용하는 단위, 기간, 노동 직무를 명시해야 하며, 노동력 사용 단위와 노동력 파견 협의를 체결해 야 한다"고 규정하고 있다. 근로계약법 초안의 이 규정에 대해 자본측은 "인력 자원 배치의 유연성을 저해하는 조항이다. 더구나 이 규정은 계절적 혹은 임 시적 노동의 속성을 고려하지 않고 있어 중국 노동자의 일자리 기회를 감소시 킬 것이다"며 파견 노동자 규정을 근로계약법 초안에서 삭제해야 한다고 주장했다. 근로계약법 초안의 심의 과정에서 자본측의 이 같은 주장은 전혀 반영되지 않았고, 오히려 파견 형태의 고용을 규제하는 내용이 강화되었다.

근로계약법 제57조는 '노무 파견 업체는 기업법의 관련 규정에 따라 설립해야 하고, 등록 자본금은 50만 위안 이상이어야 한다'고 규정하고 있어 근로계약법 초안 제12조의 내용이 수정 없이 통과되었다. 근로계약법에서 초안의 내용이 보완된 규정 가운데 주목을 끄는 조항은 제58조, 제64조, 제66조 등이다. 근로계약법 제58조는 "노무 파견 단위는 파견 노동자와 2년 이상의 고정기한 근로계약을 체결하고 매월 노동 보수를 지급해야 한다"고 규정하고 있고, "노무 파견 단위는 파견 노동자가 일하지 않는 기간에는 소재지 인민정부가 규정한 최저 임금 기준에 따라 매월 노동자에게 보수를 지급해야 한다"고 규정하고 있다. 이 규정으로 노무 파견 업체의 파견 노동자 고용 비용은 상승하게 되었고, 파견 노동자 사용 기업 역시 경영의 필요에 따라 수시로 노무공 또는 농민공을 탄력적으로 고용·해고해 왔던 관행도 크게 제약될 전망이다. 한편, 근로계약법 제66조는 "노무 파견은 일반적으로 임시적·보조적 성격 혹은 대체적 성격의 직무에 대해 이루어진다"고 규정하고 있어 파견 노동자 사용 범위를 대폭 축소시켜 놓았다. 또한 근로계약법 제64조는 "파견 노동자는 노무 파견 업체나 사용자 단위에서 법에 따라 노동조합에 참여하거나 혹은 노동조합을 조직하여 자신의 합법적 권익을 보호할 수 있다"고 규정하고 있다. 노무공 또는 농민공에게 독자적인 노동조합 설립권을 부여한 것은 신중국의 노동조합 역사에서는 완전히 새로운 경험이다. 파견 노동자들이 자신의 이 같은 권리를 어떻게 활용할지에 대해서는 지금으로서는 판단할 길이 없지만, 기업은 앞으로 조직화된 파견 노동자와 협상해야 할 준비를 갖추어야 할 상황에 처하게 되었다.

파견 노동자 관련 규정과 관련하여 무엇보다 주목을 끄는 것은 노무 파견 단위와 파견 노동자 사용자 단위의 연대책임을 묻고 있는 부분이다. 근로계약법 제92조는 "파견 노동자에게 손실을 입혔을 경우 노무 파견 단위와 사용자 단위가 연대 배상 책임을 진다"고 규정하고 있다. 이 규정으로 노무 파견 단위가 '파견 노동자에게 손실을 입혔을 경우'에도 파견 노동자 사용자 단위는 연대 배상 책임에서 자유로울 수 없기 때문에 사용자 단위는 노무 파견 단위와의 관계를 새롭게 정비하지 않으면 안 되게 되었다.

7) 직업훈련 비용과 위약에 따른 배상금 규제

근로계약법 제22조는 "사용자 단위가 노동자에게 특별 항목의 훈련비용을 제공하여 노동자에게 전문기술훈련을 실시할 경우, 노동자와 약정을 체결하여 의무 근무기간을 정할 수 있다. 노동자가 의무 근무기간 약정을 위반할 경우 약정에 따라 사용자 단위에 위약금을 지불해야 한다. 위약금은 사용자 단위가 제공한 훈련비용을 초과해서는 안 된다"고 규정하고 있다. 근로계약법 제22조의 내용은 근로계약법 초안 제15조의 내용을 대폭 수정한 것이다. 근로계약법 초안 제15조는 "사용자 단위는 노동자에게 훈련비용을 제공하여 노동자에게 6개월 이상 생산에 종사하지 않고 전문기술훈련을 받도록 할 경우, 노동자와 의무 근무기간을 약정할 수 있고, 노동자가 의무 근무기간 약정을 위반한 경우 사용자 단위에 지불해야 할 위약금과 관련된 협약을 체결할 수 있다. 위약금은 의무 근무기간이 아직 이행되지 않은 부분이 분담해야 할 훈련비용을 초과할 수 없다"라고 규정하고 있다. 직업훈련 비용과 위약에 따른 배상금 규정은 중국 노동자들이 사용자 단체와 약정한 계약을 위반하고 더 나은 조건을 제시하는 기업으로 직장을 옮기는 관행과 기업간 무분별한 우수 노동력 스카웃 관행을 근절하기 위해 마련된 것으로 현행 노동법에는 이와 관련된 규정이 없는 신설 조항이다.

　　근로계약법 초안의 이 조항에 대해 자본측은 "훈련 프로그램은 회사마다 다르다. 현행 노동법에 따르면 사용자 단위와 피고용자는 훈련을 둘러싼 별도의 계약을 체결할 수 있다고 되어 있는데, 현행 노동법에 따르는 것이 좋다"고 주장했다. 자본측이 초안의 내용에서 재검토해야 한다고 주장한 구체적인 내용은 다음과 같다. 첫째, 훈련 개념의 제한성과 관련된 내용이다. 자본측은 "초안의 내용은 전일제(full-time) 훈련만을 상정하고 있다. 훈련 기간은 훈련 요소 중 가장 중요한 부분은 아니다. 부분 시간(part-time), 업무상(on-the-job) 훈련도 가치가 있다. 훈련 개념이 명확하지 않기 때문에 집행에 어려움이 있고, 또 사용자에 과도한 부담을 줄 수 있다. 초안에서 훈련 개념을 전일제로 제한하고 있는 규정은 삭제해야 한다"라고 주장했다. 둘째, 위약금 및 훈련 유형과 관련된 내용이다. 자본측은 "초안 제15조는 피고용자가 훈련을 받은 뒤 계약을 위반했을 때 위약금을 두고 있지만, 그 위약금은 6개월 이상의 전일제 전문기술 훈련을 받은 경우에 한정된다. 해외 지사에 특정 기술 훈련을 제공했을 때 그 비용을 계산하기 힘들다. 더구나 6개월 이상 훈련을 제공하되 전일제 훈련이 아닌 경우가 있다. 특히 해외 훈련과 같이 6개월 미만의 훈련일지라도 아주 값비싼 훈련을 제공할 수도 있다. 그 모든 경우 훈련비를 계산하기 힘들다. 따라서 노동자가 훈련에 따른 의무 근무 약정을 위반했을 경우 위약금을 제한한 규정은 삭제되어야 하고, 사용자 단위와 노동자 사이에 체결한 약정에 따라 위약금을 규정할 수 있도록 개정되어야 한다"고 주장했다.

　　자본측의 이 같은 주장은 전인대 상무위원회의 근로계약법 초안에 대한 몇 차례의 심의 과정에서 상당 부분 반영되어 법안 수정이 활발하게 이루어졌다. 자본측의 주장 가운데 법안 수정에 반영되지 않은 것은 위약금을 사용자 단위와 노동자 사이에 별도의 약정을 통해 규정할 수 있도록 법 개정이 이루어져야 한다는 내용뿐이다. 무엇보다 훈련을 전일제 훈련으로 제한한 초안의 규정이 삭제된 점이 주목을 끈다. 전인대 상무위원회 제2차 심의에서는 "6개월 이상 생산에 종사하지 않고 전문 훈련을 시키는 경우에만 사용자 단위는 노동자와 의무 기간과 관련된 협약을 체결할 수 있다"는 초안의 내용이 문제가 있다고 판단하고 "사용자 단위가 훈련비용을 지급하여 1개월 이상 노동자를 생산에 참여시키지 않고 전문기술훈련 혹은 직업훈련을 시킬 경우 노동자와 의무 근무 기간과 관련된 협약을 체결할 수 있다"고 수정했지만, 제3차 심의에서는 해외 파견 훈련과 같이 1개월 미만의 훈련일지라도 1개월 이상 훈련시키는 것보다 더 많은 비용이 들어가는 경우가 있다는 현실을 고려하여 '1개월 이상'이라는 규정마저 삭제했다.[12] 결과적으로 근로계약법 초안은 '직업훈련 기관과 관계없이 사용자 단위가 노동자에게 특별 항목의 전문기술훈련 비용을 제공했을 경우' 사용자 단위는 노동자와 의무 근로계약 기한을 명시한 약정을 맺을 수 있도록 개정되었다. 그러나 자본측이 주장하는 바와 같이 훈련비용이 어느 정도인지에 대한 객관적인 판단 기준을 설정하기가 어렵기 때문에 노동자가 약정을 위반했을 때 지불해야 하는 위약금을 둘러싼 논란의 여지는 남겨놓고 있다고 해야 할 것이다.

8) 근로계약 불이행에 대한 처벌 규정 강화

근로계약법은 초안보다 근로계약 불이행에 대한 처벌 규정을 더욱 강화하고 명확하게 한 내용을 담고 있다. 처벌 규정은 배상금 규정과 벌금 규정으로 나누어진다.

우선, 배상금 부과와 관련된 내용이다. 첫째, 사용자가 서면 근로계약을 체결하지 않는 데 대한 배상금 조항이다. 근로계약법 제82조는 "사용자 단위

가 노동자를 고용한 날로부터 1개월 이상 1년 미만 동안 노동자와 서면 근로 계약을 체결하지 않는 경우, 노동자에게 매월 2배의 임금을 지급해야 한다"고 규정하고 있다. 둘째, 무기한 근로계약을 체결하지 않는 데 대한 배상금 규정이다. 근로계약법 제82조는 "사용자 단위가 본 법 규정을 위반하고 노동자와 무기한 근로계약을 체결하지 않는 경우 무기한 근로계약을 체결해야 하는 날로부터 노동자에게 매월 2배의 임금을 지급해야 한다"고 규정하고 있다. 셋째, 시용 기간 위반에 대한 배상금 규정이다. 근로계약법 제83조는 "사용자 단위가 본 법 규정에 위반되는 내용으로 노동자와 시용 기간을 약정한 경우, 노동행정 부서가 시정 명령을 내린다. 불법으로 약정한 시용 기간이 이미 지났을 경우, 사용자 단위는 노동자 시용 기간의 월급을 기준으로 이미 이행된 법정 시용 기간을 초과한 기간만큼 노동자에게 배상금을 지급한다"고 규정하고 있다. 근로계약법 제82조, 제83조는 근로계약법 초안에는 없는 내용이었으나 초안을 심의하는 몇 차례의 과정에서 새롭게 신설된 규정이다. 넷째, 위법 해고에 대한 배상금 규정이다. 근로계약법 제87조는 "사용자 단위가 본 법의 규정을 위반하여 근로계약을 해지하거나 종료한 경우 경제보상금의[13] 2배에 해당하는 배상금을 노동자에게 지급해야 한다"고 규정하고 있다. 다섯째, 사용자가 정해진 기간 내에 노동 보수, 초과근무수당을 지급하지 않았을 때, 근로계약법에 따라 경제보상금을 지급하지 않았을 때 부과되는 배상금 규정이다. 근로계약법 제85조는 이 같은 상황이 발생할 경우 노동행정 부서는 사용자 단위에 대해 노동자에게 지급해야 할 금액의 50% 이상 100% 이하를 추가로 지급하도록 명령할 수 있다고 규정하고 있다. 근로계약법 제85조는 근로계약법 초안 제55조의 내용이 수정 없이 통과된 내용이다.

---

[13] 근로계약법 제47조에 규정된 경제보상금을 말한다.

그 다음, 벌금 규정과 관련된 내용이다. 첫째, 사용자 단위가 고용을 대가로 노동자에게 담보를 요구하는 데 따른 벌금 규정이다. 근로계약법 제84조는 사용자 단위가 담보 혹은 다른 명목으로 재물을 수취한 경우 노동행정 부서가 사용자 단위에게 1인당 500위안 이상 2,000위안 이하의 벌금을 부과할 수 있도록 규정하고 있다. 근로계약법 제84조는 근로계약법 초안 제54조의 내용이 수정 없이 통과된 내용이다. 둘째, 노무 파견 업체의 위법 행위에 대한 벌금 규정이다. 근로계약법 제92조는 "노무 파견 업체가 본 법의 규정을 위반한 경우 노동행정 부서와 기타 유관 부처가 시정 명령을 내리고, 위반 사항이 심각한 경우 1인당 1,000위안 이상 5,000위안 이하의 벌금을 부가한다"라고 규정하고 있다. 이 조항은 근로계약법 초안 제59조의 내용이 수정 없이 통과된 내용이다.

9) 기타

신춘잉(信春鷹) 전인대 상무위원회 법제공작위원회(法工委) 주임은 2006년 4월 27일 중국정법대학 강연회에서 그간 접수된 근로계약법 초안에 대한 191,849건의 의견 가운데, 노동측이 제기한 세 가지 주요 요구를 소개했다.[14] 농민공의 권리 보장 결함 문제, 노동조합 권리 강화 문제, 노동자의 권리 구제 메커니즘의 결함 문제를 해결해야 한다는 요구다. 산둥성 린즈(臨淄)의 농민공 왕리타오(王立燾)는 전인대 상무위원회 법제공작위원회에 보낸 '한 농민공의 희망'이라는 제목의 편지에서 농민공과 도시 정규 노동자의 평등 대우, 임금 체납 해결 등을 요구했다. 또한 한 국유기업에서 일하는 300여 명의 농민공은 연명으로 근로계약법에 동일노동 동일임금을 명시할 것을 요구했다.[15] 근

---

14 『인민일보』(06/05/09).

로계약법은 제5장 특별 규정 제2절 '노무 파견'에서 농민공의 이 같은 요구를 많이 반영하기는 했지만, 농민공과 도시 정규직 노동자의 평등 대우 요구는 제대로 반영하지 못하고 있다. 근로계약법 제63조는 "파견 노동자는 사용자 단위의 노동자와 동일노동 동일임금의 권리를 갖는다"라고 규정하고 있지만, 그 규정만으로는 농민공과 도시 정규직 노동자의 평등 대우 요구를 충족시킬 수는 없다. 왜냐하면 대부분이 농민공으로 구성된 파견 노동자들은 도시 정규직 노동자들이 누리고 있는 사회보장 혜택 및 기업의 복리 혜택에서 배제되어 있기 때문이다.

한편, 노동측은 노동자의 권리를 진정으로 보호하기 위해서는 노동조합의 자주성을 보장하고, 노동쟁의처리법이 시급하게 제정되어야 한다고 주장하기도 했다. 왕샹취안(王向前) 중국노동관계학원 노동법 및 노동조합법 연구소 부소장은 노동자의 권리를 보장하기 위해서는 무엇보다 노동조합의 독립성과 자주성을 보장할 수 있는 제도 개혁이 필요하다고 역설하고 있다.[16] 또한 근로계약법 초안 제정 과정에 참여했고, 전인대 상무위원회가 근로계약법 초안을 대외에 공개한 뒤 노동계 내부에서 초안을 둘러싼 논쟁이 제기되었을 때 중국 언론에서 자본측의 이익을 대변한다고 지목된 바 있는 둥바오화(董保華) 중국노동법학연구회 부회장조차도 "현재의 노동쟁의 처리 시스템은 쟁의 안건을 처리하는 데 1~2년의 시간이 소요되는 등 대단히 문제가 많다"며 현재의 노동쟁의 처리 시스템의 변화를 촉구하고 있다.[17]

사실 노동계의 노동조합 자주성 보장 및 노동쟁의 처리 시스템 변화 요구는 근로계약법 제정에 반영할 수 있는 내용이 아니다. 노동조합 자주성 보장

---

15 『인민일보』(06/05/16).

16 http://news.sina.com.cn/c/2006-04-28/12139742630.shtml(검색일: 2006년 6월 1일).

17 http://news.sina.com.cn/c/2006-04-28/12139742631.shtml(검색일: 2006년 6월 1일).

문제는 노동조합법 개정을 통해, 그리고 노동쟁의 처리 시스템 변화 문제는 현재 중국 당국이 논의를 진행하고 있는 노동쟁의처리법 제정을 통해 검토될 수 있다. 특히 노동조합 자주성 보장 문제는 1980년대 중반 중국 당국이 정치 개혁의 일환으로 중국 총공회 개혁을 위로부터 추동한 데서도 알 수 있듯이, 중국 당국의 정치 개혁 의지가 전제되지 않고서는 쉽게 달성될 수 없는 것이다.

3. 결론 : 중국 당국의 노동보호 정책의 함의

근로계약법 제정은 모두가 다 아는 비밀 사항으로 남아 있던 중국 노동 문제의 현실을 공론장으로 수렴하는 한 계기가 되었다. 중국 당국은 이례적으로 근로계약법 초안의 내용을 대외에 공개하여 각계의 여론을 수렴하는 절차를 밟았다. 근로계약법 초안을 심의하는 몇 차례의 과정에서 자본측이 제기했던 요구들 가운데 일부 타당하다고 판단된 요구들은 법안 수정 과정에 반영되었지만, 수정 과정에서 본래 초안에 없던 새로운 노동 보호 관련 조항이 추가된 점이 두드러진다. 이 같은 사실은 중국 당국의 근르계약법 제정의 의도가 노동보호에 있다는 점을 보여준다.

근로계약법 초안이 공개되었을 때 중국 언론은 중국 산업 현장의 현실을 '피와 땀의 공장'(血汗工場)이라는 말로 표현하기도 했다. 불과 몇 년 전만 하더라도 중국 언론에서 이 같은 표현을 찾아볼 수 없을 정도로 중국 당국은 '자본'의 심기를 건드리는 표현과 정책을 극도로 통제해 왔다. 사실 중국 언론이 '피와 땀의 공장'이라는 말을 보도할 만큼 중국의 일부 노동집약적 공장의 근로조건은 열악하다. 저임금은 말한 필요도 없고, 최근 몇 년 동안 매년 탄광에서 산업재해로 사망하는 사람들이 6,000명 이상이며(李環 2007, 2), 임금체불, 초과 근로 등 노동자의 권리를 침해하는 일이 비일비재하게 발생하고 있다. 중국의 고용관계를 꾸준히 조사·연구해 온 서구의 한 연구자는 중국의 일부 공장에서는 자본의 원시적 축적을 가능하게 만드는 '비조직화된 독재'(disorganized despotism)가 횡행하고 있다고 지적한 바 있다(Lee 1999).

개혁개방 정책 30년이 지난 지금 중국은 지역간 불균형 발전, 계층간 양극분화 문제 등 시장경제 시스템이 가져다 준 부정적 효과 때문에 심각한 홍역을 앓고 있다. 노동문제만 떼놓고 보아도 1990년대 중반 이후 국유기업의 구조조정에서 기인한 도시 실업자 및 노동력 공급 과잉에서 비롯된 자연적 실업자의 대량 출현, 열악한 근로조건과 노동자의 권리 침해에서 비롯되는 노동쟁의가 지속적으로 확대되어 사회적 불안을 가중시키고 있다. 후진타오(胡錦濤) 등 중국의 제4세대 지도부가 지역간 균형 발전과 사회의 갈등이 치유된 '화목한 사회'(和諧社會)를 국정의 최우선 과제로 내걸면서 노동 부문에서는 '화목한 노동관계'를 역설하고 있는 것도 바로 이 같은 중국 산업현장의 현실을 직시했기 때문이다.

2008년 1월 1일부터 발효되는 근로계약법은 중국의 고용관행과 노동관계를 크게 바꾸어 놓을 전망이다. 무엇보다 근로계약법 발효를 앞두고 기업의 단기적 대응으로 노동관계가 악화될 가능성이 크다. 기업은 앞으로 인력 감원 시 노동조합의 의견을 청취해야 하는 등 인력 감원을 쉽게 할 수 없어 근로계약법이 발효되기 전에 인력 감원 조치를 취할 것이기 때문이다. 예상되는 기업의 단기적 대응은 다음과 같다. 정규직, 비정규직 노동자 모두 기업의 인력감원 정책의 대상이 되겠지만, 파견 노동자의 대량 감원이 두드러질 것으로 전망된다. 앞으로는 파견 노동자 고용 비용이 상승하고, 또 파견 노동자를 해고하는 것도 쉽지 않을 것이기 때문에 현재 상대적으로 해고하기 쉬운 파견 노동자부터 감원할 가능성이 높다. 또한 근속연수가 높은 노동자도 감원 대상이 될 가능성이 높다. 근로계약법은 근속연수 10년인 노동자의 경우 무기한 근로계약을 체결하도록 규정하고 있으므로 기업은 근속연수 10년에 근접한 노동자에 대해서는 근로계약 해지를 서두를 가능성이 높다.

그러나 장기적으로 볼 때 근로계약법은 중국 산업현장에 보편화되어 있는 1~2년간의 단기 근로계약 체결 관행을 근절하고 장기 근로계약 체결을 유도하여 고용 안정성을 높일 것이다. 근로계약법은 근로계약 해지에 따른 경제보상금 규정을 두고 있기 때문에 기업은 근로계약 해지에 따른 경제보상금 지불 부담과 신규인력 채용 부담을 동시에 지게 된다. 다라서 기업은 근로계약 기한을 장기화할 동기를 갖게 된다. 그렇지만 감원 및 해고 요건이 까다로워졌기 때문에 근로계약 기한 장기화에 따른 기업의 부담도 커질 수 있다. 따라서 근로계약 기간은 현재의 1~2년에서 3~5년으로 연장될 전망이고, 기업은 자신의 수요에 부합하는 노동자와 연속하여 근로계약을 체결하는 방식을 채택할 가능성이 높다. 그러나 3번째 근로계약을 체결할 경우 무기한 근로계약을 체결해야 하기 때문에 3번째 근로계약 체결 시점에서는 근로계약 체결을 둘러싸고 기업과 노동자간 갈등이 표면화될 가능성도 있다.

한편, 근로계약법은 사실상 단체협약 체결을 의무화하고 있기 때문에 단체협약 체결 및 단체협약 내용과 관련하여 노동자와 노동조합, 노동자 또는 노동조합과 기업의 갈등이 증폭될 것으로 전망된다. 중국공산당의 노동조합에 대한 정치적 통제, 노동조합의 단체행동권 제약, 노동조합 간부의 기업행정직 겸직 등 정치적·제도적 제약으로 인해 중국의 노동조합은 노동자의 이익을 대변하는 데 한계가 많기 때문에 노동자의 능동적 적극성이 높아질수록 노동조합은 더욱 곤경에 처하게 된다. 특히 '어용 노동조합'(老板工會)이 설립되어 있는 기업에서는 노동자와 노동조합 간 갈등은 더욱 커질 전망이다. 한편, 노동조합 간부에 대한 직선제 실험을 전개하고 있는 저장성 항저우시의 총공회와 같이 상대적으로 노동조합의 민주화가 진척되어 있는 일부 기업의 경우 노동조합이 노동자에게 유리한 단체협약을 체결하려 할 것이고, 이에 따라 노동자 또는 노동조합과 기업의 갈등은 커질 전망이다.

　　중국 노동관계의 변화를 전망하는 데 있어 좀 더 주의를 기울어야 할 부분은 중국 당국의 노동정책 향방이다. 근로계약법 초안의 수정 과정에서 나타났듯이 중국 당국은 그간 방치해 왔던 노동자의 권익을 보호하면서 노동관계를 규범화하겠다는 의지를 보이고 있다. 중국 당국의 이런 의지가 과연 법 집행에서도 관철될 것인지에 대해서는 여전히 많은 관측이 요구된다. 또한 중국 당국이 의사일정에 올려놓은 단체협약법과 노동쟁의처리법 제정 동향에 대해서도 좀 더 세밀한 관찰이 요구된다. 중국 당국은 노동조합의 단체행동권을 제약하고 있는 노동조합법 개혁은 미루어놓은 채 '절차적 민주주의'와 관련된 단체협약법과 노동쟁의처리법 제정만을 의사일정에 올려놓고 있다. 이 점은 중국 당국이 노동자의 권리를 보호해야 한다는 당위성에 사로잡혀 있으면서도 노동자의 단체행동권을 전면적으로 보장할 경우 그것이 노동관계에 미칠 충격을 고려하여 '적당한' 선에서 타협하고 있다는 것을 의미한다. 중국 당국의 이 같이 제한적인 노동보호 의지를 어떻게 활용하여 자신에게 유리한 상황으로 이끌어 나갈지는 결국 중국 노동자의 몫으로 남게 되었다. 근로계약법 제정 이후 중국 노동자의 향후 동향이 주목된다.

결 론

　　본서의 제2장 "중국 국유기업 개혁과 노동관계 변화"에서 살펴보았듯이 중국 당국이 추진해 왔던 국유기업 및 노동제도 개혁정책은 많은 논쟁을 동반하면서 장기간에 걸쳐 점진적으로 추진되어 왔는데, 그 정책의 지향점은 신자유주의에 뿌리를 두고 있다고 해야 할 것이다. 중국 당국은 개혁개방 초기부터 해외투자를 유치할 수 있는 시장친화적, 기업친화적 환경을 만들기 위해 노력해 왔고, 그 결과 중국의 노동시장에는 유연성이 대단히 높은 고용제도와 저임금을 기반으로 하고 있는 유연한 임금제도가 확립되었다. 이 같은 노동시장과 거대한 상품시장은 해외투자의 중국 유입을 촉진했고, 중국은 세계의 공장이 되었다. 1980년대를 거치면서 비약적으로 성장한 국내 향진기업 및 사영기업과 중국에 생산기반을 확대해 나간 외자기업 등 비공유제 부문이 국유경제 부문의 생존을 위협하게 되자, 1990년대 들어 중국 당국은 국유경제 부문의 비효율성을 제거하는 일련의 개혁정책을 적극적으로 추진하기 시작했다. 특히 1990년대 중반 이후의 국유기업 개혁은 그 이전의 개혁과 달리 급진적인 소유권 구조 개혁을 동반했고, 노동제도 개혁도 그 같은 개혁을 촉진하기 위해 급진적으로 추진되었다. 국유기업의 소유권 구조 개혁을 통해 중국의 국유기업은 주식제 기업, 외국기업과 결합된 합자기업, 민영기업 등 다양한 형태의 소유제 기업으로 전환되었다. 본서의 제3장 '창사 ○○ 공장'의 사례에서도 알 수 있듯이, 소유권 구조 개혁을 통해 중국의 국유기업은 신고전주의적 경제학에서 말하는 소위

'시장에 민감하게 반응하는 기업'으로 거듭 났지만, 그 이면에는 노동자 대중의 이익의 희생이 깔려 있다. 1990년대 중반 이후 중국에서는 국가 주도의 자본주의적 실천이 광범위하게 전개되었다고 해도 과언이 아니다.

1990년대 중반 이후의 급진적 개혁은 중국 당국이 WTO 가입이라는 진일보한 대외개방을 대비한 결과로 이해할 수 있다. WTO 가입을 준비하면서 중국 당국은 중국의 국유기업이 지구적 경쟁 압력에서 생존해야 할 뿐만 아니라 세계 일류 기업으로 성장해야 하고 그러기 위해서는 체제 내에 온존되어 있는 비효율성을 거두어내야 한다는 명분을 내세웠다. 그 과정에서 수많은 국유기업이 사유화되었고, 과거 국가의 '주인'(主人翁)이라 칭송받았던 중국 노동자계급의 정치적·경제적·사회적 지위는 현저하게 저하되어, '사회주의 시장경제' 체제 하의 중국 노동자 역시 자본주의 국가의 노동자와 유사하게 변화되었다.

2001년 중국이 WTO를 가입한 이후 대외개방이 더욱 심화된 중국의 시장은 다국적기업과 중국의 일류 기업들이 시장 쟁탈을 위해 사활을 걸고 각축하는 '전장'이 되고 있다. 이런 환경에 처한 중국에서 본서의 서론에서 제기하고 있는 것처럼 '중국 기업의 인적자원 관리 실천은 중국적 특색이 있는지, 아니면 자본주의 국가의 기업과 동일한 방향으로 나가고 있는지'와 같은 질문은 큰 의미가 없어 보일 수도 있다. 다국적기업이나 중국의 일류 기업 모두 '전장'에서 승리하기 위해 선진적인 인적자원 관리 방법을 모두 다 동원해 보고, 중국에서 통용될 수 있는 인적자원 관리 방식을 찾아나가고 있는 실정이기 때문이다. 더구나 본서의 제5, 6장에서 살펴보았듯이 상당수의 중국기업들은 '중국 기업'이라고 정의하기 힘들 정도로 다국적기업과 다양하게 합자관계를 맺으면서 다국적기업의 모기업에서 실천하고 있는 선진적인 인적자원 관리 방식을 중국적 토양에 접목시키고 있기 때문에 이들 기업의 인적자원 관리 방식의 공통점, 혹은 중국적 특성을 찾으려는 시도는 더욱 무의미하게 보일 수도 있다.

그럼에도 불구하고 다국적기업의 선진적인 인적자원 관리 방식이 중국에서 일방적으로 통용되지 않고 '변용'되어야 비로소 통용될 수 있는 '중국적 맥락'을 찾는 것은 상당히 큰 의미가 있다. 본서의 제5장에서도 살펴보았듯이, 미국계 합자기업인 옌펑비스테온의 경우 노동자의 반발로 직무 등급 간 임금 격차가 큰 미국식 임금제도를 그대로 운영하지 못하고 등급별 임금 격차를 축소한 임금제도를 채택할 수밖에 없었던 것은 바로 '중국적 맥락'의 중요성을 실감하게 만든다. 중국적 맥락에서 통용될 수 있는 고용과 임금제도, 노동관계를 정리해 보면 다음과 같다.

우선 고용제도와 관련해서는 무엇보다 농민공, 노무공 등 다양한 이름의 비정규직 노동자를 상당수 고용하고 있다는 점이 드드러진다. 이들 비정규직 노동자들은 기업의 수요에 따라 쉽게 고용되기도 하고 또 해고되기도 한다. 중국의 기업들은 도시 호구와 농촌 호구를 구분하는 중국의 호구제도와 농민이 대량으로 존재하는 중국의 인구구조를 충분히 활용하고 있다. 산업 현장에 단기 근로계약이 보편화되어 있다는 점도 확연하다. 정규직 노동자일지라도 생산직 노동자의 경우는 대개 1년마다, 사무직 노동자의 경우 대개 2~3년마다 근로계약을 갱신해야 한다. 그만큼 중국의 노동자는 불안정한 고용 상태에 놓여 있다고 볼 수 있다.

그 다음, 임금제도와 관련해서는 다음과 같은 특징을 보이고 있다. 첫째, 직무임금제도가 보편화되어 있다. 사실 직무임금제도는 1980년대 초기부터 중국의 국유기업에 확산되기 시작한 임금제도로서 중국 노동자들에게는 대단히 익숙한 제도이다. 그렇지만 본서 제5장의 옌펑비스테온의 사례에서도 나타났듯이 직무 간 임금 격차가 너무 클 경우 노동자들의 반발이 수반되기도 하는데, 중국의 노동자들이 수용할 수 있는 직무 간 임금 격차의 '적정 수준'은 기업마다, 또 직무마다 큰 편차가 있을 수 있기 때문에 일반화하기는 힘들다. 둘째, 성과주의에 기초한 임금제도가 보편화되어 있다. 본서의 제5, 6장의 상하이GM, 옌펑비스테온, 톈진LG전자, 상하이광전NEC 등의 사례에서 알 수 있듯이 기본급의 비중은 50~70% 정도이고, 개인과 집단의 노동성과에 기초한 변동급의 비중은 30~50%에 달해 성과급의 비중이 대단히 높은 편이다. 중국의 대표적인 가전기업인 하이얼(海爾)의 경우 시장에서의 상품 판매 실적이 곧바로 제품의 설계와 생산에 참여했던 노동자들의 임금과 연결되는 '형호 경리 제도'를 채택하고 있기 때문에 변동급의 비중은 이들 기업의 수준보다 훨씬 더 높을 수도 있다.

　노동관계와 관련하여 주목할 점은 본서의 제7장에서도 살펴보았듯이 중국의 노동조합은 구조적으로 노동자의 이익을 대변하는 데 한계가 있긴 하지만, 그 같은 노동조합을 대하는 외국기업의 태도가 아주 다르게 나타나고 있다는 것이다. 구미계 기업의 경우 일반적으로 노동조합을 대화의 파트너로 인정하면서 단체협상을 통해 단체협약을 체결해 나가고 있다. 제5장에서 살펴보았듯이 중미 합자기업인 E사의 경우 노동조합 간부를 직선제로 선출하고 있고, 상하이 VW의 경우는 노동조합의 활동이 독일 본사보다 더 활발하게 전개되고 있다. 일본계 기업은 중국 노동조합을 가장 적극적으로 활용하고 있는 것으로 보인다. 야스무로 겐이치 등(2003), 갤러거(Gallagher 2004)의 조사에 따르면, 대부분의 일본계 기업에는 노동조합이 설립되어 있고, 노동조합을 대화의 파트너로 인정하고 있다. 특히 일본 경영자들은 노동조합 간부에게 회사의 행정 간부직을 겸직하도록 하고, 기업 내 당 조직을 통해 노동관계를 조절하는 등 노동관계의 중국적 특성을 잘 활용하여 협조적인 노동관계를 형성해 나가고 있다. 한국계 기업의 경우 본서 제5, 6장에서도 살펴보았듯이 대체로 건전한 노동관계를 형성하지 못하고 있다. 특히 일부 한국계 대기업과 중소기업의 경우 지역 총공회의 압력을 받고 있지만 여전히 노동조합 설립을 인정하지 않고 있고, 설사 노동조합이 설립되어 있더라도 단체협약 체결에 소극적이거나 아예 단체협약을 체결하지 않는 등 노동조합을 대화의 파트너로 인정하지 않고 있는 실정이다. 이처럼 중국에 진출해 있는 외국기업들은 자신의 모기업에서 쌓았던 노동관계의 실천 경험을 준거 틀로 삼아 현지의 노동조합과 관계를 확립해 나가고 있는 것으로 보인다.

한편, 중국 당국의 국가 자본주의적 실천은 노동자의 권익을 보호하는 메커니즘이 확립되지 않은 상태에서 확대되었기 때문에 적지 않은 노동 문제를 야기하고 있다. 단기 근로계약으로 인한 불안정 고용관계의 확대, 막대한 실업자의 양산, 농민공 및 임시공의 비정규직 노동자·단기 근로계약 노동자·무기한 근로계약 노동자 등 노동자 계급 내부의 분열, 노동자 계급 내부의 소득 격차 확대, 산업재해 등과 같은 문제들이 심각한 사회적 문제로 등장하고 있다. 무엇보다 큰 문제는 노동쟁의가 지속적으로 확대되어 사회적 불안정성이 커지고 있다는 점이다. 중국의 노동쟁의 안건은 1990년대 중반 이후부터 매년 30~40%씩 증가하고 있다. 2002년 노동쟁의 안건 중 국유기업에서 발생한 노동쟁의는 24.6%, 사영기업은 16.6%, 3자기업은 12.5%를 점하고 있다. 모든 유형의 소유제 기업에서 노동쟁의가 골고루 발생하고 있는 셈이다(李環 2007, 4). 초과 노동, 임금 체불과 관련된 노동쟁의, 산업안전과 관련된 노동쟁의, 계약 해지에 따른 경제적 보상금과 관련된 노동쟁의, 사회보장비 미납과 관련된 노동쟁의 등 노동쟁의의 요인도 다양하다. 중국 당국의 언론 통제에 가려 그 실상이 제대로 외부에 전달되지 않고 있지만, 본서 제4장의 '정저우 ○○공장'의 사례에서도 알 수 있듯 중국의 노동쟁의는 노동쟁의 절차를 규율할 수 있는 제도적 장치가 미미하기 때문에 파업, 공장 점거, 시위, 상방 등과 같은 과격한 형태를 띠기도 한다. 1990년대 중반 이후 노동쟁의는 중국의 산업현장에서 일상적으로 발생하는 사건의 하나가 되었다고 해도 과언이 아니다.

노동쟁의 증감과 관련하여 주목을 요하는 부분은 1990년대 중반 이후부터 지속적으로 증가하던 집단적인 노동쟁의 건수가 2005년을 고비로 감소하고 있다는 점이다. 이 문제를 어떻게 해석할 것인가? 크게 세 가지 해석이 가능하다. 우선, 1990년대 중반 이후 국유기업의 구조조정이 급격하게 추진되는 과정에서 집단적인 노동쟁의가 집중적으로 발생했기 때문에 이제는 자연스레 감소하고 있다는 해석이다. 그 다음, 구조조정을 완료한 국유기업의 경우 자본주의적 노동관계와 유사한 노동관계가 형성되었기 때문에 이제는 과거와 다른 유형의 새로운 집단적인 노동쟁의, 즉 '이익 추구형' 노동쟁의가 발생할 가능성이 있다는 해석이다. 마지막으로, 그간 집단적인 노동쟁의의 주요 원인이 되었던 고정공 노동자의 근로계약 해지에 따른 경제적 보상 문제, 연장근로 및 체불임금 문제, 산업안전 문제, 사회보장비 체납, 해고권 남용 등과 같은 노동자의 권리 침해 문제가 여전히 해결되지 않고 있기 때문에 향후 집단적인 노동쟁의가 증가할 가능성은 여전히 남아 있다는 해석이다.

필자는 첫 번째 해석은 그 근거가 취약하다고 판단한다. 무엇보다도 국유기업의 구조조정 문제가 아직 일단락되지 않았기 때문이다. 수많은 국유기업이 1986년 근로계약법이 적용되기 이전에 고용되었던 고참 노동자의 근로계약 해지에 따른 경제적 보상 문제를 아직 해결하지 못하고 있다. 중국의 중앙 당국은 과거 계획경제체제 하에서 저임금을 받고 국가와 기업의 발전을 위해 일했던 국유기업 노동자들의 노력에 대한 경제적 보상 기준을 제시하지 않은 채 그 문제의 해결 책임을 개별 지방정부와 국유기업에 전가하고 있다. 지방정부의 재정이 상대적으로 풍부한 지역, 이윤을 많이 내는 국유기업의 경우 고참 노동자의 '과거 노동'에 대한 경제적 보상 기준을 높게 책정함으로써 근로계약 해지에 따른 고참 노동자의 불만을 해소할 수 있지만, 중국 전역에서 그 같은 조건을 갖춘 지방 정부와 국유기업은 소수에 지나지 않는다.

필자는 두 번째 해석을 지지한다. 그간 발생한 노동쟁의는 대체로 노동자의 권리가 침해당한 데서 비롯된 '권리 보호형' 노동쟁의이지 노동자의 이익을 더욱 확대하기 위한 '이익 추구형' 노동쟁의가 아니었다. 중국공산당의 통제 하에 있는 노동조합이 노동자의 이익을 대변하지 못하고 있고, 중국 당국이 노동자의 단체행동권을 제약해 왔으며, 특히 국유기업의 경우 국가·기업·개인의 이익은 일치한다는 이데올로기를 통해 노동쟁의를 금기시해 왔기 때문에 '이익 추구형' 노동쟁의는 일부 외자기업, 사영기업 등 비공유기업에서 간헐적으로 발생되는 예외적인 현상이었다. 그러나 최근 들어 상황은 급변하고 있다. 본서 제8장에서 살펴보고 있듯이 2007년 6월 29일에 통과된 근로계약법은 비록 제한적이긴 하나, 노동조합의 임금 및 단체협상 권리 강화 규정을 두고 있어 임금 및 단체협상을 둘러싼 노동쟁의의 발생 가능성이 높아졌다. 또한 일련의 개혁정책으로 국유기업 역시 기업의 이익을 추구하는 '회사'로 전환되었기 때문에 국가·기업·개인의 이익은 일치한다는 과거의 이데올로기는 더 이상 통용될 수 없게 되었다. 더구나 노동자의 권리 의식도 신장되고 있어 이익을 추구하는 집단적 노동쟁의가 발생할 가능성은 점차 높아지고 있는 실정이다.

한편, 필자는 세 번째 해석도 그 타당성이 대단히 크다고 본다. 초과노동 및 임금체불, 산업안전, 근로계약 해지에 따른 경제보상, 사회보장비 미납 등과 같은 문제들은 규모가 영세한 사영기업, 향진기업, 외자기업, 경영 실적이 좋지 않은 국유기업 등과 같이 근로조건이 열악한 중국의 수많은 노동집약적 기업에서 일상적으로 발생되는 문제들인데, 중국 당국의 노동보호 정책이 강화되더라도 그 같은 문제들은 쉽게 근절되지 않을 것으로 보인다. 만약 중국 당국의 노동보호 정책이 엄격하게 집행된다면, 노동 비용은 대폭 상승할 것이고, 그 압력을 견디지 못하고 파산하는 노동집약적 기업이 속출할 것이며, 그에 따른 노동자의 실업 문제가 심각해질 것이기 때문에 중국 당국으로서도 노동보호 정책을 엄격하게 집행하기가 어려운 실정이다. 결국, 중국 당국의 노동보호 의지와 정책 집행의 어려움의 괴리 때문에 상당 기간 동안 근로조건이 열악한 노동집약적 기업의 '노동문제'들은 쉽게 근절되지 않을 것이며, 이들 기업에서의 노동쟁의는 지속적으로 증가할 가능성이 크다.

세계 각국의 경험에서 알 수 있듯이 계급적 대립 관계를 내포하고 있는 노동문제는 적시에 적절한 방법으로 해결하지 않으면 체제 파괴적 성격으로 발

전하게 된다. 중국 당국도 이 점을 잘 알고 있는 것 같다. 그간 산업 현장에서
발생하고 있는 제반 노동문제에 대해 특별한 대책을 내놓지 않고 있던 중국
당국은 최근 들어 '화목한 사회' 건설의 한 구성 요소로 산업 현장에서의 '화목
한 노동관계'(和諧勞動關係) 확립을 부쩍 강조하고 있다. 중국 당국이 2007년 6
월 29일 노동자와 노동조합의 권리를 대폭 강화한 근로계약법을 제정한 데 이
어 단체협약법, 노동쟁의처리법 제정을 의사일정에 올려놓고 있는 것은 화목
한 노동관계를 확립하려는 중국 당국의 의지가 공허한 선전에 그치고 있는 것
이 아니라는 것을 단적으로 보여준다.

그렇지만 중국 당국은 여전히 노동자의 파업권을 인정하지 않는 등 노동자
의 단체행동권을 제약하는 노동관계법 개정과 노동조합이 독립적인 주체로 설
수 있는 노동조합 개혁에는 착수하지 않고 있다. 그런 의미에서 중국 당국의 노
동보호 정책은 미온적이고 제한적이라 할 수 있고, 1980년대 중반 정치 개혁의
일환으로 추진되었던 노동조합 개혁 논의의 수준을 넘어서지 못하고 있다고 평
가할 수 있다. 중국 당국이 이 같은 미온적·제한적 노동보호 정책을 내놓고 있는
것은 중국 당국이 노동문제를 불철저하게 인식하고 있기 때문이 아니라 노동자
의 집단적 이익추구 행위가 몰고 올 사회적 파장을 두려워하고 있기 때문이다.
그렇지만 중국 당국이 선택한 이 같은 차선책은 중국의 노동문제를 일시적으로
완화시킬 수는 있겠지만 장기적으로 보았을 때 더욱 왜곡시켜 놓을 것이다.

자신의 이익을 현대 노동관계법이 규정하고 있는 제도적 절차와 틀 내에
서 표출할 수 있는 통로를 갖지 못한 중국의 노동자들은 '약자의 무기'와 같은
소극적 저항 수단을 동원하거나 본서 제4장의 정저우 ○○공장 사례에서 보듯
결국 마오주의의 제도적 유산인 '상방'(上訪) 등과 적극적인 저항 수단을 동원
하여 자신의 문제를 해결하려 할 것이다. 이 같은 상황이 전개되는 것은 중국
개혁개방 정책의 앞날을 위해서도 결코 바람직하지 않다. 사회주의체제 하의
중국에서 나타났던 기층대중들의 몇 차례 대규모 집단적 저항 행위를 통해서

도 알 수 있듯, 중국 노동자들은 자신의 이익을 표현할 수 있는 제도적 통로를 갖지 못하고 있기 때문에 평상시 모순을 누적시켰다가 일정한 계기가 형성되면 그 모순을 폭발적인 형태로 표출하고, 또 그 표출의 방향은 종종 정부 당국, 특히 중앙 정부 당국을 향하곤 했다.

특히 하급 정부 당국 내부에 만연해 있는 관료주의로 인해 하급 정부 차원에서 해결될 수 있는 노동쟁의조차 쉽게 해결되지 않기 때문에 노동자들은 '상급' 정부를 향해 문제 해결을 요구하게 된다. 노동자의 상방 행위가 고립 분산적이고 개별적일 경우 큰 문제가 되지 않겠지만, 그 같은 상방 행위가 집단적으로 조직화되고, 또 일정한 계기를 만나 집중적으로 표출된다면 중국 당국의 정치적 부담도 가중될 것이며, 개혁개방 정책의 전도 또한 불확실해질 수 있다. 물론 중국 당국이 노동자의 집단적인 노동쟁의가 조직화되고, 이것이 정부를 향한 저항 형태로 발전되는 것을 방관하지는 않겠지만, 현재와 같이 미온적이고 제한적인 노동보호 정책으로는 노동자의 노동쟁의를 제도적 틀 내에서 수렴하기에는 한계가 많다. 결국 중국 노동관계의 건전한 발전은 중국 당국의 위로부터의 개혁에 의한 것이든, 혹은 중국 노동자의 밑으로브터의 개혁 요구의 분출에 의한 것이든, 혹은 양자의 결합에 의한 것이든 새로운 진통을 겪고 난 뒤에서야 달성될 수밖에 없는 실정이다. 개혁개방 이후부터 현재까지 중국 당국이 추진했던 노동제도 개혁 경험을 고려해 볼 때, 노동 부문에서 중국 당국의 '국가 자본주의적 실천'이 일방적으로 통용될 수 없도록 제어한 근본적인 힘은 과거 사회주의의 제도적 유산과 그 유산을 온 몸으로 체화하고 있는 중국의 노동자들의 다양한 저항 속에서 나왔다고 해야 할 것이다. 그런 면에서 중국의 노동관계가 더욱 건전하게 발전하는 계기는 중국 노동자들의 적극적 능동성이 발휘되는 가운데서 찾아야 할 것이다. 중국 당국이 노동자의 적극성이 발휘될 때 실기하지 않고 위로부터 개혁을 결합하여 중국 당국이 국정의 주요한 과제로 내걸고 있는 '화목한 노동관계'를 확립해 나갈 것인지 주목된다.

참고문헌

● 국문

김영진. 2002.『중국의 도시 노동시장과 사회 : 상해 시를 예로』. 한울아카데미.
_____. 2006.“중국의 〈노동계약법(초안) 제정에 관한 연구-주요 쟁점과 각계의 반응을 중심으로.”『중소연구』통권 111호.
김재관. 2003. “중국 노동자 저항운동의 원인과 국가의 대응.”『國際地域硏究』제12권 제3호.
던롭, 존 T. 1988.『노사관계론』. 법문사.
배찬권. 2002. “제2절 LCD.”『정보통신산업 동향』10월호.
백승욱. 2001.『중국의 노동자와 노동정책: ‘단위체제’의 해체』. 문학과지성.
서석흥. 2004.“중국의 (신)‘자동차산업 발전 정책’의 주요 쟁점 분석.”『현대중국연구』제6집.
야스무로 겐이치 등. 1999.『중국 노사관계와 현지경영』. 다락원.
이장원·이을터·쉬 메이시아. 2003.『중국 진출 한국기업의 노사관계 및 인적자원관리』. 한국노동연구원.
이창휘. 2005. “중국 노사관계의 현황과 도전-조합주의적 징후들과 그 한계.”『국제노동브리핑』Vol. 3, No. 3(8월).
이효수·김훈. 1998.『중국의 노사관계:한국계 진출기업의 전략적 선택을 위한 분석』. 한국 노동연구원.
임기택. 2003.『중국자동차산업의 현황과 미래』. 화서당.
장영석. 2005. “중국 진출 한국 대기업의 고용관계의 문제점.”『국제노동브리프』Vol. 3, No. 8.
_____. 2006.“‘비조직화된 독재’에서 ‘노동보호정책’으로: 중국 근로계약법(초안) 제정의 충격.”『국제노동브리핑』Vol. 4, No. 6.
_____. 2007. “중국 노동자의 문혁 참여와 공장관리.”『중국학연구』제40집.
장윤미. 2004. “개혁 시기 중국의 노조 모델: 구조와 역학 변화를 중심으로.”『한국정치학회보』38집 3호.
조성재 외. 2004.『자동차산업의 도급구조와 고용관계의 계층성』, 한국노동연구원.
지만수. 2002. “WTO 시대를 낙관하는 중국 가전산업.” 이일영외.『WTO로 가는 중국: 변화와 지속』. 박영률출판사.
추이 즈위안. 2003. 장영석 옮김.『중국은 어디로 가고 있는가』. 창비.
한국자동차연구소. 2004.『2004 자동차산업』.

한국노동연구원 국제협력실 편. 2004.『중국의 노등시장과 노사관계: 최근의 동향과 쟁점』.한국노동연구원.

S사. 2004.『S사 신노사문화』.

丸川知雄 외·윤재석 옮김. 2004. 중국자동차·부품산업경쟁력 분석 보고서』. A&D 컨설턴트.

丸川知雄. 2004. "중국제 승용차의 경쟁력." 丸川知雄·高山勇一 編諸.『중국 자동차·부품산업 경쟁 력분석』. A&D 컨설턴트.

丸川知雄·高山勇一 編諸. 2004.『중국 자동차·부품산업 경쟁력 분석』. A&D 컨설턴트.

丸川知雄·高山勇一·廖靜南·吳保寧. 2004. "개요와 각국 메이커의 진출 상황." 丸川知雄·高山 勇一 編諸.『중국 자동차·부품산업 경쟁력 분석』. A&D 컨설턴트.

丸川知雄·伊達浩憲. 2004. "자동차 부품." 丸川知雄·高山勇一 編諸.『중국 자동차·부품산업 경쟁력 분석』. A&D 컨설턴트.

廖靜南. 2004. "자동차 부품사업의 현상." 丸川知雄·高山勇一 編諸.『중국 자동차·부품산업경쟁력 분석』. A&D 컨설턴트.

廖靜南·吳保寧. 2004. "자동차부품산업의 산업정책", 丸川 知雄·高山勇一 編諸『중국 자동차·부품산업 경쟁력 분석』. A&D 컨설턴트.

● 중문

『中國勞動人事年鑑』編輯部. 1989.『中國勞動人事年鑑1949. 10-87』. 勞動人事出版社.

科爾內,『短缺經濟學』. 1986. 經濟科學出版社.

關懷. 1998. "貫徹實施勞動法是依法治會的重要內容."『工人日報』(5월 11일).

國家信息中心中國經濟信息網. 2004.『CEI中國行業發展報告: 汽車業』. 中國經濟出版社.

國家信息中心中國經濟信息網 編著. 2005.『中國行業發展報告』. 中國經濟出版社.

國家統計局工業交通司. 2004.『中國工業統計年鑑2004』. 中國統計出版社.

國務院發展研究中心 "新形勢下中國汽車産業發展戰略與政策研究" 課題組. "新形勢下中國汽車産業發展 略與政策研究(總報告)." 작성연도 미상.

國務院發展研究中心産業經濟研究部主持 編選. 2004『2004 中國産業發展報告』. 華夏出版社.

國務院第一次全國經濟普查領導小組辦公室 編. 2006.『中國經濟普查年鑑 2004. 第二産業卷』. 中國統計出版社.

勞動人事部·財政部·國家計委·國家經委. 1985.『國營企業工資改革施行辦法』. 7月.

魯志強. 2004. "促進汽車工業更健康發展", 國務院發展研究中心專家文選, http://www.drcnet.com.cn/new_product/drcexpert/showdoc.asp?doc_id2=198373(검색일: 2004년 10월 8일).

盧昌嵩. 1994. "公司治理結構及新老三會關係論." 『經濟研究』. 제11기.

譚安杰. 2000. 『企業督導機制與現代企業部門的發展』. 上海社會科學院出版社.

戴園晨. 1994. 『中國勞動力市場培育與工資改革』. 中國勞動出版社.

圖恩·埃里克. 2003. "'慢半拍': 中國的權力下放, 地方政府與工業發展." 『中國社會科學評論』(香港), 제2권 제1기.

董輔礽. 1999. 『中國人民共和國經濟史(下)』. 中國經濟科學出版社.

拉迪·尼古拉斯. R. 1999. 『中國未完成的經濟改革』. 中國發展出版社.

_____. 2002. 『中國融入全球經濟』. 經濟科學出版社.

遼寧省總工會研究室. 1990. 『二百五十五起突發性事件是怎麼發生的?: 一對遼寧省1989年發生 的突發性事件的調查分析』. 中國工運研究所編. 『工運理論政策研究資料』. 第2期.

劉世錦. 2004. "中國汽車工業可能的發展趨勢和特點", 國務院發展研究中心專家文選, http://www.drcnet.com.cn/new_product/drcexpert/showdoc.asp?doc_id2=198372(검색일: 2004년 10월 8일).

劉世錦·馮飛. 2002. "汽車產業全球化趨勢及對中國汽車產業發展的影向", 『中國工業經濟』 제6기 총171기.

李紹光. 2003. "基本養老保險制度的難點和政策依據分析." 『比較』6.

常凱. 1988. "工潮問題的調查與分析." 『當代工會』1.

上海市總工會研究室·上海市工運研究會 編. 2001. 『上海工運研究』. 2001年 1月 20日.

薛暮橋. 1996. 『薛暮橋回顧錄』. 天津人民出版社.

孫中范·桉苗·馮同慶. 1997. 『向社會主義市場經濟轉變時期的工會理論綱要與述評』. 人民出版社.

宋曉梧·張中俊·張新梅. 2000. "解決陰性負債問題, 深化養老保險制度改革." 『中國經濟時報』(2000. 5. 9).

令狐安 主編. 1992. 『勞動工資社會保險制度改革』. 中國勞動出版社.

倪志福 主編. 1997. 『當代中國工人階級和工會運動』. 當代出版社

吳敬璉·周小川 等著. 1999. 『公司治理結構,債務重組和破產程序: 重溫1994年京倫會議』. 中央編譯出版社.

吳敬璉. 1994. 『現代公司與企業改革』. 天津人民出版社.

_____. 1999. 『當代中國經濟改革: 戰略與實施』. 上海遠東出版社.

_____. 2002. 『轉軌中國』. 四川人民出版社.

_____. 2004. 『當代中國經濟改革』. 上海遠東出版社.

王延中. 2000. "新時期中國的就業管理指標與政策選擇." 『管理世界』第5期.

王珊·吳琨. 2004. "海爾與格蘭仕的國際化道路的比較研究." 『改革與戰略』11월호.

袁倫渠. 1987. 『新中國勞動經濟史』. 勞動人事出版社.

應星. 2001. 『大河移民上訪的故事』. 生活·讀書·新知 三聯書店.

李桂才 主編. 1990.『中國工會四十年: 1948-88年資料選編』. 遼寧人民出版社.

李琪. 2003.『改革與修復: 當代中國國有企業的勞動關係研究』. 中國勞動社會保障出版社.

李其諺. 2003. "59億元社保資金'留滯祥情."『財經』제14기.

李曙光. 2002. "關于新'破産法'起草中的機個重要問題."『中國注冊會計師』제7기.

李秋學. 2000. "建國初期信訪及信訪權利問題分析." 人民大學 정치학과 박사학위 논문.

李環 主編. 2007.『和諧社會與中國勞動關係』. 中國政法大學出版社.

長沙市企業發展領導小組辦公室 編. 2000.『企業改革手帖』. 내부 자료.

張暎碩. 2001.『中國國有企業改革與勞動關係的轉換』. 北京大學 사회학과 박사논문.

______. 2004.『當代中國勞動制度變化與工會功能的轉變』. 河北大學出版社.

張維迎. 1999.『企業理論與中國企業改革』. 北京大學出版社,

蔣一葦. 1980. "論社會主義企業的領導體制."『紅旗』第20期.

張春霖. 1999.『國有經濟布局調整的若干理論和政策』.『經濟研究』第1期.

______. 2003. "國有企業改革的新階段: 調整改革思路和政策的若干建議."『比較』8.

張卓元. 1995.『論中國價格改革與物價問題』. 經濟管理出版社.

全國總工會宣敎部. 1988.『當前職工中存在的幾個帶有普遍性的思想傾向問題』. 中國工運硏究所 編.『工運理論政策研究資料』(6月10日) 第11期.

全國總工會政策研究室. 1987.『中國職工隊任狀況的調查1986』. 工人出版社.

______. 1999.『1997年中國職工調査』. 西苑出版社.

全國總工會辦公廳. 1989. "企業內部不公正問題亟待解決." 中國工運研究所 編.『工運理論政策研究資料』. 1989年 9月 10日. 第17期.

鄭欣. 2003. "鄉村政治中的博弈生存: 華北農村民上訪研究." 南京大學 사회학과 박사논문.

趙小劍. 2002. "10萬億國資走向."『財經』第22期.

趙守一. 1983.『勞動合同制勢在必行』. 許連友 主編. 1992.『企業用工制度理論與實踐(1986~91)』. 中國勞動出版社.

趙英. 2000.『中國産業政策實證分析』. 社會科學文獻出版社.

周其仁. 1997.『體制轉型, 結構變化和城鎭就業』.『經濟社會體制比較』. 1997年 第3期.『中國統計年鑑1997』. 中國統計出版社.

周小川. 1993.『企業與銀行的關係』.『改革』. 1993年 第12期.

中國工程院·美國國家工程院·美國國家研究理事會. 2004.『私人轎車與中國』. 機械工業出版社.

『中國勞動人事年鑑』編輯部. 1989.『中國勞動人事年鑑 1949.10~1987』. 勞動人事出版社.

中華全國總工會. 1996a.『中國工運』12月.

______. 1996b.『中國工運』6月.

______. 1987.『中國職工隊伍狀況調査』. 工人出版社.

陳驥. 1993.『中國工會十五年(1978-93)』. 中國工人出版社.
______. 1999.『改革中的工會和工會的改革』. 中國工人出版社.
陳驥 主編. 1993.『中國工會十五年(1978~93)』. 中國工人出版社.
陳晋. 2000.『中國乘用車企業の成長戰略』. 信山社.
陳淸泰·吳敬璉·謝伏瞻主 編. 1999.『國企改革攻堅15講』. 中國經濟出版社.
肖耿. 1997.『産權與中國的經濟改革』. 中國社會科學出版社.
崔之元. 1994. "制度創新與第二次思想解放."『二十一世紀』第8期.
馮同慶. 1988.『工會在承包, 租賃和股份制中面臨的問題及對策』. 工人出版社.
______. 2000. "試論職工董事, 監事制度與職工代表大會制度的關係."『工會理論與
         實踐』제4기.
______. 2001. "探索改善勞動者地位的新途徑: 勞動分紅和勞動者股份分紅應當推
         廣." 馮同慶.『尊重職工勞動者: 一種來自民間經驗的經濟改革思路』.中國
         物價出版社.
胡楠·姚戰琪. 2004. "産業發展中的技術創新及變化: 以中國家用電器行業的發展
         爲案例." 江小燕 等箸.『全球化中的科技重組與中國産業技術競爭力提升
         』. 中國社會科學出版社.
黃·克里斯廷·P. W. 1986.『短缺經濟學和中國工業改革中的問題』. D. H. 帕金斯,『
         走向21 世紀: 中國經濟的現象, 問題和前景』. 江蘇人民出版社.
曉亮. 1999.『分配問題20年』.『中國勞動』. 1999年 2月.
『中國統計年鑑 1997』. 1997. 中國統計出版社.

● 일문

吉岡英美. 2003. "韓國TFT-LCD産業の發展と課題." 座間紘一·藤原貞雄 編著.『東
         アジア の生産ネットワク: 自動車, 電子機器を中心として』. ミネルウァ書房.
吉原英樹·歐陽桃花. 2006.『中國企業の市場主義管理: ハイア-ル』. 白桃書房.
藤本隆宏·新宅純二郎. 2005.『中國製造業のアキテクチャ分析』. 東洋經濟新報社.
藤本隆宏. 2005. "アキテクチャの比較優位に關する一考察." MMRC Discussion Paper
         No. 2. http://www.ut-mmrc.jp/DP/PDF/MMRC24_2005.pdf(검색일: 2005년 3월
         14일).
馬佳. 2001. "神龍汽車にみゐ日佛ハイブリド體制." 塩見治人編著. 2001.『移行期の
         中國自動車産 業』, 日本經濟評論社.
西口民宏·天野倫文·趙長祥. 2004. "中國家電企業の急成長と國際化: 中國靑島の
         家電企業の研究をじて".
         http://www.ut-mmrc.jp/DP/PDF/MMRC18_2004.pdf(검색일: 2005년 3월 14일).
松村文人. 2001. "第一汽車の雇用·賃金管理." 塩見治人編著.『移行期の中國自動

車産業』. 日本經濟評論社.
新宅純二郎·加藤寬之·善本哲夫. 2005. "中國モジュラ-型産業における日本企業の
　　戰略: カラテレビとエアコンにおける日中企業のケ-ス." 藤本隆宏·新宅純二
　　郎·藤本隆宏, 新 宅純二郎. 『中國製造業のアキテクチャ分析』. 東洋經濟新
　　報社.
塩見治人 編著. 2001. 『移行期の中國自動車産業』. 日本經濟評論社.
王瑞光. 2002. 『世界に挑戰する中國家電王者海爾集團』. 東洋經濟新報社.
尹春志. 2003. "東アジア地域生産ネットワクの展開: 雁行形態的發展パラダイムを
　　超越えて." 座間紘一·藤原貞雄 編著. 『東アジアの生産ネットワク: 自動車,
　　電子機器を中心として』. ミネルウァ書房.
伊藤勳. 2005. "中國産業のアキテクチャ特性とわが國空洞化論の關係." 藤本隆宏·
　　新宅純二郎. 『中國製造業のアキテクチャ分析』東洋經濟新報社.
李春利. 1997. 『現代中國の自動車産業: 企業システムの進化と經營戰略』. 信山社.
李春利·藤本隆宏 2001, "'地層學的樣相'の理論とその展開: 中國自動車産業におけ
　　るシステム の多樣性." 塩見治人 編著. 『移行期の中國自動車産業』. 日本經
　　濟評論社.
中國自動車工業協會·中國自動車技術研究センタ. 2004. 『2004年版中國自動車年
　　鑑』, 日本能 率協會總合研究所.
陳建平. 2003. "中國電子産業の發展と展望." 座間紘一·藤原貞雄 編著. 『東アジア
　　生産ネットワク: 自動車, 電子機器を中心として』. ミネルウァ書房.』
丸山惠也. 2001. 『中國自動車産業の發展と技術移轉』. っげ書房新社.

● 영문

Andors, Stephen. 1977. *China's Industrial Revolution: Politics, Planning, and Management, 1949 to the Present*. Pantheon Books.

Automobile Industry in China (http://filebox.vt.edu/users/lesun/lll.%20AutoIndustry.htm).

Bernard, Mitchell and John Ravenhill. 1995. "Beyond Product Cycles and Flying Geese: Regionalization, Hierarchy, and the Industrialization of East Aisa." *World Politics* 47 January.

Bettelheim, Charles. 1974. *Cultural Revolution and Industrial Organization in China*. Monthly Review Press.

Björkman Ingmar. 2002. "The Diffusion of Human Resource Management Practices among Chinese Firms: The Role of Western Multinational Corporations." in Malcolm Warner ed. *The Future of Chinese Management*. Frank CASS Publishers.

Blecher, Marc J. 2002. "Hegemony and Workers' Politics in China." *The China Quarterly* No. 170.

Byrd, William A. 1992. *Chinese Industrial Firms under Reform.* Oxford University Press.

Cai, Yongshun. 2002. "The Resistance of Chinese Laid-off Workers in the Reform Period." *The China Quarterly* No. 170.

Candland, Christopher and Rudra Sil. 2001. "The Politics of Labor in Late-industrializing and Post-socialist Economies: New Challenges in a Global Age." in Christopher Candland and Rudra Sil eds. *The Politics of Labor in a Global Age: Continuity and Change in Late-industrializing and Post-socialist Economies.* Oxford University Press.

Chamberlain, Heath B. 1987. "Party-Management Relations in Chinese Industries: Some Political Dimensions of Economic Reform." *The China Quarterly.* No. 112.

Chen, Kuan, Wang, Hongchang, Zheng, Yuxin, Jefferson, Garry H., and Rawski, Thomas G. 1988. "Productivity Change in Chinese Industry: 1953-85." *Journal of Comparative Economics.* No. 12.

Clarke, Simon and Lee Chang-Hee. 2002. "The Significance of Tripartite Consultation in China." in Malcolm Warner ed. *The Future of Chinese Management.* Frank CASS Publishers.

Clarke, Simon and Lee Chang-hee. 2003. "The Significance of Tripartite Consultation in China." Malcolm Warner ed. *The Future of Chinese Management.* Frank CASS.

Coase, Ronald H. 1960. "The Problem of Social Costs." *Journal of Law and Economics* Vol. 3.

Dixon, John. 1992. "China." in John Dixon and David Macarov. *Social Welfare in Socialist Countries,* Routledge.

FOURIN. 2004. 『2010年中國自動車市場展望』.

Gallagher, Mary E. 2004. "'Time is Money, Efficiency is Life': The Transformation of Labor Relations in China." *Studies in Comparative International Development* Vol. 39, No. 2(Summer).

Gerffi, Gary. 1997. "The Reorganization of Production on a World Scale: States, Markets and Networks in the Apparel and Electronics Commodity Chains." in Duncan Campbell, Aurelio Parisotto, Anil Verma and Asma Lateef eds. *Reorganization and Labour Market Interdependence in East and Southeast Asia.* MaCMillan Press, ST, Martin's Press.

Grove, T., Hong, Yongmiao, McMillan, John, and Naughton, Barry. 1994. "Autonomy and Incentives Chinese State Enterprises." *The Quarterly Journal of Economics.* Feb.

Harper, Paul. 1969. "The Party and the Unions in Communist China." *The China Quarterly.* No. 37.

Hartz, Peter. 1996. *The Company that Breathes: Every Job has a Customer*, Berlin: Springer.

Harwit, Eric. 2002, "The Impact of WTO Membership on the Automobile Industry in China." *The China Quarterly* No. 167.

______. 1995. *China's Automobile Industry: Policies, Problems, and Prospects*, M.E. Sharpe.

Hong, Ng Sek and Malcolm Warner. 1998. *China's Trade Unions and Management*. MacMillan Press.

Howe, Christopher. 1973. "Labor Organization and Incentives in Industry, before and after the Cultural Revolution." in Stuart Schram eds. 1973. *Authority Participation and Cultural Change in China*. Cambridge University Press.

Hurst, William and Kevin J. O'Brien. 2002. "China's Contentious Pensioners." *The China Quarterly* No. 170.

Jackson, Sukhan. 1992. *Chinese Enterprise Management Reforms in Economic Perspective*. Walter de Gruyter.

Jefferson, Garry H. and Rawski, Thomas G. 1992 "Unemployment, Underemployment and Employment Policy in China's Cities." *Modern China* Vol. 18. No.1. January.

Kozrec, Michael. 1992. *Labor and Failure of Reform in China*. The McMillan Press.

Lee, Ching Kwan. 1999. "From Organized Dependance to Disorganized Despotism: Changing Labor Regimes in Chinese Factories." *The China Quarterly*. No. 157.

Lee, Chunli. 2002. "Technology Transfer of the Toyota Production System in China." in H. Horaguchi and K. Shimokawa eds. *Japanese Foreign Direct Investment and the East Asian Industrial System: Case Studies from the Automobile and Electronics Industries*. Spring.

Lee, Lai To. 1986. *Trade Union in China 1949 to Present: The Organization and Leadership of the All-China Federation of Trade Unions*. Singapore University Press.

Lee, Qing Kwan. 2000. "Pathways of labor insurgency." in Elizabeth J. Perry and Mark Selden eds. *Chinese Society: Change, Conflict and Resistance*. London andNew York: Routledge.

______. 1999. "From Organized Dependence to Disorganized Despotism: Changing Labor Regimes in Chinese Factories." *The China Quarterly* No. 157.

Lin Yimin and Zhu Tian. 2001. "Ownership Restructuring in Chinese State Industry: An Analysis of Evidence on Initial Organizational Change." *The China Quarterly* No. 166.

Liu, Alan P.L. 1997. *Mass Politics in the People's Republic*. Westview Press.

Lü, Xiaobo and Elizabeth Perry. 1997. "Introduction." in Xiaobo Lü and Elizabeth J. Perry eds. *Danwei: the Changing Chinese Workplace in Historical and*

           Comparative Perspective. M.E. Sharpe.

Mann, Jim. 1997. *Beijing Jeep: A Case Study of Western Business in China.* New York: Westvies.

McCarthy, F. Desmond and Kanbin Zheng. 1996. "Population Aging and Pension System: Reform Options for China." The World Bank Policy Research Working Paper.

McKinsey Quarterly. 2004. "A Tune-up for China's Auto Industry." http://www.mckinseyquarterly. com/article_page.asp?ar=1149&L2=2&L...

Naughton, Barry. 1995a. "Cities in Chinese Economic System: Changing Roles and Conditions for Autonomy." Deborah S. Davis, Richard Kraus, Barry Naughton, and Elizabeth J. Perry eds. *Urban Spaces in Contemporary China.* Cambridge University Press.

______. 1995b. *Growing out of the Plan: Chinese Economic Reform, 1978-93.* Cambridge University Press.

Nee, Owen D. Jr. 2002. "Automotive Industry in China." China Auto Conference. September 16-17, 02.

Nee, Victor. 1996. "The Emergence of an Market Society: Changing Mechanism of Stratification." *AJS* Vol. 101. No. 4.

O'Brien, Kevin J. 1996. "Rightful Resistance." *World Politics* No. 49, No. 1.

Oakley, Sheila. 2002. *Labor Relations in China's Socialist Market Economy: Adapting to the Global Market.* Quorum Books.

Ogawa, Koichi, Junhiro Shintaku, Tessuo Yoshimoto. 2005. "Architecture-based Advantage of Firms and Nations: New Global Alliance between Japan and Catch-up Countries." *Annals of Business Administrative Science.* Vol. 4, No. 3.

Oi, Jean C. and Andrew G. Walder, 1999. "Property Rights in the Chinese Economy: Contours of the Process of Change." in Jean C. Oi and Andrew G. Walder eds. *Property Rights and Economic Reform in China.* Stanford University Press.

Pei, Minxin. 2000. "Rights and Resistance: The Changing Contexts of Dissident Movement." in Elizabeth J. Perry and Mark Selden eds. *Chinese Society: Change, Conflict and Resistance.* London and New York: Routledge.

Perry, Elizabeth J. 1995, "Labor's Battle for Political Space: the Role of Worker Associations in Contemporary China." in Deborah S. Davis, Richard Kraus, Barry Naughton, and Elizabeth J. Perry eds. *Urban Spaces in Contemporary China.* Cambridge University Press.

Perry, Elizabeth J. and Mark Selden. 2000. "Introduction: Reform and Resistance in Contemporary China." in Elizabeth J. Perry and Mark Selden eds. *Chinese Society: Change, Conflict and Resistance.* London and New York: Routledge.

Pravda, Alex and Blair A. Ruble. 1986. *Trade Unions in Communist States.* Allen &

Unwin Ins.

Putterman, Louis. 1995. "The Role of Ownership and Property Rights andEconomic Transition." *The China Quarterly* No. 114.

Scott, James. 1985. *Weapons of the Weak: Everyday Forms of Peasant Resistance.* Yale University Press.

Sil, Rudra. 1997. "The Russian 'Village in the City' and Stalinist System of Enterprise Management: The Origin of Worker Alienation in Soviet State Socialism." in Xiaobo Lü and Elizabeth J. Perry. *Danwei: the Changing Chinese Workplace in Historical and Comparative Perspective.* M.E. Sharpe.

Takahara, Akio. 1992. *The Politics of Wage Policy in Post-Revolutionary China.* The McMillan Press.

The World Bank. 1997. *China's Management of Enterprise Assets: The State as Shareholder.*

Unger, Jonathan and Anita Chan. 1995. "China, Corporatism and the East Asian Model." *The Austrailian Journal of Chinese Affairs.* No. 33.

Walder, Andrew G. 1996. "The Chinese Cultural Revolution in the Factories: Party-State Structures and Patterns of Conflict." in Elizabeth J. Perry(ed.) *Putting Class in Its Place: Workers Identities in East Asia.* Institution of East Asian Studies, Universtity of Clalifornia, Berkeley.

______. 1991. "Workers, Managers and States: The Reform Era and the Political Crisis of 1989." *The China Quarterly.* No. 127.

______. 1989. "Factory and Manager in an Era of Reform." *The China Quarterly.* No. 118.

______. 1987. "Wage Reform and the Web of Factory Interest." *The China Quarterly.* No. 109.

______. 1986. *Communist Neo-Traditionalism: Work and Authority in Chinese Industry.* University of California Press.

Walder, Andrew G. and Gong Xiaoxia. 1993. "Workers in the Tiananmen Protests: the Politics of the Beijing Workers' Autonomous Federation." *The Australian Journal of Chinese Affairs* No. 29.

Warner, Malcolm. 2004. "Introduction: Chinese Management in Perspective." Malcolm Warner ed. *The Future of Chinese Management.* Frank CASS Publishers.

Warner, Malcolm and Ying Zhu. 2002. "Human Resource Management 'with Chinese Characteristics': A Comparative Study of the People's Republic of China and Taiwan." in Malcolm Warner ed. *The Future of Chinese Management.* Frank CASS Publishers.

Wayne W. J. Xing. 2004. "Shifting Gears."
http://www.uschina.org/publications/cbr/9711/xing.html.

White III, Lynn T. 1976. "Workers' Politics in Shanghai." *The Journal of Asian Studies.*

Vol. XXXVI No. 1.

White, Gordon. 1987. "The Politics of Economic Reform in the Chinese Industry: The Introduction of Labour Contract System." *The China Quarterly* No. 111.

White, Gordon, Jude Howell and Shang Xiaoyuan. 1996. *In Search of Civil Society: Market Reform and Social Change in Contemporary China.* Clarendon Press.

Wilson, Jeanne L. 1990. "Labor Policy in China: Reform and Retrogression." *Problems of Communism.* Sep-Oct..

Yang, Xiaohua. 2004. "Global Linkages and the Constraints on the Emerging Economy: The Case of the Chinese Automobile Industry."

Zhang, Yunqiu. 1997a. "From State Corporatism to Social Representation: Local Trade Unions in Reform Era." in Timothy Brook and B. Michael Frolic eds. *Civil Society in China.* M. E. Sharpe.

______. 1997b. "An Intermediary: the Chinese Perception of Trade Union since 1980s." *Journal of Contemporary China* 6 (14).

Zhao, Wei, Theo Nichols and Surhan Cam. 2005. "China: White Goods and the Capitalist Transformation." in Theo Nichols and Surhan Cam eds. *Labour in a Global World: Case Studies from the White Goods Industries in Africa, South America, East Asian and Europe.* Palgrave Macmillan.

Zhou, Xueguang. 1993. "Unorganized Interests and Collective Action in Communist China." *American Sociological Review* Vol. 58, 1.

Zweig, David. 2000. "The Externalities of Development: Can new Political Institutions manage Rural Conflict?" in Elizabeth J. Perry and Mark Selden eds. *Chinese Society: Change, Conflict and Resistance.* London and New York: Routledge.